- 주역에 관련된 그림들(1-25) 547
  - 01 하도 549
  - 02 낙서 551
  - 03 하락총백도 553
  - 04 태극하도 554
  - 05 득상붕도 555
  - 06 건구오변도 556
  - 07 후천팔괘 방위도 557
  - 08 제출호진도 558
  - 09 진단구변도 559
  - 10 복희64괘방원도 560
  - 11 일정팔회도 561
  - 12 36궁도 562
  - 13 호괘원도 563
  - 14 24절기방위도 564
  - 15 십이벽괘 변도 565
  - 16 팔궁 괘차도 566
  - 17 황극경세해도 568
  - 18 선후천 분해도〈1년〉 569
  - 19 선후천 분해도〈1원〉 570
  - 20 중천감리 1200기도 571
  - 21 경원력 원도 572
  - 22 홍범구주도 573
  - 23 주역 64괘표도 574
  - 24 대성괘 이름과 찾는 법 575
  - 25 64괘 및 384효 결어 576

새로 쓴

대산주역강의

저자 대산 김석진(1928~)

대산 주역시리즈 3 새로 쓴 **대산주역강의** ③ 계사

- 초판   2019년 10월 12일   · 4쇄 2025년 4월 4일
- 저자   대산 김석진
- 교정위원 김병운 김태국 박남걸 변상용 선창곤 신성수 윤상철
           이난숙 이연실 이응국 이찬구 임채우 최정준
- 교정교열 이애주 이우붕 남연호   · 2쇄 교정 김수길 장수영 송인한
- 편집   이연실 윤치훈
- 마케팅   손주현 김시연 최진형
- 표지   題字 박남걸 / 篆刻 박범석 / 디자인 이경일 이연실 윤여진
- 발행인   윤상철   · 발행처 대유학당 since1993
- 출판등록 2002년 4월 17일   제 2020-000096호
- 주소   서울 성동구 아차산로 17길 48. SK V1센터 1동 814호
- 전화   (02) 2249-5630
- ISBN   978-89-6369-106-0 03140   CIP제어번호 2019038276
- 정가   **30,000원**

새로 쓴

대산주역강의

추천의 말씀

『주역周易』은 수천 년 동안 온축된 동아시아인들의 지혜의 보고寶庫이다. 또한 줄곧 경전의 으뜸의 자리를 차지해 왔다.

『주역周易』은 점을 통해 하늘(天)과 신(神)의 뜻을 묻던 점서의 부분과, 대자연과 우주만물의 심오한 원리를 담고 있는 철학서의 부분으로 구성된다. 주역의 괘효사에 나타난 점 사상을 가만히 들여다보면, 우선 인간이 맞닥뜨린 현 상황에 대한 평가와 판단을 제시한 다음, 한걸음 더 나아가 그 운명에 대한 새로운 행동과 삶의 방향을 제시한다. 주역은 인간을 운명적 숙명론적 존재가 아니라, 새로운 운명의 주체가 되는 길을 구조적으로 제시하고 있는 것이다.

또한 주역의 지혜는 대자연과 우주만물의 이치를 깊이 통찰하여 이를 체득하고 실천하여 우주만물의 흐름에 동참코자 하는 것이다. 이 자연의 이치를 상象이나 수數 등으로 설명해내는 다양한 해석학의 입장이 등장하게 된다.

대산 김석진 선생의 주역강의는 리理를 먼저 설명하고, 그 리가 나온 배경으로 상象과 수數를 강조해온 이른바 상수리象數理의 일원적 삼원론이라는 방법론을 바탕으로 하는데, 이를 통해서 일반인들의 주역에 대한 기본적 이해는 물론, 매우 근원적이면서도 종합적인 동양의 지혜를 담아내는 명강의로 높이 평가받게 되었다.

돌이켜보면, 대산 김석진 선생의 주역강의는 시대적으로 매우 중요한 문화사적 의미를 담고 있다. 선생은 1980년대 말 동양사상의 명운이 경각의 위기에 처했을 때, 혜성처럼 나타나 주역에의 열기는 물론 전통문화와 동양 사상의 새로운 부흥의 가능성에 서광을 던져 주신 분이다.

1980년대 말에 서울의 중심지 흥사단 대강당을 가득 메운 일반 대중의 배움의 열기, 전국 곳곳으로 퍼지며 강의실을 가득 메운 5000여 명이 넘는 수강생, 13개월이 소요되는 강의일정을 뜨거운 열기로 함께한 사제 간의 열정 등 많은 일화를 남기기도 했다.

참으로 보기 드문 이러한 문화현상을 보면서, 이는 전적으로 대산 선생의 숭고한 뜻과 몸과 마음을 바쳐 가르치고자 한 실천정신에 바탕해서 이루어진 것으로, 경탄과 깊은 존경의 마음을 표하지 않을 수 없다. 물론 이러한 성과는 선생이 가지신 전통학문의 기반과 인접학문에 대한 통찰력, 더욱이 한말이래로 주역학을 통해서 전달되는 민족사적 메시아적 혼의 흐름을 체득하지 않고서는 이루어낼 수 없는 경지에서 나온 것으로 생각된다.

선생께서 어언 92세의 연세에도 불구하고 20년 전에 출간된 주역 강의록을 새로이 수정 보완해서 『새로 쓴 대산주역강의』를 만들었다는 소식을 전해 들었다. 주역을 연구하고 가르치는 사람으로서 선생의 높은 뜻과 꼿꼿한 모습에 감동의 마음이 없을 수 없다.

역도易道를 공부하고 실천하고자 하는 사람의 하나로서, 진심으로 『새로 쓴 대산주역강의』의 개정 출간을 축하하며, 대산 선생과 제자들의 정성으로 이루어진 열매가 우리의 삶을 더 윤택하게 해 주고, 그 오묘한 지혜는 후학들에게 더욱 깊고 깊은 통찰력으로 활짝 꽃피워 인간의 삶과 행복에 기여할 것으로 크게 기대하며 추천사를 대신한다.

    2019년 秋分 성균관대학교 교수 김성기 金 聖 基

서 문

　사람이 세월과 더불어 나이를 먹어간다면, 책은 그 사람과 더불어 연륜의 무게를 더하는 것 같다. 내가 처음으로 책을 세상에 낸 것은 1988년 서울 올림픽이 열리는 무진년이었다. 회갑을 맞아 제자들이 사제師弟간의 대화록으로 『주역과 세계』를 엮어 낸 것이다. 이 책은 주로 주역의 기초에 대한 문답이었지만 많은 역우易友들의 사랑을 받았고, 이로 인해 서울과 대전은 물론이요, 청주, 인천, 춘천, 제주, 진천 등지에서도 주역 원전 강의가 활성화되는 계기가 되었다.

　옛날 선비들도 주역이라면 어렵다고 엄두를 내지 못했는데, 원전 강의에 대한 전국적인 호응은 그 당시로서는 뜻밖이었다. 이 무렵에 나온 책이 『대산주역강의』1,2,3(한길사, 1999)이었다. 경문을 풀이한 현장 강의를 그대로 수록한 이 책은, 강의실에 오지 못하는 사람들도 손쉽게 주역을 공부할 수 있어 주역 대중화의 길을 열었다는 평가를 받기도 했다.

　그런데 작년 말부터 이 강의록을 다시 쓰면 좋겠다는 생각이 들었다. 책이 나온 지 20년이 지나는 동안 모두 좋은 책이라고 칭찬을 하였지만, 나 자신은 항상 부족함을 느꼈기 때문이다.
　역易은 미래관적 학문으로, 지시식변知時識變하고 피흉취길避凶趣吉하여 진퇴進退와 동정動靜을 분명히 하게 해준다. 그러므로 공자께서는 「계사전」에 "각각 그 갈 바를 가리킨다(各指其所之)."고 하셨다. 역

易에는 성인의 말씀이 있고, 그 성인의 말씀은 모든 사람이 제각기 가야 할 길을 말로써 가리켜 주고 있는 것이다.

5천 년 전에 복희씨가 괘卦와 효爻라 하는 부호를 그려서 정치·경제를 운영하는 수단으로 삼다가, 3천 년 전에 문자가 생기자 주나라 문왕이 복희씨의 괘상에 설명을 붙이고, 그 아들 주공이 효爻의 자리를 보아가며 설명을 붙였다. 그런데 괘·효라는 것은 변하고 바뀌는 것이기 때문에 '바꿀 역' 자를 써서 '역易'이라 하고, 그 괘효를 설명한 것은 글이었기에 '글 경' 자를 써서 '경經'이라 하여 '역경易經'이라고 한 것이며, 또 주나라 때 완성되었으므로 '주역周易'이라고 한 것이다.

그 후 공자께서 『주역』에 열 가지 해설(십익十翼)을 붙여 집대성하셨으니, 실로 주역이란 학문은 문자를 사용하기 이전부터 현재에 이르기까지 모든 역사를 초월한 학문이며, 네 분 성인께서 수천 년을 거쳐 완성한 동양 최대의 경전이요 최고의 철학이다. 이러한 경전을 강의했다고 해서 강의록을 냈으니, 어찌 두려운 마음이 없고 미진하고 부족함이 없을 수 있겠는가! 주문공朱文公께서 역책易簀하시기 사흘 전까지 『대학』의 「성의장誠意章」을 고치신 마음도 그러하였을 것이다.

다만 내 나이가 90이 넘어서 눈이 침침하고 오랫동안 책상에 앉아 있기가 어려워 제자들의 도움이 필요했다. 그래서 상경은 이전利田, 시중時中, 철산喆山, 수산秀山, 가란嘉蘭, 백산白山의 순서로 나누어 교정을 보고, 하경은 지산智山, 동천東川, 겸산謙山, 서천筮泉, 명산明山의 순서로 교정보게 하고, 계사전 이하는 건원乾元과 금전錦田이 맡아서 교정을 본 뒤에 그 교정본을 내가 다시 읽고 수정하는 방식을 택했다. 각자가 제출한 교정본을 보니 참으로 괄목상대刮目相對요 청출어람靑出於藍이었다. 다만 문체가 서로 다른 점이 걱정이었다. 그래서 상하경上下經은 수산秀山이, 계사繫辭 이하는 건원乾元이 총괄적인 교정을 맡아 수고해주었다.

이렇게 새 책이 나오는 중에 근 50년을 살았던 대전을 떠나 서울로 이사를 하였다. 연초에 기해년의 둔괘屯卦를 다스려 정괘鼎卦로 만드는 치둔입정治屯立鼎을 하고, 다시 만사혁신萬事革新해서 혁괘革卦로 완성해야 한다고 했는데, 점괘의 변화에 따라 이사를 하고, 홍역학회洪易學會를 재건하며, 새 강의록을 만드니, 이것이야말로 새로이 맛있는 밥을 해서 선현께 바치고, 또 더 많이 밥을 해서 후학들을 기르는 일이 아니겠는가!

1985년부터 대중에게 주역 강의를 시작한 지 어언 35성상! 어렵고 힘든 일도 수없이 많았지만, 그 때마다 자천우지自天祐之가 되었고, 늘 제자들이 함께 해주었다. 지금까지 20여 권의 책을 냈고, 그 때마다 교정해온 것을 보고 느끼지만, 나보다 더 뛰어난 제자들인 것 같아 마음이 든든하다. 이번 교정 작업에 정성을 다해준 교정위원들 13명의 노고를 치하하며, 힘을 더해준 정선晶仙, 지산誌山에게도 고마움을 전한다.

내 평생 동안 주역 강의를 들어 준 7,000여 명의 학인學人들에게도 이 자리를 빌려 고마움을 전하고 싶다. 앞으로도 모두가 힘을 합해 간방艮方의 정신문화를 지키고 발전시키는 데 앞장서기를 바라고, 그러한 정신운동에 이 책이 일조를 한다면 더 바랄 것이 없겠다. 끝으로 치둔입정으로 나온 이 책을 읽고 배우는 이마다 자천우지自天祐之가 있길 바라며, 마무리에 애써준 대유학당에 고마운 뜻을 전한다.

2019 己亥年 觀月
서울 風納洞 書齋에서 大山 金碩鎭

일러두기

1. 이 책의 편제

이 책은 『주역』 원전을 3권으로 나누어 제1권은 기초개념 및 주역 상경(30괘), 제2권은 주역하경(34괘), 제3권은 계사전 · 설괘전 · 서괘전 · 잡괘전 및 부록편을 수록하였다.

제1권의 기초개념 편에서는 주역의 기초이론과 기본 용어에 대한 해설 등을 실어 일반 독자들이 쉽게 이해할 수 있도록 하였고, 제3권의 부록편에서는 주역 연구에 필요한 도본과 연구 자료 등을 실어서 주역을 전공하는 이들에게 편의를 제공하고자 하였다. 그리고 독자들이 일목요연하게 참조할 수 있도록 각 권 뒤에 〈색인〉을 별도로 실어놓았다.

2. 64괘 강의 내용

건곤(乾坤)괘를 제외한 62괘의 경우, 다음과 같은 순차로 구성하였다.

① 괘의 전체 뜻 : 괘상과 괘명 및 괘의
② 괘사
③ 단전
④ 대상전
⑤ 육효의 효사 및 소상전

⑥ 읽을거리
⑦ 관련된 괘 : 도전괘, 배합괘, 착종괘, 호괘
⑧ 총설
⑨ 편언片言

대산 선생 강의 중에 말씀하신 괘와 관련된 일화나 괘 해석에 도움이 될 내용은 '읽을거리'로, 괘 전체의 뜻과 효사의 내용을 요약 정리한 것은 '총설'이라는 이름으로 괘 해설 마지막 장에 실었으며, 각 교정자가 생각하는 괘의 요지 또는 생각할 점을 '편언'이라는 제목으로 간략하게 실었다.

3. 내용의 특색

이 책의 가장 중요한 특색은 주역 연구에 평생을 바쳐 역도易道를 체득하신 대산 선생의 심법과 자취가 그대로 녹아들어 있다는 점이다. 또한 대산 선생의 강의 내용을 가능한 한 쉬우면서도 강의현장의 느낌을 살리기 위해서 구술방식(구어체)을 택하여 독자의 이해도를 높였다.

4. 그 외

① 주역의 괘명은 두음법칙을 따르지 않았다. 履괘와 離괘는 '리'로, 臨괘는 '림', 旅괘는 '려'로 썼다.
② 한글세대를 위하여 한글을 넣은 후 한자를 병기하였다.
③ 본문 중 『주역』 외의 경문과 연관된 것은 각주로 처리하였다.

5. 원문 및 현토

① 이 책을 편집하는 데 그 원본은 『삼경정문三經正文』(여강출판사, 1986)을 기본으로 하였고, 현토의 경우는 『삼경언해三經諺解』(보경문화사, 1984)를 기본으로 하였다.

② 발음 및 토吐는 선현先賢들의 문구 해석에 따라 다소 다름이 있으나, 여기서는 주로 정자程子와 주자朱子의 학설을 참고하였다.

③ 본문의 연문衍文과 탈자脫字 및 오기誤記에 대한 설 중 아래에 정리한 사항은 대산大山 김석진金碩鎭 선생의 견해를 좇아 수정하고, 다음과 같이 근거자료를 설명했다.

상경				
괘	위치	원문	수정문	근거
坤	단전	主而有常	主利而有常	程傳
屯	괘명	괘명 屯 준	「둔」	古音
同人	단전	同人曰	삭제	本義
大有	구삼	公用亨于天子	'亨' 발음 : '향'	本義
隨	단전	隨時之義	隨之時義	王肅本
隨	육이	係小子면 弗兼與也리라	係小子는 弗兼與也라	本義
賁	괘명	괘명 賁 분	「비」	언해본
大畜	구삼	日閑輿衛	日閑輿衛	程傳·本義
大畜	상구 효상	何天之衢니	何天之衢오	本義
		何天之衢오	何天之衢는	

하경				
괘	위치	원문	수정문	근거
遯	괘명	괘명 遯 둔	「돈」	古音, 언해본
萃	괘명	괘명 萃 췌	「취」	서괘전,잡괘전
萃	괘사	萃는 亨王假有廟니	萃는 王假有廟니	程傳·本義
鼎	괘사	元吉亨하나라	元亨하나라	程傳·本義
艮	단전	艮其止는	艮其背는	晁說之

계사 이하				
괘	위치	원문	수정문	근거
계사	상11	立成器하야	立象成器하야	蔡淵
계사	상12	其不可見乎아 子曰	'子曰' 삭제	本義
계사	하2	斲木爲耜	발음⇒「촉」	古音
계사	하6	而微顯闡幽하며 開而當名하며	微顯而闡幽하며 當名하며	本義,開字를 마저 뺌
계사	하10	~故曰爻요 ~故曰物이요 ~故曰文이요	~故로 曰爻요 ~故로 曰物이요 ~故로 曰文이요	大山
계사	하12	能研諸侯之慮	能研諸慮	程傳
설괘	3	天地定位하며	天地定位에	也山

목 차

- 머리말　　　　　　　　　　　　　　7
- 일러두기　　　　　　　　　　　　　11
- 목 차　　　　　　　　　　　　　　15

- 계사전

　　계사상전　　　　　　　계사하전
　　제 1 장　22　　　　　　제 1 장　217
　　제 2 장　40　　　　　　제 2 장　231
　　제 3 장　53　　　　　　제 3 장　257
　　제 4 장　62　　　　　　제 4 장　261
　　제 5 장　75　　　　　　제 5 장　263
　　제 6 장　87　　　　　　제 6 장　311
　　제 7 장　93　　　　　　제 7 장　322
　　제 8 장　99　　　　　　제 8 장　339
　　제 9 장　135　　　　　제 9 장　347
　　제 10 장　158　　　　　제 10 장　359
　　제 11 장　173　　　　　제 11 장　365
　　제 12 장　199　　　　　제 12 장　370

- 설괘전
    - 설괘전 제 1 장 397
    - 설괘전 제 2 장 404
    - 설괘전 제 3 장 409
    - 설괘전 제 4 장 415
    - 설괘전 제 5 장 419
    - 설괘전 제 6 장 429
    - 설괘전 제 7 장 435
    - 설괘전 제 8 장 438
    - 설괘전 제 9 장 441
    - 설괘전 제 10 장 445
    - 설괘전 제 11 장 449

- 서괘전
    - 서괘 상전 475
    - 서괘 하전 493

- 잡괘전 515
    - 잡괘전 상 519
    - 잡괘전 하 530

- 주역에 관련된 그림들(1-25) 547

- 색인
    - 주역 경문 색인 587
    - 본문 색인 600

- 저자 소개 603
- 교정위원 소개 604

대산주역강의

계사전

계사전 총설

계사전 서론

　복희씨는 팔괘를 만들고 넓혀서 64괘를 만들었지요. 이를 연산역連山易이라 하고, 신농씨 때 쓰던 역을 귀장역歸藏易이라 하고, 황제씨 때 쓰던 역을 건곤역乾坤易이라고 합니다. 혹은 하나라 때 쓰던 역을 연산역이라 하고, 은나라 때 쓰던 역을 귀장역이라고 하고, 주나라 때 쓰던 역을 주역이라고도 하지요.

　은나라 말기에 문왕이 괘사를 붙이고 주공이 효사를 붙여 『주역周易』을 이룬 것입니다. 주나라 때 만든 역이라고 해서 '주역'이라고 하는 것 아니겠어요? 그 '주역'에 대해서 총체적으로 해설을 붙인 것이 바로 공자님의 「계사전繫辭傳」입니다.

　성인聖人이 지은 글은 '경經'이라 하고, 현인賢人이 지은 글은 '전傳'이라고 합니다. 그러므로 복희씨의 괘와 문왕의 괘사, 주공의 효사는 경에 해당하지요.

　공자께서 주역을 보고 나서 "나는 풀이는 하겠지만, 새로운 창작은 못한다(述而不作)."고 하셨지요. '성인들께서 이치에 꼭 맞게 만들어놓은 주역에 어찌 내가 감히 손을 댈 수 있겠느냐?' 하시고, 다만 후학이 알기 쉽도록 해설을 붙였기 때문에, 성인의 글인데도 '경'이 아니라 '전'이 되었습니다.

　'계사'라고 하면 '맬 계繫', '말씀 사辭'로 말을 매어놓았다는 뜻이지요. 어떤 상象을 보고 그 상이 어떠하다는 풀이의 말을 붙여놓았다는 뜻입니다. 가령 하늘을 놓고 설명하게 되면 하늘에 대한 계사가 아니겠어요? 땅을 놓고 설명했다면 땅에 대한 계사이고, 사람을 놓고 설명했다면 사람에 대한 계사입니다. '계사'라는 것은 지금 우리가 공부하려는 공자님의 「계사전」만이 계사가 아닌 것이지요.

문왕이 64괘에 말을 붙여놓은 괘사도 또한 계사입니다. 괘에다 붙여놓은 말이기 때문에 괘계사卦繫辭가 되는 것이지요. 마찬가지로 주공이 384효에 대해 설명한 효사는 효계사爻繫辭가 됩니다. '괘계사, 효계사'는 경經에 해당하지요. 즉 『주역』의 경문經文입니다.

이러한 계사와 이제 우리가 공부하려는 공자님의 「계사전」은 다릅니다. 괘계사나 효계사는 『주역』의 경문에 해당하고, 「계사전」은 경문에 대한 공자님의 총체적 해설입니다. 해설을 '전傳'이라고 합니다. '주석 전'하는 것이지요. 공자님이 주역에 대해서 열 가지 형태로 해설을 하셨는데, 이것을 주역에 열 개의 날개를 달았다고 해서 10익翼이라고 합니다. 후대로 오면서 이 10익을 편의에 따라 각기 해당하는 경문 밑에 붙였는데, 괘사나 효사 밑에 붙여진 다른 십익과는 달리, 「계사전」과 「설괘전」·「서괘전」·「잡괘전」 등은 총괄적인 설명이므로 따로 떼어 놓았지요.

공자께서 「계사전」에 주역을 자세히 해설해 놓았기 때문에, '만약 공자께서 「계사전」을 짓지 않았다면 주역이 어떻게 전해졌겠는가?'라는 말을 하곤 합니다. 공자께서 「계사전」을 지음으로써 후학들이 주역을 알게 되고 공부하게 되었다는 말이지요.

뿐만 아니라 그 문장도 참으로 좋습니다. 그래서 '벽사辟邪' 한다고 하여, 옛 선비들이 뜻을 몰라도 「계사전」만큼은 달달 외웠습니다.

「계사전」을 읽으면 '사불범정邪不犯正'한다는 거지요. 원체 큰 철학이 담긴 글이고, 이치에 맞는 글이며, 좋은 글이니까 힘이 있다는 겁니다. 「계사전」이야말로 진리의 말씀이요, 성인의 말씀이지요.

「계사전」은 상편(12장)과 하편(12장)으로 나뉘어져 있습니다. 각편을 12장으로 나눈 것은, 하루가 12시, 1년이 12개월로 된 이치와 같아요.

또 「계사전」에는 '계사언繫辭焉'이라고 여섯 귀절을 붙여 놓았는데, 이는 한 괘가 여섯 효임을 상징한 것이지요.

　① 繫辭焉하야 而明吉凶하며　　(상전 제 2장)
　② 繫辭焉하야 以斷其吉凶이라　(상전 제 8장)
　③ 繫辭焉은 所以告也오　　　　(상전 제 11장)
　④ 繫辭焉하야 以斷其吉凶이라　(상전 제 12장)
　⑤ 繫辭焉하야 以盡其言하며　　(상전 제 12장)
　⑥ 繫辭焉而命之하니　　　　　(하전 제 1장)

그래서 공자님을 문선왕文宣王이라고 높이는 것 아니겠어요? 이치에도 딱딱 맞으면서, 문장의 구성도 대구로 운을 붙여 읽으면 절로 흥이 나게 만드셨지요.

계사상전 제 1 장

天尊地卑하니 乾坤이 定矣요
천존지비　　　건곤　정의

卑高以陳하니 貴賤이 位矣요
비고이진　　　귀천　위의

動靜有常하니 剛柔ㅣ 斷矣요
동정유상　　　강유　단의

方以類聚코 物以群分하니 吉凶이 生矣요
방이류취　물이군분　　　길흉　생의

在天成象코 在地成形하니 變化ㅣ 見矣라.
재천성상　재지성형　　　변화　현의

직역 하늘은 높고 땅은 낮으니 건과 곤이 정해지고, 낮고 높음으로써 베풀었으니 귀하고 천한 것이 자리하며, 움직임과 고요함에 상도가 있으니 강과 유가 판단되고, 방소로써 종류를 모으고 물건으로써 무리를 나누니 길하고 흉함이 생기며, 하늘에 있어서는 상을 이루고 땅에 있어서는 형체를 이루니 변화가 나타난다.

■ 尊 : 높을 존 / 定 : 정할 정 / 卑 : 낮을 비 / 陳 : 베풀 진 / 斷 : 판단할 단, 끊을 단 / 類 : 무리 류 / 聚 : 모을 취 / 群 : 무리 군 / 見 : 나타날 현

강의

① **천존지비 건곤정의** : 태극이라는 공허空虛 속에서 음양이라는 거대한 두 기운이 나옵니다. 만물이 시작되는 것이지요. 양의 가볍고 맑은 기운은 올라가 하늘이 되고, 음의 무겁고 탁한 기운은 내려와 땅이 되어 천지가 나뉘었네요. 그것이 바로 태극에서 나오는 음과 양입니다. 우주만물의 근원은 태극이고, 그 태극에서 우주만물이 나오는 것이지요.

음양은 아무런 법칙 없이 무작위적으로 나오는 것이 아닙니다. '일생이법一生二法', 즉 하나에서 둘이 나오는 분열의 법칙에 의하여 태극 속에서 음양이 나오게 됩니다. 이렇게 해서 하늘과 땅이 위아래로 나뉘었는데, 모두가 양으로 되어 있는 것(☰)을 보고 건乾이라는 괘卦이름을 붙이고, 모두가 음으로 되어 있는 것(☷)을 보고 곤坤이라는 괘이름을 붙인 것이지요.

『주역본의』를 보면 "'하늘(天)'과 '땅(地)'이라는 것은 음양으로 된 형상과 기운의 실체이고, '건乾'과 '곤坤'이라는 것은 주역 중에서 순전한 음과 순전한 양으로만 이루어진 괘의 이름이다."*라고 했지요. 태극에서 나온 음양이 형기形氣가 되어, 위로는 하늘이라는 실체와 아래로는 땅이라는 실체를 이룬 것이지요. 또 건곤이라는 것은 주역 64괘 중에, 순양순음純陽純陰으로 이루어진 괘의 이름이니, 결국 천지라는 실체에 건곤이라는 괘명을 붙였다는 것이지요.

② **비고이진 귀천위의** : '천존지비'가 되니, 땅은 낮은 자리에 있어 '비

---

* 주자, 『주역본의』, 「계사전」 : 天地者는 陰陽形氣之實體요 乾坤者는 易中 純陰純陽 之卦名也라.

卑'이고, 하늘은 높은 자리에 있어 '고高'가 되니, '비고卑高'가 나오네요. 모든 만물은 낮은 것도 있고 높은 것도 있으며, 급수級數가 있고 계급階級이 있어, 낮은 것에서부터 높은 것에 이르기까지 모두 베풀어져 있습니다(卑高以陳). 이렇게 '비고이진'을 하고 보니까, 위에 있는 것은 귀하고 아래에 있는 것은 천해서 귀천의 자리가 정해진다는 것이지요(貴賤位矣).

보통 자리를 말할 때 '천위天位'라고 하지 않고 '지위地位가 높다', '지위가 낮다'라고 합니다. 계급이라는 것이 땅에서부터 올라가는 것이지, 저 높은 곳부터 있는 것은 아닙니다. '지地'에 '위位'를 단계적으로 만들어서 계급이 올라가는 것이기 때문에 지위라고 합니다.

'귀천 위의'라고 한 그 '위位' 자는 지위地位라는 것입니다. 그러므로 '고비이진高卑以陳'이라고 하지 않고 '비고이진'이라고 해서, 낮은 땅에서부터 점차 위로 올라간다는 뜻을 밝힌 것이지요.

그렇게 올라가다보면 지위가 다 정해지니, 이젠 높은 지위에서 낮은 지위로 얘기가 되어 귀천이 자리한다는 것이지요. 그래서 낮은 지위로부터 점차 올라가 높아져서 비고卑高가 베풀어지면, 고高는 귀貴한 것이고 비卑는 천賤한 것이므로, 귀천貴賤이라고 말해서 높은 지위부터 높여서 말하게 되는 것입니다. '천존'의 '존'에는 '귀천'의 '귀'가 붙고, '지비'의 '비'에는 '귀천'의 '천'을 붙여서 '존귀빈천'이라고도 합니다.

③ **동정유상 강유단의** : 양은 동하는 것이고 음은 정하는 것이며, 낮(주晝)은 밝아서 밖으로 나가 활동하니 동이고, 밤(야夜)은 어두워서 집으로 들어가니 정이지요. 동하면 정하게 되고 정하면 동하게 되는

순환반복의 이치 속에서, 낮이 되고 밤이 됩니다. 동과 정, 밤과 낮에 항상성 즉 떳떳함이 있는 것이지요(動靜有常).

　동은 강剛이고 정은 유柔이니, 강하기에 동하고 유하기에 정하며, 동하니 강할 수밖에 없고 정하니 유할 수밖에 없는 것입니다. 즉 동하는 것은 언제나 양이 동하는 것이고, 정하는 것은 언제나 음이 정한다는 항상성이 있으니, 강과 유가 이미 판단되어 버립니다(剛柔 斷矣). 동은 강이 생한 것이고 정은 유가 생한 것이네요. '━(양효)'는 동하는 것인데 강의 떳떳함이고, '╍(음효)'는 정하는 것인데 유의 떳떳함이지요.

④ 방이류취 : 상하와 사방을 둘러보면 하늘, 땅, 산, 내, 들, 바다 등 모두 방소가 있습니다. 그리고 그 방소에는 거기에 해당하는 부류가 모여 살아갑니다. 방소마다 인류人類, 조수류鳥獸類, 어패류魚貝類, 초목류草木類 등등이 유유상종類類相從으로 모여 있는 것이지요.

⑤ 물이군분 : 또 방소마다 모여 있는 그 물류들이 제각기 나뉘어 있습니다. 인류로 말하면 동양인과 서양인이 다르고, 또 씨족으로 따져도 여러 갈래로 나뉘지요. 그와 같이 다른 짐승이나 미물들도 모두 나뉘어 있습니다. 즉 방소마다 해당하는 유類가 모였고, 그 유가 모인 곳에서도 또 작은 무리로 분류되어 나뉘었다는 것입니다.

⑥ 길흉생의 : 이런 이유로 길흉이 나오네요. 저 혼자 있으면 길할 것도 없고 흉할 것도 없는데, 상대가 있기 때문에 좋은 일이나 나쁜 일이 생기는 것입니다. 만약에 '방이류취'를 하지 않고 '물이군분'을 하

지 않았다면, 동양이나 서양의 구별이 없고 내 나라와 이웃 나라의 구별이 없으니, '너와 나'의 구별이 없는 것이어서 길하고 흉할 까닭이 없습니다. '너와 나'가 있고, '큰 것과 작은 것'이 있고, '강자와 약자'가 있기 때문에, 서로 다투면서 패하기도 하고 흥하기도 하다 보니까, 좋은 일도 생기고 나쁜 일도 생기는 것이지요.

⑦ **재천성상 재지성형 변화현의** : 하늘에는 일월성신日月星辰의 형상이 있고, 땅에는 산천초목의 형체가 있으니 변화가 나타난다고 했습니다. 해가 뜨면 낮이 되고 달이 뜨면 밤이 되며, 봄이 되면 따뜻하고 여름이 되면 덥고 가을이 되면 서늘하고 겨울이 되면 춥습니다. 다시 또 봄이 되어 춘하추동 사계절이 계속 변화를 합니다. 이렇게 해서 하늘에 있는 일월성신의 형상은 계속 운행하고 변하는데, 이것은 '재천성상'의 '상象'의 변화가 드러나는 것이지요(變化 見矣).

반면 땅에는 사람이 살고 있으며, 모두 동식물도 땅에 근거를 두고 땅 위에서 살아가고 있습니다. 살면서 낳고 성장하고 늙고 죽는 변화를 이루게 되는데, 이것이 바로 '재지성형'의 '형形'의 변화가 드러나는 겁니다.

총설 여기까지가 천지天地에서 일어나는 형과 상의 변화를 말한 '천역天易'입니다. 주역은 천역天易, 서역書易, 인역人易의 세 가지로 나누어 말할 수 있어요. 천역이라고 하면 천지자연의 역易입니다. 작위적으로 만들어낸 것이 아니라 자연스럽게 이루어진 것을 말하지요. '천존지비'도 자연스러운 것이고, '강유단의'도 자연스러운 것이며, '방이류취'도 자연스러운 것이고, '재천성상'과 '재지성형'의 변화가 나타나고 하는 것도 다 자연스러운 것입니다. 이는 만물을 창조한 하느님의 역이라는 뜻을 지니지요. 이 천역을 책에 담은 것이 서역이고, 서역의 글속에서 천역을 공부하는 것이 인역인 것입니다.

> 是故로 剛柔ㅣ 相摩하며 八卦ㅣ 相盪하야
> 시고 강유   상마   팔괘   상탕
>
> 鼓之以雷霆하며 潤之以風雨하며
> 고지이뢰정   윤지이풍우
>
> 日月이 運行하며 一寒一暑하야
> 일월   운행   일한일서
>
> 乾道ㅣ 成男하고 坤道ㅣ 成女하니
> 건도   성남   곤도   성녀
>
> 乾知大始오 坤作成物이라.
> 건지대시   곤작성물

직역 이렇기 때문에 강과 유가 서로 마찰하며 팔괘가 서로 섞여서, 우레와 번개로 고동시키며, 바람과 비로 윤택하게 하며, 해와 달(일월이)이 운행하며, 한 번은 춥고 한 번은 더워서, 건의 도는 남자를 이루고 곤의 도는 여자를 이루니, 건이 크게 시작하는 것을 주관하고, 곤이 물건을 완성하는 작용을 한다.

■ 摩 : 마찰할 마 / 盪 : 섞일 탕 / 鼓 : 두드릴 고 / 雷 : 우레 뢰 / 霆 : 우레 정, 번개 정 / 潤 : 불어날 윤 / 寒 : 찰 한 / 暑 : 더울 서 / 作 : 지을 작

[강의]

① 강유상마 : 앞서 '천역'을 말하고, 여기서는 '서역書易'으로서의 주역을 말했네요. 주역은 8괘가 체가 되고 64괘가 용이 되니, 그 용이 되는 64괘를 놓고 자연의 이치를 설명한 거지요.

마찬가지로 음양으로 주역을 엮었기에 주역을 '음양학'이라고도 하는데, 사실상의 설명은 강과 유로 하고 있지요. 양과 음은 체로 놓아두고, 그 실질적인 성질이자 실체인 강과 유로 설명한 것입니다. 양과 음은 보고 만질 수 있는 형체가 없으므로, 그 성질과 형체를 드러내서 강유로 말한 것이지요.

'강'이라는 남자의 몸과 '유'라는 여자의 몸이 마찰하여 거기에서 아들과 딸이 나옵니다. 강과 유가 서로 마찰하여 사상이 나오고, 사상에서 팔괘가 나오고, 팔괘에서 16괘가 나오고, 16괘에서 32괘가 나오고, 32괘에서 64괘가 나오는 것입니다. 계속 일생이법一生二法의 '강유상마' 하는 법칙으로 나오는 것이지요. 실은 일생이법은 팔괘에서 매듭이 지어집니다. 일단 팔괘가 만들어지면 그 다음부터는 팔괘와 팔괘가 결합이 되어 64괘가 되는 것이지요. 그래서 바로 뒤에 '팔괘상탕'이라고 한 겁니다.

이렇게 태극에서 64괘가 나오는 방법이 곧 자연이며, 그 나오는 과정을 글로 엮어서 설명한 것이 서역書易인데, 지금 여기서 그 서역을 설명한 것입니다.

② 팔괘상탕 : 강과 유가 서로 마찰해서 팔괘가 나오는데, 그 팔괘가 기본이 됩니다. 팔괘에는 기본적인 상象과 덕德이 갖추어지며, 이렇게 기본이 된 팔괘는 팔괘끼리 서로 만납니다.

하늘괘(☰)를 예로 들면, 하늘괘(☰) 위에 하늘괘(☰)가 오면 중천건괘(䷀)가 되고, 못괘(☱)가 오면 택천쾌괘(䷪)가 되고, 불괘(☲)가 오면 화천대유괘(䷍)가 되고, 우레괘(☳)가 오면 뇌천대장괘(䷡)가 되고, 바람괘(☴)가 오면 풍천소축괘(䷈)가 되고, 물괘(☵)가 오면 수천수괘(䷄)가 되고, 산괘(☶)가 오면 산천대축괘(䷙)가 되고, 땅괘(☷)가 오면 지천태괘(䷊)가 됩니다.

이렇게 기본이 되어 움직이지 않는 괘를 '일정一貞'이라고 합니다. 곧게 가만히 있는 기준괘라는 의미이지요. 하늘괘를 예로 들었습니다만, 하늘괘를 포함한 팔괘가 모두 '일정'이 되어 움직이지 않고 가만히 있는 것입니다.

그리고 그 위에서 팔괘가 움직이는 것을 '팔회八悔'라고 합니다. 앞에서 말한 '일정'과 합해서 '일정팔회'*라고 하지요. 회悔는 '마음 심忄(≒心)'변에 '매양 매每'를 더한 글자로, 마음이 매양 움직여 뉘우치듯이 변하는 것이지요. 그러므로 '뉘우쳐 움직일 회'나 '섞이며 움직

---

* 일정팔회 : 한 괘가 여덟 가지씩 변함. 즉 팔괘중 하나를 아래에 놓아 근본을 삼고, 그 위에 8괘를 차례로 올려놓으면, 한 괘당 8괘씩 모두 64괘가 나온다(8×8=64). 물론 일생이법에 의해 분화한다 하더라도 결과는 마찬가지이다.

• 일정팔회를 乾(☰)을 예로 들어 말하면 다음과 같다. 하괘 乾은 一貞으로 그대로 있다. 상괘는 八悔로 8번의 변화가 있다.

상괘	1건	2태	3리	4진	5손	6감	7간	8곤	八悔
하괘	1건	1건	1건	1건	1건	1건	1건	1건	一貞
	↓	↓	↓	↓	↓	↓	↓	↓	
대성괘	건	쾌	대유	대장	소축	수	대축	태	

일 탕'이나 모두 움직이는 것입니다. 하나씩 움직여 다 만나게 되면 '팔괘 상탕'이 되는 것이고, 팔괘 상탕을 하면 64괘가 되는 것입니다.

즉 8×8은 64가 되는 것이지요. 내외로 보면 내괘가 '정貞'이고 외괘는 '회悔'이며, 상하로 보면 하괘가 정이고 상괘는 회가 되니, 내정외동內靜外動이요 하정상동下靜上動인 것이지요.

③ **고지이뢰정** : 이 세상을 고무진작鼓舞振作시키는 데에는, 천지가 사귀어 맨 먼저 나온 우레(☳)가 제일입니다. 우레가 모두를 움직이게 하는 것이지요. 선천팔괘방위도를 놓고 보면 사진뢰四震雷 자리의 우레

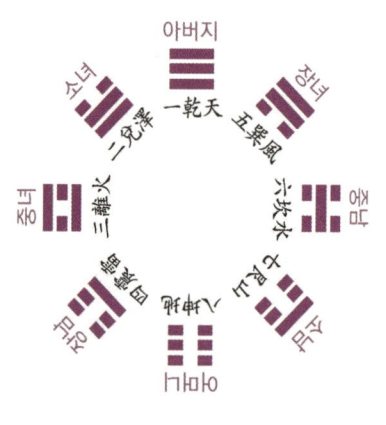

(☳ 震動)가 움직여 여기 칠간산七艮山(☶ 艮止) 자리에 와서 딱 끝나면서 벼락치는 소리(霆)를 냅니다. 이러한 뇌정雷霆으로 만물을 고무진작시키는 것이지요.

④ **윤지이풍우** : 그리고 바람 불고 비가 오고 하는 데에서 모든 물건이 불어나고 윤택해지는 것입니다. 여기에서 바람은 오손풍五巽風의 손괘(☴)를 말하며, 비는 이태택二兌澤의 태괘(☱)를 말하는 것이지요. 못물이 올라가 수증기가 되고 비가 내리는 것이기에 못괘를 비로 말한 것입니다.

┌ 고지이뢰정 : 뢰(☳) 정(☶)
├ 윤지이풍우 : 풍(☴) 우(☵)
├ 일월 운행 : 일(☲) 월(☵)
└ 일한 일서 : 한(☷) 서(☰)

⑤ **일월운행** : 낮에는 해가 떠서 운행하고, 밤에는 달이 떠서 운행하기 때문에 한 번은 춥고 한 번은 덥습니다. 선천팔괘방위도에서 해는 동쪽에 있는 불괘(☲)를 말하는 것이고, 달은 서쪽에 있는 물괘(☵)를 말하는 것이지요.

⑥ **일한일서** : 이렇게 해와 달이 끊임없이 운행하기 때문에 지구에는 추위와 더위가 생기는 것입니다. 즉 한 번은 음으로 추우니 북방의 곤삼절(☷) 땅괘를 말하는 것이고, 한 번은 양으로 더우니 남방의 건삼련(☰) 하늘괘를 두고 하는 말입니다.

⑦ **건도성남 곤도성녀** : '건도'는 하늘괘 이지만 사람으로 말하자면 남자에 해당합니다. 그리고 '곤도'는 땅괘인데 사람으로는 여자에 해당하지요. 건의 도는 남자를 이루고 곤의 도는 여자를 이루니, 성남성녀成男成女가 건곤에서 이루어졌네요.

⑧ **건지대시** : 그런데 주역의 건괘乾卦 단전에 보면 "참으로 하늘은 크도다. 그 하늘에 원형이정이 있는데, 하늘의 맏아들격인 원元은 만물이 나오는 바탕이 된다(大哉라 乾元이여 萬物이 資始하나니)."라고 했듯이 건乾은 만물이 시작하는 것을 주장하고 있습니다.

⑨ **곤작성물** : 곤괘坤卦 단전에 "지극하구나! 땅의 시작이여! 만물이 생겨나는 바탕이 되는구나(至哉라 坤元이여 萬物이 資生하나니)."라 하였으니, 곤은 건의 도道를 이어 만물을 길러내는 것입니다.

　그리고 하늘에서 비가 내려 천지가 사귀는 것이며, 하늘에서 햇볕이 내리쬐어 따뜻해지니 땅이 만물을 내는 것이지요. 꽃이 피고 열매를 맺으며 물건을 모두 다 만들어냅니다. 하늘은 주장하고 땅은 만들어내는 것이지요.

⑩ 여기까지가 역의 이치를 글로 만든 서역書易을 말한 것입니다. '강유상마'로 시작해서, 8괘가 만들어지고, 8괘가 상탕해서 64괘로 완성되는 이치를 설명했어요.

乾以易知오 坤以簡能이니
건 이 이 지　　곤 이 간 능

易則易知오 簡則易從이요
이 즉 이 지　　간 즉 이 종

易知則有親이요 易從則有功이요
이 지 즉 유 친　　이 종 즉 유 공

有親則可久오 有功則可大요
유 친 즉 가 구　　유 공 즉 가 대

可久則賢人之德이요 可大則賢人之業이니
가 구 즉 현 인 지 덕　　가 대 즉 현 인 지 업

易簡而天下之理ㅣ 得矣니
이 간 이 천 하 지 리　　득 의

天下之理ㅣ 得而成位乎其中矣니라.
천 하 지 리   득 이 성 위 호 기 중 의

직역 건은 쉬움으로써 주장하고 곤은 간편함으로써 이루니, 쉬우면 알기 쉽고 간편하면 따르기 쉬우며, 쉽게 주장하면 친함이 있고 쉽게 따르면 공이 있으며, 친함이 있으면 오래할 수 있고 공이 있으면 클 수 있으며, 오래할 수 있는 것은 어진 사람의 덕이고, 클 수 있는 것은 어진 사람의 업적이니, 쉽고 간편하게 해서 천하의 이치를 얻으니, 천하의 이치를 얻으면 (사람이) 하늘과 땅 가운데서 (三才로서의) 지위를 이룰 것이다.

- 易 : 쉬울 이 / 簡 : 간단할 간 / 從 : 따를 종 / 久 : 오랠 구 / 業 : 업 업 / 得 : 얻을 득 / 理 : 이치 리

강의

① 건이이지 : 이 부분부터 인역人易입니다. 하늘과 땅이 있은 뒤에 사람이 있는 것 아니겠어요? 주역은 '이간易簡'의 법칙으로 이루어져 있습니다. 서역이라고 하는 주역에서 천역의 무엇을 배우냐 하면 바로 '쉬울 이易' 자와 '간략할 간簡' 자, 즉 '이간'의 법칙을 배웁니다. 하늘은 쉽고, 땅은 간략하다는 '건이乾易 곤간坤簡'의 법칙이지요.

하늘의 이치가 쉽지 않다면 그것이 이치가 아닙니다. 쉽게 밤이 되고 낮이 되며, 더워지고 추워집니다. 하늘이 하는 일은 모두가 '쉬울 이易' 자로 쉬워요. 그래서 하늘의 이치라면 쉽다고 하여 '바꿀 역易' 자를 '쉬울 이易'라 하는 것입니다. 하늘은 쉽게 모든 일을 하니 오래 갑니다. 만약에 하늘이 하는 일이 어려우면 지금까지 자연의 이치가 이어지지 못하고 모두 파멸되어 없어졌겠지요.

② **곤이간능** : 또한 땅은 간단합니다. 하늘에서 따뜻한 봄을 주면 땅은 간단하게 순응해서 만물을 내고, 하늘에서 더운 여름을 주면 또 간단히 순응해서 더운 기운으로 만물을 무럭무럭 키우네요. 하늘에서 서늘한 가을을 주면 또 간단하게 열매를 맺습니다. 하늘에서 추운 겨울을 주면 또 간단히 땅 속에 만물을 잘 수장收藏합니다.

　이렇게 하늘은 쉽고 땅은 간단한 '이간'의 법칙대로 움직이니, 이것이 바로 주역이며 자연의 이치입니다. 이 이간의 법칙을 배우는 것이 곧 사람이 주역을 공부하는 인역人易인 것입니다.

③ **이즉이지 간즉이종** : 이러한 '건이 곤간'의 법칙은 남녀의 교합에서도 마찬가지입니다. 남자가 쉽게 접근해서 기운을 주면 여자는 간단하게 생명을 잉태합니다. 어려울 것이 없지요. 이렇게 하늘의 법칙이 쉽기 때문에 모든 것을 주장하기가 쉬운 것이지 어려우면 주장할 수가 없어요.

　또 땅의 법칙이 간단하기에 따르기가 쉬운 것입니다. 만약에 간단하지 않고 복잡하다면 이리로 갈까 저리로 갈까 어쩔 줄 모르고 방황하겠지만, 그 이치가 간단하니 따르기가 쉽습니다.

④ **이지즉유친 이종즉유공** : 쉽게 주장하므로 친하지요. 쉽게 모든 걸 주장해나가니까, 누구든지 거기에 붙어서 다들 친하게 됩니다.

　또 쉽게 따르니까 땅에서 모든 생물이 나오는 공을 이루지요. 간단하게 따르지 않으면 공이 없겠지만, 간단하고 쉽게 따르니까 공을 이루는 것입니다.

⑤ 유친즉가구 유공즉가대 : 친함이 있으면 어떻게 되느냐? 오래오래 가는 것이지요. 친하지 않으면 잠깐 만나고 헤어지지만, 친하게 되면 오래도록 가는 것입니다.

그리고 공을 세우고 또 세우면, 그 일이 점차적으로 커지지 않겠어요?

⑥ 가구즉현인지덕 가대즉현인지업 : 이러한 법칙과 실천을 오래하게 되면 덕이 쌓이고 업이 이루어지는 겁니다. 하늘의 명을 본받는 것이니 현인의 덕이 되는 것이고, 그렇게 훌륭한 역할이 점차 커지니 현인의 업이 되는 것이지요. 덕업德業을 이루게 되는 것입니다. 주역은 이간의 법칙으로 이루어졌는데, 그 이간의 법칙을 공부한 사람은 덕업으로 이간의 법칙을 세상에 내놓는 것입니다. 내적으로 덕을 높이고 외적으로 업을 크게 하는 덕업입니다.

현인의 덕인 '유친가구有親可久'라는 것은 내적인 것으로 건의 양이 하는 일이고, 또 현인의 업인 '유공가대有功可大'라는 것은 외적인 것으로 곤의 음이 하는 일입니다. 양은 동적인 것이고 음은 정적인 것이므로, 남자가 밖에서 활동하면 여자는 안에서 살림을 하지요. 하늘은 철학적으로 오래도록 친하게 하니 덕이 되는 것이고, 땅은 실질적인 공을 이루고 업을 이룹니다.

결국 '유친가구'의 '현인지덕'은 쉬울 이易자로 '건이乾易'의 법칙이 되고, '유공가대'의 '현인지업'은 간단할 간簡자로 '곤간坤簡'의 법칙이 되니, '건이'의 '덕'과 '곤간'의 '업'이 합해서 '덕업'이 되는 것입니다.

이간의 법칙을 사람이 공부하면 내적으로 덕이 성립되고 외적으로 업을 이루는 것입니다. 사람이 이 세상에 존재하면서 천지자연의 이간의 법칙을 공부해서 덕업을 이룰 때 현인이 되는 것이지요. 현인이 되려고 주역을 공부하는 것 아니겠어요?

건곤의 덕	사람이 받아들이는 덕
건(大始)→ 易	→ 이지→ 유친→ 가구→ 현인지덕(形而上的)
곤(成物)→ 簡	→ 이종→ 유공→ 가대→ 현인지업(形而下的)

⑦ 이간이천하지리 득의 : 하늘의 '이'의 법칙, 땅의 '간'의 법칙을 공부해서, 이간의 법칙을 체득하게 되면 어떻게 되느냐는 것을 설명한 것입니다. 천하의 이치가 다 이간의 법칙 속에 들어 있으니, 사람이 그 이치를 터득해서 얻게 되지요.

⑧ 천하지리득이 성위호기중의 : 천하의 이치를 이간의 법칙에 의해 터득한다면, 덕업을 이루는 것과 동시에 위位를 이룬다고 하네요. 천지인天地人 삼재三才가 되니, 「천부경」에 '인중천지人中天地'라고 했듯이 천지와 똑같이 된다는 뜻입니다.

읽을거리 - 천부경과 역

우리나라의 역이라고 하는 「천부경天符經」에 '일시무시일一始無始一'이라고 했습니다. 하나로 시작했는데 그 시작한 하나가 없다는 것이지요. 일시一始의 '일'은 태극을 말하는 것이고, 무시無始의 '무'는 무無極을 말하는 것입니다.

그리고 '석삼극 무진본析三極無盡本'이라고 했지요. 천지인의 삼극으로 다 나뉘어도 그 근본인 태극은 없어지지 않는다는 말입니다. 셋으로 나누어 놓았음에도 불구하고, 그것은 모두 태극에서 나왔으니까 태극의 근본은 계속 존재하는 것이지요.

그리고 '천일일天——, 지일이地—二, 인일삼人—三'이라 하고, '대삼합육大三合六'이라고 해서, 천지인 셋(一, 二, 三)을 합하면 여섯이 된다고 육효를 말했습니다. 주역에서 삼획괘가 육획괘가 되는 것이「천부경」의 '대삼합육大三合六'입니다.

그 가운데에서 양이 변하고 음이 변하며, 낮이 되고 밤이 되며, 계속 변화해도 태극의 근본은 끝이 없으니, 만으로 가고 만으로 온다고 했습니다. '일묘연만왕만래—妙衍萬往萬來'이지요.

그리고 '인중천지일人中天地—'이라고 했습니다. 사람 속에 천지가 들어있다는 것이지요. 천지 속에 사람이 들어있고, 사람 속에 천지가 들어 있으니 천지인이 하나가 됩니다.

▍읽을거리 - 중용과 삼재

『중용』에도 "천지와 더불어 셋으로 참여한다(여천지삼의與天地參矣)."라고 했지요. 사람은 만물의 영장이므로 하늘과 어깨를 나란히 할 수 있고, 땅과 어깨를 나란히 할 수 있어야 하지 않겠어요? 주역을 공부하여 이간의 법칙을 터득하고 덕업을 이룬다면, 천지가 낳은 인간이지만 사람도 하늘과 땅과 어깨를 나란히 할 수 있다는 것이지요.

그렇습니다. 자식이 성장해야 할 때는 아버지·어머니를 따라야 하지요. 그러나 성장한 후에는 아버지·어머니가 하는 일을 자식이 합니다. 선천先天이라는 시대는 자연을 따르기만 해요. 그러나 후천後天이라는 시대는 사람이 자연이 하는 일을 모두 다 합니다. 사람이 자기의 지혜를 최고 수준으로 발휘하여 자연의 법칙, 이간의 법칙을 알아내서 이 지구촌을 지상낙원으로 건설하게 되는 것입니다.

모든 것이 그저 자연스럽게 이루어지듯이, 사람이 자연을 그대로 따름으로써 자연인이 되는 시대가 후천입니다. 부모를 따르는 자식이 성장하면 부모가 되는 것과 마찬가지이지요. 이렇게 하는 것은 바로 이간의 법칙을 알아서 덕업을 이루고 천지와 더불어 나란히 어깨를 견줄 수 있다는 것이니, 이것이 삼재의 의미입니다. 사람의 인격적 위치를 천지의 한가운데에 딱 이루어 천지인 삼재가 된다는 말이니, 주역을 공부한다고 하면 이 정도까지는 해야 한다는 뜻입니다.

▎총설

「계사전」의 머릿장인 이 장은 세 가지로 나누어 말할 수 있습니다. '천존지비天尊地卑'에서 '변화현의變化見矣'까지는 천지자연 그대로의 '천역天易'이고, '강유상마剛柔相摩'에서 '곤작성물坤作成物' 까지는 괘와 효가 그려지고 그 괘효를 글로 설명한 '서역書易'이지요. '건이이지乾以易知'에서 '위호기중의位乎其中矣'까지는 사람이 주역을 배워 이간의 법칙에 통하여 덕업德業을 이룸과 동시에 천지와 더불어 삼재三才가 되는 '인역人易'입니다.

주자의 『본의』에도 "조화의 실체(천역)로써 『역경(서역)』을 지은 이치를 밝히고, 또한 '건·곤'의 이치(이간)가 하늘과 땅에 나뉘어 나타남에 사람이 그 이치를 체득함(인역)을 말한 것이다."*라고 했습니다.

右 第 一 章

이상은* 제 1장이다.

---

* 『주역본의』: 此章, 以造化之實 明作經之理, 又言乾坤之理 分見天地而人兼體之也.
* 예전의 책은 종서縱書로 되어 있어 위에서 아래로 읽고, 또 그 순서가 오른쪽에서 부터 왼쪽으로 쓰여졌다. 따라서 '우제일장(右第一章 : 오른쪽이 제 1장)'이라함은 '이상은 제 1장'이라는 뜻으로 지금까지 읽어온 내용이 1장이라는 뜻이다.

계사상전 제 2 장

> 聖人이 設卦하야 觀象繫辭焉하야 而明吉凶하며
> 성인   설괘   관상계사언   이명길흉

직역 성인이 괘를 베풀어서 괘상을 보고 말을 붙여 길하고 흉함을 밝히며,

- 設 : 베풀 설 / 觀 : 볼 관 / 辭 : 말 사 / 繫 : 맬 계

강의

① **성인설괘 관상계사언** : 복희씨라는 성인聖人이 괘를 그린 것이 바로 '성인설괘'입니다. 그 후에 문왕이 괘의 상을 보고 말을 매어놓았고(괘사=단사), 주공은 효의 상을 보고 또 말을 매놓았습니다(효사). 그러니까 괘상을 보고 '관상계사'를 한 것이 괘계사이고, 효상을 보고 '관상계사'를 한 것이 효계사인 것입니다.

예를 들어 건괘乾卦를 보면 복희씨가 건괘(☰)를 짓고, 문왕이 "건원형이정乾元亨利貞"이라고 괘계사를 붙였습니다. 이때의 '관상계사'는 괘상을 보고 설명을 붙인 것입니다.

이것을 의리적으로 풀면 "하늘은 원하고, 형하고, 이하고, 정하다. 즉 '원덕元德, 형덕亨德, 이덕利德, 정덕貞德이 있다.'는 말이고, 또 '건원형이정'을 점으로 풀면 원元은 큰 것이고 형亨은 통하는 것이니, '크게 형통하고 바르게 하는 것이 이롭다.'고 풀이합니다. 의리적으로

풀이하든지 혹은 점으로 풀이하든지 '건원형이정'은 건괘의 '관상계사'입니다. 즉 괘계사가 되는 것이지요.

'관상계사'라고 할 때는, 괘의 각 효를 보고 풀이한 글인 효계사도 포함합니다. 건괘로 예를 들면 초구효의 효계사는 "용이 못 속에 잠겨 있으니 쓰지 말라(潛龍勿用)."이고, 구이효의 효계사는 "나타난 용이 밭에 있으니 대인을 봄이 이롭다(見龍在田 利見大人)." …. 이렇게 나아가다가 상구효의 효계사는 임금의 자리에서 지나쳤고 하늘 중심에서 벗어나 "너무 높이 있는 용이 되었기에 후회만 남아 있다(亢龍有悔)."라고 했습니다.

② **명길흉** : 성인이 이렇게 괘를 만들고, 그 상을 보고 합당한 설명의 말을 붙여서 길흉을 밝혀놓았지요. 예를 들어 "하늘괘가 나왔으니 크게 형통하지만 바르게 하는 것이 이롭다(乾 元亨利貞)."는 것은, 괘계사로 길흉을 말한 것입니다.

그리고 건괘 상구효에 "너무 지나쳐서 후회스럽다."고 한 것은 효계사로 길흉을 말한 것입니다. 사경을 헤매는 사람이나 병든 사람이 점을 해서 이런 점괘가 나오면 죽는 것이고, 직장에 있는 사람은 퇴임을 해야 하는 자리이지요. 이렇게 괘나 효의 자리에 대한 상황을 판단해서 길흉을 써놓았습니다.

剛柔ㅣ 相推하야 而生變化하니
강유   상추   이생변화

직역 강(양)과 유(음)가 서로 밀치면서 변화를 낳으니

- 推 : 옮길 추, 밀 퇴

강의

① **강유상추** : '강이 유를 밀어낸다.'는 것은 양(一)이 오면 음(--)이 물러나는 것이고, '유가 강을 밀어낸다.'는 것은 음(--)이 오면 양(一)이 물러나는 것이지요.

② **이생변화** : 이렇게 강은 유를 밀어내고 유는 강을 밀어내며, 낮은 밤을 밀어내고 밤은 낮을 밀어내니 이것이 변화하는 것입니다. 강과 유가 서로 마찰하고 밀어내기 때문에, 강이 유가 되고 유가 강이 되는 변화를 낳는 것이지요.

是故로 吉凶者는 失得之象也요
시고   길흉자   실득지상야

悔吝者는 憂虞之象也요
회린자   우우지상야

직역 이렇기 때문에 길함과 흉함은 얻고 잃는 형상이며, 뉘우침과 인색함은 근심하고 걱정하는 형상이며,

- 憂 : 근심할 우(두려워 하는 뜻이 강함 : 惕) / 虞 : 걱정할 우(헤아린다는

뜻이 강함 : 度)

> 강의

① **길흉자 실득지상야** : 주역 본문에 '길흉'이라는 말이 많이 들어 있습니다. 주역은 점서로서의 기능이 있으니, 좋고 나쁜 걸 알아야 하기 때문에 길흉에 대해 많이 말한 거지요. '길'은 얻은 것이고 '흉'은 잃은 것입니다. 인간이 이 세상을 득실관계로 사는데, '길'이라는 것은 득지상得之象이고, '흉'이라는 것은 실지상失之象이라는 거지요. 주역은 상象이며 상을 보고 계사를 썼으니, 계사에 '길흉'이라고 한 것은 얻는 상과 잃는 상을 말한 것입니다.*

② **회린자 우우지상야** : 주역에 '길흉'과 더불어 많이 나타나는 용어가 '회린'입니다. '뉘우친다(悔)'는 것은 마음이 매양 움직이는 것입니다. 어떤 잘못을 저질러놓고 마음이 움직여 뉘우치는 것이지요. 이렇게 뉘우친다는 것은 마음으로부터 근심(憂)하는 것입니다. 그래서 '회' 자나 '우' 자에 에 '마음 심心'이 있습니다.

그러나 '인색할 린吝' 자에는 '마음 심心'이 없어요. '린' 자는 '글월 문文' 아래에 '입 구口'를 했어요(吝=文+口). 마음은 다른 곳에 가 있으니, 마음이 움직이는 것이 아니라 '글로만 잘 하겠다' 또는 '입으로만 잘 하겠다'고 하는 것입니다. 이렇듯이 인색하게 행동하는 사람은 겉으로만 걱정(虞)을 하지, 안으로 깊이 뉘우쳐서(憂) 행동에 옮기려고

---

* '길'은 중·정·응·비 등을 얻은 상을 뜻하고, '흉'은 얻지 못한 것을 뜻한다.

하지를 않지요. 개과천선하려고 하지 않습니다.

그래서 뉘우치는 것은 우지상憂之象이고, 인색한 것은 우지상虞之象입니다. 근심을 하게 되면 잘못을 고치지만, 겉으로만 걱정하고 그냥 슬쩍 넘어가려고 해서 허물을 고치는 데에 인색하게 되는 것이지요.*

> 變化者는 進退之象也요
> 변화자   진퇴지상야
> 剛柔者는 晝夜之象也요
> 강유자   주야지상야

직역 변함과 화함은 나아가고 물러나는 상이며, 강과 유는 낮과 밤의 상이며,

강의

① 변화자 진퇴지상야 : 주역에 '변화'라는 말이 많이 등장하는데 도대체 무슨 뜻일까요? 공자님께서 '변變은 진지상進之象이고 화化는 퇴지

---

* ㉠ 悔→憂→吉 : 悔는 잘못한 것을 두려워하며 후회하여, 뉘우침이 행동으로 표현되므로 길하게 될 가능성이 많다.(自凶而趨吉)
㉡ 吝→虞→凶 : 吝은 인색하다는 뜻으로(吝은 '文+口'로 글 또는 입으로만 걱정하는 것), 실질적으로 고치지 않고 헤아리기만 하니 흉하게 될 가능성이 많다.(自吉而向凶) 즉 역은 마음을 수양하고 개과천선하는 학문이기 때문에, 잘못이 있더라도 고치면 길하게 되는 것이다.

상退之象이니, 나아가고 물러가는 형상이라'고 하셨네요. 변은 나아가는 상인데 그 체인 음이 변해서 나가는 것이고, 화는 물러가는 상인데 그 체인 양이 화해서 물러나는 것입니다. 이것을 음변양화陰變陽化라고 하는 것이지요. 음은 변하고 양은 화하는 겁니다.

왜 그럴까요? 밤에는 캄캄하니 누워서 잠을 자다가, 낮이 되어 밝아지면 밖으로 나옵니다. 음의 세상에서 움츠려 고요히 잠을 자고 있다가 날이 새면 밖으로 나갑니다. 음이 양으로 변하여 진進하는 것이지요. 양의 밝은 세상에서 종일 활동하다가 밤으로 화하여 물러나 퇴退하는 것이지요. 이것이 바로 음진양퇴陰進陽退입니다.

노양 9가 변하면 소음 8이 되고, 노음 6이 변하면 소양 7이 됩니다. 노양수 9가 변해서 소음의 8이 되었으니 숫자 하나가 물러났네요(양퇴). 또 노음수 6이 변해서 소양수 7이 되니 숫자가 하나 더 늘어납니다(음진). 9에서 8로 물러났고 6에서 7로 나아갔으니, 또한 음진양퇴입니다. 수로 풀어보면 쉬워요. 역은 이치로도 풀어보고, 상으로도 풀어보고, 수로도 풀어보아야 합니다. 그게 다 맞아야 진정한 역이지요.

이렇게 야진주퇴夜進晝退하고 음진양퇴陰進陽退하는 것이 변화하는 것입니다. 사람이 변화를 모르면 안 되지요. 나아갈 때 나아가고 물러날 때 물러나는 것이 변화하는 것입니다.

② 강유자 주야지상야 : 강剛과 유柔라는 것은 낮과 밤의 형상임을 말한 것입니다. 주역은 계속해서 상象을 말합니다. 낮은 강이고 밤은 유네요. 강은 낮의 상이고 유는 밤의 상입니다. 낮은 양이 주장하기 때문에 햇볕이 나서 환히 밝고 강합니다. 그러나 밤은 음이 주장하기

때문에 부드럽고 어둡지요. 강은 양이 강하다는 것으로 낮의 상이고, 유는 음이 유하다는 것으로 밤의 상입니다.

六爻之動은 三極之道也니
육 효 지 동   삼 극 지 도 야

직역 여섯 효의 움직임은 삼극三極의 도이니,

강의 앞에서 '길흉吉凶'은 실득지상失得之象으로, '회린悔吝'은 우우지상憂虞之象으로, '변화變化'는 진퇴지상進退之象으로, '강유剛柔'는 주야지상晝夜之象으로 네 가지 상을 말했습니다. 이렇게 네 가지 상에 대해 주욱 얘기해놓고 이것이 바로 도道라고 했네요.
　주역의 '효爻' 자는 본받을 '효效' 자에서 '爻'만 따온 것입니다. 땅에 뿌리내린 것을 포함해서 우주만물은 모두 움직이며 살고 있어요. 움직이지 않는 것이 없습니다. 본받는다는 것은 그 움직이는 것을 보고 본받는 거지요. 잘 움직이면 길하고 잘못 움직이면 흉하니, 그걸 다 본받아서 주역에 담은 겁니다. 그래서 이걸 '효爻'라고 합니다.
　이 효가 움직입니다. 괘卦가 움직이는 게 아니라 효爻가 움직입니다. 괘는 그 위치가 한 곳에 걸려 있어 '걸 괘卦' 자에서 따온 것이고, 효는 움직이는 것이기 때문에 '효변爻變' 또는 '효동爻動'이라고 합니다. 그래서 '초구가 동動(變)했다.', '초육이 동動(變)했다.'고 하는 것이지요. 이렇게 동한다는 것은 바뀌고 달라지는 것으로, 양이 동하면 음이 되고, 음이 동하면 양이 됩니다.

이렇게 육효六爻가 동하는 것은 삼극三極의 도道라는 것이지요. 삼극은 삼태극三太極으로도 얘기가 되는데, 천태극天太極, 지태극地太極, 인태극人太極을 말합니다. 세 획으로 이루어진 팔괘는 맨 위의 효가 하늘(天)이고, 맨 아래가 땅(地)이고, 중간이 사람(人)으로 삼태극을 형상한 것인데, 이 삼태극의 팔괘에서는 길흉을 설명하지 않았습니다.

팔괘의 삼태극은 다만 태극이 되어 음양을 안에다 품고 가만히 있는 것이지요. 그래서 천태극은 천태극의 음양, 지태극은 지태극의 음양, 인태극은 인태극의 음양이 그대로 가만히 있습니다. 이 3획으로 이루어진 소성팔괘小成八卦가 체가 되고, 서로 만나면 6획으로 이루어진 대성大成 64괘가 되는 것이지요. 즉 천지인 삼극이 품고 있던 음양을 펼쳐놓는 것입니다.

삼태극에 각각 음양이 있으니 펼쳐놓으면 3×2=6이 되어 6효가 됩니다. 위의 두 효(상효, 오효)는 천태극의 음양이 펼쳐진 것으로 오효는 하늘(天)이 되고, 그 위의 상효는 천상天上이 됩니다. 또 아래의 두 효(초효, 이효)는 지태극의 음양이 펼쳐진 것으로, 이효는 밖으로 드러난 땅(지상地上)이 되고 그 아래의 초효는 땅 속으로 들어가 안 보이는 지하地下가 되지요. 또 가운데 있는 두 효(삼효, 사효)는 인태극의 음양이 펼쳐진 것으로, 삼효는 사람의 정신이 되고 사효는 사람의 육체가 됩니다. 이렇게 해서 삼극의 도가 바로 육효六爻가 되고, 이 육효가 동하게 되는 것입니다.

소성팔괘는 음양이 삼태극 속에 들어 있어 일단 본체를 이루고 있지만, 모든 만물이 실제로 생성변화하는 것은 음양변동에 의한 것이므로, 이렇게 6효로 표출을 시켜 음양의 변동을 설명한 거지요. 모든 것이 음양이 아니면 안 되니까요. 이렇게 6효가 움직이는 것이 삼극의 도입니다. 도道의 이치 속에서 상象이 나오는 것이고, 상 속에 도가 들어 있는 것입니다. 결국 삼극의 도는 육효의 동動으로 되는 것이지요.

是故로 君子ㅣ 所居而安者는 易之序也요
시 고　군 자　소 거 이 안 자　역 지 서 야

所樂而玩者는 爻之辭也니
소 락 이 완 자　효 지 사 야

직역 이렇기 때문에 군자가 거처해서 편안히 하는 것은 역의 차례이고, 즐기며 완미하는 것은 효의 말이니

- 序 : 차례 서 / 玩 : 구경할 완, 즐길 완

강의

① 소거이안자 역지서야 : 주역을 공부하는 군자의 공부하는 자세를 말했네요. 집에 가만히 있으면서 역의 순서대로 편안하게 공부하라는 말입니다.

　역의 순서는 태극에서 양의兩儀가 나오고, 양의에서 사상四象이 나오며, 사상에서 팔괘가 나오고, 결국엔 64괘가 자연스럽게 나옵니다. 점을 할 때도 마찬가지이지요. 뿌리에서 줄기로 줄기에서 가지로 뻗어나가듯이, 주역도 괘를 그릴 때 밑에서부터 위로 그려 올라갑니다. 점을 칠 때에 맨 아래로 초효가 나오고, 위로 올라가면서 이효, 삼효, 사효, 오효가 나오고, 마지막으로 상효가 나옵니다. 이것이 역이 나

오는 순서라고 할 수 있지요. 이렇게 군자가 가만히 있을 때에는 점을 쳐서 나오는 역의 순서를 편안히 기다리며 살피는 것입니다.*

② 소락이완자 효지사야 : 편안한 가운데 가만히 점을 쳐서 '역지서易之序'의 순서대로 괘효卦爻가 나오면 즐거워하면서 구경을 합니다. 가령 점을 쳐서 건괘(☰)의 구사효가 나왔다고 해보지요. 구사의 효사에 "혹약재연或躍在淵하면 무구无咎리라."라고 되어 있습니다.

그러면 이 효사를 보고 '아직은 성공하는 하늘자리(五爻)에 올라갈 때가 안 되었으니, 아직 나가서는 안 되겠다. 용이 다시 못 속에 들어가서 수련을 더 쌓듯이 다시 제자리로 돌아가 능력을 더 기른 후에 도전해야겠구나!' 하고 주역의 효사를 완미하는 것입니다.

이것은 자연의 순리를 즐거워하는 것이고, 그 괘와 효의 말을 즐겁게 구경하는 것입니다. 욕심나는 대로 행동하다가도 주역의 효사를 보고는 자제하는 것이지요. 편안히 거하며 '역지서易之序'의 차례대로 괘효를 얻는 것이 '거안居安'이고, 괘효가 다 나온 뒤에 그 괘효사卦爻辭를 구경하는 것은 '낙완樂玩'이라고 정리해볼 수 있습니다.

---

* '居'는 처한 상황, 즉 여섯 효 중의 위位를 말하는 것이고, '안安'은 처한 상황에 순응하여 망동하지 않는 것이다. '서序'는 효의 차서次序를 뜻한다. 또는 역의 괘서卦序를 뜻하기도 하는데, 이때는 일반적인 주역 공부를 한다는 뜻이다.

是故로 君子ㅣ 居則觀其象而玩其辭하고
시고   군자   거즉관기상이완기사

動則觀其變而玩其占하나니
동즉관기변이완기점

是以自天祐之하야 吉无不利니라.
시이자천우지   길무불리

직역 이렇기 때문에 군자가 거처할 때는 괘효의 상을 보고 괘효의 말을 완미하며, 움직일 때는 괘효의 변하는 것을 봐서 그 점을 완미한다. 이렇게 하기 때문에 하늘로부터 도와서 길해서 이롭지 않음이 없는 것이다.

- 玩 : 구경할 완(깊이 음미하다) / 祐 : 도울 우

강의

① 군자 거즉관기상이 완기사 : 역을 공부하는 군자가 집에 있을 때,* 즉 아무 일이 없을 때에는, 주역의 괘상卦象이나 효상爻象을 보고서 거기에 있는 계사繫辭의 말을 구경하고 심취하라는 것입니다. 다시 말해 괘상을 보면서 적힌 말만 음미하는 것이지요.

② 동즉관기변이 완기점 : 그러다가 움직이게 되고 활동하게 되면, 미리 점을 쳐봐서 어느 괘의 어느 효가 변했냐를 보고 거기에 적힌 점사를 잘 음미하라고 했네요. 세상에 나가 일을 하려고 하면 점을 쳐

---

* 여기서의 '居'는 위의 문장과는 달리 動과 상대적인 개념, 즉 정靜이라는 뜻으로 쓴 것이다.

서 괘효의 변화를 먼저 봅니다. 가령 점을 쳐서 건괘乾卦의 초구가 나오면, 건괘 초구효의 변화를 보는 것이지요.

건괘의 초구 효사는 "초구初九는 잠룡潛龍이니 물용勿用이니라."고 했습니다. 이 효사가 초구효의 효계사爻繫辭이자 점사占辭입니다. 어떻게 해야 한다고 가르쳐주는 것이지요. 그러니까 '잠룡潛龍'의 상에 '물용勿用'의 점이 나온 것입니다.

이렇게 건괘의 초구가 변한 걸 보는 것이 '관변觀變'이고 '잠긴 용이니 쓰지 말아라.'고 하는 점사를 완미해보는 것이 '완점玩占'이지요. 이렇게 '가만히 있어라'하는 점사를 구경했으면 가만히 있어야지요.

③ 자천우지 길무불리 : 역을 공부하는 군자가 이렇게 행동할 때에, '하늘로부터 도와서 길하기만 한 게 아니라, 하는 일마다 이롭지 않음이 없다.'고 했네요. 그렇습니다. 천지자연의 이치를 설명한 것이 주역이고, 주역에서 괘가 나오고 효가 나오고 있는데, 그걸 보고서 내가 그대로 행동으로 옮기는 것이 바로 주역을 생활화 하는 것입니다.

하느님이 낸 역을 생활화 하는 것이 하느님의 명命에 따르는 것이지요. 그렇다면 하느님이 하느님의 명에 따르는 사람을 돕지 않고 누구를 돕겠어요? '하느님, 하느님!' 하고 믿는 것만 굳게 믿을 게 아니라, 하느님이 하는 일에 대해서 내가 마땅히 따라야 하는 것입니다.

"하늘을 따르는 자는 존存하고(順天者存), 하늘을 거스르는 자는 망한다(逆天者亡)."고 했는데 하늘의 명에 따르는 것은 바로 하늘이 낸 주역을 공부하는 것이고, 그걸 생활화 하는 것입니다. 주역을 생활화 할 때 하느님이 돕는 것이지요.

▎총설

여기까지가 제 2장입니다. 성인이 역을 지으신 뜻과 군자가 이를 체득하여 행하는 태도를 쓴 것이지요. 문자 이전시대에 복희씨가 괘를 긋고(聖人設卦), 문자가 생긴 이후에는 문왕과 주공이 괘사와 효사를 붙였어요(觀象繫辭焉).

역을 공부하는 자는 먼저 그 괘효의 상을 보고(觀其象), 다음에 그 괘효에 붙여놓은 말을 깊이 완미(玩其辭)해보라고 했습니다. 그리고 어느 효가 어떻게 변했냐 하는 것을 관찰하고(觀其變), 그 길흉을 살펴 완미하라(玩其占) 했네요.

이렇게 관상완사觀象玩辭로 학역學易하고, 관변완점觀變玩占으로 용역用易하여 생활화 하면, 자연히 천역天易에 통하기 때문에 '자천우지길무불리'가 되는 것이지요. 주자는 "성인이 역을 짓고 군자가 역을 공부하는 일을 말했다."*라고 했습니다.

右 第 二 章
이상은 제 2장이다.

---

* 주자, 『본의』: 此章은 言聖人作易 君子學易之事라.

계사상전 제 3 장

象者는 言乎象者也요 爻者는 言乎變者也요
단자　언호상자야　　효자　언호변자야

직역 '단'이라고 함은 상을 말한 것이고, '효'라 함은 변화를 말한 것이며,

- 彖 : 판단할 단, 돼지어금니 단 / 象 : 형상 상

강의

① **단자 언호상자야** : 여기의 '단'은 단사彖辭, 즉 괘사卦辭를 말합니다. '단'은 '돼지어금니 단' 자인데, 돼지어금니는 아무리 질기고 딱딱한 것도 잘 끊는 힘이 있습니다. 그래서 '끊을 단(≒斷)'이라고 하지요. 한 괘에 대해서 좋다(吉), 나쁘다(凶) 등으로 딱딱 끊어서 단적으로 얘기하는 것입니다.

다시 말해 괘 전체의 상을 가지고 단적으로 판단해 말한 것입니다. 가령 건괘의 괘사는 "건乾은 원元코 형亨코 이利코 정貞하니라."로 되어 있지요. 이것은 건괘 전체의 상을 보고 판단한 것입니다.

이것을 건乾에는 '원형이정의 사덕四德이 있다. 하늘로 보면 춘하추동 사시四時가 되고, 땅으로 보면 동남서북 사방四方이 되고, 사람으로 보면 인례의지仁禮義智 사상四常이 된다.'는 것으로 풀이할 수 있지요.

점占으로 말하면 "건은 크게 형통하고(元亨) 바르게 함이 이롭다(利

貞)."로 풀이할 수 있는 것입니다. 이렇게 '건원형이정乾元亨利貞'이라고 말한 것이, 바로 괘사이고 단사이며, 단象이라고 하는 거지요.*

② **효자 언호변자야** : 다음으로 효爻라는 것은 변하는 것을 말합니다. 괘卦는 변하지 않습니다. 효가 변함에 따라서 괘도 달라질 뿐이지요. 초효, 이효, 삼효, 사효, 오효, 상효 중 어느 효가 변하냐에 따라 그에 대한 해석이 나옵니다.

양효를 보고 구九라 하고 음효를 보고 육六이라 하는데, 구는 노양이고 육은 노음입니다. 젊은 것이 변해봤자 늙기만 하지만, 늙은 것이 변하면 아예 음양이 바뀝니다. 그래서 노양과 노음을 쓰는 것입니다.

'초구'하면 초구의 양이 변해서 음이 되는 것이고, '초육'하면 초육의 음이 변해서 양이 되는 것이지요. '구이'하면 구이의 양이 변해서 음이 되는 것이고, '육이'하면 육이의 음이 변해서 양이 됩니다. 모든 효가 다 같습니다. 각자의 음양이 변해서 바뀌는 겁니다. 그래서 효라는 것은 결국 그 효의 음양이 변해서 바뀌는 것을 말하지요.**

---

* '단象'은 문왕이 지은 괘사를 말하며, 괘 전체의 총체적인 판단을 한다. 또 점을 해서 한 효도 변하지 않았을 때의 판단 기준이 된다. 이는 괘상을 보고 해석한 것이므로 '언호상자'라고 한 것이다.

** '효爻'는 주공이 지은 효사를 말한다. 구이 또는 육삼 등 효를 지칭했을 때는 이미 그 효가 변했다는 뜻이다. 즉 건괘(☰)에서 '초구는'하고 말했을 때는 초구가 동해서(양이 음이 되어) 구괘(☴)가 되었다는 뜻으로, '건지구(乾之姤 : 건이 구로 갔다)'라고도 한다.

> 吉凶者는 言乎其失得也요 悔吝者는 言乎其小疵也요
> 길흉자   언호기실득야   회린자   언호기소자야
>
> 无咎者는 善補過也니
> 무구자   선보과야

계사상전 3장

직역 '길하다, 흉하다' 함은 얻고 잃음을 말한 것이며, '뉘우친다, 인색하다' 함은 조금 병폐가 있다는 말이며, '허물이 없다' 함은 허물을 잘 보완한다는 말이니,

- 疵 : 병폐 자 / 善 : 착할 선, 좋을 선 / 補 : 기울 보 / 過 : 허물 과

강의

① 길흉자 언호기실득야 : 얻는 것이 많아지면 길한 것이고, 자꾸 잃고 손해를 보면 흉한 것이지요. 그래서 길흉이라는 것은 그 얻고 잃음을 말한 것이라고 했습니다.

② 회린자 언호기소자야 : 『주역』 본문에 '길흉회린 吉凶悔吝'이라는 네 가지 길흉표현이 있습니다. 점을 풀이하는데 '길하다, 흉하다, 뉘우친다, 인색하다'의 네 가지 단계로 그 좋고 나쁨을 본다는 것이지요.
  '회린 悔吝'이라는 것은 길흉 吉凶으로 가는 과정과 단계가 됩니다. 뉘우치면 길한 데로 가는 것이고, 인색하면 흉한 데로 가는 것입니다. 후회스럽다고 느끼면 잘못된 마음을 고쳐먹고 새롭게 나아가니 길한 방향으로 가는 것이지요. 그래서 후회는 길한 조짐입니다. 인색하다는 것은 자꾸 박하게 나가서 흉하게 되니, 흉한 조짐이 되는 것입니다. 길흉은 고칠 수 없는 큰 것이고, 회린은 바꿀 수 있는 작은

것입니다. 그래서 '길흉'이 실득의 상을 말한 것이라면, '회린'은 그 사이의 조그만 병폐, 즉 하자瑕疵를 말한 것이지요.

③ **무구자 선보과야** : 주역에는 허물이 없다는 뜻을 지닌 '무구无咎'라는 말이 많이 등장합니다. 허물이 없다는 것은 허물을 잘 고친다는 뜻이니 허물(결점)을 잘 보완하는 것입니다. 그래서 조그만 잘못도 없도록 깨끗하게 만드는 것이지요.*

是故로 列貴賤者는 存乎位하고 齊小大者는 存乎卦하고
　시고　열귀천자　　존호위　　제소대자　　존호괘

辯吉凶者는 存乎辭하고 憂悔吝者는 存乎介하고
　변길흉자　존호사　　우회린자　　존호개

震无咎者는 存乎悔하니
　진무구자　존호회

직역 이렇기 때문에 귀하고 천함을 벌려놓은 것은 (육효의) 자리에 있고, 작고 큼을 정한 것은 괘에 있으며, 길하고 흉함을 분별한 것은 말(繫辭)에 있고, 뉘우치고 인색함을 근심하는 것은 선악의 경계를 분별하는 데에 있으며, 움직여 허물이 없음은 뉘우치는 데 있으니,

- 齊 : 가지런히 할 제(齊 ≒ 定) / 辯 : 분별할 변 / 存 : 따를 존 / 介 : 분별

---

* 허물을 잘 해결(보충)하면, 길한 것은 아니지만 허물은 없어진다.

할 개 / 震 : 움직일 진(≒動)

강의

① 열귀천자 존호위 : "귀貴하고 천賤한 것을 벌려놓은 것이 위位에 존存한다."는 것은 괘효의 위位를 보면 귀천을 알 수 있다는 것입니다. 천한 데서부터 귀한 데로, 낮은 데서부터 높은 데로 올라가니 지위地位입니다. 땅에다 발판을 두고 올라가는 것 아니겠어요?

그래서 괘의 효위爻位도 초위初位, 이위二位, 삼위三位, 사위四位, 오위五位, 상위上位입니다. 초위보다는 이위가 귀하고, 이위보다는 삼위가 귀하고, 사위보다는 오위가 귀해요. 위에 있는 건 귀하고 아래에 있는 것은 천하니, 효의 자리마다 귀천이 달라집니다.*

② 제소대자 존호괘 : 작다거나 크다는 것을 정해놓은 것은 효에 있지 않고 괘에 있습니다. 건괘(☰)는 순양純陽으로 이루어져 있는데, 양은 대大하니 대괘大卦이고, 곤괘(☷)는 순음純陰으로 이루어져 있는데 음은 소小하니 소괘小卦이지요. 태괘(䷊)는 '소왕대래小往大來'라 해서 작은 것이 가고 큰 것이 온다고 했으니 대괘이고, 비괘(䷋)는 '대왕소래大往小來'라 해서 큰 것(양)이 가고 작은 것(음)이 온다고 했으니 소괘이지요. 이렇게 해서 괘에서 작고 큰 것이 아예 정해졌네요.**

---

* 초위~상위에서 초효는 천하고 상효는 귀하다.
** 음양의 많고 적음에 따른 대소大小 : 대과(䷛), 소과(䷽)
　위位에 따른 대소 : 지천태(䷊ : 內陽外陰), 천지비(䷋ : 內陰外陽)

③ **변길흉자 존호사** : 길하고 흉한 것을 분별해놓은 것은, 효 하나하나를 풀이해놓은 효사爻辭에 있습니다. 건괘를 예로 들면 초구에는 "잠긴 용이니 쓰지 말라"고 말을 붙여 놓았지요. 구이에는 "나타난 용이 밭에 있으니 대인을 찾아보라"고 했고, …, 상구는 "용이 너무 높아졌으니 후회만 남아 있다."고 효마다 말을 매달아 놓았지요. 그렇기 때문에 그 말을 보면 좋은 것인지 나쁜 것인지 그 길흉을 알 수 있는 것입니다.

④ **우회린자 존호개** : 뉘우친다거나 인색하다는 것은, 길로 향하든지 흉으로 향하든지 간에 조그만 잘못임에는 틀림없습니다. 그렇기 때문에 이런 잘못을 저지르지 않도록 근심해야 하는데, 그 관건은 분별을 잘하는데 있다는 것입니다. 이 '분별할 개介' 자는 '절개 개'라고도 하는데, 분별을 잘하는 데에서 절개가 나옵니다.

'介' 자 위에 '밭 전田'을 하면 '경계 계界' 자가 되고, '田'을 떼어내면 '절개 개介, 분별할 개介'가 됩니다. 옛날에는 밭둑으로 집집마다의 밭들을 분별해 놓았지요. 그래서 '경계 계界' 자에서 '밭 전田'을 떼어낸 게 '분별할 개介' 자입니다.

건괘의 구사가 자기 위치에서 시험만 해보아야지, 구오의 자리로 올라앉으려고 하면 안 되지요. 또 초구의 잠겨 있어야 할 용이, 구오의 하늘자리에 있으려고 해서도 안 됩니다. 그리고 같은 대인大人이라도, 구이 대인은 신하의 위치이고 구오 대인은 임금의 위치이지요. 이렇게 자리의 위치, 귀천, 상하를 확실히 알아야 합니다.

⑤ **진무구자 존호회** : 분별을 잘해야 하는데, 이런 분별을 모른다면 이

것이 회린悔吝을 만드는 잘못이 되지요. 이렇게 괘효의 위치를 보아서 분별하게 되면, 뉘우치거나 인색하게 되는 조그만 잘못이 해소되는 것입니다.

움직인다는 것(震은 動也)은 마음을 움직인다는 것인데, 마음을 움직이는 것이 곧 회悔 입니다. 마음을 움직여서 잘못을 회개하는 사람이라야 허물이 없어지게 된다는 말이지요. 그래서 움직여 허물이 없는 것은 뉘우치는 데에 있다고 한 것이지요. 이렇게 해서 오존五存(存位, 存卦, 存辭, 存介, 存悔)을 말했습니다.

是故로 卦有小大하야 辭有險易하니
시고 괘유소대   사유험이

辭也者는 各指其所之니라.
사야자   각지기소지

직역 이렇기 때문에 괘에 작은 괘와 큰 괘가 있어서 말(계사)에 나쁜 말과 좋은 말이 있으니, 말이라는 것은 각각 그 갈 바를 가리킨 것이다.

- 險 : 험할 험 / 易 : 쉬울 이 / 指 : 가리킬 지 / 之 : 갈 지

강의

① 시고 괘유소대 사유험이 : 괘는 이미 큰 괘와 작은 괘가 나뉘어 있어서, 작은 괘는 흉한 괘이고 큰 괘는 길한 괘입니다.
태괘(☳)와 비괘(☶)를 놓고 보면, 태괘는 소인이 물러가고 군자가 와서 정치를 하는 것이고, 비괘는 군자가 물러가고 소인이 와서

정치를 하는 것이지요. 소인이 집권하는 세상은 어지럽고, 군자가 집권하는 세상은 평화롭다 할 수 있으며, 평화로운 세상은 대괘大卦가 지배하고, 어지러운 세상은 소괘小卦가 지배합니다. 소괘는 소인의 얘기가 되는 것이고, 대괘는 대인·군자의 얘기가 되는 것이지요.

괘에 소대小大가 있기에 말에도 험이險易가 있습니다. 험악한 말은 소괘小卦에 붙인 것이고, 안이安易한 말은 대괘大卦에 붙인 것입니다.*

② 사야자 각지기소지 : 이렇게 해서 괘의 소대小大에 따라 좋고 나쁜 말을 붙였으니, 말(사辭)이라고 하는 것은 각각 가야할 바를 가리켜주는 것이라고 했지요. 나쁜 것은 피하고 좋은 길로 가야 합니다. 이것을 '피흉취길避凶趣吉'이라고 하지요. 흉한 데를 피해서 길한 데로 나가는 것이 바로 '각지기소지各指其所之'라는 말입니다.

역이라는 것은 제각기 갈 곳을 손가락으로 가리키듯 친절하고 정확하게 일러줍니다. 역에는 성인의 말씀이 있는데, 그 성인의 말씀은 모든 사람이 제각기 가야 할 길을 말로 가르쳐줍니다. 주역의 괘사나 효사는 사람마다의 갈 길을 가르쳐주고 있기 때문에, 인생의 큰 지침서가 되는 것이지요.

---

* 중·정·응·비를 제대로 갖춘, 길한 괘나 효의 말은 간단하고 평이하다. 그러나 갖추지 못해 흉한 효는 그 말이 많고 험하다.

▌ 총설

여기까지가 제 3장으로, 상(괘상과 효상)과 점(길흉, 회린, 무구)을 다섯 가지로 나누어 뜻을 밝히고, 그 공부하는 방법을 말한 것이지요. 주역 원문에 많이 등장하는 단象, 효爻, 길흉吉凶, 회린悔吝, 무구无咎를 오언五言(언상言象, 언변言變, 언실득言失得, 언소자언小疵, 언보과언補過≒善補過)으로 지칭하고, 오존五存(존위存位, 존괘存卦, 존사存辭, 존개存介, 존회存悔)으로 설명했네요.*

右 第 三 章
이상은 제 3장이다.

---

* 이를 표로 정리하면 다음과 같다.

五言	단 : 象	효 : 變	길흉 : 失得	회린 : 小疵	무구 : 善補過
五存	괘 : 齊小大	위 : 列貴賤	길흉 : 辭	우회린 : 介	진무구 : 悔

계사상전 제 4 장

易이 與天地準이라 故로 能彌綸天地之道하나니
역　여천지준　　고　능미륜천지지도

仰以觀於天文하고 俯以察於地理라
앙이관어천문　　　부이찰어지리

是故로 知幽明之故하며
시고　지유명지고

原始反終이라 故로 知死生之說하며
원시반종　　고　지사생지설

精氣爲物이요 游魂爲變이라
정기위물　　유혼위변

是故로 知鬼神之情狀하나니라.
시고　지귀신지정상

직역 역이 천지와 더불어 기준을 하였기 때문에 천지의 도를 겉으로 얽고 속으로 채울 수 있다. 우러러서 하늘의 무늬를 관찰하고 구부려 땅의 이치를 살폈기 때문에 그윽하고 밝음의 연고를 알며, 처음을 근원해서 마지막을 돌이켜 보기 때문에 죽고 사는 이론을 알며, 정과 기가 물건이 되고 혼이 놀아서 변하게 되므로 귀신의 정상을 아는 것이다.

- 準 : 수준, 표준, 기준 준 / 能 : 잘할 능 / 彌 : 찰 미, 얽을, 더할(두루 周와 同意) / 綸 : 실 륜, 짤 륜 / 彌綸 : 겉으로 얽고 속으로 채움 / 仰 : 우러를 앙

/ 俯 : 구부릴 부 / 幽 : 그윽할 유 / 精 : 정밀할 정 / 情 : 뜻 정(內的) / 狀 : 형상 상(外的) / 察 : 살필 찰

강의

① **역 여천지준 고능미륜천지지도** : 주역이 천지와 더불어 표준을 삼았다는 것은, 천지 그대로 주역을 엮었다는 것입니다. 그렇기 때문에 천지의 도를 미륜해 놓았어요. 미彌는 '얽을 미' 자로 여기저기서 따다가 얽어놓는다는 뜻입니다. 왜 미봉책彌縫策이라는 말이 있지요? 미봉책이란 겉으로만 얽어놓은 것이지 속은 비어 있다는 말입니다. 겉으로 얽는 건 '미彌'이고, 속으로 베 짜듯이 짜놓은 것은 '륜綸'입니다. 그래서 '미륜'이라고 하면 밖으로 얽고 속으로 짜놓아서 빈틈이 하나도 없다는 뜻이지요. 주역 속에는 천지의 이치가 베를 짜듯 빈틈 하나 없이 짜여 있다는 말입니다.*

② **앙이관어천문 부이찰어지리 시고 지유명지고** : 그 다음은 어떻게 미륜彌綸해 놓았는가에 대한 설명이네요. 우러러서는 천문天文 즉 일월성신의 운행과 변화를 다 관찰하고, 구부려서는 지리地理 즉 산천초목과 동식물 등의 땅에서 일어나는 모든 변화이치를 다 관찰했다는 것입니다. 그래서 '유명지고幽明之故'를 알게 되었다는 것이지요.

'유'는 저승이고 '명'은 이승이며, '유'는 죽은 것이고 '명'은 산 것

---

* 정자는 "'역여천지준易與天地準'으로부터 시작한 문장은 '고군자지도선의故君子之道鮮矣'까지가 한 문단이다."라고 했고, 주자는 '신무방이역무체神无方而易无體'까지를 한 문단으로 보았다.

이며, '유'가 보이지 않는 것이라면 '명'은 보이는 것입니다. 이렇게 보이고 보이지 않는 유명의 이유를 알게 된다는 것이지요.

왜 '유'이며 왜 '명'인가? 보이지 않는 속에는 무엇이 들어 있으며, 보이는 세상은 어떻게 살고 있는가에 대한 답을 주역에서 알아낸다는 말입니다. 천문지리를 관찰해서 주역을 엮어 놓았으니까, 주역을 공부하면 천문지리 속에 들어 있는 유명의 연고를 알게 되는 것이지요.＊

③ **원시반종 고지사생지설** : '원시반종原始反終'의 '원시'는 초효를 말한 것이고, '반종'은 상효를 말한 것입니다. 또 봄이 '원시'라면 겨울이 '반종'이지요. 원시가 없고는 반종을 못 합니다. 봄이 오면 결국은 겨울이 온다는 것을 알 수 있지요. 사람의 삶과 죽음으로 말하면 사람이 태어나는 것은 원시이고, 죽는 것은 반종이지요.

그래서 물이 처음 나오는 근원인 샘으로 거슬러 올라가면 이 물이 어디서 나오고 있고, 어느 산 어느 암벽 사이에서 나오는지, 물이 맑을 것인지 흐릴 것인지, 그 물줄기가 어디까지 흘러서 끝날 것인지를 알 수 있습니다.

'원'이라고 하는 것은 시작인데, 그 시작을 근원으로 해서 연구해내면 끝을 알 수 있어요. 그렇게 되면 '사람이 어떻게 태어났으며, 어

＊ 관觀은 거리에 관계없이 밝게 보는 것이고, 찰察은 가까운 거리에서 자세히 살펴보는 것이다. 하늘은 밝고 일월성신의 무늬가 있으므로 '관문觀文'이라하고, 땅은 그윽하면서 산천 등 맥락의 이치가 있으므로 '찰리察理'라고 하였다.
또 '以' 자를 특별히 넣은 것은 「계사하전」 2장(仰則觀於天文 俯則察於地理)과는 달리 '주역으로써'라는 뜻을 말한 것이다.

떻게 죽을 것이며, 언제 죽을 것인가'를 다 알게 됩니다. 그래서 운명론이니 뭐니 하지만 그것은 부분적인 얘기입니다.

　공자님의 제자 자로子路가 죽고 사는 이치를 물으니까 "사는 이치를 먼저 알고 죽는 이치를 알아라(未知生 焉知死)"*고 말씀하셨습니다. 공자님 말씀대로 사는 이치를 모르고서는 죽는 이치를 모르는 것입니다.

　그러므로 '시始'를 근원으로 했다면 '종終'으로 돌아가서 알게 됩니다. 물이 흘러나오는 구멍을 알면 그 물이 어떻게 흘러내릴 것인지 알고, 사람이 어떻게 태어났는지를 알면 귀하게 살 것인지, 천하게 살 것인지, 부유하게 살 것인지, 언제 죽을 것인지를 알게 된다는 말입니다. 이것이 곧 죽고 사는 이치를 아는 것입니다.

④ 정기위물 유혼위변 : '정기위물精氣爲物'의 '정'이 음이라면 '기'는 양입니다. 음정陰精과 양기陽氣가 서로 엉겨서 물건이 만들어져 나오는 것이지요. 음정과 양기가 물건이 되는 것을 '자무이유自無而有'라고 합니다. 즉 없는 데에서부터 있게 되는 것을 정기위물이라고 합니다.

　어머니 뱃속에 아기가 없다가 '정기위물'이 되어 아기가 생겨 나옵니다. 그러다가 늙으면 혼魂이 놀게 됩니다. 혼이 놀게 되면 결국 변해서 썩어 없어지지요. '정기위물'은 살아나오는 것이고, '유혼위변'은 죽어가는 것입니다.

---

* 『논어』, 「선진」 : 자로가 귀신을 섬기는 것에 대하여 묻자, 공자께서 말씀하셨다. "사람을 섬기지 못한다면 어떻게 귀신을 섬기겠는가?" "감히 죽음을 묻겠습니다." 공자께서 말씀하셨다. "삶을 알지 못한다면 어떻게 죽음을 알겠는가?"

있는 데에서부터 없는 데로 가는 것을 자유이무自有而無라고 합니다. 유혼위변이지요. 유혼위변을 혼비백산魂飛魄散이라고도 합니다. 혼은 날아가고 백은 흩어진다는 것이지요. 또 혼승백강魂昇魄降이라고도 하는데, 혼은 하늘로 올라가고 백(육체)은 땅으로 내려간다는 뜻입니다. 그리고 삼혼칠백三魂七魄이라고도 하지요. 혼은 셋이고, 백은 일곱이라고 해서, 사람이 죽으면 혼을 부르기 위해 세 번 고복皐復을 하며, 시체를 묶는 데는 일곱 매*로 묶습니다.

혼이라는 것은 양인데 양은 태극의 핵이지요. 그런데 유혼위변이라는 것은 이 태극의 핵이 이승에서 떠나는 것입니다. 혼이 이승에 있어야 살고 있는 것이지요.

⑤ **시고 지귀신지정상** : 이렇게 물物이 되었다가 또 변해가는 과정에서 귀신의 정상情狀을 알 수 있다고 했네요. '정기위물'은 신神의 정상이고 '유혼위변'은 귀鬼의 정상입니다. 정기위물은 없는 데에서부터 나오는데 양陽 즉 신神으로 나오는 것이니, 신의 정상으로 '자무이유'가 되지요. 반면 유혼위변은 있는 데에서부터 음陰 즉 귀鬼로 없어지는 것이니, 귀의 정상으로 '자유이무'가 됩니다. 그래서 사람이 나고 죽고, 물건이 생기고 없어지고 하는 모든 것은 귀와 신의 정상인데, 이것을 주역 속에서 알 수 있다는 것입니다.**

---

* 매 : 소렴小殮 때 시체에 옷을 입히고 그 위를 매는 헝겊.
** 정자는 "그 시작을 근원하여 연구해서 그 마침을 살피면 죽고 사는 이치를 알 수 있고, 모이면 정기精氣가 되고 흩어지면 노는 혼(遊魂)이 되어서, 모이면 물건이 되고 흩어지면 변하게 되니, 모이고 흩어짐을 보면 귀신의 정상을 알 것이다. 만물의 시작하고 마침은 모이고 흩어지는 것뿐이고, 귀신은 조화의 공적이다. 그

與天地相似라 故로 不違하나니
여천지상사   고   불위

知周乎萬物而道濟天下라 故로 不過하며
지주호만물이도제천하   고   불과

旁行而不流하야 樂天知命이라 故로 不憂하며
방행이불류   낙천지명   고   불우

安土하야 敦乎仁이라 故로 能愛하나니라.
안토   돈호인   고   능애

직역 천지와 더불어 서로 같기 때문에 어긋나지 않는다. 앎은 만물을 두루하고 도는 천하를 구제하기 때문에 지나치지 않으며, 널리 행해도 한쪽으로 치우치게 흐르지 않아서 하늘을 즐기며 명을 알기 때문에 근심하지 않으며, 주어진 분수에 편안히 해서 인자함에 돈독히 하기 때문에 사랑할 수 있는 것이다.

- 似 : 같을 사 / 違 : 어길 위 / 濟 : 건널 제 / 旁 : 곁 방 / 流 : 흐를 류 / 敦 : 돈독할 돈

강의

① **여천지상사 고불위** : 아까는 주역이 천지를 기준으로 해서 이루어졌다는 것을 말하였고 지금은 천지를 기준으로 이루어진 역易이 천지와 똑같다고 말씀하셨네요. 천지와 더불어 서로 같으니 조금도 어

슥하고 밝음(幽明)의 까닭과 죽고 사는 이치와 귀신의 정상으로써 관찰하면 하늘과 땅의 도를 볼 수 있다."고 했다.

기지 않는다는 겁니다.*

② **지주호만물이 도제천하 고불과** : 어기지 않는데 무엇이 있느냐 하면, 하늘엔 지적知的인 것이 있고 땅에는 도적道的인 것이 있다는 얘기입니다. '하늘의 지知는 만물을 두루 감싸 주고 있고, 땅의 도道는 천하를 다 건너며 다스리고 있다. 그러므로 땅의 도는 천하에 가지 않는 곳이 없고, 하늘의 지는 천하를 감싸지 않는 것이 없다'는 것입니다.

하늘의 지와 땅의 도는 천하를 두루 감싸고 또 천하를 다 건너며 다스리니, 천하를 지적으로 두루두루 다 알게 되고, 천하를 도적으로 다니면서 전부 파악했네요. 그래서 전부 알고 실험하고 파악하게 된 것이지요.

'지주호만물知周乎萬物'에서 '지'는 하늘, 즉 양을 두고 한 말이고, '도제천하道濟天下'에서 '도'는 땅, 즉 음을 두고 한 말입니다. 그래서 하늘의 지양知陽은 '주호만물'을 한 것이고, 땅의 도음道陰은 '도제천하'를 하기 때문에, '지주호만물'의 범위를 넘어가지 않고 '도제천하'의 안에서 벗어나지 않아서, 조금도 지나치거나 모자람이 없다고 했습니다.

---

* 주역이 천지와 기준하여 미륜彌綸을 하였으므로, 성인이 주역을 공부하여 천지와 그 덕이 같아지니, "先天而天弗違, 後天而奉天時(건괘 문언 구오)"하게 되는 것이다. '상사'는 앞귀절 '여천지준'의 '준'과 같은 뜻이며, '불위'는 뒷귀절의 '불과, 불우, 능애'를 포괄하는 뜻이다.

③ 방행이불류 : '방행'은 천하를 두루 다 다니는 것이고, '불류'는 한쪽으로 치우치게 흐르지 않는 것입니다. 『중용』에 '화이불류和而不流'라고 해서 조화를 이루되 휩쓸리지는 않는다고 했습니다. 천하를 다 다니면서도 한쪽으로 치우쳐 빠지지 않는다는 것이지요.

④ 낙천지명 고불우 : 살기가 힘들어 옆으로 조금 나가다가, 이래서는 안 되겠다 싶어 다시 돌아와서 '낙천지명樂天知命'을 하고 있어요. 하늘을 즐기고 그 명命을 압니다. '내 위치가 이렇구나, 내 운명이 이렇구나, 때가 이렇구나' 하고 알게 되는 거지요.

하늘이 나에게 부여해준 그 명命을 고맙게 여기고, 즐겁게 여겨서 하늘이 부여해준 명대로 행하네요. 그래서 근심을 안 합니다. '방행' 했다가 다시 돌아와 '낙천지명' 하고 보니까 조금도 근심을 안 하네요. 여기에 '불류'의 뜻이 있습니다.

⑤ 안토돈호인 고능애 : '안토安土'는 자신이 처한 환경에 적응하고 만족하는 겁니다. 사람이 태어난 곳에서 근본을 지킨다는 것이 얼마나 중요합니까? 이리 갔다 저리 갔다 욕심 부리고 방황하지 말고, 자기가 있는 그 땅에서 편하게 지내면서 인仁을 돈독히 하라는 말이지요.*

인仁을 돈독히 해서 이웃을 사랑하고, 관용을 베풀며 친화를 이루

---

* 정자는 "처소를 편안히 한다(安土)' 함은 그쳐있는 곳을 편안히 하는 것이고, '어짊을 돈독히 한다(敦乎仁)' 함은 사람들과 함께하는 데 있으니, 이로써 사랑할 수 있는 것이다."고 했다.

면 그것이 인에 돈독한 것이지요. 사랑하는데 돈독히 하면 이것이 인애仁愛입니다. 주역은 인애의 사상입니다. 태극이 원래 인애사상 아니겠어요? 그래서 "사랑할 수 있다"고 했습니다. 이 '애愛' 자를 붙여서 사랑을 많이 얘기합니다만, 주역은 '능애能愛', 즉 '돈호인'을 바탕으로 한 '애'가 인애仁愛이고, '인애'가 주역의 사상인 것이지요.

範圍天地之化而不過하며 曲成萬物而不遺하며
범위천지지화이불과   곡성만물이불유

通乎晝夜之道而知라 故로 神无方而易无體하니라.
통호주야지도이지   고   신무방이역무체

직역 하늘과 땅의 조화를 본뜨고 범위해서 지나치지 않게 하며, 만물을 빠짐없이 이루어서 버리지 않으며, 낮과 밤의 도(이치)를 통해서 알기 때문에, 신神은 방소가 없고 역은 체가 없는 것이다.

- 範 : 한계 범 / 圍 : 둘레 위 / 遺 : 버릴 유

강의

① **범위천지지화이 불과** : 주역이 천지를 기준해서 엮어 놓았기 때문에 천지와 더불어 똑같다고 했는데, 지금은 마무리 짓는 말이지요. 즉 주역은 천지를 범위로 한 것이 아니겠냐는 얘기입니다. 그래서 천지의 조화를 범위로 해놓았는데 조금도 지나치지 않다고 했습니다.*

② **곡성만물이 불유** : 마음과 정성을 다하여 하나도 남김없이 다 이룬

다고 했네요. 그렇지요. 주역은 천지를 범위로 해서 만들었는데, 만들어놓기를 '곡성만물曲成萬物' 했네요. 천지 사이에는 만물이 있지 않겠어요? 그 만물 중에서 하나만 빠져도 '곡성만물'이 아닙니다. 이렇게 만물을 곡진하게 다 이루니까 하나도 버리는 게 없게 됩니다.*
『중용』에 '곡능유성曲能有誠'이라고 했지요. 굽이굽이 지극하게 하면 성실함이 생긴다는 겁니다.

③ **통호주야지도이 지** : 그래서 주역을 잘 공부하면 주야晝夜의 도를 통해서 알게 됩니다. 낮은 양이고 밤은 음이며, 낮은 동이고 밤은 정이며, 낮은 강이고 밤은 유인데 이러한 강유·동정·음양의 이치, 즉 주야의 이치만 깨달으면 다 알 수 있는 것이지요.

주야의 도를 통하면 음양 변화의 이치를 다 알게 된다는 말이지요. 주야라는 게 공연히 있는 게 아니에요. 음양의 변화에 따라 있는 것이지요. 낮이 변하면 밤이 되고, 밤이 변하면 낮이 되는 것이 음양의 변화작용입니다.

그래서 주야의 도를 통해서 안다는 것은 음양의 이치를 아는 것이고, 일월日月의 이치를 아는 것이고, 천지가 서로 순환하는 이치를 아는 것이기에 모두를 아는 것입니다. 그래서 주야의 도를 통해서 알게 된다고 한 것이지요.**

---

* '범'은 모범이라는 뜻이고, '위'는 주위라는 뜻이니, '범위 천지지화'란 천지의 조화를 모두 포함해서라는 뜻이다. '불과'는 여기에 조금도 지나치거나 모자람이 없음을 말한다. 즉 천지의 도에 일치한다는 뜻이다.
* '곡성만물'은 '범위천지지화'한 역의 도를 응용해서 만물을 다스린다는 뜻이며, '불유'는 하나도 빼놓지 않는다는 뜻이니, 64괘에 모든 것을 다 담았다는 뜻이다.

④ **신무방이 역무체** : 그러므로 신神은 방소가 없고 역易은 체가 없다고 했네요. 그렇습니다. 신은 방소가 없고 역은 체가 없습니다. 신이라는 게 꼭 이 방소에만 신이 있고, 저 방소에는 없다고 단정할 수는 없는 것이지요. 모든 것이 신의 조화인데 만약 이 방소에만 신이 있다고 한다면, 다른 방소에는 신이 없으니 그곳은 세상도 아니란 얘기지요. 우주만물의 어느 방소 할 것 없이 모두 신이 꽉 차 있다는 사실을 말한 것입니다.

신이 없는 데가 없다는 것은, 신이 있는 특정한 방소를 말할 수 없을 정도로 천지 우주만물에 신이 꽉 차 있다는 뜻입니다.*

그리고 어느 때고 역은 체體가 없어요. 만들어내면 체입니다. 점을 쳐서 효爻가 나옵니다. 어떤 영문인지 양효만 다 나오고 보니까 건괘의 체가 됩니다. 이것이 바로 역체易體입니다. 그런데 또 건괘를 만들려고 점을 했는데, 건괘가 나온 게 아니라 전부 음인 곤괘가 나오면 어떻게 할 것입니까? 그러니까 건괘가 나올지, 곤괘가 나올지, 둔괘가 나올지, 몽괘가 나올지, 무슨 괘가 나올지 정해진 체體가 없어요. 점을 쳐서 나오는 그것이 바로 체이며, 그것이 괘이고 그것이 역입니다.

세상이 쉬지 않고 바뀌고 있듯이, 음양의 바뀜이라는 것은 하나의 변역·개혁인데, 변역하는 역에 체가 있을 수 있겠습니까? 만약 체가

** '유명幽明, 사생死生, 귀신鬼神'의 도를 통칭하여 '주야지도'라 하였으니, 이 음양 소장의 도에 통해서 천지의 도를 알게 되는 것이다.

* 신은 음양변화에 따라 수시로 변하므로, 양이나 음이 일정한 방소에 거처하고 있는 것이 아니라는 뜻이다.

있으면 늘 그대로 있어야지요. 그러나 효가 변해서 자꾸 달라지고, 음양이 자꾸 변해서 괘가 달라지고 체가 달라집니다.

그래서 '역은 체가 없다'고 하고 '신은 방소가 없다'고 한 것입니다. 음신陰神인가 했더니 양으로 변해 양신陽神이 되어버리고, 양신인가 했더니 음으로 변해 음신이 되어버리니 신神은 방소가 없고 역易은 체가 없는 것이지요.*

▌총설

이 장은 천지의 이치와 역의 이치가 같음을 설명한 것입니다. 천문을 보고 지리를 살펴 천지를 기준으로 역을 엮었기 때문에, 유명幽明 사생死生의 이치와 귀신의 정상까지도 안다고 삼지三知(知幽明, 知死生, 知情狀)를 말했습니다.

그리고 역이 천지와 같기 때문에 천지와 역이 서로 어긋나지 않으며(不違), 지知가 있어 만물을 감싸주고 도(道:仁)가 있어 천하를 구제합니다. 지知로 행권行權하여 방행旁行도 하고, 인仁으로 수정守正하여 불류不流하며, 천리天理를 즐거워합니다. 천명을 아니, 근심하고 살 까닭이 없으므로 더욱 지혜롭게 됩니다. 또 사는 곳에서 편안히 살며 이웃을 사랑하니, 더욱 어질게 됩니다. 『논어』에서도 "어진 곳

---

* 양이 화化해 음이 되고, 음이 변變해 양이 되는 것이므로, 『주역』이 일정한 전상典常이 없다는 이치를 뜻한다. 즉 '신무방'은 천지의 이치를, '역무체'는 『주역』의 이치를 말한 것이다. 이는 달리 말해 신에 방소가 있고, 역에 일정한 체가 있다면 '범위천지 곡성만물'하여 '불과, 불유'하지 못한다는 뜻이다.

을 택해서 살지 않으면 어찌 지혜라고 하겠느냐?"*라고 하여 인仁과 지知를 말했습니다.

  천지변화, 만물생성, 주야운행 등이 모두 음양의 신神이요, 음양의 역易입니다. 그러므로 이러한 지신至神의 묘妙가 어느 한 방소에 치우치지 않아서 우주 전체에 작용하고, 이치를 말해주는 역의 변화 또한 일정한 체가 있을 수 없으니, 우주 모두가 변화하는 역易인 것입니다. 그래서 『본의』에서도 "이 장은 역의 도가 큼(무방 무체无方无體)과 성인이 이와 같이 역의 도를 활용함을 말한 것이다."**라고 했지요.

右 第 四 章

이상은 제 4장이다.

---

* 『논어』, 「이인」 : 택불처인擇不處仁이면 언득지焉得知리오?

** 『주역 본의』: 此章은 言易道之大와 聖人用之如此라.

계사상전 제 5 장

一陰一陽之謂│道니
일음일양지위　도

직역 한 번은 음하고 한 번은 양하는 것을 도라고 말하니,

강의

　'일음일양지위도'라고 하니까, 어떤 사람은 하나는 음이요, 하나는 양이라는 뜻으로 생각하는데 그게 아닙니다. '한 번은 음하고 한 번은 양하는 것이 도'라는 것은, 한 번은 낮이고 한 번은 밤인 것이 도라는 말과 같습니다.

　그렇지요. 낮이 따로 있고 밤이 따로 있는 게 아닙니다. 따듯하고 환한 낮으로 일양지─陽之하고 춥고 어두운 밤으로 일음지─陰之해서 하루의 도가 완성되고, 따듯하고 더운 봄·여름으로 일양지하고 서늘하고 추운 가을·겨울로 일음지해서 1년의 도가 이루어지는 거지요. 이것이 일음지하고 일양지하는 겁니다. 태극이 운동을 하는데 한 번 움직이면 일양지이고, 한 번 고요해지면 일음지라는 것이지요. 이렇게 해서 태극의 운동이 자연스럽게 일음지하고 일양지합니다.

　주렴계 선생의 『태극도설』에 보면 "태극이 동해서 양을 생하고(太極 動而生陽) 태극이 정하면서 음을 생한다(靜而生陰)."고 해서 동을 먼저 말하고 정을 나중에 말했는데, 여기에서는 음을 먼저 말하고 양을

나중에 말했습니다.

　예를 들면 제4장에서 '지유명지고知幽明之故'라 했는데, '유명'의 '유'는 음이고 '명'은 양이지요. '지사생지설知死生之說'에서도 '사'는 음이고 '생'은 양이고, '지귀신지정상知鬼神之情狀'에서도 '귀'는 음이고 '신'은 양입니다. 음양의 작용에 대해 말할 때는 모두 음부터 말합니다. 음양이 동시에 존재하지만, 시간적으로 작용을 말하자면 음이 먼저라는 거지요. 음을 앞세우지 않으면 사귐이 일어나지 않습니다. 남녀가 연애할 때도 여성을 위해주고 배려해줘야, 그 여성이 혼인할 생각을 하지 않겠어요?

　태극에서 '일음지'하고 '일양지'하며 음양이 사귀지 않으면, 사상이 되고 팔괘가 되는 '생생지위역生生之謂易'의 만물이 나올 수 없습니다. 음양이 서로 사귀는 데서 모든 것이 나오는 것이지요. 이렇듯 음양은 사귀고 변해야 하기 때문에 '양음'이라 하지 않고 '음양'이라고 합니다.

　천지가 사귀는 데도 음괘陰卦인 땅괘부터 먼저 말하고 양괘陽卦인 하늘괘를 나중에 말해 지천태地天泰라고 하듯이, '일양일음지一陽一陰之'라 하지 않고 '일음일양지一陰一陽之'라고 한 것이지요. 그래서 우리는 공자님의 말씀에서 음양이라는 말의 순서를 확실히 알 수 있는 것입니다. 야산선생님께서도 '홍역학회'를 창립하실 때도, 먼저 생긴 '역(음양)'을 뒤에 두고, 뒤에 생긴 '홍(오행)'을 앞에 두어서 '홍역洪易'이라고 했지요.

繼之者ㅣ 善也요 成之者ㅣ 性也라.
계지자　선야　성지자　성야

직역 잇는 것은 선善이고 이루는 것은 성性이다.

- 繼 : 이을 계 / 成 : 이룰 성

강의

'잇는 것은 선'이라는 것은 일음일양지一陰一陽之하는 도道의 양陽적인 것을 말하고, '이루는 것은 성'이라는 것은 일음일양지하는 도의 음陰적인 것을 말한 것입니다. 형상형하形上形下로 말하면, 선善이라는 것은 형이상적인 양으로 선하게 이어진다는 말이고, 반면에 성性이라는 것은 형이하적인 음으로 성격이 이루어진다는 말입니다.

물건이 이루어지는 과정은 선이고, 완전히 이루진 것은 성性입니다. 그래서 사람의 본성은 다 선하다고 하는 것이고, 그 선한 것을 바탕으로 성性이 나왔지요.

선후로 말하면 먼저가 선善이고 나중이 성性이지요. '원형이정元亨利貞'의 '원형'은 '계지자선'이고, '이정'은 '성지자성'입니다. 봄, 여름은 선善으로 따뜻하고 덥게 해서 만물을 내고 키우면, 어느새 가을이 되어 결국 성性으로 모습이 나타났어요. 결집結集이 되어버린 것이지요. 그래서 물건은 선善으로 나와 이어지다가 성性으로 완전히 이루는 것입니다.

이것을 시공時空으로 말하면, 시간적으로 쭉 이어진 것은 선善이고, 공간적으로 하나의 물체가 이루어진 것은 성性이라 할 수 있겠지요.

仁者ㅣ 見之에 謂之仁하며 知者ㅣ 見之에 謂之知요
인자　견지　위지인　　지자　견지　위지지

百姓은 日用而不知라 故로 君子之道ㅣ 鮮矣니라.
백성　일용이부지　고　군자지도　선의

직역 어진 자가 보면 인이라 말하며, 지혜로운 자가 보면 지라고 말하고, 백성은 날마다 쓰면서도 알지 못한다. 그러므로 군자의 도가 적은 것이다.

- 仁 : 어질 인 / 謂 : 이를 위 / 鮮 : 적을 선, 드물 선

강의

　역에는 인(양)과 지(음)가 있어요. 어질기만 한 사람은 "역은 어질다."라고 판단을 하고, 지혜롭기만 한 사람은 "역은 지적인 것이다."라고 판단하고, 그나마도 백성은 날마다 역을 쓰고 있으면서도, 즉 역 속에서 살고 있으면서도 전혀 알지 못하고 있으니, "역을 완전히 알 수 있는 군자가 참으로 적구나!" 하고 공자께서 탄식을 하셨네요.

　코끼리의 다리만 만진 사람의 말이 다르고, 코만 만진 사람의 말이 다르듯이, 어진 자는 산을 좋아하고, 지혜로운 자는 물을 좋아하는(인자요산仁者樂山, 지자요수知者樂水) 등 모두 제각각입니다. 산도 물도 다 좋아하는 게 아니지요. 그나마 인자仁者는 역의 어진 면을 보고 인仁하다 하고, 지자知者는 지혜로운 면을 보고 지知라고 하지만, 백성은 날마다 역 속에서 살면서도 그것이 인인지 지인지 모르고 있으니, 이 모든 것을 총체적으로 알아서 활용하는 군자는 적을 것이 아니냐는 말씀입니다.

> 顯諸仁하며 藏諸用하야 鼓萬物而不與聖人同憂하나니
> 현 저 인   장 저 용   고 만 물 이 불 여 성 인 동 우
> 盛德大業이 至矣哉라.
> 성 덕 대 업   지 의 재

직역 인을 나타내며 사용함을 감추어서, 만물을 고동시키되 성인과 더불어 근심을 같이하지 않으니, 풍성한 덕과 큰 업적이 지극하구나!

- 顯 : 나타낼 현 / 諸 : 어조사 저(제) / 藏 : 감출 장 / 鼓 : 고동칠 고 / 憂 : 근심 우

강의

① **현저인 장저용** : 여기에서 '인仁'은 씨앗을 말하는데, 씨앗인 인이 세상에 드러나고 용用은 또 감추어졌네요. 원칙대로 말하면 인은 감추어져 있어야 하고, 용은 드러나 있어야 하지 않겠어요? 그런데 인이 드러나고 용이 감추어졌습니다.

'현저인'이라는 것은 감추어져 있는 인의 씨앗이, 땅에 뿌리를 내리고 싹이 터 나온 것을 말하는 것입니다. 봄은 인이라고 합니다.*봄에 씨를 뿌렸는데 그 인이 세상에 드러났어요.

그런데 또 드러내놓고 막 쓰여야 할 용 자체는 감춰지고 있습니다. 가을에 백곡이 결실을 보아 추수를 하면, 그 곡식으로 음식을 해먹는 것이 용이지요. 그 용이 감춰진다는 것은 무슨 말일까요?

---

* 춘하추동 사시四時를 인례의지仁禮義智와 연관시킬 때, 봄은 인, 여름은 례, 가을은 의, 겨울은 지가 된다. 「건괘문언전」 참조.

용적用的인 물건 자체가 씨앗이 되어 땅 속에 들어가고 있는 것을 말하는 것입니다. 결국 한 번은 나오고 한 번은 들어가고, 한 번은 봄이 되고 한 번은 가을이 되고, 한 번은 씨앗을 심고 한 번은 열매를 걷는 생장수장生長收藏의 이치를 말한 것입니다.

씨앗인 인仁은 가을과 겨울 동안에 감춰져 있는 것인데, 감춰져 있어야 할 인이 봄과 여름이 되면 나타납니다. 또 용用은 가을이 되어 곡식을 이용해 먹는 것이지만, 그 쓰임을 겨울에 깊이 감춰둬야 봄을 기다렸다가 나오지요. 그래서 봄·여름은 양陽으로 현저인顯諸仁인 것이고, 가을·겨울은 음陰으로 장저용藏諸用인 것입니다.

② **고만물이 불여성인동우** : 이런 생장수장의 이치가 만물을 고동시키고 있어요. 만물이 제 멋에 겨워 움직이며 살고 있네요. 생장수장의 이치가 순환 반복하고 있는 동안에, 모든 만물들은 자기도 모르게 고동하고 있다는 것입니다.

그런데 하느님은 성인과 함께 근심을 해주지 않고 있어요. 성인과 더불어 상의를 해가며 근심걱정 해주면 우리 인생이 살기가 좋을 테지만, 조금도 걱정을 안 해주고 있지요. 이천선생은 "천지는 하고자 하는 마음은 없지만 조화造化를 다 이루고, 성인은 하고자 하는 마음은 있지만 사리사욕으로 이룸은 없다."*고 했습니다. 그래서 천지는 성인과 더불어 근심하지 않는다는 것이죠. 천지는 인간의 이익에 관계없이 홍수든 가뭄이든 천지조화에만 맞게 합니다. 그런데 성인은

---

* 정자, 『정씨경설程氏經說』, 「계사전」 : 천지天地 | 무심이성화無心而成化하고 성인聖人은 유심이무위有心而無為라.

그게 아니죠. 마음을 쓰고 있네요. 이 세상의 모든 창생蒼生들을 위해서 '이 창생들이 어떻게 해야 잘사나?' 하는 마음을 쓰고 사리사욕도 없지만 조화造化가 없어요.

성인이 천지조화를 가지고 있다면 마음 쓰는 만큼 성인이 할 것 아니겠어요? 그러면 억조창생億兆蒼生 모두가 성인의 덕으로 잘살게 될 것입니다. 그러나 성인은 유심有心이나 무위無爲죠. 창생에 대해서 마음만 가지고 있지 직접 조화를 부릴 수는 없습니다. 비오는 걸 막는다든지, 비를 오게 한다든지 할 수 없다는 것이지요. 그래서 천지가 성인과 더불어 근심하지 않는다고 한 것입니다.

富有之謂ㅣ 大業이요 日新之謂ㅣ 盛德이요
부유지위　　대업　　일신지위　　성덕

生生之謂ㅣ 易이요 成象之謂ㅣ 乾이요 效法之謂ㅣ 坤이요
생생지위　　역　　성상지위　　건　　효법지위　　곤

極數知來之謂ㅣ 占이요 通變之謂ㅣ 事요
극수지래지위　　점　　통변지위　　사

陰陽不測之謂ㅣ 神이라.
음양불측지위　　신

직역 부유하게 두는 것을 큰 업적이라 말하고, 날로 새롭게 하는 것을 성대한 덕이라 말하며, 낳고 낳는 것을 역이라 말하고, 상을 이루는 것을 건이라 말하고, 법을 본받는 것을 곤이라 말하며, 수를 극해서 오는 것을 아는 것을 점이라 하고, 변화에 통하는 것을 일이라 하며, 음과 양을 헤아릴 수 없는 것을 신이라고 한다.

- 盛 : 성할 성 / 業 : 업 업 / 富 : 부할 부 / 新 : 새로울 신 / 效 : 본받을 효 / 來 : 올 래 / 通 : 통할 통 / 事 : 일 사 / 測 : 헤아릴 측

> 강의

'현저인'하고 '장저용'하는 이치 속에서 만물이 고동치며 살아갑니다. 천지자연은 무심으로 변화를 이루기 때문에, 만물을 걱정하는 성인의 마음에는 동조하지 않네요. 그러나 땅은 부유하게 대업을 이루고 하늘은 끝없이 새롭게 하니 그 덕이 성대합니다.*

① **생생지위역** : 태극에서 양의兩儀가 나오고, 양의에서 사상四象이 나오며, 사상에서 팔괘八卦가 나오는 일생이법一生二法의 분열의 법칙에 의해서, 하나가 늘 둘을 낳고 있죠. "낳고 낳는 것을 역易이라고 이른다."는 것은, 이렇게 계속 끊임없이 생명을 이어가는 것이 역易이라는 말입니다.**

② **성상지위건 효법지위곤** : '하늘에 있어서는 형상을 이룬다'고 한 것

---

* '부유지위대업'은 용用을 감춤에는 커서 그 한계가 없어야 대업이라 할 수 있으며, 공간적인 의미가 있고, '일신지위성덕'은 인仁을 나타냄에는 끊임없이 새롭게 하여야 성덕이라 할 수 있으며 시간적인 의미를 가지고 있다.
  정자는 "부유하게 두었다(富有)' 함은 크고 넓은 것이고, '날로 새롭게 한다(日新)' 함은 끝이 없는 것이니, 낳고 낳아 서로 이어서 변화시키고 바꾸되 끝이 없는 것이다."고 했다.

** 역易은 태극→ 양의→ 사상→ 팔괘→ 육십사괘로 생하고, 다시 또 태극을 낳아 반복한다.

은, 하늘에 이루어져 있는 일월성신의 상象을 가리키는 것이죠. 일월성신의 작용은 한서주야寒暑晝夜로 나타난다고 했습니다. 이렇게 하늘에 이루어진 상을 건乾이라고 한다는 것이죠.

반면에 법을 본받는 것은 곤坤이라고 합니다. 그렇죠. 우리가 위로 올라가 하늘을 잡아볼 수 없어요. 해와 달을 만져보며 연구할 수도 없으니, 그냥 성상成象을 관찰해서 아는 것이지만 땅의 법칙은 직접 본받습니다. 만져보고 두드려 봐서 법칙으로 삼습니다.＊

③ 극수지래지위 점 : "수를 극해서 오는 걸 아는 것을 점이라 이른다."고 한 것은 역수逆數를 말합니다. 그래서 「설괘전」에 "오는 것을 아는 것은 거슬러서 아는 것이니, 역은 역수라(知來者逆是故易逆數)"＊＊고 했습니다. 댓개비를 나누고 나눠서 괘가 나오는데, 노양수 9, 노음수 6, 소양수 7, 소음수 8이 나오죠. 이렇게 수를 넓혀나가다가 만물의 수인 11,520까지 극도로 계산해서, 괘가 나오고 점풀이를 하게 되는 것이 극수지래極數知來하는 것, 즉 점占을 치는 것입니다.＊＊＊

④ 통변지위 사 : 그리고 어떤 일이든 통변을 해야지, 변통수가 없이 일을 하면 그 일은 실패하는 것이죠. 그러므로 주역에서 음이 변해서 양이 되고 양이 변해서 음이 되는 것을 알아야 합니다. 이 효가 변하

＊ 하늘에 일월성신의 형상이 있어 굳건하게 운행하여 쉬지 않는 것을 건이라 하고, 땅이 지극히 순하게 하늘의 법칙을 이어 본받은 것을 곤이라고 하니, 건곤이 역의 문이 되는 것이다.

＊＊ 「설괘전」 3장

＊＊＊ 「계사상전」 9장 참조.

면 괘가 달라지니, 이 괘를 체로 하고 저 괘를 용으로 한다는 식으로 통변을 잘해야 합니다. 사주 보는 사람이 통변을 잘해야 잘 보는 것 아니겠어요? 변하는 것을 잘 보아서 이렇게 통해 보고 저렇게 통해 보고 하여, 그 이치를 알아내고 판단을 잘해야 일을 잘하는 것입니다.

⑤ **음양불측지위 신** : 음이 변하면 양이 되고, 양이 변하면 음이 되는 변화 속에서 신神이 나옵니다. 신이 무엇이냐 하면, 음양조화의 자취, 즉 흔적이라는 것입니다. 음양기운의 조화, 그 조화의 흔적을 신이라고 하는 것입니다.

그런데 그 신神을 헤아리지 못한다! 바로 이것입니다. 신은 방소가 없다는 말과 같습니다. 음인가 했더니 양으로 변하고, 양인가 했더니 음으로 변합니다. 이렇게 음양이 부산하게 변하고 주야가 늘 바뀌는데 신을 어디다 붙여놓고 얘기를 하겠어요? 그래서 음양이 작용하여 신이 나오는데, 그 음양은 계속 변하기 때문에 거기서 나오는 신을 헤아릴 수가 없다고 한 것입니다.

결국 한 번은 음이 주동하고 한 번은 양이 주동하는 것이 도인데, 그 도는 뭐냐? 신이다! 그러면 그 신은 뭐냐? 음양의 작용에 의해서 나오는 것이다. 그러니 '일음지 일양지'로 변화하는 그 음양을 도대체 어떻게 헤아리겠느냐? 헤아리지 못한다! 바로 이런 말이죠.

▎총설

이 장은 천지의 도는 한번 음하고 한번 양하는 것일 뿐이라는 것을 설명하였어요. 일음지—陰之하고 일양지—陽之하는 것은 기氣이고, 그렇게 운행하고 변화하는 이치는 도道이며, 양으로 끊임없이 나아가고(시간적), 음으로 틀림없이 이루네요(공간적).

이 장에서도 인지仁知를 말했는데, 앞의 4장에서 청탁淸濁의 인지를 말한 것이라면, 여기서는 동정動靜의 인지를 말했네요. '일음지'는 '지知'로 정靜이고, '일양지'는 '인仁'으로 동動이지요. 현인顯仁의 양적 성덕盛德과 장용藏用의 음적 대업大業이, 일신(日新:陽)과 부유(富有:陰)에 힘입어 무궁하게 상생하여 역易이 됩니다. 그러니 성상成象하는 건乾과 효법效法하는 곤坤, 극수해서 얻은 점占과 이를 잘 해석하고 활용하는 통사通事가 모두 음양의 변화이자 신의 작용 아니겠어요?

이 장은 음양으로 시작해서 음양으로 끝나는데, '위도謂道, 위인謂仁, 위지謂知, 위업謂業, 위덕謂德, 위역謂易, 위건謂乾, 위곤謂坤, 위점謂占, 위사謂事, 위신謂神' 등등 '위謂' 자가 통틀어 11번 나옵니다. 태극에서 음양이 나오고 음양에서 팔괘가 나오는 것을 표현한 겁니다 (태극1+음양2+팔괘8=11).

글자에서도 '위謂' 자를 보면 알 수 있지요. 첫 번째는 '위(일음일양지謂)' 자를 한번만 써서 태극을 암시한 것이고, 두 번째는 연속으로 두 번(謂之仁, 謂之知)을 써서 음양을 암시했고, 세 번째는 연속으로 여덟 번(부유지謂, 일신지謂, 생생지謂, 성상지謂, 효법지謂, 극수지래지謂, 통변지謂, 음양불측지謂)을 써서 팔괘를 암시한 것이지요.

『본의』에는 "이 장은 도의 체와 용이 음양의 바깥에 있지 않으나, 그렇게 되는(음이 되고 양이 되는) 까닭은 음양에 의존한 적이 없음을 말한 것이다."*고 했습니다. 도는 '일음일양지'하며 음양이 주체가 되어 변해가지만, 점을 해서 양이 놓일지 음이 놓일지 결정하는 것은

(음양불측지) 음양이 하는 것이 아니라는 것이죠.

右 第 五 章
이상은 제 5장이다.

＊ 『주역 본의』: 此章은 言道之體用이 不外乎陰陽而其所以然者則未嘗倚於陰陽也라.

계사상전 제 6 장

夫易이 廣矣大矣라.
부역 광의대의

以言乎遠則不禦하고 以言乎邇則靜而正하고
이언호원즉불어   이언호이즉정이정

以言乎天地之間則備矣라.
이언호천지지간즉비의

직역 역이 넓고도 크도다! 먼 것으로 말하면 막을 수 없고, 가까운 것으로 말하면 고요하고 바르며, 하늘과 땅 사이로 말하면 모두 갖추어졌구나!

- 廣 : 넓을 광 / 大 : 큰 대 / 遠 : 멀 원 / 禦 : 막을 어 / 邇 : 가까울 이 / 靜 : 고요할 정 / 正 : 바를 정 / 備 : 갖출 비

강의

① **부역 광의대의** : "부역夫易이 광의대의廣矣大矣라!" 공자께서 하신 말씀이죠. 역의 이치와 상은 땅과 같이 한없이 넓고(廣), 하늘과 같이 한없이 크다(大)는 것입니다.

② **이언호원즉 불어** : 이렇게 광대한 역이기 때문에 '역으로써 아무리 먼 곳을 말해도 막지 못한다'고 했네요. 이 우주가 한없이 멀어도 역으로써 표현하고 설명하지 못할 곳이 없다고 한 겁니다. 역의 이치와

상이 천지와 같이 넓고도 크기 때문이지요.

③ 이언호이즉 정이정 : 또 역으로써 가까운 데를 말하면, 현미경을 놓고 분석하고 분석해도 한없이 나오는 그 작은 것도 다 알아요. 작고 작은 것까지 계속 알아서 말할 수 있습니다.

작은 것은 티끌 하나 안 묻었어요. 이것이 좀 커졌을 때는 티끌도 좀 묻고, 이랬다저랬다 할 수도 있고 비뚤어질 수도 있지만, 극미하게 들어가 살피면 저 깊고 깊이 들어 있는 작은 것이 깨끗하고 바르게 있습니다. 세밀한 부분까지 분석해 보면 사람의 본성은 선하게 태어났다는 것을 알 수 있습니다. 그런 바른 이치 속에서 모든 만물이 나온 것입니다. 그래서 전혀 움직이지 않고 고요히 바르게 있어요. 그것도 역을 활용하면, 하나도 빠짐없이 다 말할 수 있다는 겁니다.*

③ 이언호천지지간즉 비의 : 저 우주 끝간 데 뿐만 아니라, 하늘과 땅 사이에 대해서 말해도 역의 이치와 음양 기운의 활동이 가득 차 있다는 겁니다. 즉 천지 사이의 모든 이치와 현상이 역에 다 갖추어져 있다는 거지요.

---

* '정이정'은 주변의 다른 것과 교감하지 않아 그 영향을 받지 않으니, 치우치지 않아 바른 상태를 말한다. 즉 아직 발하지 않아 하나로 그쳐 있는 중中의 상태를 뜻한다.

> 夫乾은 其靜也ㅣ 專하고 其動也ㅣ 直이라
> 부건   기정야   전   기동야   직
>
> 是以大ㅣ 生焉하며
> 시이대   생언
>
> 夫坤은 其靜也ㅣ 翕하고 其動也ㅣ 闢이라
> 부곤   기정야   흡   기동야   벽
>
> 是以廣이 生焉하나니
> 시이광   생언

직역 건은 고요할 때는 전일하고 움직일 때는 곧기 때문에 큰 것을 생하며, 곤은 고요할 때는 닫혀 있고 움직일 때는 열리기 때문에 넓음을 생한다.

- 專 : 오로지할 전 / 直 : 곧을 직 / 翕 : 닫을 흡 / 闢 : 열릴 벽

강의

① 부건 기정야전 기동야직 시이대생언 : '건(☰)'이라는 것은 하늘을 말하는데, 효爻로 보면 양효(━)를 말한 것이죠. '고요할 때 오로지한다'는 것은, 이 양효가 고요할 때는 가만히 있다는 것입니다.

하늘이 고요할 때에는, 하늘의 형이상적 법이 순전純全해서 한결같이 그대로 있습니다. 그러다가 동動하면 하늘이 이제 발동을 하는 것이죠. 즉 양이 발동하는 것입니다. 하늘은 양으로 곧은 것이기 때문에 곧게 나가죠. 양적陽的인 남자의 성기로 말해도, 가만히 있을 때는 축 늘어져 있다가 동할 때에는 곧게 일어나죠. 그래서 뻣뻣해지면서 커지는 것입니다. 이렇게 양적인 하늘은 '전'과 '직'이라는 움직임을

통해 '정'과 '동'을 반복하면서 커지는 거지요.

② **부곤 기정야흡 기동야벽 시이광생언** : '곤(☷)'이라는 것은 땅을 말하는데, 효爻로 보면 음효(--)를 말한 것이죠. 땅이라고 하는 음은 정靜할 때는 딱 닫혀 있습니다. 정할 때는 딱 닫혀 있다가 동動할 때에는 열리죠. 땅이 동하여 열리므로 모든 만물이 거기서 다 나옵니다. 어머니 뱃속에서 아기가 나오고, 만물도 땅이 동動해 열리는 데서 나오는 것이죠.

음이라고 하여 동하지 않는 게 아니고, 음이라고 해서 열리지 않는 게 아닙니다. 동하면 열리고 열리는 순간 넓어지며 모든 것이 나오는 것입니다. 여자의 성기로 말해도, 가만히 있을 때는 오므려 있다가 동할 적에는 벌어지면서 넓어지죠.

이렇게 음적인 땅은 '흡'과 '벽'이라는 움직임을 통해 '정'과 '동'을 반복하면서 넓어지는 겁니다.

廣大는 配天地하고 變通은 配四時하고
광대   배천지   변통   배사시

陰陽之義는 配日月하고 易簡之善은 配至德하니라.
음양지의   배일월   이간지선   배지덕

직역 넓고 큰 것은 천지와 짝하고, 변해서 통하는 것은 사시四時와 짝하며, 음과 양의 의의는 해와 달과 짝하고, 쉽고 간편한 선은 지극한 덕과 짝한다.

- 配 : 짝 배 / 易 : 쉬울 이 / 簡 : 간단할 간

> 강의

① **광대배천지 변통배사시** : 이 세상에서 제일 넓고 큰 것이 무엇이냐 하면, 땅보다 넓고 하늘보다 큰 것이 없지요. 주역의 이치와 상이 넓고 커서, 그 광대廣大함이 천지와 짝한다고 했네요. 역의 체와 그 쓰임이 땅과 같이 넓고 하늘과 같이 크다는 말이지요(廣大 配天地).

또 이 세상에서 제일 잘 변통하는 것이 무엇이냐? 사계절의 변통만한 것이 없어요. 봄이 변하면 여름으로 통하고, 여름이 변하면 가을로 통하고, 가을이 변하면 겨울로 통하고, 겨울이 변하면 다시 봄으로 통합니다. 「계사상전」 11장에도 "변통을 말하자면 사시보다 더 큰 것이 없다."고 했지요. 역의 변통變通이 뛰어나서, 제일 잘 변통하는 사시와 짝이 된다고 한 것입니다(變通 配四時).

② **음양지의배일월 이간지선배지덕** : 해는 굳건하게 자강불식自彊不息을 해서 양의 대표가 되고, 달은 해의 밝음을 이어받아 움직이면서 커졌다 작아졌다 하네요. 이렇게 운행하는 것이 바로 음양의 뜻과 똑같다는 말입니다. 역易(日+勿)이라는 글자도 파자해보면 일과 월의 합성자로 되어 있지요(陰陽之義 配日月).

천지의 지극한 덕은 세상만물을 낳고 기르는 것이지요. 그 지극한 덕을 주역의 덕으로 표현하면 이간易簡이라는 겁니다. 세상만물을 낳고 기르는 것이 복잡하고 어려워 보이지만, 주역의 이치로 보면 이간을 벗어나지 않는다는 것이지요. 하늘은 쉽게 일을 하고, 땅은 거기에 간단히 따른다고 했습니다. 이렇게 쉽고 간단한 역이야말로 천지

의 지극한 덕과 짝이 된다는 말이죠(易簡之善 配至德).

▌ 총설

이 장은 역의 도가 광대하여 포함하지 않음이 없음을 말하였어요. 역은 음양이요 음양은 건乾과 곤坤입니다. 양은 동動하여 먼저 나왔기 때문에, 하나로 이어 그어서(一) 표현하고, 모든 양성 동물의 성기처럼 발동하면 꼿꼿하여 커집니다(大). 또 음은 정靜하여 두 번째로 나왔기 때문에, 둘로 나누어 그어서(--) 표현하고, 모든 음성 동물의 성기처럼 발동하면 벌어져서 넓어집니다(廣).

그래서 역易은 광대(천대 지광天大地廣)하다고 하는 것 아니겠어요? 그러한 이치 때문에 음양은 천지天地, 일월日月, 사시四時, 지덕至德과 짝이 되는 것입니다.

성재양씨誠齋楊氏는 "이 장은 성인이 역의 도를 찬하신 것이, 그 지극함은 '광대'라는 두 글자를 위주로 하시고, 그 근원은 '건곤' 두 괘에서 나온 것임을 말한 것"*이라고 했지요.

右 第 六 章
이상은 제 6장이다.

---

* 웅과熊過, 『주역상지결록周易象旨決錄』: 誠齋楊氏曰 此章은 言聖人所以贊易之道ㅣ 其極主於廣大之二言이요 其原生於乾坤之二卦也니라.

계사상전 제 7 장

子曰 易이 其至矣乎인뎌!
자왈 역　 기지의호

夫易은 聖人이 所以崇德而廣業也니
부역　 성인　 소이숭덕이광업야

知는 崇코 禮는 卑하니
지　 숭　 예　 비

崇은 效天하고 卑는 法地하나라.
숭　 효천　 　 비　 법지

직역 공자께서 말씀하시기를,* 역이 지극하구나! 역이라는 것은, 이것으로써 성인이 덕을 높이고 업적을 넓히는 것이니, 지혜는 높고 예절은 낮으니, 높은 것은 하늘을 본받았고 낮은 것은 땅을 본받았다.

- 崇 : 높을 숭 / 卑 : 낮을 비 / 效 : 본받을 효 / 法 : 본받을 법

강의

---

* 여기서의 '子曰'은 「계사전」이 공자가 지은 것이므로 다른 문장의 '子曰'과는 달리 연문衍文이며, 소이所以의 '이以'는 '역易으로써' 라는 뜻이다. 주자는 "「십익」은 공자에 지으신 것인데, 스스로 '위대하신 선생님께서 말씀하시기를(子曰)'을 붙이지는 않으셨을 것이니, 후세 사람이 더한 것이 아닌가 의심스럽다."고 했다.

① **소이 숭덕이광업야** : 공자님 말씀에 "역이 지극하다."고 했는데, 역이 지극하다고 한 것은 역으로 덕을 높이고 업을 넓히기 때문입니다. 덕을 높인다는 것은 하늘을 두고 한 말이고, 업을 넓힌다는 것은 땅을 두고 한 말이죠. '숭덕'은 형이상적인 말이고 '광업'은 형이하적인 말이죠. 성인이 역으로써 숭덕하고 광업하는 것이니, 숭덕은 체가 되고 광업은 용이 됩니다.*

② **지숭 예비** : 지적知的인 것은 한계가 없고 보이지 않는 것입니다. 그래서 '지'는 하늘과 같이 높은 것이죠(知崇). 반면에 '예'라는 것은 제 몸을 낮추는 데서부터 행해지는 것이지요. 그래서 예절은 낮은 땅에 비유됩니다(禮卑).**

③ **숭효천 비법지** : 사람은 지知와 예禮가 있기 때문에 만물의 영장이 됩니다. 지만 있고 예가 없으면 그냥 재주만 부리는 사람밖에 안 되죠. 절차나 질서를 무시하기 쉬워요. 사람이라는 것은 지적인 것으로 뭔가 배워 알고, 예절에 맞게 실행을 해야 합니다.

  이렇게 '지'라는 것은 하늘과 같이 높고, '예'라는 것은 땅과 같이 낮으니, 높은 것은 하늘을 본받은 것이고 낮은 것은 땅을 법칙으로

---

* 숭덕광업 : '숭덕'은 하늘을 본받아 덕을 높이고(崇德, 天, 知, 崇), '광업'은 땅을 법으로 삼아 업을 넓히는 것이다(廣業, 地, 禮, 卑).
** '지'는 양에 속하니, 높고 밝음을 귀하게 여기므로 숭崇이며, 이는 하늘보다 더 높은 것이 없으니 하늘을 형상한다는 뜻으로 '효천'이라고 하였다.
  또 '예'는 음에 속하니, 겸손하고 물러나는 것을 귀하게 여기므로 비卑이며, 이는 땅보다 더 낮은 것이 없으니 땅을 본받는다는 뜻으로 '법지'라고 하였다.

삼은 것입니다.

> 天地ㅣ 設位어든 而易이 行乎其中矣니
> 천지   설위   이역   행호기중의
>
> 成性存存이 道義之門이라.
> 성성존존   도의지문

직역 하늘과 땅이 자리(位)를 베풀면 역이 그 가운데에서 행하니, 이루어진 성품을 보존하고 보존하는 것이 도의의 문이다.

- 設 : 베풀 설

강의

① **천지설위 이역 행호기중의** : 우리의 머리 위에는 하늘, 발 아래에는 땅으로 천지의 자리를 정했습니다. 그래서 "천지가 자리(位)를 베풀었다."고 한 것입니다. 천지가 자리를 정해놓으니까, 그 사이에서 모든 만물이 나와 성장하고 죽고 또 나오는 생장수장의 변화를 하고 있네요. 역이라는 건 음양이 변화하는 이치 아니겠어요? 그러한 변화가 천지 사이에서 오가고 있다는 것입니다.

이것을 선천팔괘로 말하면 위에 하늘괘(☰)를 놓고 아래에 땅괘(☷)를 놓았어요. 하늘은 양을 대표하는 것이자 아버지이고, 땅은 음을 대표하는 것이자 어머니입니다. 이 양(부)과 음(모)이 서로 사귀어서 다시 양과 음을 낳습니다. 부모가 서로 사귀어서 장남(☳)과 장녀(☴), 중남(☵)과 중녀(☲), 소남(☶)과 소녀(☱)의 음과 양을 낳는 것이죠.

이것은 천지가 사귀어 우레(☳), 바람(☴), 물(☵), 불(☲), 산(☶), 못(☱)의 음과 양을 낳는 것과 같은 이치입니다. 이것이 바로 역이고, 이 속에서 주역이 행해지는 것입니다.

② 성성존존 도의지문 : 「계사상전」 5장에서 "한 번은 음이 주도하고 한 번은 양이 주도하는 것이 도"라고 했죠. 그리고 "이것을 이어나가는 것은 선善이 되고, 이룬 것은 성性이 된다."고 하였습니다. 사람은 원래 선하게 태어납니다. 그 선한 걸 바탕으로 이어가면서 이룬 것이 성性이 되는 것이죠.

'계지자선繼之者善'을 1년으로 말하면 원元의 봄과 형亨의 여름을 말하고, '성지자성成之者性'은 이利의 가을과 정貞의 겨울에 해당합니다. 봄에 씨를 뿌리면 성장하지요. 그런데 이게 어떻게 결과를 맺을지는 아무도 모르는 것 아니겠어요? 이것이 '계지자선'입니다. 그러다가 가을이 되면 부여받은 성질대로 딱 여물었네요. 그것이 '성지자성'으로 완전히 결실을 이룬 것 아니겠어요?

그 '성지자성'이 계속 존존存存하는 '성성존존成性存存'만 된다면, 도의道義의 문이 된다는 것입니다. 도는 체體이고 의義는 용用입니다. 곧 도덕과 의리죠. '성성존존'하게 된다면, 이것은 곧 도덕과 의리를 행하는 문이 되어서 그 안으로 들어갈 수 있는 것입니다.*

---

* 도道는 지知적인 것이고 하늘의 명이니 사람이 마땅히 행해나가야 하는 것이고, 의義는 예禮이며 땅이 하늘을 본받음을 뜻하니, 잣대가 되어 행동을 제약하는 것이다.

『중용』에 "하늘이 명하는 것이 성품이 되고, 하늘의 명을 받은 성품을 그대로 따르는 것이 바르게 가는 길(道)이 되는 것이고, 그 길을 잘 가도록 하는 것이 바로 교육적인 가르침이 되는 것이다."*라고 하였습니다. 그 가르침을 받아 도道를 따라가는 것이죠. 그 도를 가다 보면 '솔성率性'이 되고, 결국 천명을 그대로 받드는 것이 됩니다. 그러니까 주역은 '천명지위성天命之謂性'이고, '성성成性'이 그 목적이 되네요.

성품을 이루었습니다. 우리 자신이 소자연小自然으로서 하나의 역이라면, 자기의 몸을 순수하게 천명 그대로 이끌어나가는 것이 솔성率性하는 것이고, 그것이 곧 존존存存하는 것입니다. 조금도 흐트러지지 않고, 태어난 모습 그대로 천성을 따르는 것이죠. 그렇게 했을 때 주역의 본체로 들어가서, 역을 깨닫고 도를 통하고 하는 도덕과 의리의 문에 들어선다는 것입니다.**

▎총설

이 장은 역을 지극히 연구하는 이유가 숭덕광업崇德廣業에 있다는 것을 밝힌 것입니다. 이 장에서 '성인聖人이 숭덕광업'한다고 했는데, '숭덕'은 건乾의 일이고, '광업'은 곤坤의 일이죠. 그래서 숭고한 지知로 하늘을 본받아(效天) 건괘(☰)를 그리고, 몸을 낮추는 예禮로 땅

---

* 『중용』 1장 : 天命之謂性이요 率性之謂道요 修道之謂敎니라.
** 성성成性은 본래의 성품을 그대로 이룬 것이고, 존존存存은 계속 이 세상에 존재하는 것이다.

을 본받아(法地) 곤괘(☷)를 그렸네요. 이렇게 '효천'하고 '법지'하여 건·곤괘를 그리니, 상하의 설위設位가 되고, 모든 변화가 그 가운데에서 행해지는 게 아니겠어요?

  가식 없는 본성本性을 이루어(成性) 계속 존재(存存)하게 하면, 이것이 역을 통하는 도의道義의 문이 되는 것입니다. '도의'는 도체道體(태극)와 의용義用(음양), 또는 천도天道와 지의地義를 말한 것이라 볼 수 있습니다. 아무튼 '도의'는 역을 통과하는 문입니다.

右 第 七 章
이상은 제 7장이다.

계사상전 제 8 장

> 聖人이 有以見天下之賾하야 而擬諸其形容하며
> 성인   유이견천하지색   이의저기형용
>
> 象其物宜라 是故謂之象이요
> 상기물의   시고위지상

직역 성인이 천하의 잡란하게 뒤섞인 것을 봐서* 그 생김새를 견주어보며, 그 물건의 마땅함을 형상했기 때문에 상(卦象)이라고 말하고,

- 賾 : 뒤섞일 색 / 擬 : 비길 의, 견줄 의

강의

① 성인 유이견천하지색 이의저기형용 : 천하는 큰 것과 작은 것이 서로 뒤섞여 있고 색깔도 여러 가지로 뒤섞여 있습니다. 이렇게 천하의 잡란雜亂하게 섞인 것을 역易의 눈으로 봅니다. 주역에서 쓰이는 '써 이以'는 '역으로써'의 뜻으로 보면 좋지요.

그렇게 천하의 잡란한 것을 보고 그 형용을 비교해 봅니다. 저건 하늘이고, 저건 땅이고, 저건 물이고, 저건 불이고 하는 등 모든 형용을 다 견주어서 분류했습니다.

---

* '賾'은 그윽하고 깊다는 뜻이니, '색'을 말함으로써 안뿐만 아니라 밖까지도 두루 밝게 봄을 말한 것이다.

② **상기물의 시고위지상** : 그리고 그 물건에 맞도록 형상으로 분류했는데 이것을 바로 괘상卦象이라 합니다. 하늘은 건괘(☰)의 상이고, 땅은 곤괘(☷)의 상이고, 우레는 진괘(☳)의 상이고, 바람은 손괘(☴)의 상이고, 물은 감괘(☵)의 상이고, 불은 리괘(☲)의 상이고, 산은 간괘(☶)의 상이고, 못은 태괘(☱)의 상으로 모두가 상입니다.

모든 삼라만상森羅萬象에 상이 없는 게 없습니다. 상을 대표하는 것이 얼굴입니다. 그래서 '형상 상象' 자를 '얼굴 상相'이라고도 하죠. '상값한다'거나 '꼴값한다'는 말은 타고난 그대로 살고 있다는 뜻이지요. 이렇듯 성인이 뒤섞인 모든 존재의 모습을 비겨 여덟 개의 상으로 분류해놓았기 때문에, 아무리 인구가 많아지고 사회가 발전해도 팔괘의 상 외에는 없습니다. 이 속에 다 속해 있는 거지요.*

聖人이 有以見天下之動하야
성 인   유 이 견 천 하 지 동

而觀其會通하야 以行其典禮하며
이 관 기 회 통   이 행 기 전 례

繫辭焉하야 以斷其吉凶이라 是故謂之爻니
계 사 언   이 단 기 길 흉   시 고 위 지 효

---

* 상이란 물건의 생김새와 성정을 괘상으로 그린 것이다. 주역에 상象·수數·리理가 있는데, 이 셋은 서로 불가분의 관계이다. 즉 상에는 수와 리가 담겨 있고, 수에는 상과 리가 담겨 있으며, 리에는 상과 수가 담겨 있다.

직역 성인이 천하의 움직임을 봐서 그 모이고 통하는 것을 관찰해서 그 전례를 행하며, 말을 매어서 길하고 흉한 것을 판단한다. 이런 까닭으로 효(爻辭)라고 말하니,

- 會 : 모일 회 / 通 : 통할 통 / 典 : 법 전 / 禮 : 예도 예 / 繫 : 멜 계 / 斷 : 끊을 단

강의

① 성인 유이견천하지동 : 지금 상象과 효爻를 말하고 있는 것입니다. 괘卦라고 하면 괘상卦象을 말하는 것이지만, 효爻라고 하면 효爻 하나하나가 동하는 것을 말합니다.

점占이라는 것은 사람이 어떤 활동을 한다거나 사업경영을 할 때 하는 것이지, 가만히 앉아 있으면서 점할 까닭이 없지요. 그래서 효가 동하는 것을 보고 판단하는 것입니다. 성인이 천하에 잡란하게 뒤섞여 있는 것을 보고 물건 하나하나를 비교해서 상으로 만들어놓았다고 했으니, 그것이 체가 되는 것입니다.

체가 있으니 이제 용이 있어야지요. 좀 전에 형상을 봤으니까 이제는 움직이는 것을 봐야죠. '형상이 어떻게 움직이나?' 하는 것을 보아야 합니다. 잘못 움직이면 구덩이에 빠질 것이고 잘 움직이면 횡재를 만날 것이라는 등, 움직이는 걸 봐야 거기서 좋고 나쁨을 알 수 있는 것이 아니겠어요?

그래서 성인이 상象으로 체를 삼아 괘상으로 해놓고, 그 다음에는 천하의 움직이는 걸 보았다는 것입니다. 천하에 움직이지 않는 게 없습니다. 다 움직이죠. 땅에다 뿌리를 내리고 서 있는 것도 흔들리고 움직입니다. 움직이지 않는 것은 죽은 것과 다름없습니다.

② **이관기회통** : 성인이 천하의 움직이는 것을 본 뒤에 또 그것들이 모이고 통하는 것을 보았습니다. 움직이는 것은 '회통會通'*이 있게 마련입니다.

사람이 산꼭대기 같은 데서 혼자만 사는 것이 아니죠. 외딴집에서 살아도 누군가 찾아오게 마련이고, 또 자신도 어디든 가서 누군가를 만나야 하는 것이 아니겠어요? 이렇게 하다 보면 서로 모이고 흩어지는 회통이 되네요.

모든 존재의 모이고 통하는 그것을 다 살펴보았다는 것이죠. '볼 견見' 자는 일반적으로 보는 것이고 '볼 관觀' 자는 자세히 살펴 관찰하는 것입니다.

③ **이행기전례** : 회통을 하나하나 살피고 관찰해서 일정한 법칙을 만들었습니다. 전례를 만들었는데 '전'이라는 것은 '법전法典'의 '전'으로 법칙입니다. '례'는 사람이 그렇게 살았으면 좋겠다는 규범입니다. 하늘의 운행을 본받아서 사람에 맞게 조목조목 나누어서 적용시킨 것이지요. 그러니까 정해진 그대로 변동 없이 행하는 그러한 '예'를 말합니다.

64괘 384효로써 하나의 전례를 만들어 놓았습니다. '이렇게 변하면 이렇게 되니, 이렇게 해석하고, 이렇게 판단하는 것이다'라는 것을 이의가 없을 정도로 완전히 만들어놓은 것이죠.

---

* 회會란 하나도 남김없이 모이는 것이고, 통通이란 막힘없이 행해지는 것이다.

④ **계사언 이단기길흉** : 건괘의 초구로 말하면 '하늘괘의 맨 밑에 있는 양인데, 양은 용이고, 용이 맨 밑에 잠겨 있다' 하는 전례를 만들었어요. 그런데 거기다 말을 붙여야 알죠. 그래서 말을 뭐라고 붙였느냐 하면 "잠긴 용이니 쓰지 말아라(潛龍勿用)."고 붙였네요. 즉 "용龍이 맨 밑에 있으므로, 아직 쓸 때가 안 되었으므로 '잠길 잠' 자를 넣어서 '잠룡'이라고 했습니다. 어린애들 고추도 '아직 쓸 때가 아니다, 혼인할 때가 안 됐다'는 뜻으로 '잠지'라고 하지요.

그래서 '아직 어리니, 공부를 많이 해서 역량을 길러야 한다.' 등으로 해석하는 거지요. 양이 맨 밑에 잠겨 있기에 그러한 전례를 삼은 것이고, 그것에 "잠긴 용이니 쓰지 말지니라."는 말을 붙인 것이죠. 이렇게 말을 붙여 매서 길흉을 판단합니다.

⑤ **시고위지효** : 건괘의 상효는 너무 용이 높아져서 후회만 남아 좋지 않은 것이고, 오효는 용이 하늘로 올라가서 조화를 부리니 최고로 성공한 자리에 올라 좋은 것이 되죠. 이렇게 길흉을 판단하는 것 아니겠어요? 그래서 이것을 효爻라고 한다는 말입니다.

그러니까 괘卦는 천지만물의 상을 봐서 체體로 해놓은 것이고, 효爻 하나하나는 발동해서 좋아지고 나빠지는 등등의 결과를 말로 설명해놓은 것입니다.*

---

* '爻' 자(乂+乂)에는 '乂' 즉 교통交通한다는 뜻과, '예乂' 즉 예지와 총명하다는 뜻이 있다.

> 言天下之至賾호대 而不可惡也며
> 언 천 하 지 지 색　　이 불 가 오 야
>
> 言天下之至動호대 而不可亂也니
> 언 천 하 지 지 동　　이 불 가 란 야

직역 천하의 지극히 잡란하게 섞인 것을 말하되 싫어할 수 없으며, 천하의 지극히 움직이는 것을 말하되 어지럽지 않으니,

- 惡 : 싫어할 오 / 亂 : 어지러울 란

강의

① **언천하지지색 이불가오야** : 천하는 상들이 지극히 잡란합니다. 수없이 많은 것들이 뒤섞여 있어요. 그렇게 섞여 있는 지극히 잡란한 것을, 주역으로 하나하나 설명하면 싫증이 나지 않습니다. 자연의 이치를 자꾸 깨닫고 통하다 보니까, 점점 더 알게 되고 체득하게 되니 재미가 생겨 싫은 게 없어져요. 염증이란 것이 하나도 없어집니다.

② **언천하지지동 이불가란야** : 천하에 동하지 않는 것이 하나도 없지요. 주역은 그 극도로 동하는 것을 하나하나 효로써 설명했지요. 하지만 하나도 흐트러지지 아니하니 어지럽지 않아요. 못할 말을 했거나 이치에 어긋나거나 하는 일 없이 틀림없게 말한 것입니다. 그러므로 주역을 공부하는데 염증이 나지 않는 것이고, 세상의 변동하는 모든 이치를 깨달아 그 결과를 미리 알아도 조금도 흐트러지지 않습니다.*

擬之而後에 **言**하고 **議之而後**에 **動**이니
의지이후 언   의지이후 동

擬議하야 **以成其變化**하니라.
의 의   이 성 기 변 화

직역 헤아려본 다음에 말하고 의논한 다음에 움직이니, 헤아려보고 의논해서 변화를 이루는 것이다.

- 擬 : 헤아릴 의, 비길 의 / 議 : 의논할 의. 의리에 맞게 논한다는 뜻.

강의

① 의지이후 언 : 모든 걸 헤아려본 뒤에 말해야지 헤아려보지 않고서 어떻게 말할 수 있겠어요? 예를 들어 건괘(☰) 맨 밑의 효를 보면 '이건 양이 맨 밑에 있다.' 이렇게 헤아려보고, 맨 위에 있으면 '이건 또 너무 극한 데 올라갔다.' 이렇게 헤아려 보아야죠. 이렇게 헤아려 보아야 '항룡유회亢龍有悔'라고 말을 붙이든, '잠룡물용潛龍勿用'이라고 말을 붙이든, 말을 붙이게 되는 것입니다.

그래서 먼저 '이건 양인데 밑에 있어, 이건 음인데 맨 위에 있어.' 이런 식으로 헤아려본 뒤에 '잠룡물용'이라거나 '용전우야龍戰于野'라는 등의 계사繫辭를 붙여 말하는 것입니다.

---

* '불가오'는 역속에서 이치를 깨달아 즐거우니, 비록 온갖 미미하고 잡다한 것을 다 말했지만 싫어하지 않는 것을, '불가란'은 천하의 지극히 큰 움직임을 말하였지만, 이치에 정확히 들어맞아 질서정연함을 뜻한다.

② 의지이후 동 : 점괘가 나오면 '점괘가 이렇게 나왔으니 어떻게 행동해야 하나?' 하고 붙여진 말을 의논해서 행동을 결정합니다. 점을 쳐서 건괘의 초구가 나왔다면 '잠룡물용'이라고 했는데, 나가서 활동해야 하나 아니면 가만히 있어야 하나' 하고 의논하는 거지요. 의논은 다른 사람하고 할 수도 있고 자기 자신하고도 할 수 있습니다. 초구는 '물용'이라고 했으니 가만히 있어야죠.

③ 의의 이성기변화 : 헤아려본 다음에 말하고, 의논한 다음에 움직임으로써 변화를 이룬다고 했네요. 어떻게 할 것인가를 판단하고 행동해서 변화를 이루는 것이 주역을 생활화하는 것이라는 겁니다. 이렇게 먼저 체體로 헤아려보고, 그 다음에 용用으로 의논함으로써 변화가 이루어지는 것입니다.＊

鳴鶴이 在陰이어늘 其子ㅣ 和之로다.
명 학   재 음   기 자   화 지

我有好爵하야 吾與爾靡之라 하니
아 유 호 작   오 여 이 미 지

子曰 君子ㅣ 居其室하야 出其言에 善이면
자 왈 군 자   거 기 실   출 기 언   선

＊ 역易은 먼저 괘상을 보고 그 판단한 말을 음미하며, 동했을 경우 그 변화를 보고 그 점(占 : 판단)을 음미하니 아래의 일곱 효가 그 예이다.

則千里之外ㅣ 應之하나니 況其邇者乎여!
즉천리지외   응지   황기이자호

居其室하야 出其言에 不善이면 則千里之外ㅣ 違之하나니
거기실   출기언   불선   즉천리지외   위지

況其邇者乎여!
황기이자호

言出乎身하야 加乎民하며 行發乎邇하야 見乎遠하나니
언출호신   가호민   행발호이   현호원

言行은 君子之樞機니 樞機之發이 榮辱之主也라.
언행   군자지추기   추기지발   영욕지주야

言行은 君子之所以動天地也니 可不愼乎아!
언행   군자지소이동천지야   가불신호

계사상전 8장

직역 (중부中孚괘 구이효에) "우는 학이 그늘에 있거늘 그 새끼가 화답하도다. 내게 좋은 벼슬이 있어 내가 너와 더불어 얽힌다."고 하니, 공자께서 말씀하시기를 "자기 집에 거처해서 말을 함에 착하면 천리 바깥에서도 응하는 것인데, 하물며 가까운 데서랴! 집에 거처해서 말을 함에 착하지 않으면 천리 바깥에서도 어기는 것인데, 하물며 가까운 데서랴!

말은 몸에서 나와 백성에게 더해지며, 행동은 가까운 데서 발동해 먼 데까지 나타나니, 말과 행동은 군자의 추기(樞機 : 지도리와 기틀)니, 추기의 발함이 영화와 욕됨의 주체이다. 말과 행동은 군자가 천지를 움직이는 것이니, 삼가지 않을 수 있으랴!"

■ 鳴: 울 명 / 爵: 벼슬 작, 잔 작 / 和: 합할 화 / 吾: 나오 / 爾: 너 이 / 愼: 삼갈 신 / 見: 나타날 현 / 靡: 얽을 미, 함께할 미 / 邇: 가까울 이

/ 違 : 어길 위 / 樞機 : 중추적인 역할을 하는 기관(여기서는 艮門의 開閉)

강의

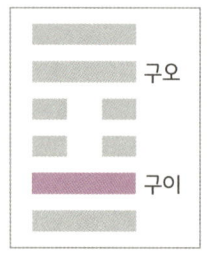

중부中孚괘의 구이효를 말한 것입니다. 중부괘는 위에는 바람괘(☴)이고, 아래는 못괘(☱)입니다. 못 위로 바람이 붑니다. 못물이 바람 따라 출렁이는 것이, 마치 바람과 못이 무언가를 속삭이는 것과 같네요. 서로 감응이 잘되어 중심으로서 믿고 있는 것입니다.

부孚는 신信의 체가 되는 것이고, 신信은 부孚의 용이 되는 것이죠. '사람 인亻' 변에 '말씀 언言'한 신信은, 사람과 사람이 말한 것을 믿고 밖으로 실천하는 믿음입니다. 반면에 부孚는 마음속에서 믿는 믿음인데, 거기에 중심을 뜻하는 '중中' 자를 더 넣어서 중심으로부터 믿는 '중부'라고 했어요.

외괘의 중中(구오)이 실實했으니 중부이고, 내괘의 중中(구이)이 실했으니 중부입니다. 속이 실해서 믿게끔 행동하는 것이죠. 그런데 이 '중'이 실한 건 신信의 질質이라고 했어요. 즉 신의 질적인 것인데, 그러면 신의 근본은 어디서 나오느냐? 사실은 속을 비워야 하는 것이죠. 속을 깨끗이 비우면 어디를 가도 신용을 지킬 수 있는 것입니다.

중부괘 전체로는 속(육삼, 육사)을 비웠기 때문에, '신'의 근본이 되는 것입니다. 이렇듯 괘를 내외괘로 나눠 얘기하면 중이 실해서 신信의 질적인 것을 갖추고, 전체적으로 보면 중이 허해서 신信의 근본적인 것을 갖춘 것이 중부괘이지요.

① 명학재음 : 구이는 학으로 말했습니다. 왜 학이 나올까요? '손하절(☴) 바람괘는 닭이라(巽爲鷄)'고 했고 태상절(☱) 못괘는 물이 되니, 닭은 닭인데 물가에 있는 닭으로 학鶴이 되는 것입니다.

또한 태상절괘가 못물이 출렁거려서 못이 되듯이(兌爲澤), 사람이 말하고 웃고 하는 것을 입으로 하기 때문에 태를 입(兌爲口)이라고 했습니다. 입은 입인데 내호괘가 진하련(☳) 우레괘이니 움직이며 소리를 내고 있지요. 즉 학이 입으로 소리를 내서 울고 있는 것이죠. 그런데 구이는 두 번째 짝수자리 즉 음자리에 있기 때문에, "우는 학이 그늘에 있다."고 한 것입니다.

② 기자화지 : 원래 여섯 효로 이루어진 괘의 각 효 중에 두 번째 자리는 어머니자리이고 다섯 번째는 아버지자리입니다. 그런데 구이효를 어머니자리로 해놓고 '그 자식(기자其子)'이라고 했으니까 구이와 상대되는 다섯 번째에 있는 구오를 자식으로 보아야 하는 것이죠. 즉 부부관계가 아니라 모자母子관계로 놓고 말한 것입니다.

구이의 어미학이 끼룩끼룩 우니까, 구오의 새끼학도 끼룩끼룩 화답을 합니다. 아래 못괘(☱)의 입으로 어미학이 울고 있죠. 그런데 위의 손괘(☴)를 저쪽에서 보면 못괘(☱)가 아래를 보고 있는 상이니, 역시 저쪽에서도 입을 벌려 울고 있네요. 이렇게 어미학의 입(육사)과 새끼학의 입(육삼)이 서로 중부의 마음으로 화답을 하고 있다는 것입니다.

스승이신 야산선생님이 우리 아버지 호를 "명학鳴鶴이 재음在陰"이라는 글에서 '학' 자와 '음' 자를 따서 '학음'이라고 지으셨지요. 그래서 저도 주역을 생활화하면서 "이곳이 바로 내가 정성을 들여야 할 곳이구나!"하고, 아버지의 호와 송시頌詩를 명필에게 써달라고 해서 침실에 걸고 매일 중부의 마음으로 '기자화지 중심원其子和之中心願'이라고 하면서 마음속 깊이 '아버지'를 부릅니다.

③ **아유호작** : 정치적으로 말하면, 구오는 임금의 자리이고 구이는 신하의 자리입니다. "내게 좋은 벼슬이 있어서" 하는 것은, 구오 임금에게 좋은 벼슬이 있다는 것이지요.

또 '벼슬 작爵' 자는 '술잔 작'이라고도 합니다. 임금이 신하에게 벼슬을 주고 등용하는데 술상을 받아놓고 술을 따라주는 것이 '수작할 수酬'이고, 신하가 받아 마시고 잔을 올리는 것은 '수작할 작酌' 입니다. 술잔을 나누며 군신의 의義를 맺는 것이지요. 또 일반적으로도 주인이 손에게 따라주는 것은 '수'가 되고, 손이 마시고 또 주인에게 따라주는 것을 '작'이라고 하니, 이것을 모두 수작酬酌이라고 합니다.

④ **오여이미지** : 이렇게 술상을 차려놓고 임금이 '수'하고 신하가 '작'해서 벼슬을 주고받으니, 서로 좋은 벼슬로 얽혀서 진실한 만남이 되네요.

그래서 중부의 정치를 하려면, 임금과 신하가 어미학과 새끼학처럼 서로 간에 마음에서 우러나는 진실성이 있어야 하는 것입니다. 이렇게 술을 주고받고 수작하듯이 벼슬로 수작하고, 서로 얽혀서 중부의 정치가 이루어지는 것이죠. 여기까지가 주공의 말씀으로, 중부괘 구이의 효사이지요.

⑤ **자왈 군자 거기실 출기언선 즉천리지외응지 황기이자호** : 이제부터는

공자님의 말씀입니다. "군자가 그 집에 거해서, 그 말을 선善하게 내면 천리 밖에서 응하니, 하물며 그 가까운 데랴!" 라고 공자님께서 도덕적으로 말씀한 것입니다. 구오와 구이가 수작할 때 선하게 하면 선한 답이 온다는 거지요.

구이의 자리가 집안이네요. 군자가 자기 집안에 거하면서 믿음이 가는 말을 선하게 잘했습니다. 그 말을 자기 방안에서 했지만 천리 밖에서도 그 말에 따라주니, 그렇다면 가까운 이웃이야 말할 것이 있겠느냐는 것이죠.

⑥ 거기실 출기언불선 즉천리지외위지 황기이자호 : 반면에 그 말을 한 것이 불선하면, 천리 밖에서도 그 말을 어기니 하물며 가까운 데야 말할 것이 없다는 것입니다.

⑦ 언출호신 가호민 행발호이 현호원 : 내 몸에서 나온 선한 말이건 불선한 말이건, 만백성에게 모두 영향을 준다는 것이죠. 군자가 한마디 하면 백성은 그대로 따르고 실행합니다.

또 군자의 행실이 내 집안, 이웃 마을에서만 행해졌지만, 이것의 영향이 저 먼 곳에까지 나타나고 있다는 것입니다. 지금은 방송매체가 있어 아무리 먼 곳일지라도 미치지 않는 곳이 없지만, 3천 년 전에는 그런 게 없었습니다. 그런데도 다 아는 것입니다.

⑧ 언행 군자지추기 추기지발 영욕지주야 : 그러니까 언행은 군자의 추기樞機가 된다는 것입니다. 말과 행동은 군자의 가장 중요한 기틀이죠. 그러므로 이렇듯 중요한 기틀이 움직여 발할 때, 영과 욕이 갈려

나간다는 것입니다.

입을 열어 말하는 것(언言)을 잘못하면 욕이 되고, 잘하면 영화가 되는 것이죠. 또 행실(행行)을 잘하면 영화가 되고, 잘못하면 욕이 되는 것이죠.*

⑨ 언행 군자지소이동천지야 가불신호 : 언행은 군자가 천지를 움직이는 것이라고 했네요. 천지가 군자의 언행에 좌우되어 움직이니, 그렇다면 언행을 삼가지 아니할 수 없다는 말입니다. 자기 한 몸의 성패도 중요한데, 하물며 수많은 사람의 성패가 군자의 언행에 달려 있다고 할 때 삼가지 않을 수 있겠느냐는 말이죠.**

同人이 先號咷而後笑라 하니
동 인　선 호 도 이 후 소

子曰 君子之道ㅣ 或出或處或默或語나
자 왈 군 자 지 도　혹 출 혹 처 혹 묵 혹 어

二人이 同心하니 其利ㅣ 斷金이로다!
이 인　동 심　　기 리　단 금

---

* 언행은 나로부터 나가는 것이고, 그에 대한 대가로 영(榮 : 應之)이나 욕(辱 : 違之)이 오는 것이므로, 언행이 주가 되고 영욕이 종이 된다.
** 주공과 공자의 글을 다음과 같이 비교할 수 있다.
　鳴鶴 ↔ 出其言, 在陰 ↔ 居其室, 其子和之 ↔ 千里之外應之

同心之言이 其臭ㅣ 如蘭이로다!
동 심 지 언   기 취   여 란

직역 (동인同人괘 구오효에) "동인이 먼저는 호소하여 울고 뒤에는 웃는다."고 하니, 공자께서 말씀하시기를 "군자의 도가 혹 나아가고 혹 거처하며 혹 침묵하고 혹 말하나, 두 사람이 마음을 같이하니 그 날카로움이 쇠를 끊는도다. 마음을 같이해서 하는 말이 향기가 난초와 같도다."

- 號 : 부르짖을 호 / 咷 : 울 도 / 默 : 입 다물 묵 / 臭 : 향내 취 / 蘭 : 난초 난 / 利 : 날카로울 리, 예리銳利할 리

강의

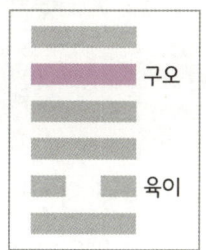
구오
육이

이것은 동인괘 구오효가 동한 걸 보고 빗대어 (擬議) 하는 말입니다. 위에는 하늘괘(☰)이고 아래는 불괘(☲)로 되어 있지요. 불은 언제나 하늘로 올라갑니다. 불의 대표라고 할 수 있는 해는 위로 떠올라 하늘과 늘 같이하고 있어요. 이렇게 불이 하늘과 늘 같이하듯이 사람도 같이해야 한다고 하는 것이 동인괘입니다.

동인괘의 구오는 '먼저는 호소하며 울고 뒤에는 웃는다'고 했는데, 여기에서 구오와 상응하는 효는 육이효입니다. 동인괘에서 유일한 음효이지요. 음효 하나를 두고 초구, 구삼, 구사, 구오, 상구의 모든 양들이 동인하자고 하는 겁니다. 그렇죠. 한 가지를 이루는 데도 모두가 뜻을 하나로 모아야 그 일이 관철되거나 성사되는 게 아니겠어요?

① **동인 선호도이후소** : 구오와 육이는 둘 다 중정한 효인데다 정응으로 만났어요. 누가 뭐라 해도 하늘이 정해준 배필입니다. 그러므로 서로 만나야 하는데, 구사와 구삼이 방해하고 있기 때문에 서로 못 만나고 있어서 호소하며 우는 것입니다.

그러나 사필귀정事必歸正으로 만나게 되어 만난 뒤에는 웃습니다. 그러나 이런 만남은 그냥 되는 것이 아니고, 큰 군사를 일으키는 수고를 해야 하는 것입니다. 하늘괘(☰)가 전부 변하면 땅괘(☷)가 되어 군사가 나옵니다(坤爲衆). 구사는 스스로 물러났지만, 구삼이 군사를 매복시키고 일전불사一戰不辭하므로, 구오는 큰 군사를 일으켜 구삼과 싸워 이겨야 비로소 만난다는 말입니다. 그래서 「소상전」에 '대사극상우大師克相遇'라고 한 것이지요.

② **군자지도 혹출 혹처 혹묵 혹어** : 이제부터는 공자님이 풀어서 말씀하시는 것입니다. 사람이 이 세상을 사는 데 '벼슬을 하기도 하고(或出), 집에 가만히 은거하기도 하고(或處), 나라 정치가 어떻게 되든지 모르겠다며 입 다물고 있기도 하고(或黙), 임금에게 나아가 진언하고 간하기도 한다(或語)'는 것이죠.*

③ **이인동심 기리단금 동심지언 기취여란** : 그러나 가장 긴요한 것은 서로 뜻이 맞아야 한다는 것입니다. 단 두 사람만 마음이 맞아도, 그

---

* 혹출 혹처 혹묵 혹어 : 동인괘 구오가 동하면 외호괘가 兌(☱)가 되니, 상괘로 나와서(혹출) 말하는(혹어) 상이고, 육이가 동하면 건(☰)이 되니, 아래에 잠겨서(혹처) 침묵하는(혹묵) 것이다.

예리함이 쇠를 끊는다고 했어요(二人同心 其利斷金).*

뿐만 아니라 같은 마음을 가진 사람이 하는 말들은 난초같이 향기롭습니다. 사람이 친한 걸 보고 '금란지교金蘭之交'라고 하지요. '기리단금'의 '금'과 '기취여란'의 '란' 자를 합한 말이지요. 두 사람이 마음을 합하면 쇠를 끊을 수 있는 예리함이 생기고, 또 그 말이 난초같이 향기롭습니다(同心之言 其臭如蘭).**

④ 『소학』과 금란계, 담수계 : 그래서 『소학』에 보면, "온 세상이 모두 놀기를 좋아해서 금란 같은 계契를 맺고는, 언제 그랬냐는 듯 취중에 서로 헐뜯고 싸우다 계가 깨져버리더라."***고 하였지요. 이름만 '금란'이고, 동인괘 같은 금란지교가 아닌 것이지요.

그래서 그 뒤를 이어서 "군자의 마음이란 것은 깊고 넓어서 담담한 게 마치 물과 같다."****고 했어요. 물은 아무리 마셔도 질리지를 않죠. 평생을 먹어도 그렇습니다. 이렇게 물맛과 같이 깊고 넓은 마음을 가지고 있는 군자의 마음으로 사귀어야 '금란지교'라고 할 수 있다는 것이지요. 여기에 풍파가 어디 있겠어요?

---

* 구삼과 구사는 외호괘 건(☰)을 이루고 있으니 금金의 상이고, 구오와 육이가 한 마음으로 동하면 호괘가 쾌(☱)의 상이니 '단금斷金'하는 것이다.
** 육이는 내호괘 손(☴ : 臭, 陰木)으로 처하여 침묵하나 난초(음목)의 향기가 나고, 구오가 동한 외호괘 태(☱ : 口)로 출하여 말(語)하는 것이다. 구오와 육이가 행동은 달리하나 합하고자 하는 뜻은 같으니, 난초의 향기와 같은 말을 하고 또 '선호도후소'가 된다.
*** 『소학』, 「외편」: 擧世重交游하야 擬結金蘭契하나니 忿怨이 容易生하여 風波當時起라.
**** 『소학』, 「외편」: 所以君子心은 汪汪淡如水니라.

그래서 '금란계' 대신에 '담수계淡水契'라고 이름을 바꾸고 계모임을 하는 사람들이 있는데, 중요한 것은 말이 아니라 실제로 '금란'이 되고 '담수'가 되는 것이겠지요.

初六藉用白茅니 无咎라 하니
초 육 자 용 백 모   무 구

子曰 苟錯諸地라도 而可矣어늘
자 왈 구 조 저 지   이 가 의

藉之用茅하니 何咎之有리오? 愼之至也라.
자 지 용 모   하 구 지 유   신 지 지 야

夫茅之爲物이 薄而用은 可重也니
부 모 지 위 물   박 이 용   가 중 야

愼斯術也하야 以往이면 其无所失矣리라.
신 사 술 야   이 왕   기 무 소 실 의

직역 (대과괘 초육효에) "초육은 (제사를 지내기 위해) 자리를 까는 데 흰 띠를 쓰니 허물이 없다"고 하니, 공자께서 말씀하시기를 "제사 음식을 땅에 놓더라도 괜찮거늘, 띠를 사용해서 깔고 지내니 무슨 허물이 있으리오? 삼가함이 지극한 것이다. 띠의 물건됨이 값싸나 쓰임은 소중하게 쓸 수 있으니, 이런 방법을 삼가해서 사용해 나가면 잃는 바가 없을 것이다!"

▪ 藉 : 깔 자 / 茅 : 띠 모 / 苟 : 진실로 구 / 錯 : 둘 조(措와 같은 뜻), 꾸밀 착 / 諸 : 어조사 저 / 薄 : 가벼울 박 / 斯 : 이 사 / 術 : 법 술

강의

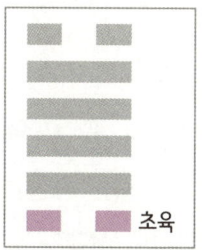

이것은 대과괘 초육에 대한 설명입니다. 위에는 태괘(☱)로 못이고, 아래에는 손괘(☴)로 나무이지요. 손괘는 동방목이 되는데, 그 위로 태괘의 못물이 뿌리는 물론이고 가지를 넘어 잎새까지 덮었습니다. 서방의 못물*이 동방으로 막 넘쳐흐르는 것이지요. 그래서 서양의 물질문명 금전만능의 문화가 범람합니다.

『시경』에 재서급닉載胥及溺**이라고 했듯이, 서로가 붙들고 있다가 자기도 모르게 빠져죽는 것입니다. 그래서 태(兌 : 서방)의 물결 속에 동방의 나무가 저도 모르게 빠져서 허우적대고, 그러다 보면 뿌리가 썩습니다. 나무에게 물은 소중하지요. 수생목水生木을 하기 때문에 물이 필요하기는 합니다만, 그 물이 너무 많으면 지나친 것이 되어 불급不及이나 똑같은 것이 됩니다.

대과는 크게 지나쳤다는 뜻입니다. 서방의 물결(금권만능金權萬能) 속에 동방의 나무(인仁)가 뿌리째 썩을 정도로 지나쳤어요. 또 태괘는 금金이고 손괘는 목木으로 금극목金克木을 당하고 있어요.

해가 동쪽에서 뜨는 것과 같이, 모든 문명은 동방에서 근원합니다. 그런데 동에서 뜬 해의 빛을 받고 성숙해진 서양이, 그 지엽적이고 말단적이며 외적인 것만 가지고 오히려 뿌리가 되는 동양을 누르고

---

* 「설괘전」 5장 : 兌는 正秋也. 태괘는 후천팔괘방위도에서 서쪽에 자리하고 있음.
** 『시경』, 「탕지십, 桑柔」 : 載胥及溺이로다(주나라가 흥성했다가 려왕厲王의 잘못된 정치 때문에 황락해졌음을 풍자한 시이다).

있는 것입니다. 동양이 큰 수모를 겪는 것이죠. 우리가 살고 있는 지금 이 시대가 바로 이러한 대과의 때입니다.

공자님도 "내가 좀 더 살아서 주역을 공부했더라면 대과가 없을 텐데."* 하고 걱정하셨죠. 이것은 곧 '크게 지나치는 시대, 윤리도덕을 모르는 금수의 시대, 살기는 좋아졌으나 마음이 편치 않은 정신적 폐쇄의 세상이 되어 도덕의 기본이 다 허물어지니, 그러한 시대가 오지 않도록 깨끗한 사회를 이루어야 천하 공존공영의 시대가 올텐데……' 하는 공자님의 근심입니다.

대과괘의 시대는 너무 지나친 시대로, 바로 지금 이 시대를 말하는 것이죠. 소강절 선생이 『황극경세皇極經世』에 복희 64괘를 죽 펼쳐놓고 연대를 매겨놓았는데, 지금이 바로 그 대과의 때입니다.

① **초육자용백모 무구** : 대과괘의 초육이 동한 것입니다. 초육에 '제사를 지내는데, 흰 띠를 꺾어 깔고 그 위에 제물을 올려놓는 정성이 있으니 허물이 없다.'고 했지요.

대과괘는 초효가 음효라서 근본이 허하고, 상효도 음효라서 말초도 허합니다. 그런데 그 사이에 크고 힘센 양(구이, 구삼, 구사, 구오)이 꽉 차서 기둥이 흔들린다고 했지요. 이 대과의 시대에, 초육은 연약한 음으로 맨 밑에 있으니 어떻게 살겠어요? 그래서 어려운 초육에게 살 수 있도록 방법을 알려준 것입니다.

초육은 맨 밑에 있으니 바닥에 까는 자리가 되고, 손괘(☴) 음목陰

---

* 『논어』, 「술이」 : 子曰 加我數年하야 五十以學易이면 可以無大過矣리라.

茅은 풀, 띠 등의 종류가 됩니다. 그리고 공자께서 「설괘전」에 "손은 백색白色이라(巽爲白)"고 했습니다. 이렇게 해서 '백모白茅' 즉 흰 띠가 나오죠. 흰 띠를 꺾어다 맨 밑에 자리로 깝니다.

그럼 지금 이건 뭐하는 것이냐? 손巽은 공손한 것인데, 초육이 변하면 건괘(☰) 하늘이 되죠. 하늘에 공손히 제사 지내는 것입니다. 천제를 지내고 산제를 지내며 정성껏 제사를 지내는데, 그냥 땅 바닥에 놓고 지내는 게 아니죠. 산에 가보니까 흰 띠가 즐비하게 있어요. 그래서 더욱더 정성스럽게 지내느라 그 흰 띠를 꺾어서 깔고 제사를 지냅니다. 흰 띠를 꺾어놓고 제사를 지내니, 그렇게 정성스런 사람이 무슨 탈이 있겠냐고 주공께서 말씀하셨습니다. 여기까지가 역에 있는 말씀이죠.

② **구조저지 이가의 자지용모 하구지유 신지지야** : 이에 대해 공자님이 하시는 말씀입니다. "진실로 땅에다 그냥 놓고 제사를 지내도 좋은데, 흰 띠를 꺾어서 깔고, 그 위에 제물을 놓고서 지내니 무슨 허물이 있겠는가! 조심하고 경계함이 지극하도다."

그렇죠. 어떤 사람이 제물을 가지고 산제를 지내러 왔습니다. 그 사람이 산제를 지내겠다는 정성만 해도 훌륭한 일이죠. 그러니 그냥 땅에 놓고 지내도 좋은데, 더 지극한 정성으로 흰 띠를 꺾어 깔아놓고 제사를 지냅니다. 자리를 까는데 흰 띠를 깨끗이 꺾어 정성을 다하니, 이 사람은 어려운 세상을 삼가며 사는 사람이라 할 수 있죠.*

---

* 서방(☱ 澤)의 물질문명이 최고도에 이르러 범람하는데, 동양(☴ 木)의 문명은 오히려 물속에 빠져 뿌리째 썩고 있는 형상이다. 또 本(초효)과 末(상효)이 약해

③ **부모지위물 박이 용가중야** : '띠는 값도 나가지 않는 그러한 물건이지만, 소중하게 쓰일 때가 있다.'는 것이지요. 띠라는 물건을 갖다 깔아놓고 제사 지내는 순간, 값싼 띠가 조상과 나를, 산신령과 나를 연결하는 소중한 매개물이 되는 것입니다. 중히 여기는 제사를 지낼 때 쓰는 것이니 띠도 소중해질 수밖에요.

그래서 제사 지낼 때도 그릇에 깨끗한 모래를 담고, 그 모래 위에 띠를 한 묶음 꽂아놓고서 거기에다가 강신주降神酒를 조금씩 세 번 따릅니다. 그 강신주 술향기를 맡고 신이 내려오시기를 바라는 것이지요.

④ **신사술야 이왕 기무소실의** : "값도 안 나가는 띠를, 정성을 담는 소중한 물건으로 만드는 방법! 제사를 지낼 때 정성을 다하고 조심하는 마음으로 지내는 방법! 이러한 법칙과 방법으로 조심하고 근신하면서 이 세상을 살아간다면, 아무리 대과시대라지만 그 잃는 바가 없을 것이다."라고 했습니다. 정성을 들인 만큼 복이 돌아오고 하느님이 돕는다는 것이죠.

사람은 하늘이 냈으니 하느님의 뜻에 맞게 성성존존成性存存해야 합니다. 그래야 역易에 들어가는 것이고 깨닫는 것이니까요. 하느님의 뜻에 따르는 것이 옳게 사는 것이라고 할 때, 그것은 정성이 아니면 안 됩니다. 제사는 정성스러운 것입니다. 그래서 앞으로 이 난리 속에서도, 제사 잘 지내는 사람이 산다는 것 아니겠어요?

뒤집어지는 때이므로, 제사를 지내어(하느님을 믿고 정성을 드려) 안전하게 하려는 것이다.

그런 사람에게는 복이 돌아오고, 난세일수록 그렇게 해야 하고, 또 그런 사람이 살아남게 되죠. 그래서 공자님께서 확실히 말씀하셨네요. 대과이기 때문에 또 이런 말씀을 하신 겁니다.

勞謙이니 君子ㅣ 有終이니 吉이라 하니
노겸   군자   유종   길

子曰 勞而不伐하며 有功而不德이 厚之至也니
자왈 노이불벌   유공이부덕   후지지야

語以其功下人者也라.
어이기공하인자야

德言盛이요 禮言恭이니
덕언성   예언공

謙也者는 致恭하야 以存其位者也라.
겸야자   치공   이존기위자야

직역 (겸괘謙卦 구삼효에) "수고로운 겸이니, 군자가 마침이 있으니 길하다"고 하니, 공자께서 말씀하시기를 "수고하고도 자랑하지 않으며, 공이 있어도 덕으로 생각하지 않음이 두터움의 지극한 것이니, 공로가 있으면서 사람들에게 자신을 낮춤을 말한 것이다. 덕은 성대함을 말하는 것이고, 예는 공손함을 말함이니, 겸손하다는 것은 공손함을 이루어 그 지위(位)를 보존하는 것이다."

▪ 勞 : 공 로, 일할 로 / 伐 : 자랑할 벌 / 厚 : 후할 후 / 盛 : 성할 성 / 恭 : 공손할 공 / 致 : 이룰 치

> 강의

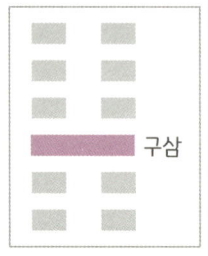

이것은 겸괘謙卦 구삼효를 두고 한 말입니다. 위에는 곤괘(☷) 땅, 아래에는 간괘(☶) 산입니다. 산은 땅 위에 있어야 하는데 밑에 있으니까 겸손한 것입니다. 또 양은 음 위에 군림해야 하는데 오히려 그 밑(내괘)에 있습니다. 그래서 구삼이 겸손한 것입니다. 이렇게 산은 땅 속에 있어서 겸손하고, 양은 음 밑에서 겸손하므로 겸손하다는 '겸' 자를 써서 겸괘라 했습니다.

구삼은 "공이 있는데도 겸손하고 있다."고 했습니다. 다섯 음을 위해 하나밖에 없는 구삼 양이 노력을 하니, 구삼처럼 수고로울 수가 없습니다. 그런데도 구삼이 "내가 수고로울 게 뭐 있냐?" 하며 계속 겸손하고 있으니, 유종의 미를 거두어 길하다고 했습니다. 여기까지는 주공이 한 말씀이죠.

① **노이불벌 유공이부덕 후지지야** : 이제 공자님이 이 말에 다시 해설을 붙이고 행동지침을 주시는 것입니다. 즉 '의지이후언擬之而後言 의지이후동議之而後動'*을 하는 것이지요. 다른 사람 같으면 조금만 공을 세워도 크게 내세우는데, 구삼은 다섯 음을 위해 공을 많이 세웠지만, 조금도 덕을 내세우지 않으니, 구삼의 덕의 두터움이 얼마나 지극하냐는 겁니다.

---

* 「계사상전」 8장 : 擬之而後에 言하고 議之而後에 動하니(헤아려 본 뒤에 말하고, 의논해 본 뒤에 움직이니)

② **어이기공 하인자야** : 그건 다름 아니라 구삼이 자기의 공을 다른 사람 밑에 놓는 걸 말합니다. 자기 공이 다른 사람보다 못하다고 했네요. 구삼이 있는 간괘를 하괘(內卦)로 놓았고, 상효·오효·사효의 음 밑에 구삼이 있으니, 그 공을 다른 사람 아래에 둔 것입니다.

③ **덕언성 예언공** : 그런데 공자님 말씀에 '덕德'이라는 건 성대함을 말하는 것이라고 했네요. 성대하고 많이 베풀수록 덕이 된다는 것이죠.
또 '예禮'라는 것은 공손함을 말한다고 했어요. 예는 등급과 절차를 나눠놓은 것이기 때문에, 자기의 직분과 분수에 맞게 행동하는 것이지요.* 직분과 분수에 맞게 행동하는 것이 공손하게 행동하는 겁니다.
'겸謙'은 '말씀 언言' 변에 '겸할 겸兼'을 한 글자로, '예예' 하고 말을 두세 번 겸하는 것이죠. 이렇게 말을 겸해서 '예예' 하고 거듭 겸양하는 뜻입니다. "덕언성德言盛이요 예언공禮言恭이라" 했으니 말(言)을 겸兼하듯이 덕과 예를 겸한 것이지요.

④ **겸야자 치공 이존기위자야** : "'겸'이라는 것은 공손함을 이루어서 그 지위를 보존하는 것이라."고 했네요. 공손함을 잘 이루어 겸손이 되었습니다. 그러면 자연 덕이 생기죠. 덕 있는 사람을 누가 모함할 리 없고 쫓아낼 리도 없으니, 그 자리를 끝까지 잘 지킵니다(存其位). 이

---

* 덕은 겸손함이 중中에 자리하여 밖으로 표현되지 않는 것이므로, 안으로 쌓여 결국은 성대하게 드러나는 것이고, 예禮는 겸손함을 밖으로 드러내 표현하는 것이니, 그 언행이 공손하게 되는 것이다.

게 바로 유종有終이죠.

亢龍이니 有悔라 하니
항룡   유회

子曰 貴而无位하며 高而无民하며
자왈 귀이무위   고이무민

賢人이 在下位而无輔라 是以動而有悔也니라.
현인   재하위이무보   시이동이유회야

직역 (건괘乾卦 상구효에) "지나치게 높고 극한 용이니 후회가 있다"고 하니, 공자께서 말씀하시기를 "귀해도 지위가 없으며, 높아도 백성이 없으며, 어진 사람이 아래에 있어도 돕지를 않는다. 이렇기 때문에 움직임에 후회가 있는 것이다."

- 亢 : 높을 항, 오를 항 / 貴 : 귀할 귀 / 輔 : 도울 보

강의

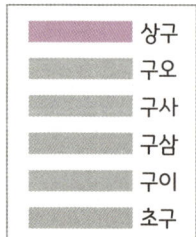

상구
구오
구사
구삼
구이
초구

이건 건괘乾卦 상구효를 두고 하는 말입니다. 건괘는 하늘이고, 하늘은 가볍고 맑은 기운만 있는 형이상적인 것으로서 잡아볼 수도 없고 만져볼 수도 없죠. 하늘은 변화무쌍하다고 하여 변화를 잘 부리는 용으로 비유했습니다. 용이 모두 여섯 마리인데, 이중에서 상구의 용은 '너무 높게 올라가서 지나친 용'입니다. 상구의 용을 두고 주공이 "높은 용이니 후회가 있다."라

고 했지요. 이 말을 공자께서 다시 '의지이후언擬之而後言' 하면서 풀이하신 것이죠.

① 귀이무위 : 상구는 귀해도 지위가 없다고 했네요. 여기에서 지위는 천자의 위, 즉 나라를 다스리는 존위尊位를 말합니다. 귀하면서 위가 있는 것이 임금이지요. 임금은 아니면서 귀하기만 하면, 실질적인 권력이 없는 상왕上王이나 국사에 해당합니다.
 실질적인 권력이 없기 때문에 '무위(지위가 없다)'라고 했습니다. 가장 높이 있으니까 귀하기는 해도, 구오 임금의 자리는 아닌 것이죠.

② 고이무민 : 사람이 높은 곳에 있으면 백성이 따르게 마련입니다. 그런데 상구는 구오보다 높은 곳에 있는데도 백성이 자기를 따르는 게 아니라 구오를 따르고 있네요.

③ 현인 재하위이무보 : 또 어진 사람이 아랫자리에 많이 있어도 상구를 돕는 이는 하나도 없어요. 구이·구삼·구사가 얼마나 어집니까? 이렇게 구이 대인大人을 비롯해서 구삼·구사의 군자와 초구의 처사處士 등등 어진 사람들이 많이 있는데도, 구오를 도와서 정치를 보필할 뿐이고 상구를 돕는 사람은 한 명도 없습니다.

④ 시이 동이유회야 : 그래서 상구는 움직이면 움직일수록 후회만 있게 됩니다. 그렇죠. 어디를 가든 무슨 일을 해보든지 간에, 돕는 이도 없고 따르는 이도 없고 지지하는 사람도 없습니다. 혼자 외로이 하려니 후회만 남는 것이죠.

옛날에 왕이 쫓겨나고, 오늘날 대통령이 감옥에 들어가고 하는 것이 '항룡유회' 아니겠어요? 반성하며 가만히 있어야지, 옛날의 영화를 찾아 돌이키려면 더 큰 후회를 하게 되는 것입니다.

不出戶庭이면 无咎라 하니
불출호정   무구

子曰 亂之所生也ㅣ 則言語ㅣ 以爲階니
자왈 난지소생야   즉언어   이위계

君不密則失臣하며 臣不密則失身하며
군불밀즉실신   신불밀즉실신

幾事ㅣ 不密則害成하나니
기사   불밀즉해성

是以君子ㅣ 愼密而不出也하나니라.
시이군자   신밀이불출야

직역 (절괘 초구효에) "호정(방문 앞의 뜰)에도 나가지 않으면 허물이 없을 것이라"고 하니, 공자께서 말씀하시기를 "어지러움이 생기는 것은 말이 계단이 되는 것이니, 임금이 주밀하지 못하면 신하를 잃으며, 신하가 주밀하지 못하면 몸을 잃으며, 기밀스러운 일을 주밀하게 하지 못하면 해를 이룬다. 이렇기 때문에 군자는 삼가고 주밀해서 나가지 않는 것이다."

■ 戶 : 지게 호 / 戶庭 : 집 안에 있는 뜰(門庭 : 집 앞의 뜰) / 幾 : 기미 기 / 幾事 : 기밀機密한 일, 비밀秘密스런 일

강의

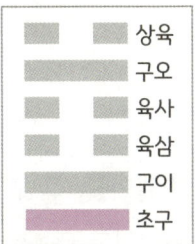

이건 절괘節卦 초구가 동한 것입니다. 아래는 태괘(☱) 못, 위에는 감괘(☵) 물이죠. 못에 물이 적당히 차서 절節이 됩니다. 이 괘는 64괘 중 60번째에 있습니다. 60갑자의 의미가 있어 일절一節을 만난 것이죠. 인생 일절은 육십 아니겠어요? 하늘에도 24절기가 있고, 땅에도 24방이 있고, 사람에게도 72마디가 있듯이 마디가 없으면 안 되죠. 마디는 적당하게 그쳐 있는 것입니다. 그냥 쭉 나가버리면 안 되고 그치는 데가 있어야죠. 그래서 절문節文, 예절禮節 등 모두 절節을 강조합니다. 글을 쓰는 데도 절이 있어야 하고, 음악도 절이 있어야 흥이 납니다.

① **불출호정 무구** : 이 말은 절괘 초구효사입니다. 옛날 집의 구조를 보면, 방문을 나가면 마당이 있고 마당을 지나서는 사립문이 있죠. 그런데 절괘 초구에 뭐라고 했냐면, "대문 밖이 아니라 방문 앞도 나가지 말라."고 했습니다. 절괘의 효 하나하나가 각자에 맞는 절을 지켜야 하는데, 초구는 가만히 있는 게 절입니다. 만약에 조금이라도 움직이면 절이 아닙니다.

초구는 구이에 의해 가로막혀서 위로 갈 수가 없고, 또 초구가 동해서 음효로 변하면 감괘(☵)가 되어 험해집니다. 그래서 초구는 집으로 말하면 맨 안쪽에 있는 방안인데, 방 문 앞에도 나갈 생각을 하지 말라고 한 것이죠.

② **난지소생야 즉언어이위계** : 그런데 공자님께서 사람이 사는데 어려

움이 생기는 것은, 말을 잘못하여 그것이 커졌기 때문이라고 하셨네요. 말이 씨가 되어서 싸움질 하게 되지 않겠어요?*

③ **군불밀즉실신** : 말을 잘못해서 큰 난리가 납니다. 임금도 말을 잘못하면 문제가 되죠. 임금이 치밀하지 못하고 함부로 지껄이면, 그 밑의 신하가 임금을 섬길 수 없어 모두 떠나버립니다. 방정맞고 경솔한 임금을 어떤 신하가 섬기겠습니까? 임금이 치밀하지 못하니까 어진 신하가 다 떠나갑니다.

④ **신불밀즉실신** : 임금은 신하가 대신 다치지만, 신하는 대신 다칠 아랫사람이 없습니다. 그러니 신하가 치밀하지 못하면 자기의 몸을 망치게 되지요. 말을 함부로 했다가 삭탈관직은 물론 죽임도 당하는 겁니다.

⑤ **기사불밀즉해성** : 임금과 신하는 대표적으로 말한 것이고, 모든 사람이 무슨 일을 하든지 그 일을 처음부터 치밀하게 해야 한다는 말입니다. 아직 일을 드러내지 않은 기미幾微로운 일이, 겨우 싹트려고 하는 시점에서 함부로 말을 뱉어버리면 싹을 뭉개버리는 거나 한가지죠. 아직 발설해서는 안 될 일이 누설되어서 해로움을 이루는 것이고, 성공을 해치는 것이죠.

---

* 절괘(䷻)의 초구가 태(☱ ㅁ)의 처음에 있기 때문에 '언어'로써 말하였다. 모든 환난이 언어로부터 나오니, 삼가하고 주밀하게 사용해야 하는 것이다.

⑥ 시이군자 신밀이불출야 : 그러므로 군자는 아무리 할 말이 있어도 절괘 초구의 상황에서는 입을 함부로 놀리지 않아요. 삼가고 주밀하게 하는 거지요. 태괘(☱)가 '입 구口'를 상징하고 초효이기 때문에 이런 말들이 나오는 것입니다.

子曰 作易者ㅣ 其知盜乎인뎌!
자 왈 작 역 자   기 지 도 호

易曰 負且乘이라 致寇至라 하니
역 왈 부 차 승   치 구 지

負也者는 小人之事也요 乘也者는 君子之器也니
부 야 자   소 인 지 사 야   승 야 자   군 자 지 기 야

小人而乘君子之器라 盜ㅣ 思奪之矣며
소 인 이 승 군 자 지 기   도   사 탈 지 의

上을 慢코 下를 暴라 盜ㅣ 思伐之矣니
상   만   하   포   도   사 벌 지 의

慢藏이 誨盜며 冶容이 誨淫이니
만 장   회 도   야 용   회 음

易曰 負且乘致寇至라 하니 盜之招也라.
역 왈 부 차 승 치 구 지   도 지 초 야

직역 공자께서 말씀하시기를 "주역을 지은이가 도적을 알았구나! 주역(해괘 육삼효)에 말하기를 '짊어져야 할 이가 탔다. 도적을 이르게 했다'고 하니, 지는 것은 소인의 일이고 타는 것은 군자의 기구이다. 소인이 군자의

기구를 탔기 때문에 도적이 뺏을 것을 생각하며, 윗사람에게 거만하게 하고 아랫사람에게 사납게 하는 까닭에 도적이 칠 것을 생각한다. 창고 감춤을 태만히 하는 것이 도적을 부르는 것이며, 용모를 다듬는 것이 음탕함을 부르는 것이니, 주역에 말하기를 '짊어져야 할 이가 탔다. 도적을 이르게 했다'고 하니, 도적을 부른 것이다."

- 負 : 질 부 / 乘 : 탈 승 / 奪 : 빼앗을 탈 / 慢 : 게으를 만, 거만할 만 / 藏 : 곳집 장, 감출 장 / 暴 : 포악할 포(폭) / 伐 : 칠 벌 / 誨 : 가르쳐 인도할 회 / 招 : 부를 초 / 冶 : 다듬을 야

강의

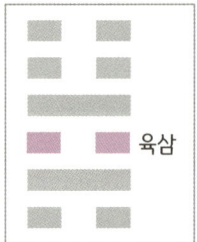
육삼

이것은 해解괘의 육삼효에 대한 이야기입니다. 해괘는 위에는 진괘(☳) 우레이고 아래는 감괘(☵) 물이죠. 찬 겨울(☵)을 지나 따뜻한 봄(☳)이 위로 올라와서 해동解冬이 되고, 어머니의 양수(☵)를 터뜨리며 장남(☳)이 태어나서 해산海産을 하는 겁니다. 겨울철에 땅 속에서 숨어있던 백과초목이 모두 씨앗의 껍질을 열고 나오는 것이죠.

사회적으로 말하면 어려웠던 일들이 풀리는 것이고, 모든 사회악을 해결하는 것이죠. 종교적으로 말하면 해원의 시대를 맞이하는 것입니다. 그래서 해괘는 잘못된 일이나 소인의 문제를 해결하는 것으로 말했습니다. 양효인 구이와 구사가 그 주동적인 역할을 하는 것이죠.

① 자왈 작역자 기지도호 역왈 부차승 치구지 : 공자님이 하신 말씀입니

다. '작역자作易者'라고 한 것은 역을 당신이 지은 게 아니고, 복희·문왕·주공이 지었으니까 그분들을 말씀하시는 것이죠. 주역을 지은 분들이 도둑을 알고 지었다는 말입니다. 그래서 주역에 "짊어져야 할 사람이 또 탔으니 도적 이름을 이룬다."*는 말을 했지 않느냐는 것이죠.

그런데 해괘에서 문젯거리가 되는 주범이 바로 육삼 소인입니다. 소인은 짊어지는 것이고 군자는 탄다고 했는데, 옛날에 소인(백성)은 등에 짐을 지고, 군자(벼슬하는 사람)은 수레를 타고 다녔죠. 주역에서 군자와 소인은 도덕적인 의미와 더불어 신분계층을 나타내는 말로도 쓰입니다.

육삼은 음으로 소인인데 양자리에 있으니 군자를 타고 있는 셈이네요. 또 해괘의 내호괘가 이허중(☲)으로 속이 텅 빈 수레가 됩니다. 육삼이 구이의 위에 있으니 구이를 탄 거예요. 위로는 또 구사를 짊어지고 있네요. 그러니까 짊어지고 또 탄 것이죠.

② **부야자 소인지사야 승야자 군자지기야** : 육삼 음이 구사를 짊어지고 구이를 탔으니 도적치고는 큰 도적이고, 음란하다면 크게 음란한 것이죠. 음이 양자리에 있어 제자리가 아니고, 중中도 못 얻었고, 상효와 음양응陰陽應도 안 되니 이런 말이 나옵니다. 주공이 '부차승負且乘'이라 한 말씀을 공자님이 이렇게 해설하셨네요.

---

* '치구지'는 도적이 이름을 이룬다는 뜻으로, '치'는 인위적으로 이르게 한다는 뜻이고, '지'는 자연스럽게 이른다는 뜻이다. 즉 '만장'이라는 인위적인 잘못에 의해 도적이 이른 것이다.

③ 소인이승군자지기 도사탈지의 : 그런데 공자님은 이걸 도적으로 얘기했습니다. 소인이 군자의 수레를 탔다 하니까 도적이 뺏을 것을 생각합니다.

　육삼은 음효이므로 소인에 해당합니다. 그런데 군자가 있어야 할 양자리에 있으니, 군자의 지위를 빼앗아 차지한 격입니다. 즉 집권해서는 안 되는 사람이 힘으로써 정권을 빼앗는 등, 해서는 안 될 짓을 하고 있는 거지요.*

　그러니 주변에 있던 도적(음, 소인)들도 그 자리를 탐내는 것이지요. 해괘(䷧)의 음효가 모두 도적이죠. 이 세상은 모두 도적이라는 말입니다. 육삼과 같은 생각을 하는 다른 도적이 또 있어서 "저놈도 저렇게 하니 되더라. 나도 그래야겠다."고 해서, 도적이 도적을 낳아 결국 이 세상이 도적으로 꽉 찬다는 것입니다.

④ 상만하포 도사벌지의 : 또 윗사람한테는 교만스럽게 굴고 아랫사람한테는 포악하게 구네요. 그 도적이 윗사람한테 거만하게 행동하니 상관이 얄밉게 보고, 아랫사람한테는 포악스럽게 하니 아랫사람이 벼르면서 공격할 기회를 엿본다는 것입니다. 그래서 도적질하면 편하지 않습니다. 다른 도적이 또 자기를 해치는데 편할 리가 없지요.

⑤ 만장회도 야용회음 : 그렇다면 도적이 왜 이렇게 생겨나느냐 하는 것입니다. '감출 장藏' 자는 재물을 감추어 저장해 놓는다고 해서 '곳

---

* 천택리괘(䷉) 육삼에도 "武人이 爲于大君"이라 하고, 그 상전에 "武人爲于大君은 志剛也라."고 하였다.

집 장, 창고 장' 하지요. 창고를 지키라 했더니 게을리 했습니다. 처음에는 훔칠 맘이 없었는데, 창고에 보물이 있고 지키는 사람도 없으니 결국 도적이 되어 물건을 훔칩니다. 도적을 만든 것이죠.

또 여자가 얼굴을 너무 지나치게 다듬으면 음탕함을 부르게 됩니다. 그래서 성충동을 일으켜 봉변을 당하기 십상입니다. 요새로 치면 꼭 맞는 말이지요. 그래서 "명화수종名花誰種 번화지繁華地냐(이름난 꽃을 누가 번화한 땅에 심으라 했더냐)/ 절자비비折者非非 식자비植者非라(그 꺾는 자가 잘못이 아니라 심은 자가 잘못이다)."는 말이 전하는 것 아니겠어요? 좀 지나친 말일는지 몰라도 빌미가 될 짓은 하지 말라는 겁니다.

⑥ 역왈* 부차승치구지 도지초야 : 창고를 지키라고 했는데 게을리 지켰으니, 그냥 도적질 해가라는 것이나 진배없지요. 또 수수하게 하고 나갔으면 괜찮을 것을, 얼굴을 너무 화사하게 치장하고 나가니까 음탕함을 불러 봉변을 당한다는 뜻입니다.

짊어져야 할 사람이 짊어지고, 올라타야 할 사람이 올라타면, 제 분수대로 하는 것이라서 아무 일이 없는데, 그 못된 도둑놈 심보 때문에 문제가 됩니다. 요새로 말하면 부정부패, 성희롱 같은 것이지요. 그 욕심이 전염되고 만연되어 사회가 혼란하므로 문제가 생깁니다. 세상을 살면서 도둑을 쫓아야 하는데 오히려 불러들이고 있다는

---

* 앞의 여섯 예문에서는, 본문 인용(주공의 효사)이 먼저 나오고 공자의 글(子曰…)이 뒤에 나오나, 여기서는 강조하기 위해 그 순서가 뒤바뀌었다. 이 뒤바뀜으로 인해 후학자들 간에 다른 장에 있어야 할 글이라는 논란이 있어 왔다.

것입니다.*

▎총설

이 장은 성인이 상象을 짓고 말을 맨 뜻(특히 言行)과, 이를 공부하는 법을 일곱 예문을 들어 설명했습니다. 성인聖人이 우주 안에 있는 삼라만상을 보고 꼭 맞게 괘상을 지었으며, 그 만 가지로 동하는 것을 관찰하여 효爻에 담았으니, 그 괘상과 효를 보아 의지擬之하고 의지議之하여 언동言動으로 삼는다는 것입니다.

이것은 바로 앞의 2장에서 말한 관기상이완기사觀其象而玩其辭, 관기변이완기점觀其變而玩其占인 것이고, 이 관상완사觀象玩辭, 관변완점觀變玩占에 대한 대표적인 예가 바로 8장에 등장하는 일곱 효인 것입니다. 그래서『본의』에도 이 장은 괘효의 쓰임을 말한 것이라고 했습니다.**

右 第 八 章
이상은 제 8장이다.

---

* '도盜'는 하괘 감(☵ : 寇)에서 나온다. '소인이승군자지기, 상만하포, 만장, 야용' 함으로써 스스로 도적을 부르는 것이니, '작역자기지도호'라고 한 것이다. 또 나라에 기강이 바로 섰다면, 소인이 위와 같이 도적 부르는 일을 감히 하지 못할 것이기 때문에, 크게 본다면 '치구지'가 된 것이 육삼만의 잘못이 아닌 것이다.

**『주역 본의』: 此章은 言卦爻之用이니라.

계사상전 제 9 장

天一 地二 天三 地四 天五 地六 天七 地八 天九
천일 지이 천삼 지사 천오 지륙 천칠 지팔 천구

地十이니
지 십

직역 하늘 하나, 땅 둘, 하늘 셋, 땅 넷, 하늘 다섯, 땅 여섯, 하늘 일곱, 땅 여덟, 하늘 아홉, 땅 열이니,*

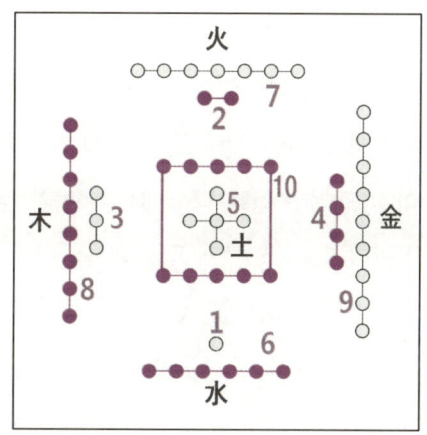

강의

공자님께서 이렇게 말씀하셨네요. 이 세상은 수數놀음이죠. 수가 없으면 아무것도 안 됩니다. 수가 있어야 상象이 나옵니다. 수로써 상을 이루고, 상 속에 이치(리理)가 들어 있는 것이죠. 그래서 상·수·리象數理라고 하는 것입니다. 먼저 수를 만들어내는데, 천1부

---

* 이 구절은 「계사상전」 10장의 제일 앞에 있었던 것으로, 정자程子와 주자朱子가 모두 이곳에 있는 것이 맞다고 하며, 그렇게 고정攷正한 것이 옳다고 생각되어 이에 따른다.

터 지10까지 언급했어요. 복희씨는 이 우주가 1부터 10까지 10수 안에 다 들어 있다는 것을 깨달았습니다.* 바로 하수河水라는 물에서 나온 그림인 하도河圖에서 알아낸 거지요.

이 그림은, 머리는 용이고 몸뚱이는 말처럼 생긴 용마龍馬가 하수에서 나올 때 등에 지고 나왔습니다. 복희씨가 그 무늬를 보고서 이치를 알아낸 것이죠. 하수에서 나온 그림이라고 해서 하도라고 하는데, 용마라는 신물神物이 등에 지고 나온 그림이라 하여 용마하도龍馬河圖라고도 하며, 복희씨 때 용마가 하수에서 지고 나온 그림이라 하여 복희용마하도伏羲龍馬河圖라고도 합니다. 천지자연의 이치가 바로 이 그림 속에 들어 있다는 이치를 깨달은 것입니다.

이치가 수에 있다는 것이지요. 일·이·삼·사·오·육·칠·팔·구·십! 여기서 알아낸 것이죠. 그래서 「계사상전」 11장에서 "하수에서 그림이 나오며(河出圖) 낙수에서 글씨가 나오니(洛出書), 성인이 그것을 본받았다(聖人則之)."고 말씀했습니다.

공자님이 하도를 보고 말씀하신 것입니다. 먼저 양이 동해서 나오고 그 다음 음이 정靜합니다. 낮으로 동하면 반드시 밤으로 정합니다. 그래서 일동일정一動一靜하는 거지요. 동은 양이고 정은 음입니다. 1은 양으로서 동하는 것이고, 2는 음으로서 정하는 것이며, 계속해서 3양, 4음, 5양, 6음, 7양, 8음, 9양, 10음으로 일동일정하는 것입니다.

음양은 서로 교합을 해야 합니다. 사귀지 않으면 서로 아무 쓸모가

---

* 1·3·5·7·9는 천수(홀수 : 양수)이며, 2·4·6·8·10은 지수(짝수 : 음수)이다.

없어요. 그래서 낮이 변하면 밤이 되고, 남녀가 사귀어 아들·딸을 낳 듯이 음양이 사귀는 가운데 만물이 나옵니다.

> 天數ㅣ 五요 地數ㅣ 五니 五位相得하며 而各有合하니
> 천수   오   지수   오   오위상득   이각유합
>
> 天數ㅣ 二十有五요 地數ㅣ 三十이라.
> 천수   이십유오   지수   삼십
>
> 凡天地之數ㅣ 五十有五니
> 범천지지수   오십유오
>
> 此ㅣ 所以成變化하며 而行鬼神也라.
> 차   소이성변화   이행귀신야

직역 하늘의 수가 다섯이고 땅의 수가 다섯이다. 다섯 자리가 서로 얻으며 각각 합함이 있으니, 하늘의 수는 스물다섯이고 땅의 수는 서른이다. 하늘과 땅의 수가 모두 쉰다섯이니, 이것으로써 변화를 이루고 귀신을 행하는 것이다.

- 有 : 있을 유, 또 유

강의

① 천수오 지수오 : 1에서 10까지의 수를 음양으로 볼 때, 1, 3, 5, 7, 9는 양이 되고 2, 4, 6, 8, 10은 음이 됩니다. 천수라는 말은 양수 즉 홀수라는 것이고, 지수라는 말은 음수 즉 짝수라는 말이지요. 그러니까 이 우주를 10개의 수로 볼 때, 홀수가 다섯 개이고 짝수가

다섯 개라는 겁니다.

② 오위상득 이각유합 : 천수와 지수가 각기 다섯인데, 이 다섯 개의 수가 음양으로 서로 짝이 되어 합해서 금목수화토金木水火土의 오행을 이룬다는 겁니다.

아예 사람의 임신을 예로 들어 말하면 쉽겠네요. 천1과 지6이 수水의 자리를 얻어 합하면 잉태가 되지요. 태아는 온기가 있기 마련입니다. 그래서 지2와 천7이 화火의 자리를 얻어 합해서 화기운으로 입덧을 하지요. 태아에 기운이 쌓여 힘이 생기면 힘줄이 발달하기 마련입니다. 그래서 천3과 지8이 목木의 자리를 얻어 합해서 근육을 만들고, 또 임신부가 목기운으로 신맛을 찾는 것 아니겠어요? 근육을 만들다보면 지탱할 뼈가 필요합니다. 그래서 지4와 천9가 금金의 자리를 얻어 합해서 금기운으로 뼈를 만드는 것이지요. 골격이 서면 이제 살을 붙입니다. 그래서 천5와 지10이 토土의 자리를 얻어 합해서 살을 만드는 겁니다. 임신 5개월이 지나면 뼈와 살이 서로 잘 연결되어서 유산도 되지 않습니다.

이게 바로 천수 다섯과 지수 다섯이 1·6수, 2·7화, 3·8목, 4·9금, 5·10토를 이루는 것이고, 각기 음양을 얻어 오행을 완성하는 과정을 설명한 것입니다. 이렇게 '상득'을 하고 '상합'을 하는 것이 천지 우주 만물의 이치입니다. 매우 간단하죠. 우주가 10수 안에 있다는 것을 나타내기 위해 '양1, 음2'라 하지 않고, '천1, 지2'라고 했어요. 천지 대자연의 음양을 모두 포함시켜 말씀하신 것입니다.*

③ 천수이십유오 지수삼십 범천지지수오십유오 차소이성변화 이행귀신

야 : 그래서 홀수(양수, 천수)인 1, 3, 5, 7, 9는 합해서 25가 되고, 짝수(음수, 지수)인 2, 4, 6, 8, 10은 합해서 30이 되죠. 천수와 지수를 합하면 55인데, 바로 이 수 안에서 음양이 변화를 하고 오행이 운행하며 귀신이 행한다고 했습니다.

음이 변하는 것 즉 음적인 작용은 귀鬼(→歸)가 되고, 양이 변하는 것 즉 양적인 작용은 신神(→申)이 됩니다. 귀는 죽어가는 것을 말하고 신은 살아나오는 것을 말하는데, 「계사상전」 4장에서 이미 설명 드렸습니다.

음양이 변화하는 것이 바로 귀신이고 귀신의 작용이지요. 귀신의 조화라고 하는 것이 바로 음양의 변화입니다. 그래서 이 글을 귀신이 행한다는 '행신문行神文'이라고 합니다. 여기서 축지縮地를 비롯한 옛날의 모든 신비스러운 것이 다 나오지요. 이 글을 읽으면 정신적으로도 큰 수양이 되고 공부도 됩니다. 또 여기서 도道도 통할 수 있는 것이죠.*

---

* 우수 기수가 협조하여 이웃끼리 서로 얻음이니, 1과 2가 갑을목甲乙木을 3과 4가 병정화丙丁火를 5와 6이 무기토戊己土를 7과 8이 경신금庚辛金을 9와 10이 임계수壬癸水를 얻는 것을 뜻한다. 학자에 따라서는 '오위상득'을 각기 짝이 되는 위位끼리 서로 얻는다는 뜻으로 보아, 1과 6이 서로 얻어 북수위北水位에 거하고, 2와 7이 서로 얻어 남화위南火位에 거하고, 3과 8이 서로 얻어 동목위東木位에 거하고, 4와 9가 서로 얻어 서금위西金位에 거하고, 5와 10이 서로 얻어 중앙토위中央土位에 거한다는 뜻으로 풀이하기도 한다.

* 정자는 "이치(理)가 있으면 기氣가 있고, 기가 있으면 수數가 있으니, 귀신을 행하는 것은 수이고, 수는 기의 작용이다. '크게 넓힌 수가 쉰'이라는 것은, 수가 하나에서 시작해서 다섯에서 갖추어지니, 적게 넓히면 열(10)을 이루고 크게 넓히면 쉰(50)이 된다. 쉰은 수가 이루어진 것이니, 이루어지면 움직이지 않기 때문에 하나를 덜고 쓰는 것이다. '천지의 수는 쉰다섯(55)이니, 변화를 이루고 귀신을 행한

행신문에는 음양의 기운이 통합니다. 이 기운은 참 중요하죠. 그래서 『음부경』에도 "금지제금禽之制는 재기在氣니라."고 했어요. 세상 모든 것을 움직이는 힘이 기라는 것이지요. 음양의 기운을 간단히 볼 문제가 아니죠. 음양의 기운이 우리에게도 통하므로 행신문을 읽으면 기운이 통하는 것입니다. 요즘 단학丹學이니 기학氣學이니 하고들 야단이지만, 이 행신문行神文을 넘을 수는 없지요.*

大衍之數ㅣ 五十이니 其用은 四十有九라.
대연지수   오십   기용   사십유구

分而爲二하야 以象兩하고 掛一하야 以象三하고
분이위이   이상량   괘일   이상삼

揲之以四하야 以象四時하고 歸奇於扐하야 以象閏하나니
설지이사   이상사시   귀기어륵   이상윤

五歲에 再閏이라 故로 再扐而後에 掛하나니라.
오세   재윤   고   재륵이후   괘

직역 크게 넓혀진 수(대연수大衍數)가 쉰이니 그 쓰임은 마흔아홉이다. 나누어 둘로 해서 양의를 형상하고, 하나를 걸어서 삼재를 형상하며, 넷씩 세는 것으로 사시를 형상하고, 나머지를 손가락에 끼움으로써 윤달을 형상

다'고 하니, '변화'는 공功을 말하고, '귀신'은 작용(用)을 말한 것이다."고 했다.
* 귀신은 오행을 따라 행하되, 음일 때는 귀鬼하고 양일 때는 신神하므로 '행귀신'이라고 한다.

하니, 다섯 해에 두 번 윤달을 두기 때문에 두 번 낀 다음에 괘를 짓는다.

▪ 衍 : 넓힐 연, 퍼질 연 / 有 : 또 유 / 掛 : 걸 괘 / 揲 : 헤아릴, 셀 설 / 奇 : 나머지 기 / 扐 : 손가락사이 륵

강의

이것이 공자님의 점卜에 대한 말씀입니다. 점이라면 대부분 천박하게 보는 경향이 있지요. 그래서 '점쟁이'라는 말도 있고요. 또 점은 무당이 하는 것으로 보고, 무당을 비천한 존재라고 보며, 무당 자신도 자신의 직업을 수치스럽게 생각하는 경향이 있습니다.

그러나 점이라 할 때는 그 속에 큰 이치가 들어 있어요. 천지자연의 이치를 그대로 드러낸 하도를 용마가 지고 나왔다고 했습니다. 바로 여기에서 점을 만들어낸 것입니다. 참으로 중요한 것이죠. 하늘과 땅을 이은 작대기 하나(丨)를 죽 내려 그어놓았어요. 죽 내려 그어놓고 적중시킵니다. 맞을 중中자는 과녁의 한가운데를 말합니다. 활을 쏘아서 과녁의 한가운데를 맞추는 걸 말하죠. 그래서 한가운데다 점을 딱 치는 것입니다.

그래서 '점 복卜' 자를 파자해보면 먼저 위에서 아래로 죽 내려 그어 있는데 이것은(丨) 하늘과 땅 사이에 있는, 즉 '천1 지2…… 천9 지10'에 있는 모든 이치를 말합니다. 그 중 하나를 찍어 점쳐서 아는 것이 '卜'이죠. 점을 친 다음에는 입으로 말해야 합니다. 그래서 입 구口자를 놓으면 '점칠 점占' 자가 됩니다. 점을 친다는 것이지요.

무당을 같잖게 볼 일이 아닙니다. '무巫' 자를 파자해보면, 위에 하늘(一)과 아래 땅(一) 사이를 이어서(丨) 천지의 이치를 연결하네요(工). 이 이치를 한 사람(人)은 알고 한 사람(人)은 물으며 서로 문답

을 합니다(巫). 이치를 서로 문답하는 것이 '무당 무巫' 자이지요.

그런데 무당짓을 하려면 뭘로 해야 하느냐? 쌀을 집어던지며 하는 게 있지만, 실은 대나무 50개를 가지고 해야 합니다. 그래서 '무당 무' 자에 '대 죽竹'을 올려 놓습니다 (筮). 이걸 '점 서筮' 자라 하고, 점치는 대나무를 서죽筮竹이라고 합니다. 이 대나무 50개를 가지고 무당짓을 하는 것이죠. 이렇게 천지의 이치를 꿰뚫어 알아서 남이 모르고 궁금한 것을 물어보는 대로 답해주는 것이 '무당'이고, 그 무당짓을 대나무로 하는 것이 점치는 것입니다.

과거와 현재가 있으면, 반드시 미래도 있기 마련입니다. 닭의 목을 비틀어도 새벽은 오고, 개를 못 짖게 해도 저녁이 있게 되고, 전깃불을 환하게 켜놓아도 밤은 밤입니다. 이렇듯 필연적으로 우리에게 닥쳐올 앞날에는 그에 맞는 시대적 소명이 있고 할일이 있습니다.

"천유불측풍운天有不測風雲하고, 인유조석화복人有朝夕禍福이라."고 했지요. 하늘에는 헤아리지 못하는 바람과 비가 있고, 사람에게는 아침저녁으로 화와 복이 있다는 말입니다. 앞으로 어떠한 일이 전개될지, 길할 것인지 흉할 것인지, 화가 될지 복이 될지 모르는 게 아니겠어요? 그것을 미리 아는 것이 점이라고 한다면, 그 점은 천지의 이치로 하는 것이고, 천지의 이치는 바로 10수 안에 들어 있다는 거지요.

① **대연지수 오십** : 점을 하려면 먼저 천지기본수天地基本數인 50을 알아야 합니다. 위에서 살펴보았듯이 하도수는 55이고, 낙서수는 45입니다. 55와 45를 합하면 100이 되네요. 하도와 낙서를 합한 수 100

을 반으로 나눈 것이 50입니다. 또 하도의 55에서 5를 빼고 낙서의 45에다 5를 보태면, 그 중간 수가 50이 되기도 합니다.

한편으론 하도의 중간수 5와 10을 서로 곱해서 대연大衍한 겁니다. 크게 넓힌 것이죠. 하도의 중간수인 5와 10은 오행상 토로서, 모든 것이 토에서 나오며, 토는 중성자 역할을 합니다. 그러므로 여기서 대연수大衍數가 나오는데, 그 수가 50이라는 거지요.

수數 속에서 음양의 변화가 이루어지고 귀신이 행해지므로, 이 음양의 변화와 귀신이 행하는 이치를 따다가 점을 치는 겁니다.

② 기용 사십유구 : 대연수가 50인데 그 쓰임은 49라고 했습니다. 그렇죠. 조물주가 자기 자신은 치지를 않아요. 자기가 만든 물건의 숫자만을 치죠. 그래서 태극은 수에 넣지 않기 때문에 태극불용수太極不用數 또는 황극불언수皇極不言數라고 하지요. '태극은 쓰지 않는 수'라는 뜻이니, 수에 포함하지 않는다는 것입니다.

그래서 태극수 하나를 제하면 49가 되죠. 하나는 태극으로 제쳐놨으니까 49로 점을 하네요. 즉 댓개비 50개 중 하나를 자신의 앞에 가로로 놓아두고, 모든 과정이 끝날 때까지 섞지 않는 것입니다.

③ 분이위이 이상량 : 이제 49개를 둘로 나눕니다. 나누는 것은 뭐냐 하면, 음과 양을 형상하려는 것입니다. 천지의 음양이죠. 하늘과 땅을 둘로 나누는 것이에요. 나누는데 하늘은 양이니까 좌측이고, 땅은 음이니까 우측이죠. 또 하늘은 위에 있으니까 들고 있고, 땅은 밑에 있으니까 바닥에 내려놓습니다.

합해서 말하면 양인 하늘은 좌左니까 좌측 손에 나뉜 댓개비(천책

天策)를 공중에서 위로 들고 있고, 음인 땅은 우右니까 우측 손의 댓개비(지책地策)를 바닥에다 놓아 천지天地 즉 양의를 형상했네요. 천지의 상이 여기서 나옵니다.

④ **괘일 이상삼** : 두 개의 뭉치를 만들어 좌양우음左陽右陰의 천지를 형상했어요. 그 다음에 하나를 갖다 거는데, 만물은 하늘에서 나오는 게 아니라 땅에서 나옵니다. 아버지가 자식을 낳는 게 아니라 어머니가 낳아요. 그래서 사람(만물)이 땅에서 나오는 이치를 상징해서, 땅을 상징한 댓개비 중에서 한 개를 빼서(인책人策) 손가락 사이에 겁니다. 새끼손가락과 넷째손가락 사이에 걸지요. 그러면 조금 전의 두 뭉치와 합해서 천지인 삼재三才가 됩니다.

⑤ **설지이사 이상사시** : 하나를 걸어서 셋을 형상한 다음, 넷씩 셈으로써 사시를 형상합니다. 왜 사시를 형상해서 세느냐? 그것은 춘하추동 사시만큼 더 잘 변화하는 건 없기 때문입니다. 점이라는 건 변화를 알려고 하는 것인데, 변화 중에 가장 현저한 것이 사시의 변화이기 때문에 넷씩 세게 되는 것이지요. 넷씩 세는 데 하늘이 먼저이므로 좌측 손에 있는 댓개비를 셉니다. 왼손에 들려 있는 댓개비를 오른손으로 넷씩 세는 것이죠.

⑥ **귀기*어륵 이상윤** : 넷씩 세고 난 나머지**를 중지와 넷째손가락 사

---

* 여기서 '기奇'는 넷씩 세고 남은 나머지를 뜻한다.
** 네 개씩 세어서 제하므로, 나머지가 1, 2, 3, 4 중 하나가 된다. 즉 댓개비가 4개

이에 끼워서 윤달을 형상한다고 했네요. 태양이 1년 동안 하늘을 도는 도수가 365도 1/4, 즉 365일하고 6시간이 됩니다. 이것을 360이라는 상수常數로 기준해 보면, 대략 6일(5일 6시간)이 남아돌아요. 남아도는 6일을 기영수氣盈數라고 합니다. 기운이 차서 남는 수라는 것이죠.

또 달의 운행 즉 음력으로 보면 1년이 12달인데, 큰 달은 30일, 작은 달은 29일로, 12달 동안 모두 354일이 됩니다. 30일씩 12달을 모두 놓으면 360이 되겠지만, 29일씩 놓은 달이 6번 있게 되니까 360이라는 기본 상수에 비하면 대략 6일이 비게 됩니다. 그것을 삭허수朔虛數라고 합니다. 한 달을 삭朔이라고 하는데, 한 달 30일에서 모자라고 비어 있는 숫자라는 것이죠.

그래서 태양의 운행에서 남은 기영수 6일과 달의 운행에서 모자란 삭허수 6일을 합하면, 대략 12일이(11일 6시간) 됩니다. 3년이 되면 30여 일(33일 18시간)이 남게 되죠. 그러므로 3년에 한 달을 더 넣어야 양력하고 맞아 떨어집니다. 만약 윤달을 넣지 않으면 춘하추동 사시가 바뀌게 되죠. 윤달 한 달을 두었기 때문에 1년이 13개월이 되는 해가 있는 것입니다.

이 자연의 운행을 형상한 것이 천책을 넷씩 세고 남아서 중지와 넷째손가락 사이에 끼운 댓개비이고, 이것이 바로 윤달을 상징한 것이지요.

남아도 나머지에 해당한다.

⑦ **오세재윤 고 재륵이후괘** : 그런데 윤달이 꼭 3년 만에 오느냐, 아닙니다. 5년을 주기로 한 번 더 두어야 해요. 왜냐하면 윤달을 두어도 윤달을 두고 남은 4일(3일 18시간)이 있게 되고, 4년째에도 12일 정도가 남고, 5년째에도 12일 정도가 남으니, 다 합하면 또 대략 한 달(27일 18시간)이 되지요. 그래서 5년 만에 또 윤달을 둡니다.

'이상윤以象閏'이라는 것은, 3년 만에 윤달을 한 번 둔다는 것이고, '오세재윤五歲再閏'은 다섯 해가 될 때 또 윤달을 두니, 결국 5년에 두 번 윤달을 둔다는 말입니다.* 그래서 오른손으로 우측 땅바닥에 있던 댓개비를 들고 왼손으로 넷씩 세고 남은 것을 왼손 둘째손가락과 중지 사이에 끼우는 것이 '오세재윤'을 상징한 '재륵再扐'이 됩니다.

이렇게 두 번 륵扐해서 괘를 짓는다고 했네요. 그러면 왼손가락에는 삼재를 상징해서 건 댓개비 1개와, 삼세일윤三歲一閏을 상징해서 낀 댓개비, 그리고 오세재윤을 상징해서 손가락 사이에 끼운 댓개비가 있겠지요. 이것을 모두 합해서 태극을 상징한 댓개비 위에 거는 것입니다.** 이렇게 해서 괘를 지어나가는 것이죠.***

사람에게는 미래가 오기 마련이고, 미래라는 건 세월의 변화입니다. 세월의 변화는 음양의 변화이고 그건 바로 역의 변화이지요. 역은 점치는 것으로 미래의 상황이 어떠할지 미리 알려고 하는 것이에

---

* '오세재윤(5년에 두 번씩, 즉 3년 만에 윤달을 두고, 2년 후에 또 윤달을 둠)'을 하면 19년에 7번 윤달을 두게 된다. 19년에 7번 윤달을 두면 해와 달의 공전주기 차이인 기영과 삭허가 없어지므로, 이 19년을 1장章이라고 한다.
** '괘일掛一'의 '괘'는 지책 중 한 개를 손가락에 끼워 놓는다는 뜻이고 '재륵이후괘'의 '괘'는 상 위에 내려놓는다는 뜻이다.
*** 50개의 시초(대연수 50)로 행한 지금까지의 과정을 일변一變이라 한다.

요. 미래를 점치는데 천지우주가 변화하는 이치대로 합니다. 윤달을 상징하고, 재윤달을 상징하는 것까지 녹아져야 점이 나오는 것이니, 간단한 문제가 아니죠.

　음양변화의 이치에 의해 오는 미래를 점치는데, 음양이 변화하는 이치를 그대로 형상하면서 알아내니 틀림없는 게 아니겠어요? 대나무로 점을 친다는 것은 '점 서筮'라는 것이고, 그것은 세상이치를 깨달은 무당이 된다는 뜻이죠.

乾之策이 二百一十有六이요 坤之策이 百四十有四라.
건지책　이백일십유륙　　곤지책　백사십유사

凡三百有六十이니 當期之日하고
범삼백유육십　　당기지일

직역 건의 책수가 2160이고, 곤의 책수가 1440이다. 모두 3600이니 1년(期)의 날짜에 해당되고,

- 策 : 댓개비 책, 꾀 책 / 期 : 기약 기, 돌 기(여기서는 1年을 뜻한다.) / 當 : 마땅할 당, 해당할 당

강의

① **건지책 이백일십유륙** : 여기서 '책策'이란 '대 죽竹' 밑에 '묶을 속束'을 한 글자로 점치는 댓개비를 말합니다. 노양효 하나가 나오려면, 태극 위에 놓인 댓개비가 13개가 되어야 합니다. 49개 중에서 13개가 놓였다는 것은, 넷씩 센 것이 모두 36개라는 것이지요. 13개의

댓개비는 세고 남은 것 아니겠어요? 이렇게 넷씩 센 것을 댓개비를 세었다고 해서 책수策數라고 합니다. 노양효를 얻으려면 36개의 댓개비를 세어야 하니, 36을 노양책수라고 하지요. 한 괘는 여섯 효로 이루어져 있으니까, 36을 6으로 곱하면 216이 됩니다.

② **곤지책 백사십유사** : 또 노음효老陰爻 하나가 나오려면, 태극 위에 놓인 댓개비가 25개가 되어야 합니다. 49개 중에서 25개가 놓였다는 것은, 넷씩 센 것이 모두 24개라는 것이지요. 노음효를 얻으려면 24개의 댓개비를 세어야 하니, 24를 노음책수라고 합니다. 역시 24를 6으로 곱하면 144가 되지요.

③ **범삼백유육십 당기지일** : '건지책乾之策'이라는 건 여섯 개의 노양효로 이루어진 건괘를 얻기 위한 책수를 말하는 것이고, '곤지책坤之策'이라는 건 여섯 개의 노음효로 이루어진 곤괘를 얻기 위한 책수를 말하는 것입니다.

　주역은 음양학입니다. 음양학인 동시에, 그 음양을 9와 6으로 표현했으니까, 결국 '9·6학(九六學)'이 되죠. 9는 36책수로 얻어지고, 6은 24책수로 얻어집니다. 36책수 여섯이 모인 건책수 216과 24책수 여섯이 모인 곤책수 144를 합하면 360이 되죠. 360이라는 것은 1년의 도수度數입니다. 1년의 기본도수, 즉 1년의 날수에 해당한다는 것이지요.*

＊ 소음책수(32×6=192)와 소양책수(28×6=168)의 합도 360이 된다.

二篇之策이 萬有一千五百二十이니 當萬物之數也하니
이 편 지 책　만 유 일 천 오 백 이 십　　당 만 물 지 수 야

직역 두 편의 책수가 11,520이니 만물의 숫자에 해당한다.

- 二篇 : 주역의 상경과 하경의 64괘 384효, 또는 양효 192와 음효 192.

강의

두 편의 책이란 양편陽篇과 음편陰篇이네요. 주역은 모두 384효입니다. 괘 하나가 여섯 효니까, 64괘를 6으로 곱하면 384효가 되죠. 양효가 192개이고 음효가 192개입니다. 양효 192개를 노양책수 36으로 곱하면 6,912가 되고, 음효 192개를 노음책수 24로 곱하면 4,608이 됩니다. 이걸 합하면 11,520이지요. 이것이 만물의 수에 해당한다고 하셨네요.*

천 년 전이나 지금이나 천 년 후나 변함없이 만물의 수는 11,520입니다. 실제로 만물의 가짓수가 11,520만 되겠어요? 한없이 많죠. 그러나 64괘가 만물을 아우르는 것처럼, 만물의 종류를 11,520의 수로 아우른 것입니다.

건곤의 책수인 360은 1년 주천도수를 말하는 것이니, 이것은 시간

---

* ① 노양책+노음책(384효를 노양과 노음으로만 계산할 경우)
　　　192×36(노양책수)=6,912책
　　　192×24(노음책수)=4,608책　　合 11,520책(만물의 종류)
　② 소양책+소음책(384효를 소양과 소음으로만 계산할 경우)
　　　192×28(소양책수)=5,376책
　　　192×32(소음책수)=6,144책　　合 11520책

적인 변화입니다. 그러면 공간적 변화도 있어야죠. 시간적 변화로는 내일이 옵니다. 공간적 변화로는 뭐가 옵니까? 내일 우리가 해야 할 일이라든지, 우리에게 닥칠 모든 상황이 벌어지죠. 그것이 아무리 많아도 11,520의 종류에서 벗어나지 않는다는 것입니다.

그래서 시간적 변화와 공간적 상황에 의해서, 모든 것을 미래적 관점에서 역수逆數를 해서 알아내는 것이 바로 주역의 점占이라는 것입니다.

是故로 四營而成易하고 十有八變而成卦하니
시 고   사 영 이 성 역   십 유 팔 변 이 성 괘

직역 이렇기 때문에 네 번 경영해서 역을 이루고, 열여덟 번 변해서 괘를 이루니,

- 營 : 경영할 영

강의

① **사영이성역** : 아까 넷씩 세었죠. 춘하추동의 변화를 형상하여 넷씩 세는 것을 사영四營이라고 합니다. 또 둘로 나누고, 인책을 끼고, 천책을 세어서 끼고, 지책을 세어서 끼는 네 가지 동작도 사영이라고 합니다. 이렇게 네 번 경영해서 역易을 이루어가는 것입니다. 괘가 나오는 것이지요.

② **십유팔변이성괘** : 한 효爻를 이루기 위해서는 무더기 셋이 나와야

합니다. 즉 사영을 해서 1변이 나오는 동작을 세 번 해야 한 효가 이루어지는 것이지요. 이렇게 삼변三變을 얻은 뒤에, 노음효냐, 노양효냐, 소양효냐, 소음효냐가 결정됩니다.

이렇게 3변을 얻어 효를 결정하는 동작을 여섯 번 합니다. 여섯 번을 하면 얼마가 되겠어요? 3×6=18이네요. 이렇게 18변을 거쳐 한 괘를 이룬다는 것입니다.

八卦而小成하야 引而伸之하며 觸類而長之하면
팔 괘 이 소 성   인 이 신 지   촉 류 이 장 지

天下之能事ㅣ 畢矣리니
천 하 지 능 사   필 의

직역 팔괘가 작게 이루어져서, 이끌어 거듭 펴며 부류끼리 접촉해서 자라나가면 천하의 모든 일을 다 할 것이니,

- 引 : 이끌 인 / 伸 : 펼 신 / 觸 : 닿을 촉 / 畢 : 다할 필

강의

팔괘는 소성괘고 육효괘는 대성괘이죠. 효 하나하나를 그리다 보니까 3획괘가 나와요. 3획괘는 팔괘를 말한 것이죠. 팔괘가 팔괘를 이끌어서 편다는 것은, 8×8=64가 됨과 동시에 육효괘가 된다는 것이죠. 그래서 내팔괘內八卦 외팔괘外八卦가 되어 여섯 효로 이루어진 대성괘大成卦가 되고 64괘가 된다는 말입니다.

아까 11,520이라는 만물의 공간적 종류에 따라서 류類를 부딪쳐

접촉하여 키워나가면 어떻게 되냐 하는 것입니다. 천하의 모든 일을 여기에서 다 알 수 있다는 뜻입니다. "천하의 모든 일이 이 속에 다 있으니, 불가능이란 절대 없다!"는 거지요.

팔괘가 '인이신지引而伸之'해서 64괘가 되고, 64괘를 또 64로 곱하면 4,096이 됩니다. 4,096을 또 곱하면 얼마가 되겠어요? 이렇듯 괘가 만물을 촉류觸類하고 있다는 것이죠. 64괘로 만물의 종류마다 다 상대하고 있다는 것입니다.

그래서 이 괘는 비록 64괘밖에 안 되지만 이것이 만물을 다 촉류하고 있고, 이 속에는 우주만물의 변화생성 이치가 다 들어 있기에 천하의 모든 일이 이 속에 다 있다는 것입니다.

顯道하고 神德行이라 是故로 可與酬酢이며 可與祐神矣니
현 도   신 덕 행   시 고   가 여 수 작   가 여 우 신 의

직역 도를 나타내고 덕행을 신묘하게 하기 때문에, 더불어 수작할 수 있으며 더불어 신을 도울 수 있으니,

- 顯 : 나타낼 현 / 酬 : 수작할 수(主人이 客에게 술을 권함) / 酢 : 수작할 작 (객이 주인에게 술을 답함)

강의

① 현도 신덕행 : '도를 나타내고, 즉 도가 여기서 드러나고, 덕행을 신비스럽게 한다'고 했네요. '현도顯道'라고 한 것은 천지, 우주, 만물의 도가 여기서 들춰져 나온다는 것이고, '신덕행神德行'이라는 것은

주역을 많이 공부하고 점을 침으로써, 정신수양이 잘되고 마음이 닦여 사람의 덕이 높아지는 것입니다.

그렇게 높아진 덕으로 행실을 잘하고 미래를 잘 예측하니, 자연히 신비스러운 사람이 되는 거예요. 나에게 쌓인 덕행이 나를 신비스럽게 만드는 것이죠. 다시 말하면 '현도'란 숨겨진 이치가 괘를 통해 현명顯明하게 드러나는 것이고, '신덕행'은 주역을 연구하고 점을 해보고 해서 쌓인 내 덕행이 자연과 합치되어 신비스럽게 펼쳐지는 것입니다.

② 가여수작 : 그렇게 되니, 세상 이치를 훤히 알아서 귀신과 수작하는 것입니다. 여기서 '수酬'는 사람이 귀신한테 묻는 것이고, '작酌'은 귀신이 나한테 답하는 것이죠.

③ 가여우신의 : 또 신神을 돕는다고 했네요. 점을 치며 귀신하고 수작을 하는데, 오히려 사람이 귀신을 돕고 있다는 것이죠. 왜 신을 돕는다고 했겠어요? 미래를 훤히 아는 게 신이지요. 하지만 사람은 한 치 앞도 모릅니다. 훤히 알고 있기에 인간에게 가르쳐주려고 하는데, 언어소통이 되지를 않네요. 영 뜻을 통할 수가 없습니다.

신神이라는 것은 음양의 작용인데, 음양이 작용하는 괘를 지어 보고 신이 일러주는 것을 아는 것이죠. 인간을 위해 가르쳐 주고 싶어도 표현할 방법이 없던 것을, 괘를 통해서 가르쳐줄 수 있으니 신을 돕는 것이고, 또 신이 하고자 하는 의도를 괘를 해석함으로써 따르니 역시 신을 돕는 것이지요.

子ㅣ 曰 知變化之道者ㅣ 其知神之所爲乎인뎌!*
자 왈 지변화지도자 기지신지소위호

직역 공자께서 말씀하시기를 "변화의 도리를 아는 사람은 그 신의 하는 바를 알 것인져!"

강의

공자님께서 "변화의 도를 아는 자라야 신의 하는 바를 알 것"이라고 하셨죠. 앞의 행신문行神文에서 "이것으로써 변화가 이뤄짐과 동시에 귀신을 행하게 한다."고 했는데, 여기에서 또 그 '음양변화'를 아는 자라야 귀신이 행하는 것을 알 수 있다고 한 것입니다.

공자님께서 점치는 걸 말씀하셨는데, 점은 천지만물의 음양변화하는 이치입니다. 세월이 가니까 때가 오고, 때가 오니까 모든 것이 달라지게 되지요. 그것이 바로 음양이 변화하는 것이고, 그것이 바로 역입니다. 변화하는 것을 알기 위해 점을 치니, 역은 그래서 점친다고도 하는 것입니다.

점이라는 것은, 성인께서 대자연의 이치에 맞게 내놓은 참으로 크고 신성한 것입니다. 천지 변화하는 이치에 맞춰 달라지는 미래를 알기위해, 변화하는 음양기운에 맞춰 댓개비 50개를 가지고 점하는 것입니다. 저도 공부할 때부터 하루에 꼭 한 번씩 점을 쳤는데, 지금까지 해오고 있어요.

---

* 고본古本에는 이 귀절이 10장의 제일 앞에 놓여 있다.

점을 한다는 것, 그 자체는 천지 우주만물의 변화, 즉 음양의 변화이지요. 그 변화 속에 귀신鬼神이 행해지는데, 그 이치를 따다가 점하는 법을 만든 것입니다. '변화'의 변을 따서 18변이라고 하는 것이죠. 18변을 얻기 위해, 우주자연의 이치를 따라 댓개비를 세다보면 정신이 집중되면서 통하는 것이죠. 그래서 세상이치를 통하는 것 아니겠어요?

한나라 고조(유방)를 도운 장량이 장막 안에서 수數를 놓아 천지를 움직인다고 한, 그 수가 바로 점치는 것입니다. 수를 세는 것이 바로 음양을 세는 것이고, 그래서 주역은 음양학이지요. 음양이 변화작용하는 가운데 귀신이 행해진다는 것을 공자님이 해설한 것이 「계사상전」 9장입니다. 그렇다면 음양학인 주역을 해설한 공자말씀 중 가장 핵심적이고 중요한 것이 '행신문行神文'이라는 것을 우리가 알 수 있는 겁니다. 귀신이 행해진다는 행신문!

『음부경』에 보면 사람들이 "그 신이 과연 신이다, 모두 신의 조화다." 하면서, "신이 신비스러운 것을 알면서도, 그 신이 왜 신이고 왜 신이 신비스러냐 하는 원리는 모른다."*고 했습니다. 그것이 바로 행신문 속에 있는 것이죠. 그래서 이 18변 시초를 하다 보면 정신이 하나로 집중됩니다.

"귀먹은 사람은 보기를 잘하고 눈먼 사람은 듣기를 잘한다."**는 의미지요. 왜냐하면 "절리일원이면 용사십배"***지요. 물이 두 줄기로

---

* 『음부경』, 「중편」 : 人은 知其神之神하고 不知其神之所以神이니라.

** 『음부경』, 「하편」 : 瞽者는 善聽하고 聾者는 善視하나니

*** 『음부경』, 「하편」 : 絶利一源이면 用師十倍요(한 근원의 이로움을 끊으면 군사

흐르는 걸 한 군데를 막으면 하나로 모이죠. 한 군데로 쏠린다는 겁니다. 그러면 그 힘이 두 배가 아니라 열 배로 늘어난다는 것입니다. 그리고 "삼반주야면 용사만배니라"*고 했지요. 즉 사람의 마음속에는 욕심이란 것이 꽉 차 있는데, 주야로 그걸 세 번씩 돌이켜보면서 하나하나 제거해 나가다 하나로 딱 집중될 때, 그때 바로 통하는 겁니다. 시초를 여러 번 하는 동안에 일원一源, 이원二源, 삼원三源의 잡념을 계속 끊어버리면 하나로 집중되는 것이죠. 그렇게 해서 괘 하나를 얻었을 때, 그 괘가 적중하는 것은 물론이고, 내 정신을 집중시켜 나온 괘라는 걸 알 수 있는 것이죠.

총설

『본의』에는 "이 장은 하도의 수리와 설시하여 괘를 얻는 방법을 설명하여 인간과 신이 접하는 것을 말한 것이다."**라고 했지요. 그리고 쌍호호씨는 "이 장은 먼저 천지의 수數를 말하고, 다음으로 시책蓍策의 수를 말했으며, 끝으로 괘획卦畫의 수를 말했으니, 천지는 수의 근원이고, 시책은 수를 넓힌 것이며, 괘획은 수를 모아 계산한 것이다."***라고 했습니다.

를 씀이 열배로 강해지고)
* 『음부경』, 「하편」: 三反晝夜면 用師萬倍니라(사흘 동안 밤과 낮을 뒤집으면 군사를 씀이 만 배니라. 또는 세 번을 밤낮으로 돌이키면 군사를 씀이 10,000배니라.)
** 此章은 言天地大衍之數撰蓍求卦之法이니라.
*** 『주역전의대전』: 雙湖胡氏曰 此章은 首論天地之數하고 次論蓍策之數하고 末論卦畫之數니 天地는 數之原也요 蓍策은 數之衍也요 卦畫은 數之鍾聚也니라.

천지 기본수는 1에서 10까지인데, 1에서 5까지는 생하는 수이고 6에서 10까지는 완성하는 수입니다. 생성득합生成得合의 수가 모두 5인데, 이 5를 10으로 대연大衍해서 곱하면 50이 됩니다. 이 50 대연수로 점을 치니, 천지수를 근원으로 하여 50으로 넓혀 점을 치는 것이 아니겠어요?

이렇게 해서 괘효가 나오니 노양 9, 노음 6, 소양 7, 소음 8이 나오고, 또 넓혀서 노양책수 36, 노음책수 24, 소양책수 28, 소음책수 32가 나오며, 또 넓히면 건책수 216, 곤책수 144가 나와 그 합이 360이지요. 또 넓히면 음편의 책수와 양편의 책수를 합해 11,520이 되니, 수를 모아놓은 것이 되네요.

모두가 수놀음입니다만, 그것이 천지의 수에 바탕하여 넓혀나갔다가 모아들이며 이치가 집약된 괘를 지어야, 변화를 완성하고 귀신을 행하게 되는 것입니다. 그러나 역은 음양이 변화하는 것이고 음양의 변화는 신이 하는 일이니, 음양변화陰陽變化와 신神이 하는 일을 알아야 한다고 했네요.

右 第 九 章
이상은 제 9장이다.

계사상전 제 10 장

> 易有聖人之道ㅣ 四焉하니
> 역유성인지도　사언
>
> 以言者는 尚其辭하고 以動者는 尚其變하고
> 이언자　상기사　　이동자　상기변
>
> 以制器者는 尚其象하고 以卜筮者는 尚其占하나니
> 이제기자　상기상　　이복서자　상기점

직역 역에 성인의 도가 넷이 있으니, 역으로써 말하려는 사람은 괘사와 효사를 숭상하고, 움직이려는 사람은 괘효의 변함을 숭상하며, 기구를 만들려는 사람은 괘효의 상(형상)을 숭상하고, 점을 치려는 사람은 괘효의 점을 숭상한다.

- 尚 : 숭상할 상 / 言 : 말씀 언, 생각을 말로 나타냄 / 辭 : 말씀 사, 생각을 글로 나타냄 / 制 : 지을 제 / 器 : 그릇 기 / 卜 : 점 복 / 筮 : 점 서

강의
　　주역에 성인의 도가 네 가지 있다는 공자님의 말씀이죠. 여기에서 '써 이以' 자는 '주역으로써'의 뜻으로 새기면 됩니다.

① **이언자 상기사** : '말을 하려는 자는 그 주역의 말을 숭상한다'는 것입니다. '말씀 언言'은 입으로 하는 말을 말하고, '말씀 사辭'는 그것을

글로 쓴 것을 말하니, 합하면 언사言辭가 됩니다. 주역으로써 정령政令을 펴고 가르침을 말하려고 하는 사람은 주역의 괘사나, 효사를 숭상한다는 뜻입니다.

예를 들어 예괘에 대한 것을 말할 사람은 예괘 괘사인 "豫는 利建侯行師하니라(예는 제후를 세우고 군사를 행함이 이로우니라)."는 말을 숭상해보는 것이고, 예괘 초효에 대해서 말할 사람은 예괘 초육효사인 "初六은 鳴豫니 凶하니라(초육은 즐거움에 겨워 우는 것이니 흉하니라)."는 말을 연구해보라는 것입니다.

② 이동자 상기변 : 역으로써 뭔가 활동을 해보려는 자는 그 괘효의 변함을 숭상한다는 것이죠. 변變하는 것은 곧 동動하는 것입니다. 동하지 않으면 변하지 않아요. 내가 동해서 변하고자 할 때 무엇을 모범으로 삼는가? 바로 주역의 괘효가 변하는 것을 연구해서 따라한다는 겁니다. 그래서 역으로써 동하는 자는 그 변함을 숭상한다고 한 것이죠. 예를 들어 예괘(䷏) 초효가 동했다 하면, 내괘의 땅괘(☷)가 우레괘(☳)로 변합니다. 초효로 아직 미약한 데다 땅괘로 순하게 있어야 할 때, 우레괘로 움직이고 말하면서 구사효를 차지하려 하니 흉하게 되는 것이지요.

③ 이제기자 상기상 : 역으로써 그릇을 짓는 자, 즉 무슨 기구를 만들고 제도를 만들려는 사람은 괘효의 형상을 숭상하라고 했네요. 괘의 형상을 보고 그 속에서 모든 그릇과 제도를 만들어냅니다.

수풍정괘(䷯)의 형상을 보고는, 샘을 파고 벽을 쌓아서 우물을 만들고, 토지제도인 정전법井田法 등을 시행하였죠. 또 화풍정괘(䷱)의 형상을 보고는 솥을 만들었지요. 이런 식으로 역으로써 그릇을 만들려는 자는 그 괘상을 보고 본떠서 만드는 것입니다. 형상이 없으면 아무런 물건도 나오지 않죠. 물건 자체가 모두 형상으로 이루어진 것이니까요.

④ **이복서자 상기점** : 역으로써 점(복서)을 쳐서 피흉취길避凶趣吉하려는 사람은 점치는 방법, 즉 앞에서 배운 설시법揲蓍法을 숭상한다는 것입니다. 이것을 숭상하지 않고는 점이 나오지를 않죠. 그래서 역으로써 복서*를 하려는 자는 그 점치는 것을 숭상한다고 한 것입니다.

　이렇게 역에는 성인의 도가 네 가지 있다고 했습니다. '말씀 사辭' 자의 '상기사尚其辭', '변할 변變' 자의 '상기변尚其變', '형상 상象' 자의 '상기상尚其象', '점칠 점占' 자의 상기점尚其占'이 있지요. 이 '사辭·변變·상象·점占'의 네 가지 중에 어느 것이 중요하냐 하는 것은, 사람이 무엇을 하려고 하냐에 따라서 달라지는 것이죠.

是以君子ㅣ 將有爲也하며 將有行也에 問焉而以言하거든
시 이 군 자　장 유 위 야　　장 유 행 야　문 언 이 이 언
其受命也ㅣ 如嚮하야 无有遠近幽深히 遂知來物하나니
기 수 명 야　여 향　　무 유 원 근 유 심　수 지 래 물

---

* 복卜은 거북점을 비롯한 점占의 통칭이고, 서筮는 대나무로 점을 치는 것이며, 점占은 복서卜筮로 나타난 결과를 말로 표현하는 것이다.

160

非天下之至精이면 其孰能與於此리오!
비 천 하 지 지 정   기 숙 능 여 어 차

직역. 이렇기 때문에 군자가 장차 하려는 것이 있고 행하려 함이 있음에 물어서 (신이) 답을 하거든, 그 명을 받음이 메아리치는 것 같아서, 먼 데나 가까운 데나 그윽한 데나 깊은 데나 할 것 없이 드디어 올 일을 알게 되니, 천하의 지극한 정미로움이 아니면 누가 여기에 참여할 수 있겠는가!

■ 將 : 장차 장 / 嚮 : 울릴 향(여기서는 響으로 해석) / 遂 : 드디어 수 / 精 : 정미로울 정 / 與 : 참여할 여, 더불 여

강의

① 시이군자 장유위야 장유행야 문언이이언 : 이 부분은 위의 '이언자以言者는 상기사尚其辭'와 '이복서자以卜筮者는 상기점尚其占'을 합해서 '지극한 정미로움(至精)'을 말한 것입니다. 군자가 무엇인가 하려는 생각을 가졌습니다. 무엇인가 하려고 마음먹은 것은 '장유위야將有爲也'이고, 장차 그것을 행동으로 옮기는 것이 '장유행야將有行也'입니다.

이렇게 무언가 하려고 마음먹거나 행동에 옮길 때 신한테 묻는 것은 시초점을 치는 것이고(問焉), 괘효가 나오게 해서 '장유위야, 장유행야'에 대해서 어떻게 하라고 정확하게 일러주는 것이 '이언以言'이지요.

② 기수명야 여향 무유원근유심 수지래물 : 신명이 말해주는 것이 메아리치는 것처럼 내 귀에 선연하게 들리네요. 메아리가 무엇입니까? 내

가 '야호~'하면 '야호~'하고 답하고, '만세!'하고 외치면 '만세!'하고 답합니다. 묻는대로 정확하게 답한다는 뜻입니다.

여기서 '명을 받는다'는 것은 내가 운명의 대답을 받는 것이죠. 죽을 명이든 살 명이든, 재수가 있는 명이든 없는 명이든, 나쁜 명이든 좋은 명이든, 뭔가 내게 닥쳐오지 않겠어요? 내게 있게 되는 명을 신에게 물었고, 신은 메아리처럼 정확하게 일러주는 것이죠.

이렇게 내가 신한테 시초로써 묻고 신이 괘로써 나한테 말해주는데, 그 신이 해주는 말이 메아리처럼 딱 맞게 가르쳐주니, 그렇게 알려주면 먼 것이나 가까운 것 혹은 깊은 것이나 그윽한 것이나 간에 모르는 것 없이 구석구석 다 알게 되네요. '원근유심遠近幽深'을 따질 것 없이 드디어 앞으로 닥칠 모든 일을 훤히 깨달아 알게 된다는 것이지요.

③ **비천하지지정 기숙능여어차** : 그런데 그것은 아무나 되는 것이 아니라는 말입니다. 앞에서 잠깐 말씀 드렸죠. 18번 시초를 하는 동안에 정신을 흐리게 하는 근원을 모두 끊고(絶利根源), 정신을 하나로 모으니, 그렇게 계속하면 지극히 정미로운 사람이 되지 않겠어요?

수양을 쌓아서 맑아진 사람만이, 그 묻는 바에 대한 신의 대답을 명쾌히 들어 알 수 있다는 것입니다. 신이 아무리 잘 가르쳐주어도 욕심이 있으면 그 욕심대로 해석해 듣게 되거든요. 그래서 지극한 정미로운 사람이 아니면 결코 여기에 참여할 수 없다고 한 것이지요.

> 參伍以變하며 錯綜其數하야
> 삼 오 이 변   착 종 기 수
>
> 通其變하야 遂成天地之文하며
> 통 기 변   수 성 천 지 지 문
>
> 極其數하야 遂定天下之象하니
> 극 기 수   수 정 천 하 지 상
>
> 非天下之至變이면 其孰能與於此리오!
> 비 천 하 지 지 변   기 숙 능 여 어 차

직역 셋과 다섯으로 변하며 그 수를 섞고 모아서, 그 변함을 통해서 하늘과 땅의 무늬를 이루며, 그 수를 극해서 천하의 상을 정하니, 천하의 지극한 변함(변화의 도를 아는 사람)이 아니면 그 누가 여기에 참여할 수 있겠는가!

- 參 : 석 삼(三) / 伍 : 다섯 오(五) / 錯 : 섞을 착 / 綜 : 놓을 종, 모을 종

강의

① 삼오이변 : 이 부분은 지극히 변하는 '지변至變'을 말한 것입니다. "삼오參伍로써 변한다."고 했는데 이 우주만물은 모두 삼오로써 변합니다. 삼삼오오 짝을 짓는다는 말도 있듯이, 옛날에 전쟁할 때에도 삼오로 열과 항을 지어서 나갑니다. 그러므로 '삼오이변參伍以變'이라 하면 잘 변하는 것이죠. 「천부경」과 낙서洛書도 '삼오이변'으로 되어 있습니다.

그런데 앞에서 시초점을 해봤죠. 그게 삼오이변입니다. 태극을 상징한 댓개비 위에 한 무더기를 놓고(1변), 또 한 무더기 놓고(2변), 또

한 무더기 놓아서(3변) 효를 하나 얻는 게 아니겠어요? 이 삼변三變이 바로 '삼參'입니다.

그럼 '오伍'는 뭘까요? 시초(댓개비) 50개 중 하나는 태극으로 제외해 놓는 것이 하나이고, 나머지 49개를 천책과 지책으로 나누는 것이 둘입니다. 지책에서 인책을 빼어내 손가락 사이에 끼우는 것이 셋이고, 천책을 네 개씩 센 나머지를 손가락 사이에 끼우는 것이 넷이고, 지책을 또 네 개씩 세서 손가락 사이에 끼우는 것이 다섯이 됩니다. 이 다섯 가지 동작은 손 안에서 이루어지는 변變으로 '오변伍變'이라고 할 수 있습니다.

이렇게 손 안에서 이루어지는 오변이, 손 밖에서는 한 무더기의 1변을 이룹니다. 이 오변을 모두 세 번해서 태극 위에 세 무더기를 올려놓으니, 이것이 삼과 오의 변화 즉 '삼오이변'이지요. 이렇게 삼오이변을 해서 효爻 하나를 얻네요.

② 착종기수 : "그 수를 착종한다."는 것은 무슨 뜻일까요? 베 짜는 데 실을 나르는 건 종綜이고, 착錯은 베 짜는 북이 왔다갔다하는 것을 말합니다. 가로세로로 섞어가며 베를 짜는 것이죠. 이렇게 베 짜듯이 수를 엮어서 여섯 효가 나옵니다. 한 효가 나오면, 노양 9, 노음 6, 소양 7, 소음 8 가운데 하나가 되는데 이것을 착종하는 것입니다.

3변을 마치기 전까지는 어느 효가 나올지 모르지요. 또 3변씩 여섯 번 해서 18변을 다 마칠 때까지는 어느 괘가 나올지 모릅니다. 이렇게 18변을 해서 한 괘가 이루어지는 것을 '착종기수錯綜其數'라고 합니다.

주역의 모든 효는 9나 6으로만 얘기해 놓았습니다. 늙은 양과 늙은 음이 변하기 때문에 '초구' '초육'이라고 했지, '초칠' '초팔'이라고 하지는 않았어요. 하지만 점을 치다보면 7과 8도 나옵니다. 여섯 효를 이루어가다 보면 변하지 않는 것도 나오고 변하는 것도 나오는 것이죠. 예를 들면 여섯 효가 전부 7이나 8이 나와서 변하지 않을 수도 있고, 또 전부 9나 6이 나와서 모두 변할 수도 있습니다. 그 경우의 수가 4,096개나 되는 겁니다. 결국 이 9, 6, 7, 8이 서로 섞여서 괘를 이루는 것이니, 이 사상의 숫자가 '기수其數'이고, 이 기수가 여섯 효 중에 착종되어 있다는 얘기입니다

③ 통기변 수성천지지문 : 그 변함을 통해서 드디어 천지의 무늬를 이룬다고 했지요. '착종기수'를 해서 여섯 효가 모두 이루어지면 괘가 나옵니다. 괘를 보니까 그 음양의 무늬가 섞여 있지요. 그 음양무늬의 변하는 걸 봐야 합니다. 9, 6, 7, 8 중의 무슨 수이고, 그 수의 위치가 처음이냐, 중간이냐, 맨 윗자리이냐? 이렇게 어느 자리와 어느 수가 변했느냐, 즉 어느 효가 변했느냐를 보아야 한다는 것이죠.

이렇게 변함을 통해야 드디어 천지의 무늬를 이룹니다. 우주만물에 변화가 일절 없다면 무슨 무늬가 생기겠어요? 변하기 때문에 봄의 무늬 다르고, 여름의 무늬 다르고, 가을의 무늬 다르고, 겨울의 무늬가 다른 것이죠. 봄에는 울긋불긋한 꽃, 여름에는 녹음방초, 가을에는 단풍, 겨울에는 눈이 하얗게 쌓이듯이 변하는 데 따라서 무늬가 이루어집니다.

하늘의 무늬는 소양7(—)과 노양9(□)가 있고, 땅의 무늬는 소음8(--)과 노음6(×)으로 표현됩니다. 이렇게 사상의 무늬가 바로 하늘과 땅의 무늬이지요. 이런 무늬가 여섯이 모이면 64괘 중에 하나가

결정되지 않겠어요? 이렇게 음이든 양이든 변해야 무늬가 다양하게 이루어지는 것입니다.

④ **극기수 수정천하지상** : 이 부분은 성인의 네 가지 도道 중에 상상尙象과 상변尙變을 말한 것입니다. 여기에 있는 대산大山의 상만 가지고 이 세상을 사는 게 아니지요. 여러분의 상, 만물의 상, 한없이 많은 상들이 다 자기 모습(상)을 가지고 살고 있는 것입니다. 이러한 천하의 모든 상을 수를 극해서 정한다고 했어요.

수를 극해 나가다보면 11,520이라는 만물의 수에 이릅니다. 이 수 안에서 사물이 변동을 하는 거지요. 그렇기 때문에 괘를 얻어서 그 괘가 어느 물건과 접촉하고 어느 시기를 지나느냐 하는 것을 알 수 있는 겁니다. 이렇게 그 수를 극하여 보면 천하의 모든 형상이 다 나옵니다. 그 속에서 천하의 형상이 다 정해지는 것이지요.*

⑤ **비천하지지변 기숙능여어차** : 그런데 이것은 '지변至變'을 모르는 사람이면 안 된다고 했습니다. 첫째 정미로워야 하고, 그 다음에 잘 변할 줄 알아야 하는 것이죠. 하다못해 사주를 볼 때도 통변을 잘하는 사람이 잘 보는 것이라고 했습니다. 천변만화千變萬化하는 자연의 이치에 통한 사람이라야 가능한 것입니다.

---

* '삼오이변→ 통기변→ 수성천지지문'은 동작을 영위하려고 하는 과정이므로 천지의 형상을 이룬다(成)고 했고, '착종기수 → 극기수 → 수정천하지상'하는 과정은 사람이 점을 해서 천지의 형상 중 하나를 괘상으로 얻는 것이므로 천하의 상을 정한다(定)고 했다.

역의 변화가 지극히 심오하기 때문에, 이를 알기 위해서는 역시 변화에 통하여야 한다는 것이지요. 지극히 변화에 정통한 사람이 아니면 안 되는 것입니다.

易은 无思也하며 无爲也하야
역   무사야   무위야

寂然不動이라가 感而遂通天下之故하나니
적연부동   감이수통천하지고

非天下之至神이면 其孰能與於此리오!
비천하지지신   기숙능여어차

직역 역은 생각함도 없으며 하고자 하는 것도 없어서, 고요해서 움직이지 않다가 느껴서 천하의 연고를 통하니, 천하의 지극히 신령스러운 신이 아니면 그 누가 여기에 참여할 수 있겠는가!

- 寂 : 고요할 적 / 故 : 연고 고 / 至 : 지극할 지 / 孰 : 누구 숙

강의

① 역 무사야 무위야 : "주역은 깊이 생각함도 없으며 무엇을 하려고 함도 없다!" 아무 생각도 안 합니다. 아무 것도 하려는 게 없습니다. 저도 지금 주역을 공부한 지 40년이 넘었습니다만, 주역을 한참 공부할 때 생각나는 것이 아무것도 없고, 하는 일도 없어요. 답답하기만 하고 어떤 때는 그만두고 싶은 생각도 들지요.

② **적연부동 감이수통천하지고** : 그런데 그 속에서 깨달아지더라, 이 말입니다. 생각도 안 나오고 하는 것도 없다가, 고요하게 무심하게 동하지 않다가, 돌연 하루아침에 대오각성大悟覺醒하고 활연관통豁然貫通하네요. 세상만물에 딱 느껴서 천하의 이치를 그냥 통해버리니, 참으로 신비하죠.

③ **비천하지지신 기숙능여어차** : 천하의 지극한 신이 아니면 누가 여기에 참여하리오! 그렇지요. 감통感通하고 통신通神해야 비로소 주역에 통했다고 할 수 있는 것입니다.

주역은 다음의 세 가지로 나누어 말할 수 있습니다. 첫째 정精, 둘째 변變, 셋째 신神인데, 아까 주역에 성인의 도가 넷이 있다고 했지요. 이 넷을 셋으로 얘기할 수 있어요. '이언자以言者는 상기사尚其辭'와 '이복서자以卜筮者는 상기점尚其占'을 합해서 '지정至精'을 말한 것입니다. '이복서자 상기점'은 직접 점친다는 말이고, 점을 쳐놓고 말을 하려면 괘사나 효사를 숭상해야죠.

군자가 장차 무엇을 하려고 한다든지 행동하려고 한다든지 할 때에 신에게 물어보면, 신이 아주 확실하게 소리를 내서 귀에 들려주는 것처럼 일러준다고 했지요. 그러므로 지극히 정미롭지 않으면 안 된다는 것이고, 이것이 바로 성인지도聖人之道 넷 중에 '상사尚辭'와 '상점尚占'에 해당합니다.

'삼오이변參伍以變'에서부터 '수정천하지상遂定天下之象'까지는 '지변至變'이 아니면 안 된다고 하였는데, 이것이 성인의 도 넷 가운데 '상변尚變'과 '상상尚象'에 해당합니다.

이 과정에서 한 차원을 넘어서는 겁니다. 점치는 행위를 하지 않아도, 그냥 딱 변하는 걸 알아버리는 것이죠. 지신至神에 참여할 수 있어야 한다는 말이지요. 역은 정변신인데, 정과 변의 경지를 넘어 신의 경지에 이르러야 신통이 된다는 겁니다.

아무 생각도 안 나고, 아무것도 하지 않다가, 천하의 이치를 그냥 통해서 알아버리는 것, 그것은 앉아서 천리를 보고(좌견천리坐見千里) 서서 만리를 보며(입견만리立見萬里) 풍운조화風雲造化를 임의로 하는 진짜 성인이지요.*

夫易은 聖人之所以極深而研幾也니
부역   성인지소이극심이연기야

唯深也故로 能通天下之志하며
유심야고   능통천하지지

唯幾也故로 能成天下之務하며
유기야고   능성천하지무

---

* 느낀다는 것은 자연과 한 몸이 된다는 것이다. 한 몸이 되기 때문에 알려고 하지 않아도 저절로 알게 되는 것이다. 역易의 대의大義는 정精·변變·신神에 있으며 이는 한 가지를 세 단계로 나눈 것뿐이다. 이를 『중용』과 대비시키면
㉠ 정精 : 곤이지지(困而知之, 凡人) : 설시해서 괘는 누구나 나올 수 있다(설시의 방법만 알면 된다.) 앞 귀절의 '문언이이언'에 해당한다.
㉡ 변變 : 학이지지(學而知之, 賢人) : 괘를 해석하는 것은 그 사람의 수양정도에 따라 그 정확성이 다르다. 앞 귀절의 '통기변, 극기수'에 해당한다.
㉢ 신神 : 생이지지(生而知之, 聖人) : 괘를 뽑지 않고도 세상만사를 느껴서 알 수 있는 것은 성인이다. '감이수통 천하지고'에 해당한다.

唯神也故로 不疾而速하며 不行而至하나니
유 신 야 고　　부 질 이 속　　불 행 이 지

직역 역은 성인이 이로써 깊은 것을 다 궁구하고 은미한 조짐을 연구하는 것이다. 오직 깊기 때문에 천하의 뜻을 통할 수 있으며, 오직 기미하기 때문에 천하의 업무를 이룰 수 있으며, 오직 신령스럽기 때문에 빠르게 하지 않고도 빠르며 가지 않아도 이르니,

- 幾 : 기미 기, 조짐 기 / 硏 : 연구할 연, 갈 연, 궁구할 연 / 深 : 깊을 심 / 疾 : 빠를 질 / 速 : 빠를 속

강의
　성인이 역을 이용해서 천하의 일을 다 알아내고, 또 일이 시작하는 조짐을 연구해서 그 일이 성공하도록 한다고 했어요.

① 유심야고 능통천하지지 : "깊기 때문에 천하의 뜻을 통한다"는 것은 점을 쳐서 알아내는 것으로 정精에 속합니다. 깊은 곳에 있는 걸 정미精微롭게 해서 아는 것이죠. 정신수련이 된 사람이 점을 쳐서 깊이 숨어 있는 뜻을 알아내는 것입니다.

② 유기야고 능성천하지무 : 또 은미隱微한 것도 알아내는 것은, 주역이 기미를 잘 알아서 처리하기 때문에 가능한 것이고 이것이 변變입니다. 어떻게 움직이느냐 하는 그 미미한 것을 보는 것이죠. 잘못될 조짐인지 잘될 조짐인지를 알아서 잘될 방향으로 나아갑니다. 그 변동하는 조짐을 보고 바로 그 찰나에 알게 되는 것이죠.

그 변화의 기미를 알기 때문에 자기가 해야 할 일을 알아서 그것을 이루니, 천하의 어떤 일이라도 다 성공시킬 수 있는 것입니다. 이것은 성인의 네 가지 도 중에서 '상변尙變'과 '상상尙象'과 연결됩니다.

③ **유신야고 부질이속 불행이지** : "신神이기 때문에 빨리 하지 않아도 저절로 빨라지고, 가지 않아도 저절로 도착한다."고 했습니다. 빨리빨리 서둘러야 일이 신속해지고, 걸어서 가야 어디든 이르게 되는 것이지요. 하지만 신神은 어디에 있다는 방소도 없고 헤아릴 수도 없기에, 빠르게 하지 않아도 빠르게 되고 가지 않아도 이르는 것이 가능합니다. 이것은 앞의 '무사무위无思无爲해서 적연부동寂然不動한 가운데 천하의 모든 일을 감이수통感而遂通'하는 경지와 연결되는 말이죠.*

---

* '유심야'하기 때문에 '지정(至精 : 受命如嚮 遂知來物)'하여 '能通天下之志'하는 것이고, '유기야'하기 때문에 '지변(至變 : 通其變 極其數하여 成文과 成象함)'하여 '능성천하지무'하는 것이며, '유신야'하기 때문에 지신(至神 : 无思无爲하여 感而遂通天下之故)하여 '부질이속불행이지'하는 것이다. 즉 정精·변變하여 신신하는 것은 지지와 무務를 '부질이속, 불행이지'하는 것이다.

> 子曰 易有聖人之道四焉者ㅣ 此之謂也라.
> 자 왈 역 유 성 인 지 도 사 언 자   차 지 위 야

직역 공자께서 말씀하시기를, "역에 성인의 도가 넷이 있다."는 것은 이것을 말함이다.

강의

"성인지도 사언자"는 '상사, 상변, 상상, 상점'이지요. 이를 '극심'하고 '연기'하여 신神의 경지에 들어가는 것이 성인의 도라는 겁니다. 즉 이 넷에 통하면 누구나 성인이 되고 신이 될 수 있다는 거지요.

▎총설

이 장은 역易에 있는 변화의 도 넷을 말하여, 이를 극심연기極深硏幾함으로써 성인聖人이 되고 신과 합일할 수 있는 길을 말하였어요. 음양변화란 신이 하는 것이니, 먼저 역의 음양변화하는 이치를 알면 신이 하는 것을 알게 되고, 그것을 연구하고 따르다 보면 저절로 신과 하나가 되는 것 아니겠어요?

右 第 十 章
이상은 제 10장이다.

계사상전 제 11 장

子曰夫易은 何爲者也오?
자왈부역   하위자야

夫易은 開物成務하야 冒天下之道하나니
부역   개물성무   모천하지도

如斯而已者也라.
여사이이자야

是故로 聖人이 以通天下之志하며
시고   성인   이통천하지지

以定天下之業하며 以斷天下之疑하나니라.
이정천하지업   이단천하지의

[직역] 공자께서 말씀하시기를, 역은 무엇을 위해 만든 것인가? 역은 사물을 통하게 하고 업무를 이루게 해서 천하의 도를 다 덮으니, 이와 같이 할 뿐이다. 이렇기 때문에 성인이 역을 써서 천하의 뜻을 통하며, 천하의 업무를 정하며, 천하의 의심스러움을 판단하는 것이다.

- 開 : 열 개 / 冒 : 덮을 모 / 疑 : 의심할 의 / 斯 : 이 사

[강의]

① 부역 개물성무 모천하지도 여사이이자야 : 역은 왜 필요한가? '개물開物, 성무成務, 모천하지도冒天下之道'의 세 가지에 있다는 것이죠. '정,

변, 신'을 체로 해놓고 또 세 가지를 말했네요.

'개물'은 사물을 여는 겁니다. 시초점으로 말하면, 시초 50개는 개물이 됩니다. '성무'는 점괘가 나오는 것이지요. '모천하지도'는 시초로 점을 쳐서 괘를 얻으면 천하의 도가 이 속에 다 있다는 뜻입니다.

천하의 이치와 일들이 다 시초로 '개물'해서 점괘로 '성무'하는 속에 다 덮여 있지요. 주역은 이것뿐이니 이 외에 별다른 게 없다는 것입니다. 천도로 살펴본다면, 만물이 생하는 선천시기가 개물이요, 만물이 이루어지는 후천시기가 성무라고도 할 수 있죠.

② 시고 성인 이통천하지지 이정천하지업 이단천하지의 : '개물'은 이통천하지지以通天下之志이고, '성무'는 이정천하지업以定天下之業이고, '모천하지도'는 '이단천하지의以斷天下之疑'네요. 천하의 뜻을 통한다는 것은 '개물'을 체로 하는 것이고, 천하의 업을 정한다는 것은 '성무'를 체로 하는 것이고, 천하의 의심을 끊는다는 것은 '모천하지도'를 체로 한 얘기입니다.

그래서 '개물'해서 시초가 나왔네요. 성인이 개물한 시초를 써서 천하의 뜻을 통합니다. 그래서 시초로 점을 치면 미래사를 훤히 아니 이것이 천하의 뜻을 아는 것이죠(以通天下之志).

'성무'로 괘를 얻었네요. 천하의 모든 도가 이 속에 덮여 있지요. '성무'로 괘를 얻으니까 천하의 사업이 나오네요. 내가 해야 할 업무를 정하게 된다는 것입니다(以定天下之業).

이렇게 천하의 이치가 다 있는 역易으로써, 의심나는 것을 딱딱 끊어서 판단합니다. 좋다, 나쁘다를 딱딱 끊어 판단했지요(以斷天下之疑).

是故로 蓍之德은 圓而神이요 卦之德은 方以知요
시고　　시 지 덕　원 이 신　　괘 지 덕　　방 이 지

六爻之義는 易以貢이니
육 효 지 의　　역 이 공

직역 이렇기 때문에 시초의 덕은 둥글게 모두 갖춰서 신령스럽고, 괘의 덕은 모가 나서 지혜로우며, 여섯 효의 의의는 변역해서 가르쳐줌이니,

- 蓍 : 시초 시 / 貢 : 고할 공

강의

① **시지덕 원이신** : '시지덕 원이신'은 앞의 '이통천하지지'를, '괘지덕 방이지'는 '이정천하지업'을, '육효지의 역이공'은 '이단천하지의'를 이은 것으로 글이 이어집니다.

시초의 덕德은 일곱 가닥으로 나옵니다. 7×7=49네요. 양陽은 둥근 것 아니겠어요? 1·3·5는 하늘을 닮아 둥글고, 2·4는 땅을 닮아서 모가 나고 끊깁니다. 양수陽數는 모두 둥글고, 둥근 것은 원이죠. 이 말은 7×7=49의 양수로만 나가는 형이상적이고 신비스런 시초의 덕을 말한 것입니다.*

---

* 원래의 시초는 일곱 가닥으로 자라는데, 7은 양수이며 천수이므로 둥근 것을 상징한다. 7×7=49(其用은 49)가 이에 해당한다. 또한 동서남북상하(六虛)에 중앙을 더하면 7이 되어 하늘의 둥근 것을 상징한다. 신神이라고 한 것은 삼오이변參伍以變하여 어떤 괘가 나올지 모르기 때문이다.

② **괘지덕 방이지*** : 7×7=49로 나가는 것 속에서 괘卦가 나오죠. 괘는 작게 이루어진 것이 팔괘八卦이고, 크게 이루어진 것은 8×8=64괘이니 모나게 음수로 나가네요. 음수는 모난 것 아니겠어요? 음수는 모나기 때문에 괘의 덕이고, 괘가 나오면 천지의 흐름을 아는 것이죠.

'개물'은 시초의 덕으로 하는 것입니다. 이건 바로 둥글고 신비스런 7×7=49로 나가고, '성물'한 괘의 덕은 8×8=64로 나갑니다.

③ **육효지의 역이공** : 그럼 이제 답을 해야죠. 무엇으로 답합니까? 효가 음이 변해서 양이 되고 양이 변해서 음이 되니, 세상이 자꾸 바뀌는 것을 음효와 양효로써 답하는 것이죠. 효가 음양변화를 통해 답하는 것입니다.

시초로 점을 해서 괘가 나왔으면 어느 효가 동했는가를 보아야 합니다. 양이 동했으면 양을 바꿔서 음으로 보고, 음이 동했으면 음을 바꿔서 양으로 봅니다. 그 괘에 어느 효가 변했느냐에 따라서 괘가 바뀝니다. 이 속에서 천하의 모든 의심을 판단하는 것이죠.

---

* '지知'라고 한 것은 이미 괘가 정해졌기 때문이다.

聖人이 以此로 洗心하야 退藏於密하며
성인　이차　세심　　퇴장어밀

吉凶에 與民同患하야 神以知來코 知以藏往하나니
길흉　여민동환　　신이지래　　지이장왕

其孰能與於此哉리오!
기숙능여어차재

古之聰明叡知神武而不殺者夫인뎌!
고지총명예지신무이불살자부

직역 성인이 이것으로써 마음을 닦아서 물러나 은밀한 데 감추며, 길하고 흉함에 백성과 더불어 근심해서, 신령스러움으로써 오는 것을 알고 지혜로써 지난 일을 감추어 놓았으니, 그 누가 여기에 참여할 수 있겠는가? 옛날의 총명하고 착하며 지혜롭고 신비한 무력을 가지고서도 죽이지 않는 사람이로구나!

■ 洗 : 닦을 세 / 藏 : 감출 장 / 密 : 빽빽할 밀 / 患 : 근심 환 / 叡 : 착할 예

강의

① 성인 이차세심 퇴장어밀 : 성인이 둥글면서도 신비로운 시덕蓍德과 모나면서 알게 해주는 괘덕卦德과 변화를 가르쳐주는 효의爻義를 가지고서 마음을 깨끗이 닦았습니다.

공연히 잡념을 가지거나 못된 생각을 가지고서야 점이 쳐지겠어요? 마음을 먼저 깨끗이 닦아야 하는 것입니다. 시초를 손에 쥐었다든지, 점을 쳐서 점괘가 나온다든지, 그걸 풀이해서 말하든지 간에 마음을 깨끗이 닦고서 시작해야지요(以此洗心).

그리고 고요히 방 안으로 물러가 치밀하게 감추어놓습니다. 하나 하나 틀림없이 다 담아놓았다는 것이죠(退藏於密).

② 길흉 여민동환 : 감추어놓고 어떻게 합니까? 공연히 주역을 만든 게 아니고, 백성을 위해서 만든 것입니다. 길한 일, 흉한 일 모두를 백성과 더불어 근심하는 것이죠.

물러가서 주밀하게 감추는 것은, 조용한 데서 연구하여 하나하나 이치에 맞도록 심어놓으려고 한 것이지요. 또 그것을 세상에 내놓는 것은, 나를 위해서가 아니라 백성을 위해서 내놓으려고 한다는 말입니다.

길한 일도 있는데 '근심 환患' 자 하나만 썼네요. 길한 일이야 좋은 일이니까 걱정 하지 않아도 되지만, 흉한 일은 근심스럽죠. 근심되는 일이 가장 중요한 것입니다. 길하고 흉한 일을 백성과 함께 하는데, 특히 흉한 일에는 더더욱 백성과 함께 근심합니다.

③ 신이지래 지이장왕 : 신神으로써 미래를 먼저 훤히 알고, 그걸 알았으니 감추어놓아야죠. 지나간 일과 더불어 감추어놓습니다. 성인이 마음을 깨끗이 닦고 주밀하게 모두 감추어놓는 것은 백성과 더불어 근심하기 위해서지요. 그래서 성인이 신神으로써 미리 다 알고 있으면서, 모두 주역에 감추어놓고 가신 것입니다.

④ 기숙능여어차재 고지총명예지신무이 불살자부 : 그러면 누가 여기에 참여할 것이냐! 이 말이지요. 성인은 할 만큼 했습니다. 이제는 이걸 누군가 깨달아야 하지 않겠어요? 그래서 '누가 성인이 주역 속에 깊

숙이 감추어놓은 것을 알아내서 참여하겠는가?'라고 하셨네요(其孰能
與於此哉).

옛날의 복희씨, 요堯·순舜, 문왕文王·주공周公과 같이, 착하고 어질
고 슬기로우면서도 신비스러운 힘이 있는 사람이라야 합니다. 주역
을 공부하니까 신비스러운 힘이 생겨서 풍운조화를 마음대로 할 수
있는 사람! 강태공姜太公처럼 육도삼략을 쓰고, 어떠한 전쟁도 다 이
겨낼 수 있는 신비스러운 무력을 행사할 수 있는 사람! 그러면서도
사람을 죽이지 않는 사람! 이런 것을 도덕적으로 풀어나갈 수 있는
사람이어야 한다는 것입니다(不殺者夫).

이렇게 신무神武한 주역! 신비한 무술이 있으면서도 함부로 내놓지
않고, 사람 하나도 죽이지 않는 사람이라야 성인이 마음을 닦고 감추
어놓은 이 '신이지래'와 '지이장왕' 속에 있는 주역의 이치를 알아낼
수 있다는 말씀입니다(古之聰明叡知神武而不殺者夫).

是以明於天之道而察於民之故하야 是興神物하야
시 이 명 어 천 지 도 이 찰 어 민 지 고   시 흥 신 물

以前民用하니 聖人이 以此齋戒하야 以神明其德夫인더!
이 전 민 용   성 인   이 차 재 계   이 신 명 기 덕 부

직역 이로써 하늘의 도를 밝히고 백성의 연고를 살펴서, 신령스러운 물건
을 만들어서 백성 앞에 쓰니, 성인이 이것으로써 재계해서 그 덕을 신령스
럽고 밝게 하는 것이구나!

■ 察 : 살필 찰 / 齋 : 가지런히 할 재 / 戒 : 경계할 계 / 齋戒 : 공경한다는

뜻.

> 강의

① **시이명어천지도이 찰어민지고 시흥신물 이전민용** : 성인이 하늘의 이치(도)를 밝히고, 사람이 살고 있는 까닭을 관찰하여 신령한 물건인 시초를 만든 것이죠. 그리곤 백성을 위해서 씁니다. 진짜 백성 앞에 내놓고 쓰네요. 나 하나만의 미래를 예방하기 위해 쓰는 게 아니에요.

② **성인 이차재계 이신명기덕부** : 성인이 재계를 합니다. 옷도 빨아 입고, 몸가짐을 깨끗이 하고서 그 덕을 신명하게 한다는 겁니다. 성인이 역으로써, 즉 시초로 점을 치고 점풀이를 해서 백성을 위해 먼저 쓰고, 이것을 가지고 재계齋戒하네요. 먼저는 마음을 깨끗이 하고(以此洗心), 이번에는 몸을 재계합니다(以此齋戒).

역易에 부합되는 덕德, 역으로 흡족하게 쌓고 변화된 몸의 덕을 더욱더 신비하고 밝게 하고 있다는 것입니다. 역으로써 나의 덕을 신명하게 하는 것이지요. 먼저 덕이 쌓이고 신명하게 되었을 때, 현인이 되고 성인이 되고, 환히 아는 지인知人, 달사達士가 되는 게 아니겠어요?

> 是故로 闔戶를 謂之坤이요 闢戶를 謂之乾이요
> 시고   합호   위지곤   벽호   위지건
>
> 一闔一闢을 謂之變이요 往來不窮을 謂之通이요
> 일합일벽   위지변   왕래불궁   위지통
>
> 見을 乃謂之象이요 形을 乃謂之器요
> 현   내위지상   형   내위지기
>
> 制而用之를 謂之法이요
> 제이용지   위지법
>
> 利用出入하야 民咸用之를 謂之神이라.
> 이용출입   민함용지   위지신

직역 이런 까닭으로 문을 닫는 것을 곤이라 말하고, 문을 여는 것을 건이라 말하며, 한 번 닫고 한 번 여는 것을 변이라 말하고, 가고 오는 데 궁하지 않음을 통이라 말하며, 나타나는 것을 상이라 말하고, 형체가 있는 것을 그릇이라 말하며, 만들어 쓰는 것을 법이라 말하고, 출입을 이롭게 해서 백성이 다 쓰는 것을 신이라고 말한다.

■ 闔 : 닫을 합 / 戶 : 지게문 호 / 闢 : 열 벽 / 見 : 나타날 현(≒現) / 器 : 그릇 기, 도구 기 / 咸 : 다 함

강의

① 합호위지곤 벽호위지건 : '합호闔戶'는 문을 닫는 것이고, '벽호闢戶'는 문을 여는 겁니다. 효로 보면 음효(--)를 합호라 하고 양효(—)를 벽호라 하며, 괘로 보면 합호를 곤(☷)이라 하고 벽호를 건(☰)이라 하지요.

낮에는 문을 열고, 밤에는 문을 닫습니다. 또 밤은 음으로 캄캄하니 닫히는 것이고, 낮은 양으로 환하니 열리는 것입니다. 천지의 문은 밤이 되면 음으로 닫히고, 낮이 되면 양으로 열리는 것이죠. 또 땅은 닫혀 있고 하늘은 열려 있습니다. 5장에서 '장저용藏諸用'하는 것은 '합호'하는 것이고, '현저인顯諸仁'하는 것은 '벽호'하는 것이지요.

② **일합일벽 위지변** : 밤에 닫혔다고 계속 닫혀 있지 않아요. 낮이 되면 열어 놓습니다. 낮에 열려 있지만 밤이 되면 또 닫아야 하지요. 이렇게 열리고 닫히는 것을 '변變'이라 이릅니다.

합과 벽이 계속 번갈아 있기 때문에 변한다고 한 것이지, 합벽이 그대로 고정되어 있으면 누가 변하는 것이라고 하겠어요? 음이 변해서 양이 되는 것이고, 양이 변해서 음이 되는 겁니다. 밤은 변해서 낮이 되고, 낮은 변해서 밤이 되지요. 그래서 우주자연은 모두 일합일벽−闔−闢이 됩니다. 「계사상전」 5장에서 '일음일양지위도−陰−陽之謂道'라고 한 것도 같은 맥락이지요.

열린 문 따로 있고 닫힌 문 따로 있는 것이 아니라, 문은 하나인데, 닫히면 곤坤이고 열리면 건乾이 됩니다. 이렇게 한 번은 닫히고 한 번은 열리는 일합일벽을 '변'이라고 합니다.

③ **왕래불궁 위지통** : 변통變通이라 할 때, 달라지는 걸 '변'이라 하고, 달라져서 완전히 다른 데로 가는 걸 '통'이라 합니다. 그것이 바로 '왕래불궁往來不窮' 아니겠어요? 갈 때가 되면 가고 올 때가 되면 오니 통했네요. 가는 것도 변하는 것이고, 오는 것도 변하는 것인데,

가면 간 곳으로 통하고 왔으면 온 곳으로 통합니다.

일합일벽해서 변하는 효가 모두 여섯이니 육효입니다. 그런데 이 여섯 효에 음과 양이 섞여 있지요. 이 효들이 모두 왕래불궁합니다. 여섯 효가 오고가고 또 오고가고 합니다. 어제 점쳐서 나온 효가 오늘 점친 것과 다르고, 오늘 점친 것은 내일 점친 것과 다르고, 자꾸 점칠 때마다 다르죠.

64괘, 384효가 오고가고 합니다. 가고오고 하면서 궁하지 않고 끝이 없는 것을 '통通'이라 이르죠. 만약 막힌 게 있으면 통이 아닙니다. 막힌 게 일절 없어야지 어디든 통하게 되는 것이죠. 11,520종류에 다 통하는 것이 아니겠어요?

④ **현내위지상 형내위지기** : "나타나는 것을 상(象 : 형상)이라 이른다."는 것은 일월성신을 비롯해서 하늘에 나타나는 것을 말합니다. 손으로 거머쥘 수는 없고 그냥 보이기만 하는 것을 '상'이라고 한다는 것이죠(見乃謂之象).

반면에 형체를 만져볼 수 있는 것을 기(器 : 그릇)라 합니다. 여기서 '기器'는 '상象'과는 달리 형체가 있고 또 그 형체를 유지하고 발전시키려는 성격이 있는 것이지요. '합호, 벽호' 하는 것은 음과 양의 변화 즉 도道의 운행이고, '형'으로 드러나는 것은 형체와 성격을 갖춘 물건이 되었다는 것이고, '상'은 도道와 물物의 중간적인 존재입니다. 그래서 '상'은 나타난다고만 하고 형체가 있다고는 하지 않았지요. 음양이 일합일벽하며 운행하다가 형체가 있는 물건이 되면 눈에 보이고 손에 잡히는 것입니다(形乃謂之器).

⑤ **제이용지 위지법** : 하늘의 형이상적인 상과 땅의 형이하적인 기器 사이에서, 형과 상을 보고 거기서 구체적 형체를 갖춘 기(器 : 기구와 제도)를 만들어서, 써먹도록 하는 것이 '법法'이죠. 이건 이렇게 쓰고 저건 저렇게 쓴다고 하는 법이 나옵니다.

법이 아니면 안 되지요. 형상이 나오고, 형체가 나왔으면 만들어 써먹는 것이 법이 아니겠어요? 나라가 일단 세워지면 그 나라에 맞는 국법이 생기듯이 말이죠.

⑥ **이용출입 민함용지 위지신** : 왕래불궁하며 가고 오고, 일합일벽하며 열리고 닫히는 가운데 '출입'이 있지 않겠습니까? 그 출입을 이롭게 해서 백성이 모두 쓰게 하는 것을 '신神'이라고 했네요.

출입하는 모든 백성을 이롭게 해줍니다. 주역으로써 이롭게 해주어서, 백성이 이로운 방향으로 그것을 쓰는 것을 '신'이라 한다는 것이죠. 모든 것이 신이 아니면 안 되지만, 신은 보이지 않기에 신의 덕德을 모르죠. 그러나 모두가 신의 덕으로 살고 있는 것이니, 백성들도 모두 신을 사용하고 있는 것입니다.

是故로 **易有太極**하니 **是生兩儀**하고
시 고   역 유 태 극   시 생 양 의

兩儀ㅣ **生四象**하고 **四象**이 **生八卦**하니
양 의   생 사 상   사 상   생 팔 괘

직역 이런 까닭으로 역에 태극이 있으니 이것이 양의를 낳고, 양의가 사

상을 낳으며, 사상이 팔괘를 낳으니,

- 太 : 클 태 / 儀 : 거동 의, 모습 의

> 강의

① 역유태극 :「계사전」을 배우고야 비로소 태극이 있고, 음양이 있고, 사상이 있고, 팔괘가 있음을 알게 되고, 그 팔괘가 사상에서 나오고, 사상이 음양에서 나오고, 음양이 태극에서 나왔다는 사실을 알게 되는 것입니다. 「계사전」을 공부하지 않고는 태극이 어디에 근거해서 나오는 말인지, 그 말을 처음으로 한 사람이 누구인지를 전혀 알 수 없어요. 바로 공자께서 말씀하신 '역유태극'에서 처음 알게 되는 것이죠.

우주만물이 있기 이전에 공허하고 혼돈했던 상태를 태극이라고 합니다. 공간적으로는 '클 태太, 덩어리 극極'이니 글자 그대로 큰 덩어리라는 뜻이고, 시간적으로는 '처음 태太, 끝 극極'이니 처음부터 끝까지, 다시 말하면 태초로부터 궁극에 이르기까지를 말하는 것이죠. 태극은 공간적으로나 시간적으로 끝이 없기 때문에 무극無極이라고도 합니다.

태극은 둥글고 그 영속함에 끝이 없으므로 「천부경」에도 "하나가 태극으로 시작했건만 어디에서 시작한지를 모르고, 하나가 태극으로 마치지만 어디에서 마치는지 모른다(一始无始一 一終无終一)."고 했습니다.

송대의 주렴계(1017~1073) 선생은 "무극이 곧 태극(無極而太極)"이라고 하였는데, 태극 이전에 무극이 있음을 강조하였다기보다는 태극의 무한한 측면을 무극으로 표현한 것입니다. 굳이 이를 나누어 설명하면, 무극은 태극의 모체로서 글자 뜻 그대로 '끝(極)이 없고, 중심(極)이 없으므로' 무시무종無始無終한 동그라미 하나를 그려 공허한 무극의 형상을 나타냅니다.

  태극은 상하의 두 극점을 중심으로 '싹 을乙' 자 또는 '활 궁弓' 자의 형태로 한 획을 그려 표현하는데, 유시유종有始有終이 분명하고 하나로 말미암아 두 밭(음양陰陽)이 좌우로 형성되는 모습입니다. 이것은 '일생이一生二'의 이치 즉 태극이 양의(음양)를 낳음을 나타낸 것이죠.

② **시생양의** : 양의는 '두 량兩' '거동 의儀'로, 두 가지 모습이라는 뜻입니다. 즉 태극에서 나오는 양과 음의 두 가지 모습을 양의(陽儀: ━)와 음의(陰儀: ╌)라고 하는데, 맑고 가벼워 경청輕淸한 양은 올라가 하늘이 되고, 무겁고 탁해 중탁重濁한 음은 아래로 내려가 땅이 됩니다.

  양의 정精한 기운은 해가 되고 음의 정한 기운은 달이 되며, 사람으로서는 남자와 여자를 이루는 것이죠. 그래서 음양은 상대성이 있으며, 대립관계에 있음을 알 수 있습니다. 양은 먼저 나오니 한 획(━)으로 긋고, 음은 두 번째로 나오니 둘로 나누어(╌) 긋습니다. 양(━)은 양적 동물의 성기가 되고, 음(╌)은 음적 동물의 성기가 됩니다.

  양은 동하는 것이기에 양이 먼저 음을 찾아가고, 음은 양의 기운을 받아서 생물을 잉태합니다. 양은 능동적이고 음은 수동적인 것이죠.

  태극 하나에서 음양 둘이 나오는 역의 원리를 '일원적一元的 이원론二元論'이라고 합니다. 그러니까 태극이 있는 곳에는 반드시 음양이 있고 음양이 있는 곳에는 반드시 태극이 있는 것이죠. 즉 하나의 태극에서 둘(음양)이 나오는 법칙이며, 음양이 합하여 하나를 내니 둘에서 다시 하나가 나오는 법칙(이생일법二生一法)인 것입니다.

③ **양의 생사상** : 일생이법에 의해서 양의가 또 사상을 낳습니다. 사상은 '넉 사四'와 '코끼리 상, 모양 상象'으로 씁니다. 네 가지 형상이란 말이지요. 태양(⚌)·소음(⚍)·소양(⚎)·태음(⚏)을 일컫습니다. 태양이라는 것은 양으로만 이루어졌다는 것이죠. 양 위로 양이 분화되어 더해진 것은 태양이고, 양 위에 음으로 분화되어 더해진 것이 소음이지요. 또 음 위에 음을 더한 것은 태음이고, 음 위로 양을 더한 것은 소양입니다.

　음과 양이 마구 섞여 있다가 분화를 합니다. 우리가 무극이라고 하지만, 아무 것도 없다는 뜻이 아닙니다. 무언가는 있는데 섞여 있어서 무어라고 이름 할 기준이 없다는 것이지요.

　양의陽儀라고 할 때 이 양의에 양만 있는 것이 아닙니다. 음도 섞여 있지요. 하지만 대체로 음보다는 양이 많다는 것입니다. 그래서 좀 더 정밀하게 분화하면, 양의에서 태양과 소음이 나오는 것 아니겠어요? 음의陰儀도 마찬가지지요. 음의에서는 소양과 태음이 나옵니다. 이것을 '양의생사상'이라고 표현했네요.

④ **사상 생팔괘** : 태극에서 음양이 나오는 것은 '일생이법', 즉 하나에서 둘이 나오는 법칙으로써 하는데, 이처럼 하느님이 사람과 만물을 낼 때에도 남녀 음양을 동시에 냈습니다. 이러한 분열법칙인 일생이법이 계속 적용되어 양의가 사상을 낳고, 사상은 팔괘를 낳습니다.

태양에서 양으로 분화된 것은 순양인 하늘괘(☰)가 되었고, 음으로 분화된 것은 못괘(☱)가 되었습니다. 소음에서 양으로 분화된 것은 불괘(☲)가 되고, 음으로 분화된 것은 우레괘(☳)가 되었네요. 또 소양에서 양으로 분화된 것은 바람괘(☴)가 되었고, 음으로 분화된 것은 물괘(☵)가 되었습니다. 태음에서 양으로 분화된 것은 산괘(☶)가 되었고, 음으로 분화된 것은 땅괘(☷)가 되었지요.

여기에 '일, 이, 삼, 사, 오, 육, 칠, 팔'의 차례를 붙여 일건천一乾天, 이태택二兌澤, 삼리화三離火, 사진뢰四震雷, 오손풍五巽風, 육감수六坎水, 칠간산七艮山, 팔곤지八坤地라고 합니다. 자연스럽게 나오는 팔괘를 이렇게 배열해놓은 것이죠. 물론 복희씨가 그려서 된 것이기도 하지만, 자연원리에 따라 이렇게 배열되는 것입니다.*

八卦ㅣ 定吉凶하고 吉凶이 生大業하나니라.
팔괘 정길흉   길흉 생대업

직역 팔괘가 길하고 흉함을 정하며, 길하고 흉함이 큰 업적을 낳는다.

강의 같은 팔괘라 해도, 그 안에는 일을 잘 할 수 있는 덕도 있고

---

* 이 구절을 설시법을 설명한 것으로도 볼 수 있다. 즉 시초 50개중 하나를 뽑아서 상위에 수평으로 놓는 것이 태극이요, 나머지 49개를 임의로 나누는 것이 양의요, 삼변하여 사상수 중의 하나를 얻어 한 효가 나오는 것이 사상四象이요, 이것을 세 번 반복하여(9변) 소성괘를 이루는 것이 8괘라는 뜻이다.

망칠 수 있는 덕도 있어요. 팔괘가 놓여 있는 것만 보아도 길흉을 알 수 있습니다. 또 팔괘와 팔괘가 만나서 64괘 384효가 나옴으로써, 보다 구체적이고 확정적인 길흉이 나오고, 그런 길흉이 쌓이고 모여서 대업이 나오는 것이지요.*

① **팔괘 정길흉** : 이렇게 해서 팔괘가 나왔습니다. 그렇다고 팔괘를 가지고 점을 치냐 하면 그것은 아닙니다. 점을 칠 때는 64괘, 384효로써 점을 칩니다. 내팔괘內八卦와 외팔괘外八卦의 성질에 따라서 점을 치는 것이죠.

건괘는 굳건하고, 태괘는 즐거워하고, 리괘는 음이 양 사이에 붙어 있는 것이고, 진괘는 발동하는 것이며, 손괘는 아래로 들어가는 것이고, 감괘는 양이 음 사이에 빠져 있는 것이고, 간괘는 위에 우뚝 솟아 그쳐 있는 것이고, 곤괘는 순한 성질을 가지고 있지요. 이 팔괘가 어떤 팔괘를 만나서 어떤 효가 동했냐에 따라 길흉이 정해집니다.

② **길흉 생대업** : 길흉이 정해지면, 좋은 것은 좋은 대로 사업을 이루는 것이고, 나쁜 건 피해야 하는 것이죠. 나쁜 것을 피하지 않고 계속하면 실패하고 맙니다. 그래서 주역은 피흉취길避凶趣吉하는 것이라 합니다. 흉한 걸 피하고 길한 걸 취하는 것이고, 길한 데로 나아가니까 사업이 자꾸 커져서 대업이 완성되는 것이죠.

---

* 우주 자연의 이치로 보면 길과 흉이 합해서 대업을 낳는다. 다만 이를 피흉취길하는 인사적인 면에서 보면, 설시揲蓍하여 나온 괘효에 따라 실천하여 흉은 피하고 길만 행하게 되니, 작은 의미의 대업 즉 사업을 이루는 것이다.

是故로 法象이 莫大乎天地하고 變通이 莫大乎四時하고
시고　법상　막대호천지　　변통　막대호사시

縣象著明이 莫大乎日月하고 崇高ㅣ 莫大乎富貴하고
현상저명　막대호일월　　숭고　막대호부귀

備物하며 致用하며 立(象)成器하야
비물　　치용　　입상성기

以爲天下利ㅣ 莫大乎聖人하고
이위천하리　막대호성인

探賾索隱하며 鉤深致遠하야 以定天下之吉凶하며
탐색색은　　구심치원　　이정천하지길흉

成天下之亹亹者ㅣ 莫大乎蓍龜하니라.
성천하지미미자　막대호시귀

직역 이런 까닭에 형상을 본받은 것이 하늘과 땅보다 큰 것이 없고, 변하고 통하는 것이 사시보다 큰 것이 없으며, 상을 걸어놓고 밝음을 나타냄이 해와 달보다 큰 것이 없고, 숭고한 것이 부귀보다 큰 것이 없으며, 물건을 갖추고 쓰임을 이루게 하며 (상을) 세우고 그릇을 이루어서 천하를 이롭게 한 것이 성인보다 큰 것이 없고, 잡란한 것을 더듬고 은밀한 것을 찾으며 깊은 것을 끌어내고 먼 것을 오게 하여 천하의 길하고 흉함을 정하며 천하의 업무를 이루게 하는 것이 시초점과 거북점보다 큰 것이 없다.

■ 縣 : 매달 현≒懸 / 著 : 나타낼 저 / 崇 : 높을 숭 / 備 : 갖출 비 / 探 : 더듬을 탐 / 隱 : 숨을 은 / 鉤 : 갈고리 구 / 亹 : 힘쓸 미

강의

① 법상 막대호천지 : '법'은 직접 본받는 것이고, '상'은 형상하는 것이죠. 형상을 본받을 것(법상)이 천지보다 더 큰 것이 없다는 것입니다. 하늘의 형상과 땅에 있는 실물의 법칙보다 더 큰 법상法象이 어디에 있겠느냐는 것이지요. 이보다 더 큰 법상은 없지요. 그래서 세상을 법상으로 사는데, 천지가 그 대표적이라는 말입니다.

② 변통 막대호사시 : 변통變通하는 것으로 말하면 사시가 변통하는 것보다 더 큰 것이 없다고 했네요. 봄이 변해서 여름으로 통하고, 여름이 변해서 가을로 통하고, 가을이 변해서 겨울로 통하고, 겨울이 변해서 다시 봄으로 통하니, 변통이 아니면 춘하추동의 사시가 이루어지지를 않습니다.

한서寒暑가 왕래하는 기후 조건도 사시가 아니면 변통을 모르죠. 모든 게 변통하는데, 그 대표적인 것이 춘하추동 사시라는 것입니다.

③ 현상저명 막대호일월 : '현상縣象'은 하늘 위에 달려 있는 것을 말하고, '저명著明'은 달려 있는 형상에서 밝은 빛이 나와 드러나는 것을 말합니다. 해와 달이 하늘에 붙어 있죠. 하늘에 붙어 있는 해와 달에서 밝은 빛이 나옵니다.

이 세상 모두가 이러한 현상저명縣象著明으로 살고 있는 것 아니겠어요? '현상'이 먼저 나오고, 그 현상에서 밝은 빛이 나옵니다. 어두운 현상은 잘 보이지 않고 밝은 현상은 잘 보입니다. 하늘 위에 달려서 밝음을 내는 것이 해와 달보다 더 큰 것이 없습니다.

④ 숭고 막대호부귀 : "숭고崇高함이 부귀富貴보다 더 큰 것이 없다."고

공자께서 말씀했습니다. 부귀라는 것은 그만큼 숭고한 것이죠. 이 세상에 숭고한 것이 많지만, 뭐니 뭐니 해도 부귀가 제일 숭고하다는 얘기죠. 부귀를 바라지 않는 사람이 어디 있겠어요?

그런데 부귀라는 것을 저 혼자 권력을 부리고 부를 누리면서 사는 것으로 착각하면 안 됩니다. 숭고해야 할 부귀가 숭고하지 못했기 때문에 위화감이 생기고, 그래서 부하고 귀한 사람을 욕하고 하는 게 아니겠어요? 부유한 사람이 숭고한 부를 누리고, 귀한 사람이 숭고한 귀를 누렸다면 얼마나 좋겠습니까?

『중용』에 공자님이 "대효大孝이신 순舜임금은 존귀한 것으로 말하면 천자이셨고, 그 부유한 것으로 말하면 천하를 소유하셨다."*고 찬탄하셨죠. 왜 찬탄했겠어요? 숭고한 부귀를 숭고하게 썼기 때문입니다.

⑤ 비물치용 입(상)성기 이위천하리 막대호성인 : '비물備物'은 '개물開物'이고 '치용致用'은 '성무成務'로 볼 수 있지요. 점치는 도구인 시초를 준비해놓고, 시초를 가지고 점을 해서 점괘가 나오도록 했다는 말이지요(備物致用).

본래 경문에는 '입성기立成器'라고만 되어 있는데 『전한기前漢紀』에 "입상성기立象成器"**로 되어 있고, 또 절재채씨(節齋蔡氏, 蔡淵)도 '효'자 밑에 '象' 자가 빠졌다고 한 것이 합당하다고 했어요. 즉 '입상성기

---

* 『중용』 17장 : 子曰 舜은 其大孝也與신저! 德爲聖人이시고 尊爲天子시고 富有四海之內하사 宗廟饗之하시며 子孫保之하시니라.

** 순열荀悅, 『전한기前漢紀』, 「효문제 1」

立象成器'로 해야 된다는 것입니다. 위아래의 문맥으로 잘 생각해보면 '象' 자가 들어가 있는 것이 옳습니다.

성인이 모든 형상을 괘상으로 모두 세워놓았습니다. 형상을 세워놓고 거기에 해당하는 기구를 만든 겁니다. 그래서 「계사하전」 2장에 가면 12가지 그릇(기구)을 만들어 사회를 발전시켰다는 얘기가 나오죠. 배를 만들어 물을 건너게 하고, 방아를 만들어 곡식을 찧어 먹게 하고, 그물을 짜서 고기를 잡았다는 등의 그러한 기구를 마련하는 것이 바로 '성기成器'입니다. 인간들에게 필요한 그릇을 이루어 놓았어요(立象成器).

성인은 이렇게 '비물치용'하고 '입상성기'해서 천하를 모두 이롭게 하셨는데, 누가 그토록 할 수 있겠습니까? 천하를 이롭게 함이 성인보다 더한 사람이 없습니다(以爲天下利 莫大乎聖人).

⑥ **탐색색은 구심치원 이정천하지길흉 성천하지미미자 막대호시귀** : '탐색探賾'은 잡란하게 뒤섞여 있는 데서 더듬어 구별해내는 것이고, '색은索隱'은 보이지 않는 곳에서 숨어 있는 것을 찾아내는 것이죠(探賾索隱).

'구심鉤深'은 깊은 데 있는 것을 갈고리질 해서 끌어내는 것이고, '치원致遠'은 멀리 있는 것을 바로 앞에 갖다놓는 것입니다(鉤深致遠).

우리는 비록 한 치 앞을 내다보지 못하지만, '시귀蓍龜'는 보이지 않는 데서 찾아내고, 저 깊은 데서 끌어올리는 듯하여 "이건 길한 것이다. 이건 흉한 것이다."라고 길흉을 알아내어 정해놓지요(以定天下之吉凶).

길흉이 정해지면 흉한 것은 하지 말아야 하고, 길한 것은 해야 합니다. 그래야 대업을 이루는 것인데, 그러기 위해서 이 세상 사람들이 힘써야 할 방법은 무엇인가? 뭐니 뭐니 해도 시초점이나 거북점을 해서 신의 마음을 알아내야 한다는 말입니다. 옛날에 점을 숭상했다는 건 사실이지요(成天下之亹亹者 莫大乎蓍龜).

是故로 天生神物이어늘 聖人이 則之하며
시 고   천 생 신 물   성 인   칙 지

天地變化어늘 聖人이 效之하며
천 지 변 화   성 인   효 지

天垂象하야 見吉凶이어늘 聖人이 象之하며
천 수 상   현 길 흉   성 인   상 지

河出圖하며 洛出書어늘 聖人이 則之하니
하 출 도   낙 출 서   성 인   칙 지

직역 이런 까닭에 하늘이 신령스러운 물건을 낳음에 성인이 법받으며, 하늘과 땅이 변화함에 성인이 본받으며, 하늘이 상을 드리워 길하고 흉함을 나타냄에 성인이 본뜨며, 하수에서 하도가 나오고 낙수에서 낙서가 나옴에 성인이 법받으니,

- 垂 : 드리울 수 / 則 : 법할 칙

강의

① **천생신물 성인칙지** : 하늘이 시초라는 신비스러운 물건, 거북이라는 신비스러운 물건, 또 하수 물에서 용마龍馬라 하는 신비스러운 물건

을 내니, 성인이 그 신비스러운 물건을 보고서 본받았습니다.

성인도 사람입니다. 어떤 형상이든 증거가 있어야 알지요. 그걸 보고 격물치지를 해서 알아내시고, 그 속에 담겨 있는 이치를 깨달으셨기 때문에 성인 아니겠어요? 그래서 하늘이 신비스러운 물건을 내놓으니까, 용마龍馬에서는 55수를 알아내고 신귀神龜에서는 45수를 찾아내서 법칙을 삼은 것이지요.

② **천지변화 성인효지** : 하늘이 변화를 하고 있습니다. 음이 변해서 양이 되고 양이 변하면 음이 됩니다. 밤이 변하면 낮이 되고 낮이 변하면 밤이 됩니다. 이렇게 춘하추동 사시가 변하고, 천지가 변하는 것을 성인이 본받습니다.

③ **천수상 현길흉 성인상지** : 하늘이 일월성신의 형상을 드리우고, 일식 월식을 비롯한 별의 움직임과 비·바람 등을 일으켜서 징조를 보여줍니다. 길흉이 거기에서 나타나죠. 그래서 "하늘에는 헤아릴 수 없는 바람과 비가 있다."고 하는 것 아니겠어요? 하늘이 일월성신의 변화하는 형상을 드리우니, 성인이 그걸 또 형상해서 본받았다는 것입니다.

④ **하출도 낙출서 성인칙지** : 또 복희씨 때 하수河水에서 용마라는 신물이 등에다 그림을 지고 나오니까 그것을 성인(복희씨)이 본받아서 하도河圖를 만들고, 우임금 때 낙수洛水에서 거북이 등에 그림을 지고 나온 것을 성인(우임금)이 본받은 것이 낙서洛書입니다.

하수는 땅의 하수인지 하늘의 은하수인지 잘 모르는 형이상적인 것이고, 낙수는 중국 땅에 실제로 있었던 강이죠. 그리고 용마는 상상적인 동물이니 형이상적이고, 거북은 실물이니 형이하적이죠.

이렇게 하늘이 조짐이 되는 신비한 물건의 형상을 드리워 놓으니까, 그걸 보고 우주의 이치를 알아냈다는 것입니다.

> 易有四象은 所以示也요 繫辭焉은 所以告也요
> 역유사상   소이시야   계사언   소이고야
>
> 定之以吉凶은 所以斷也라.
> 정지이길흉   소이단야

직역 역에 사상이 있는 것은 보여주는 것이고, 말을 붙인 것은 알려주는 것이며, 길하고 흉함을 정한 것은 판단을 하는 것이다.

- 斷 : 판단할 단, 끊을 단, 결단할 단

강의

① 역유사상 소이시야 : 태극에서 양의까지 분화되어도 형상이 나오지 않습니다. 사상이 되어야 희미하나마 형상이 만들어지고, 팔괘가 되면 확실히 형상과 성격을 알 수 있어요. 그러니까 사상은 음양이라는 형이상적 도道와 팔괘라는 형이하적 기器의 중간 정도 되는 것이지요.

사상은 앞으로 어떤 형상의 팔괘가 될지 알아내라고 보여주는 것입니다. 팔괘가 이루어지면 이미 길흉이 결정되지 않겠어요? 뭐든 미리 알아야 성공을 하고 대업을 이루는 것입니다. 의학적으로도 사상이 있어요. 사람의 인체를 태음체, 태양체, 소양체, 소음체로 분류해서, 앞으로 어떤 건강과 어떤 병이 생길지를 판별하는 것 아니겠습니까?

② **계사언 소이고야** : 이렇게 해서 보여준 괘효의 상을 보고 말을 붙인 것이 '계사繫辭'입니다. 말을 매어서 모르는 사람들에게 길흉을 가르쳐주는 것이지요.

③ **정지이길흉 소이단야** : 앞에서 팔괘가 길흉을 정한다고 했지요. 이미 팔괘에 길흉이 정해졌고, 그 팔괘를 거듭해서 여섯 효가 되면서 길흉을 구체적으로 판단하는 것이죠. 주역은 단斷적인 것입니다. 그래서 잘 끊는다는 의미의 단象자를 써서 '단왈象曰' 합니다. 좋다, 나쁘다를 딱딱 끊어 판단하는 것이지요.

▎ **총설**

이 장은 복서卜筮에 대해서 말했어요. 성인이 천지의 형상과 법칙을 본받아 괘사와 효사를 지음으로써 천하의 길흉을 다 담았다는 것이지요. 주자도 "이 장은 오로지 복서卜筮에 대해서 말했다."*고 했습니다.

이 장은 처음에 '역은 어찌해서 만들었는가? 역은 개물성무開物成

---

* 『주역본의』 : 此章은 專言卜筮라.

務하는 것이다'라고 자문자답했지요. '이통以通…, 이정以定…, 이단以斷…'은 복서卜筮의 강령이고, '이차세심以此洗心…, 이차재계以此齋戒…'는 복서의 기본자세이지요.

'합호闔戶…, 벽호闢戶…'는 복서의 괘효를 짓는 방법이고, '태극太極…, 양의兩儀…, 사상四象…, 팔괘八卦…'는 자연발생적으로 역易이 나오는 기본 원리가 됩니다.

또 '신물神物을 칙지則之하고, 변화變化를 효지效之하고, 길흉吉凶을 상지象之하고, 도서圖書를 칙지則之한다'고 한 것은 성인이 역을 지은 이유이고, '소이시所以示, 소이고所以告, 소이단所以斷'은 점쳐서 얻은 괘효를 그대로 보여주고 일러주고 판단해주었다는 것입니다.

右 第 十 一 章
이상은 제 11장이다.

계사상전 제 12 장

易曰 自天祐之라 吉无不利라하니
역왈 자천우지   길무불리

子曰 祐者는 助也니
자왈 우자   조야

天之所助者ㅣ 順也요
천지소조자   순야

人之所助者ㅣ 信也니
인지소조자   신야

履信思乎順하고 又以尚賢也라
이신사호순   우이상현야

是以自天祐之吉无不利也니라.
시이자천우지길무불리야

직역 역(대유괘 상구효)에 말하기를 "하늘로부터 돕기 때문에 길해서 이롭지 않음이 없다"고 하니, 공자께서 말씀하시기를 "'우祐'는 돕는다는 뜻이다. 하늘이 돕는 바는 순한 것이고, 사람이 돕는 바는 믿음이니, 믿음을 이행하고 순하게 할 것을 생각하며, 또 어진 이를 숭상한다. 이 때문에 하늘로부터 도와서 길해서 이롭지 않음이 없는 것이다."

■ 祐 : 도울 우(마음으로 돕는다. 神이나 自然의 도움) / 助 : 도울 조(힘으로 돕는다. 協助 즉 사람의 도움) / 履 : 행할 리, 밟을 리 / 尚 : 숭상할 상

강의

① **역왈 자천우지 길무불리** : 이 부분은 위에는 불괘(☲) 아래에는 하늘괘(☰)로 이루어진 화천대유괘 상구효에 대해서 말한 것입니다. 효사는 주공이 붙인 것으로 『역경』이 되었지요. 공자님이 그 후대에 하신 말씀이라서 '역왈易曰'이라고 하신 겁니다. 상구효에 "하늘로부터 돕기 때문에 길해서 이롭지 않음이 없다."고 했네요.

② **우자 조야 천지소조자 순야** : 이에 대해 공자님께서 풀이해서 하시는 말씀입니다. '도울 우祐' 자는 '도울 조助'로 봐야 한다는 것이죠. '우'는 형이상적인 말로 잘 쓰이지 않고, 원조援助, 협조協助, 조력助力 등 '힘 력力' 자가 붙어 있는 '도울 조' 자를 많이 쓰지요(祐者 助也).

　하늘이 공연히 돕는 게 아닙니다. 하늘은 스스로 돕는 자를 돕습니다. 스스로 돕는 자가 누구겠어요? 순한 사람, 즉 천리에 순한 사람을 돕는 것입니다(天之所助者 順也).

③ **인지소조자 신야** : 또 사람이 사람을 돕는 것은 그 사람의 믿음, 신의를 보고서 돕는 것이니, 사람끼리는 '신信'이 중요합니다. '신信' 자는 '사람(인人)'이 자기가 한 '말(언言)'을 실천하는 게 '신(信=人+言)'입니다. 사람은 신의 있는 사람을 좋아해서 돕는다는 것이지요.

④ **이신 사호순 우이상현야** : 이렇게 하늘의 도움을 받으려면 '순順'이

중요하고, 사람의 도움을 받으려면 '신信'이 필요합니다. '이신履信'은 사람끼리 신의를 지켜서 실행하라는 말이고, '사호순思乎順'은 하느님의 명에 따라야 한다는 말, 즉 천리에 순하라는 말이죠.

그렇게 하면서 또 어진 사람을 숭상합니다. '어질 현賢' 자는 외괘에서 중中을 얻은 육오효를 말한 겁니다. 임금의 자리, 즉 임금을 말한 것이죠. 다시 말하면 임금(賢)을 숭상한다는 뜻이네요. 상구가 양이라고 또 육오보다 높은 자리라고 으스대지 않고, 비록 음이지만 임금 자리에 있는 육오를 높인다는 겁니다.

⑤ **시이자천우지 길무불리야** : 그러니 하늘로부터 도와서 길하고 또 이롭지 않음이 없게 되는 것이지요. 공자님이 주공周公의 행실을 귀감 삼아 하시는 말씀입니다.

하늘이 돕는 것은 주공이 천리에 순했기 때문이라는 것이지요. 무왕은 주공의 형님인데, 무왕이 나라를 세운지 3년도 안 되어 일찍 별세를 했습니다. 나라는 아직 안정이 안 되었고 조카(성왕)는 어립니다. 자칫 나라가 흔들릴 수 있으니 주공이 왕이 되어 안정시키는 것도 방법이지요. 그러나 천리에 순해서 그 대통을 어린 조카로 잇고, 또 신의를 지키며 조카를 보필하여 나라를 안정시킵니다.

주공은 '이신사순履信思順'과 '상현尚賢'을 한 것입니다. 형님을 이어 어린 조카를 왕자리에 앉혔으니 '이신'이고, 자기 분수를 지키며 천리에 순했으니 '사순'이며, 또 아직 어린 조카지만 임금으로 받들었으니 '상현'이죠. 이렇게 했기에 하늘로부터 도와 길하여 이롭지 않음이 없었다는 것입니다.

주역에는 '자천우지自天祐之'가 많이 나옵니다. 주역은 천리天理니까, 주역을 공부하면서 천리에 순하면 하늘이 돕는 것이죠.*

子曰 書不盡言하며 言不盡義니
자왈 서부진언   언부진의

然則聖人之意를 其不可見乎아!
연즉성인지의   기불가견호

(子曰) 聖人이 立象하야 以盡意하며
       성인   입상   이진의

設卦하야 以盡情僞하며 繫辭焉하야 以盡其言하며
설괘   이진정위   계사언   이진기언

變而通之하야 以盡利하며 鼓之舞之하야 以盡神하니라.
변이통지   이진리   고지무지   이진신

직역 공자께서 말씀하시기를, 글로는 말을 다 표현할 수 없으며 말로는 뜻을 다 표현할 수 없으니, 그렇다면 성인의 뜻을 보지 못하는 것인가? 성인이 상을 세워서 뜻을 다 밝히며, 괘를 베풀어서 참되고 거짓됨을 다 밝히며, 말을 붙여서 그 말을 다 밝히며, 변하고 통해서 이로움을 다 밝히며, 고동시키고 춤추게 해서 신묘함을 다 드러나게 하셨다.

- 盡 : 다할 진 / 僞 : 거짓 위 / 鼓 : 두드릴 고 / 舞 : 춤출 무

---

* 주자는 이 구절이 소속이 없다하여, 8장의 끝에 놓아야 한다고 하였다. 그러나 복서卜筮를 하고 그에 따라 행동하는 것이 '履信思乎順 又以尙賢也'한 것이니 11장과 12장을 잇는 구절로 봄이 옳다고 본다.

> 강의

① **서부진언 언부진의 연즉성인지의 기불가견호** : 참으로 심오한 말씀이죠. 내가 하는 말을 글로 어떻게 다 표현할 수 있냐는 말입니다. 말은 잠깐 동안에 감정표현을 섞어가며 많이 할 수 있지만, 그것을 글로 쓰려면 한참을 써야 합니다. 글로는 말을 다 표현하지 못합니다(書不盡言). 그리고 말을 한다고 해서, 어떻게 다 자기의 뜻을 표현할 수 있겠느냐는 것이죠(言不盡義).

글로는 말을 다 표현할 수 없고, 말로는 뜻을 다 표현하지 못하니, 그렇다면 주역을 글로만 공부해야 하는 후대사람들이 어떻게 성인의 마음을 알 수 있냐는 것입니다.

그렇지요. 성인과 같은 시대에 태어났어야 말이라도 들을텐데, 천년 이천년 뒤에 태어나서 성인을 볼 수 없는데, 어떻게 성인의 뜻이 담긴 주역을 알 수 있겠냐고 반문하신 것입니다(然則聖人之意 其不可見乎).

② **성인 입상 이진의*** : 입상立象, 설괘設卦, 계사繫辭, 변통變通, 고무鼓舞의 다섯 단계로 얘기했네요.

성인이 상象을 세웠습니다. 우주의 이치를 여덟 가지로 분류해 팔괘를 만들은 거지요. 그 상 속에 우주의 이치를 모두 담았습니다. 말로는 그 뜻을 다 표현할 수 없다고 했으니, 상을 세워 그 뜻을 표현

---

* 이 귀절에 '子曰'이 두 번 들어간 것에 대해, 공자께서 자문자답하신 것이라는 설이 있고, 주자는 둘 중의 하나는 빠져야 된다고 하였다. 중복이 되었다면 문맥상 '其不可見乎' 다음에 '子曰'의 두 글자를 빼는 것이 옳다고 여긴다.

했네요(立象 以盡意).

③ **설괘 이진정위** : 이 여덟 가지 팔괘라는 부호를 펼치면 64괘가 베풀어지죠. 즉 설괘設卦를 했습니다. 이 64괘에 좋고 나쁜 정위情僞를 다 표현했지요. 좋은 괘는 '참될 정情' 자이고, 나쁜 괘는 '거짓 위僞' 자입니다.

또 음이나 양이 제자리에 있는 것은 정情이라 할 수 있고, 음이 양자리에 있다든지 양이 음자리에 있다든지 해서 부당한 자리에 있으면 위僞라 할 수 있지요. 또 중을 얻은 자리는 정이고 중을 얻지 못하면 위라고 할 수 있습니다. 그러니까 괘효에 길흉을 다 표현했다는 겁니다.

④ **계사언 이진기언** : 그리고 괘효마다 말을 매어놓았습니다. 예를 들면 수괘隨卦 육이에 "육이는 소인배에게 매이면 장부를 잃으리라(六二는 係小子면 失丈夫하리라)."고 했지요. 선택을 하라는 것입니다. 점치는 사람이 처한 상황이 눈에 들어오지 않습니까? 이렇게 각자가 가야할 바를 손가락으로 가리키듯이 표현해서, 성인이 하고 싶은 말을 다 써 놓은 거지요.

⑤ **변이통지 이진리** : 변하면 어디로든 통합니다. 수괘(䷐)의 육이가 변하면 태괘(䷹)로 통합니다. 태괘는 서로 경쟁해가며 공부하는 괘이고, 즐겁게 토론하는 괘입니다. 더구나 육이가 변해서 간 구이효에 "구이는 미더워서 기뻐함이니 길하고 후회가 없어진다."고 했지요. 아까 수괘에서 장부를 선택하면, 이렇게 서로 믿고 지내며 즐거워한

다는 것입니다.

"역이라는 것은 궁하면 변하고, 변하면 통하며, 통하면 영구하게 오래갈 수 있다."*고 했지요. 그렇게 하면 "하늘로부터 도와서 길하고 또 이롭지 않음이 없다."고까지 했고요. 변통하는 것이 역이고, 변통함으로써 모든 이로움을 다 누릴 수 있다고 했네요.

⑥ 고지무지 이진신 : '고지鼓之'는 주역의 변통하는 것을 보고 신명이 나는 것이고, '무지舞之'는 신명이 나서 춤을 추는 것입니다. 자기도 모르게 추는 것이죠. 그래서 주역을 공부하여 통하게 되면 신이 나서 자기도 모르게 춤이 나오니까, 주역을 공부하더니 미쳤다고 오해하는 사람도 있는 것이죠.

고지무지鼓之舞之를 변통과 연결해서 말하면 '고지'는 변하는 것이고, '무지'는 통하는 것입니다. 변하면 통해서 달라지는 것이지요.

춤을 추는 것은 신바람이 나는 것이에요. 신이 발동하는 것이지요. 사람에게는 신神이 있는데, 사람 몸에 있는 그 신을 발동하게 하는 겁니다. 신명나게 하는 것이지요. 이렇게 인신합발人神合發이 되면 주역에 완전히 통합니다.**

---

* 「계사하전」 2장 : 易이 窮則變하고 變則通하고 通則久라.

** 역의 괘효대로 하니 스스로 고무진작鼓舞振作되어, 신神이 발동함으로써 인신합발이 된다. 또 정精·변變·신神으로 나누면 '입상·설괘·계사'를 연마하여 '변이통지'까지는 정精·변變이고, '고지무지'는 신神에 들어간 것이다.

205

乾坤은 其易之縕耶인뎌!
건곤   기역지온야

乾坤이 成列而易이 立乎其中矣니
건곤   성렬이역   입호기중의

乾坤이 毁則无以見易이요
건곤   훼즉무이견역

易을 不可見則乾坤이 或幾乎息矣리라.
역   불가견즉건곤   혹기호식의

직역 건과 곤은 역의 쌓임이구나! 건과 곤이 열을 이룸에 역이 그 가운데 서니, 건과 곤이 훼손되면 역을 볼 수 없고, 역을 볼 수 없으면 건과 곤이 혹 거의 쉬게 될 것이다.

- 縕 : 쌓일 온, 솜 온 / 列 : 벌릴 렬 / 毁 : 상할 훼 / 幾 : 거의 기 / 息 : 쉴 식

강의

① 건곤 기역지온야! 건곤성렬이 역 입호기중의 : "저 하늘과 이 땅은 역易의 쌓임이구나!" 그렇죠. 역易이라는 건 우주만물을 통틀어 말하는 것이 아니겠습니까?

위와 아래로 열列을 베풀어 놓았습니다. 위아래로 쌓여 있는 것이죠. 하늘과 땅의 중간에는 만물이 살고 있습니다. 만물이 변하고 있어요. 그 만물을 역이라고 하면, 그 만물은 건(☰)과 곤(☷) 사이에 있다는 것이죠.*

우주의 이치를 설명하면서, 동시에 선천팔괘방위도를 설명하고 있

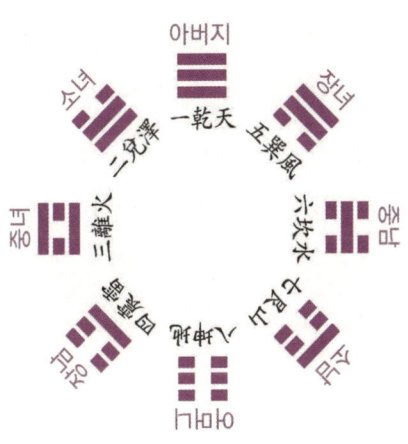

습니다. 하늘이 위에 있으니 건괘(☰)는 위에 놓고, 땅이 아래에 있으니 곤괘(☷)는 아래에 놓았죠. 그래서 건곤이 위아래로 열을 이루었네요. 그 사이에서 나머지 여섯 괘가 있지 않겠어요? 건곤이 열을 이루니까 주역이 그 가운데 성립되고 있는 것입니다.

② **건곤 훼즉무이견역** : 그런데 만약 건곤이 무너지게 되면 역易을 볼 수가 없어집니다. 천지가 무너졌는데 만물이 있을 수가 없지요. 그러니 볼 수도 없는 것입니다. 기둥이 되고 공간을 주던 건곤이 무너졌는데, 다른 괘가 어떻게 작용하겠습니까?

옛날 솜옷을 만들 때, 옷감 안에 솜을 고르게 채워 넣은 뒤에 옷감을 꿰매서 만들었지요. 그런데 솜옷이 터지면 솜도 없어지고, 솜이 없어지면 옷도 쓸모가 없어지는 겁니다. 마찬가지로 건곤괘를 기둥처럼 세운 뒤에 그 안에 나머지 62괘를 고르게 채웠으므로, 건곤이 없어지면 62괘도 없어지고, 62괘가 없어지면 건곤괘도 쓸모가 없어진다는 거지요.

---

* 건곤이 주역 64괘에 다 들어 있다. 즉 건과 곤은 역易의 쌓임이고, 이것이 나머지 62괘에 고루 퍼져서 각기 만물을 구성하고 있으므로 성렬成列이라고 하였다.

③ **역 불가견즉건곤 혹기호식의** : 또 역을 보지 못하게 되면 건곤 자체도 필요치 않다는 것이지요. 천지가 무너지면 만물이 있을 수 없고, 만물이 없게 되면 천지도 공허하게 되는 것입니다. '건곤이 거의 쉬게 되었다'는 것은 공허하고 아무 쓸모가 없다는 것이죠. 만물이 없으면 천지도 필요가 없고, 천지가 없으면 만물도 없습니다.

> 是故로 形而上者를 謂之道요 形而下者를 謂之器요
> 시 고   형 이 상 자   위 지 도   형 이 하 자   위 지 기
>
> 化而裁之를 謂之變이요 推而行之를 謂之通이요
> 화 이 재 지   위 지 변   추 이 행 지   위 지 통
>
> 擧而措之天下之民을 謂之事業이라.
> 거 이 조 지 천 하 지 민   위 지 사 업

직역 이렇기 때문에 형상해서 위에 있는 것을 도道라 하고, 형상해서 아래에 있는 것을 그릇(器)이라 하며, 변화해서 마름질하는 것을 변한다고 하고, 미루어 행하는 것을 통한다고 하며, 들어서 천하의 백성에 적용하는 것을 사업이라고 말한다.

- 化 : 화할 화 / 裁 : 마름질할 재 / 推 : 밀 추 / 擧 : 들 거 / 措 : 둘 조

강의

① **형이상자 위지도 형이하자 위지기** : '도道'라는 것은 형이상적인 것이고, '기器'는 형이하적인 것이라고 했지요. '형이상자, 형이하자'를 이해하려면 '상上' 자와 '하下' 자를 알아야 합니다. 보통 위와 아래라는

뜻으로 쓰이지만, 앞과 뒤라는 말로도 쓰입니다.

그러니까 '형이상자'는 형상이 생기기 이전이라는 뜻이고, '형이하자'는 형상이 생긴 이후라는 뜻이 되지요. '도'라는 것은 형상이 생기기 이전의 음양기운의 운행입니다. 특별한 형상이 없기 때문에 만물의 체가 되어 어떤 형상으로도 될 수 있고 무엇이든 이룰 수 있지만, 형상이 없으니 밖으로 드러나지는 않는 거지요(形而上者 謂之道).

반면에 형상이 생기면 그 형상에 따라 발생한 성정을 따릅니다. 그래서 생긴대로 논다고 하는 겁니다. 그릇의 생김새에 따라 성격이 다르고 용도가 다르지 않겠어요? 도는 형상도 없고 성정도 없기 때문에 영원할 수 있지만, 그릇은 형상도 있고 성정도 있어서 그 형상을 유지하려다가 소멸됩니다(形而下者 謂之器).*

② 화이재지 위지변 : '화'는 변화시킨다는 것이고, '재'는 쓸모 있게 재단해서 다스려 나간다는 뜻이지요. 응용하는 것이지요. 그러니까 도道와 기器를 화이재지化而裁之해서 나가는 겁니다. 도는 정신적이고 기는 물질적인 것입니다. 정신과 육체를 모두 수양하는 것이지요.

정신과 육체를 모두 화이재지해야 올바른 사람이 됩니다. 무엇을 만들고 또 자꾸 발전시켜나가네요. 그게 '변變'입니다. 시대가 변하고 사람이 하는 일도 변하고 모든 일이 변합니다. 가만히 있는데 변하는 게 아니죠. 그래서 자꾸 변화시키며 쓸모 있게 만들어내는 걸 변이라

---

* 도나 기는 모두 백성이 날마다 쓰는 것이나, 도는 느끼지 못하고, 기는 그 소용을 느끼는 것이다. 정자는 "형체가 있는 것이 기이고, 형체가 없는 것이 도이다."라고 했다.

고 하는 것입니다.

③ **추이행지 위지통** : 또 도道와 기器를 미루어서 행하는 것을 통通이라 한다고 했네요. 과거를 미루어서 미래를 행하고, 밤을 미루어 낮으로 나가고, 낮을 미루어 밤으로 나아가듯이 서로 미루어 행하는 그것이 바로 통하는 것입니다.

　서로 미루지 않으면 밤은 밤대로만 나아가고 낮은 낮대로만 나아가서, 밤이 낮으로 통하거나 낮이 밤으로 통할 수가 없죠. "음양은 서로 밀치기 때문에 변화를 한다고 했습니다."* 음은 양을 밀치고 양은 음을 밀치니, 이런 상호작용에 의해서 변하고 통하는 게 아니겠어요? 그래서 도道와 기器를 가지고 '화이재지'하고 '추이행지'하는 것을 변통한다고 한 겁니다.

④ **거이조지천하지민 위지사업** : 괘卦가 있으면 이 속에는 형이상적인 도道가 있네요. 또 눈에 보이는 형이하적인 괘상이 있습니다. 시초蓍草도 마찬가지입니다. 점을 쳐서 노양·노음·소양·소음으로 '화이재지'를 합니다. 이것은 시초가 변變하는 것이죠.

　또 노양은 변해서 소음이 되고, 노음이 변해서 소양이 되니, 이것이 바로 '추이행지'이고 통通한다는 것입니다. 그래서 형이상적 시초에서 형이하적인 괘가 나오고, 효가 변하고 그 길흉의 결과에 통한 다음, 백성을 위해서 사업의 길흉을 가르치며 베푸는 것입니다.

＊「계사하전」 1장 : 剛柔│ 相推하니 變在其中矣요.

주역의 이치를 훤히 통한 사람이 도기변통道器變通을 몽땅 들어다가 천하의 백성을 위해서 쓰는 것이 사업事業이라는 것이지요. 이것이 바로 성인이 도모하는 주역의 사업입니다. 주역을 공연히 공부하는 것이 아니고, 백성을 위해서 사업을 하려고 하는 것이지요.*

是故로 夫象은 聖人이 有以見天下之賾하야
시 고   부 상   성 인   유 이 견 천 하 지 색

而擬諸其形容하며 象其物宜라 是故謂之象이요
이 의 저 기 형 용   상 기 물 의   시 고 위 지 상

聖人이 有以見天下之動하야
성 인   유 이 견 천 하 지 동

而觀其會通하야 以行其典禮하며
이 관 기 회 통   이 행 기 전 례

繫辭焉하야 以斷其吉凶이라 是故謂之爻니
계 사 언   이 단 기 길 흉   시 고 위 지 효

직역 이렇기 때문에 괘상이라는 것은 성인이 천하의 뒤섞인 것을 봐서 그 형용을 헤아려 보며, 그 물건의 마땅한 것을 법 받기 때문에 상이라 말하고, 성인이 천하의 움직임을 봐서 모이고 통하는 것을 관찰해서 법과 예를 행하며, 말을 붙여서 길하고 흉함을 판단하기 때문에 효사라고 말하니,

---

* '거擧'는 '고지무지'하는 것을 말하고, '조지'는 역의 도道를 둔다는 것이니, 역의 도를 천하의 백성에게 베풀어 고무진작시키는 것이 사업이다.

- 宜 : 마땅할 의 / 斷 : 판단할 단, 끊을 단

> 강의

① 부상 성인 유이견천하지색 이의저기형용 상기물의 시고위지상 : 이 구절은 「계사상전」 8장에 나왔던 글로, 다음 구절인 '존호괘存乎卦'와 '존호사存乎辭'를 설명하기 위해 중복한 것입니다.

왜 상象이냐? 성인이 세상 만물이 뒤섞여 있는 것을 보고, 하나하나 비교하여 팔괘라는 형상에다 담아 놓았기 때문에 상象이라 한다는 것이지요.

② 성인 유이견천하지동 이관기회통 이행기전례 계사언 이단기길흉 시고위지효 : 성인이 천하 만물이 동하는 것을 봐서 그 회통會通하는 것을 살핍니다. '볼 견見' 자는 움직이는 것을 전체적으로 보는 것이고, '볼 관觀' 자는 하나하나 관찰하는 것을 말하지요. 그 동하는 가운데 회통하는 것, 실질적으로 활동하는 그 모습을 관찰한 것이지요. 그렇게 해서 전례典禮를 삼았습니다. '이건 뭐고, 이건 이렇게 움직인다' 하는 식의 원칙적인 법을 만들었다는 것이죠.

그러고는 괘효에 말을 붙여서 길하고 흉한 것을 판단했습니다. 그러므로 효라 이른다는 것이죠.

極天下之賾者는 存乎卦하고
극 천 하 지 색 자   존 호 괘

鼓天下之動者는 存乎辭하고
고 천 하 지 동 자   존 호 사

化而裁之는 存乎變하고
화 이 재 지   존 호 변

推而行之는 存乎通하고
추 이 행 지   존 호 통

神而明之는 存乎其人하고
신 이 명 지   존 호 기 인

黙而成之하며 不言而信은 存乎德行하니라.
묵 이 성 지   불 언 이 신   존 호 덕 행

직역 천하의 뒤섞인 것을 다한 것은 괘상에 있고, 천하의 움직임을 고동시키는 것은 효사에 있으며, 변화해서 마름질함은 변함에 있고, 미루어 행함은 통함에 있으며, 신령스럽게 밝히는 것은 그 사람에게 있고, 묵묵히 이루어내며 말을 안해도 믿는 것은 덕행에 있는 것이다.

- 賾 : 뒤섞일 색, 잡란할 색 / 鼓 : 두드릴 고, 고무할 고

강의

① **극천하지색자 존호괘 고천하지동자 존호사** : 천하의 물건이 뒤섞인 것을 보고 형상해놓은 것이 괘상이라고 했죠. 그렇게 뒤섞인 것을 극도로 다 표현해 놓은 것이 괘상이라는 말입니다(極天下之賾者 存乎卦).

천하의 움직임을 고동시킨 것은 효사에 있다고 했네요. 효에 말을 붙여 놓지 않았으면 실감이 안 납니다. 효에 구체적이고 직접적으로 풀이하는 말을 붙여놓았기 때문에 실감이 나요. 그래서 그 말을 보고

깨달으니 신명이 나서 춤을 추게 됩니다. 효변은 움직이는 것입니다. 두들겨야 움직이지 두들기지 않으면 움직이지를 않아요. 고무진작을 하는 건 움직이라는 것입니다. 활동하도록 만드는 것이죠(鼓天下之動者 存乎辭).

② 화이재지 존호변 추이행지 존호통 : 만물이 변화하며 움직이는 것에 따라 잘 활용할 수 있도록 마름질해야지요. 그러므로 마름질해서 잘 쓰는 것은 그것이 어떻게 변하느냐에 달렸다고 한 것입니다(化而裁之 存乎變).

   그리고 그러한 이치를 미루어서 행해나가는 것은, 얼마나 변통을 잘하냐에 달려 있지요. 사주를 보는 데도 통변을 잘 알해야 하고, 사람도 변통수가 있어야 한다고 하지요. 변통이 중요한 것입니다(推而行之 存乎通).

③ 신이명지 존호기인 : 그런데 '이 모든 것을 얼마나 신비스럽게 밝히냐?' 하는 것은 사람에게 달렸다는 것입니다. 주역은 신神이라야 한다고 했죠. 주역 속에는 귀신이 행한다고 했고, 귀신이 행하는 주역을 신으로써 밝혀야 하는데, 그것은 그 사람이 얼마나 공부를 잘하고 잘 연마했냐에 달렸다는 것입니다(神而明之 存乎其人).

④ 묵이성지 불언이신 존호덕행 : 주역은 그냥 아는 것뿐만이 아닙니다. 아무 말하지 않고도 저절로 이루어지고, 가지 않아도 저절로 도착해져야 합니다. 그렇게 자연과 합일하는 신의 경지에 도달하고 평소에 그러한 덕행을 실천해 나가면, 말을 안 해도 세상 사람들이 믿어주

고, 행하지 않아도 저절로 이루어진다는 것이지요.*

주역의 덕이 그 사람에게 얼마나 쌓여서, 주역과 그 사람이 일치하느냐 하는 것이죠. 그러니까 '기인'은 성인 또는 그에 준하는 사람입니다. 그렇게 되면 무위이화無爲而化가 되지요. 아무것도 하려고 하지 않아도, 사람들이 저절로 교화되고, 어떤 일이라도 저절로 성공하는 것이지요(默而成之 不言而信 存乎德行).**

총설

이 장은 역의 괘를 지은 과정과 그를 통해 교화教化하려는 뜻을 밝혔습니다. 성재양씨誠齋楊氏가 좋은 말을 했네요.

"성인이 역을 지은 뜻을 흩어 놓으면 64괘 384효에 있고, 모아 놓으면 건곤 두 괘에 있으며, 성인이 역을 쓰는 법도는 흩으면 천하의 모든 사업에 있고 모으면 자기 한 몸의 덕행에 있음을 이 장에서 말한 것이다."***라고 했어요.

---

* 하려고 하지 않아도 이루는 것이 '묵이성지'이며, 말로 표현될 것을 기다리지 않고도 믿는 것이 '불언이신'이니, 11장에서 '무사야 무위야'라고 말한 정精·변變하여 신神에 들어간 경지이다.

** 이 장에서는 오위五謂와 육존六存을 말했는데, 이를 나누면
오위 : ㉠ 형이상자 위지도謂之道 ㉡ 형이하자 위지기謂之器 ㉢ 화이재지 위지변謂之變 ㉣ 추이행지 위지통謂之通 ㉤ 거이조지천하지민 위지사업謂之事業. 육존 : ㉠ 극천하지색자 존호괘存乎卦 ㉡ 고천하지동자 존호사存乎辭 ㉢ 화이재지 존호변存乎變 ㉣ 추이행지 존호통存乎通 ㉤ 신이명지 존호기인存乎其人 ㉥ 묵이성지 불언이신 존호덕행存乎德行이다. 즉 주역의 실체는 '오위'로 말하였고, 그 방법적인 표현으로 '육존'을 말하였다.

또 "역에 세 가지가 있으니, 첫째는 천역天易이고, 둘째는 죽역竹易, 서역書易이고, 셋째는 인역人易이다. '하늘은 높고 땅은 낮으니 건곤이 자리를 정하고'는 천역이고, '글로는 말을 다 표현할 수 없고 말로는 뜻을 다 표현할 수 없다'는 서역이며, '그 사람에게 달렸고, 덕행에 달렸다'고 한 것은 인역이다. 성인이라야 역의 방도를 다 펼칠 수 있어서, '신비하게 밝히고, 묵묵하게 말을 하지 않고도 이룬다'고 하셨으니, 역은 천역에 있는 것도 아니고 서역에 있는 것도 아니고, 인역 즉 사람에게 있는 것이다."*라고 했습니다.**

右 第 十 二 章
이상은 제 12장이다.

*** 호광胡廣 등, 『주역전의대전』, 「계사상전」: 誠齋楊氏曰 此章은 言聖人作易之意 │ 其散在六十四卦之爻象하고 其聚在乾坤之二卦요 聖人用易之道 │ 其散在天下之事業하고 其聚在一身之德行也라.

* 호광胡廣 등, 『주역전의대전』, 「계사상전」: 易有三이니 一曰天易이요 二曰竹易이요 三曰人易이라. 天尊地卑乾坤定矣는 天易也요 書不盡言言不盡意는 竹易也요 存乎其人存乎德行은 人易也라. 有聖人焉이라사 能行易之道하야 神而明之黙而成之라하시니 則易不在天不在竹而在人矣라.

** 「계사상전」과 「계사하전」은 각각 12장으로 구성되어 있다. 이는 1년이 12개월, 1일이 12시(子時에서 亥時)가 되는 이치와 같으며, 「계사상전」이 형이상학적·본체론적으로 선천의 의미라고 한다면, 「계사하전」은 형이하학적·실용론적 후천의 의미라고 할 수 있다.

계사하전 서론

주역의 상경과 하경이 천도(선천)와 인사(후천)로 대별되듯이, 「계사전」도 「상전」은 천도에 대한 내용을, 「하전」은 인사에 대한 내용을 주로 말했습니다. 「상전」은 체가 되고 「하전」은 용이 되는데, 「상·하전」을 각각 12장으로 해놓았지요. 주역은 변하는 이치를 설명하고 있기 때문에 1년 열두 달과 하루 열두 시를 뜻하는 12지지의 시변時變에 따라서 「상전」과 「하전」을 나눈 것이라 하겠습니다.

계사하전 제 1 장

八卦成列하니 象在其中矣요
팔괘성렬　　 상재기중의

因而重之하니 爻在其中矣요
인이중지　　 효재기중의

剛柔ㅣ相推하니 變在其中矣요
강유　상추　　 변재기중의

繫辭焉而命之하니 動在其中矣라.
계사언이명지　　 동재기중의

직역 팔괘가 열을 이루니 상이 그 가운데에 있고, 팔괘를 인해서 거듭하니 여섯 효가 그 가운데 있으며, 강과 유가 서로 밀치니 변화가 그 가운데 있고, 말을 붙여서 명하니 움직임이 그 가운데에 있는 것이다.

- 因 : 인할 인 / 重 : 거듭 중 / 繫 : 맬 계 / 焉 : 어조사 언

강의

① **팔괘성렬 상재기중의** : 1장은 먼저 괘효와 그 변동에 대한 설명으로 시작하고 있습니다. '팔괘성렬'은 팔괘가 선천팔괘방위도대로 자리를 잡으며 열을 이루는 것이고, '상재기중의'는 그렇게 열을 이루되 각기 하늘·못·불·우레·바람·물·산·땅의 형상을 하고 있다는 뜻입니다.

팔괘의 괘명은 건·태·리·진·손·감·간·곤이고, 팔괘의 괘상은 천天·택澤·화火·뢰雷·풍風·수水·산山·지地네요. 또 팔괘 속에 만물을 대표하는 상이 들어 있다는 겁니다. 여기까지가 소성괘(팔괘)에 대한 설명입니다.

「계사상전」의 앞머리에 '천존지비天尊地卑….'라고 한 천도적인 내용과는 다르죠. 「계사상전」의 앞부분은 천도적 체體이고, 여기에서는 팔괘를 엮어서 사람이 실제로 실천하는 인사적 용用에 해당합니다.

② **인이중지 효재기중의** : 이제 대성괘(64괘)에 대한 설명을 하고 있습니다. '인이중지'는 팔괘에 팔괘를 더해서 대성괘가 되고, 즉 내괘 3효에 외괘 3효를 더해서 여섯 효를 만든다는 거지요.

「계사상전」 9장에도 "팔괘이소성八卦而小成 인이신지引而伸之"라 했습니다. 팔괘에 팔괘를 더하면 8×8=64, 즉 64괘로 넓혀집니다. 이 말은 또 「계사상전」 1장의 '팔괘상탕八卦相盪'이란 말과도 통하죠.

③ **강유상추 변재기중의** : '인이중지'하여 여섯 효를 이루면, 그 중에는

강한 효도 있고 유한 효도 있게 마련이지요. 유柔는 강剛을 밀쳐내고 강은 유를 밀쳐내며, 밤은 낮을 밀쳐내고 낮은 밤을 밀쳐내니, 주역은 다만 강건한 양과 유순한 음이 서로 밀쳐내는 것뿐입니다. 이렇게 음과 양이 서로 밀쳐내면서 변화가 생기는 것이지요.

강유가 상추하지 않고 가만히 있으면 변하는 게 없지요. 화천대유하면 그냥 화천대유괘입니다. 그러나 강유상추의 변함이 있기 때문에 화천대유괘의 강한 효(초구, 구이, 구삼, 구사, 상구)에 유가 올 수 있고, 유한 효(육오)에도 강이 올 수 있는 것입니다. 그래야 대유괘가 변해서 다른 괘가 됩니다. 그러니까 '강유상추'는 효변爻變을 말하는 것이고, '팔괘성렬'은 괘상卦象에 대한 설명이지요.

④ **계사언이명지 동재기중의** : 여기에 계사繫辭를 해서, 즉 괘와 효에다 말을 덧붙여서 나아갈 방향과 지침을 밝게 명령하였습니다(繫辭焉而命之). 이것이 문왕의 괘사卦辭와 주공의 효사爻辭이지요.

괘효마다 길하고 흉하고 좋고 나쁜 것을 밝혀놓고 따르도록 명하였으니, 여기서부터 활동이 전개됩니다(動在其中矣). 괘상만 보아도 잘 모르고 효변을 살펴도 잘 모르니, 거기에 매어 놓은 성인의 말씀에서 활동지침을 삼는 것이죠.*

---

* '동'이란 점占쳐서 동효를 얻는 것이고, 길흉회린 등의 명命은 이 동효로 인해 매인 말이다. 문왕은 괘에 말을 붙이고, 주공은 효에다 말을 붙여 모든 사람에게 명하니, 그 붙인 말에 따라서 동하는 것이다

> 吉凶悔吝者는 生乎動者也요
> 길흉회린자   생호동자야
>
> 剛柔者는 立本者也요 變通者는 趣時者也라.
> 강유자   입본자야   변통자   취시자야

직역 길함과 흉함, 뉘우침과 인색함은 움직여서 생긴 것이고, 강과 유는 근본을 세우는 것이며, 변하고 통함은 때를 따라가는 것이다.

- 趣 : 나아갈 취

강의

① 길흉회린자 생호동자야 : '계사의 명령에 따라 동한다'고 한 뒤에, 동하는데서 길하고 흉하고 뉘우치고 인색한 것이 나옴을 말하였습니다.

'팔괘성렬'에 따른 상象, '인이중지'에 따른 효爻, '강유상추'에 따른 변變, '계사'에 의한 동動까지 설명하고 나서, 이 동함에 따라 길흉회린이 있다고 한 것이지요.

길흉회린은 어떤 효가 동했느냐에 달려 있는 것이지요. 즉 '어떤 효가 어느 자리에서 동했느냐? 또 얼마나 중요한 효가 동했느냐?'에 따라서 길흉회린이 발생한다는 것입니다.

사람이 활동을 하기 때문에 길흉회린이 있는 것입니다. 집에 가만히 누워만 있으면 무슨 길흉회린이 있겠어요?

② 강유자 입본자야 : 주역은 강과 유가 근본이 됩니다. 태극을 근본으로 볼 수도 있지만, 이미 태극에서 음과 양이 나와 강과 유로 분리되

었으므로 강과 유를 기본으로 삼는 것이죠. 주역을 공부할 때 강유를 빼면 아무것도 없습니다. 강유가 변함으로써 만물이 이루어지고 길흉회린이 생기는 것이지요.

③ **변통자 취시자야** : 강유가 주역의 체라면, 그 체가 어떻게 변하고 통했느냐를 살펴서 때에 맞게 나가야 합니다. '취시趣時'는 수시변역隨時變易을 하는 것입니다. 강유가 상추함으로써 변하고 통하는 것이 '취시'인데, 그때그때에 맞게 변통을 해나가는 것이지요.

吉凶者는 貞勝者也니
길 흉 자 　 정 승 자 야

天地之道는 貞觀者也요
천 지 지 도 　 정 관 자 야

日月之道는 貞明者也요
일 월 지 도 　 정 명 자 야

天下之動은 貞夫一者也라.
천 하 지 동 　 정 부 일 자 야

직역 길함과 흉함은 바른 것이 늘 이기는 것이니, 하늘과 땅의 도는 바른 것을 늘 보여주는 것이고, 해와 달의 도는 바른 것으로 늘 밝히는 것이며, 천하의 움직임은 늘 바른 것으로 귀일하는 것이다.

- 貞 : 바를 정, 항상할 정.

> 강의

① **길흉자 정승자야** : 길흉에 대해 다시 설명하면서, 길하고 흉한 것은 바른 것이 이기는 것이라고 하였습니다. '정貞'은 바르다는 '정正' 자와 통합니다. 이치는 바른 것이지요.

"종과득과種瓜得瓜요 종두득두種豆得豆"지요. 팥 심은 데는 팥이 나고 콩 심은 데는 콩이 나는 것 아니겠어요? 『명심보감』에는 "단간첨두수但看簷頭水하라. 점점적적 불차이點點滴滴不差移니라."라고 했지요. 즉 "저 처마머리의 물을 보라! 어김없이 같은 자리로 물방울이 떨어진다."고 하였습니다.

이처럼 이치라는 것은 조금도 어김이 없어서, 길하고 흉한 것을 바르게 나타냅니다. 잘못한 사람이 길할 리 없고, 잘한 사람이 흉할 리가 없지요. 복선화악福善禍惡입니다. 선을 쌓으면 복을 주고 악을 쌓으면 화를 주는 것이지요.

흉한 행동이 길한 행동을 이기면 흉하고, 길한 행동이 흉한 행동을 이기면 길한 것입니다. 길한 일을 했으면 길이 이겨 길하고, 흉한 일을 했으면 흉이 이겨 흉하니, 음양의 이치가 사심 없이 바르게 심판하는 것입니다.

② **천지지도 정관자야** : 천지의 도는 바른 것을 보이는 것입니다. 천지의 도는 누가 보든지 정말 바르게 움직입니다. 하늘의 도나 땅의 도나 모두 바르게 움직이는 것을 보여주지요. 그것을 사람이 보고 배우는 것입니다.

③ **일월지도 정명자야** : 또한 일월의 도는 바르게 밝습니다. 해와 달의

도는 항상 바르게 비춰주므로, 만물도 해와 달의 밝음을 본받으며 우러러 봅니다. 그래야 해와 달도 그 밝음을 유지할 수 있게 되는 것이지요.

④ 천하지동 정부일자야 : 그렇기 때문에 요즘 와서 흉악범들이 생기고 하지만, 천하에 동하는 것은 바른 것으로 귀일하게 됩니다.

정역正易을 주창한 김일부金一夫선생은 '일부', 즉 '한 일一' 자에 '지아비 부夫' 자로 호를 지었어요. 여기 "천하지동은 정부일자야라."에서 따다가 '일부'라고 호를 지은 것이지요.

"이치는 하나에서 나와 만 가지로 달라지지만, 그 이치는 다시 하나로 돌아간다."고 공자께서도 말씀하셨습니다. "천하동귀이수도天下同歸而殊塗하며 일치이백려一致而百慮라." 즉 가는 곳은 하나인데 길이 다르고, 하나를 이루는데 생각이 너도나도 다르니, 이것이 참으로 문제라는 말이지요.

태극에서 나와 살다가 다시 태극으로 돌아가듯이, 천하의 모든 움직임은 다시 하나로 귀일하게 됩니다. 이렇게 하나로 귀일하는 세상을 기대해봐야지요. 세계가 한 집이 되고, 다 똑같이 착한 일을 하고, 모두가 바르게 사는 그런 세상이 되면 얼마나 좋겠습니까? '천하의 움직임은 하나로 귀일한다.'고 공자께서 틀림없이 말씀하셨습니다."*

---

* 「계사하전」 5장 : 易曰 憧憧往來면 朋從爾思라 하니 子曰天下ㅣ 何思何慮리오? 天下ㅣ 同歸而殊塗하며 一致而百慮니 天下ㅣ 何思何慮리오!

> 夫乾은 確然하니 示人易矣요 夫坤은 隤然하니 示人簡矣니
> 부건 확연 시인이의 부곤 퇴연 시인간의
>
> 爻也者는 效此者也요 象也者는 像此者也라.
> 효야자 효차자야 상야자 상차자야
>
> 爻象은 動乎內하고 吉凶은 見乎外하고
> 효상 동호내 길흉 현호외
>
> 功業은 見乎變하고 聖人之情은 見乎辭하니라.
> 공업 현호변 성인지정 현호사

직역 건은 확실하니 사람에게 쉬움으로써 보여주고, 곤은 순하니 사람에게 간편함으로써 보여주니, 효라 함은 이것을 본받는다는 것이고, 상이라 함은 이것을 형상한다는 것이다. 효와 상은 안에서 동하고, 길함과 흉함은 바깥에 나타나며, 공과 업적은 변하는 데에서 나타나고, 성인의 뜻은 말에 나타난다.

- 確 : 굳을 확 / 易 : 쉬울 이 / 隤 : 순할 퇴 / 效 : 본받을 효 / 像 : 본뜰 상, 형상 상 / 見 : 나타날 현(≒現)

강의

① **부건확연 시인이의 부곤퇴연 시인간의** : 하늘을 상징하는 건乾은 강건한 순양괘이지요. 확고한 모습이므로, 사람에게 쉽게 주장하는 것이 무엇인지를 보여줍니다. 또 땅을 상징하는 곤坤은 유순한 순음괘이지요. 순한 모습이므로, 사람에게 간략한 것이 무엇인지를 보여줍니다.

「계사상전」 1장에서 "이간이천하지리易簡而天下之理 득의得矣라."

하였는데, '이易'와 '간簡'은 쉽고 간단하다는 뜻입니다. 천하의 이치를 간이簡易하게 얻으니, 사람도 하늘 땅과 더불어 나란히 설 수 있다는 뜻이지요. '이간지역易簡之易', 즉 주역은 쉽고 간단하다에서, '쉽다'는 하늘의 쉬움이고, '간단하다'는 땅의 간단함을 말합니다.

② 효야자 효차자야 상야자 상차자야 : '효'는 건곤이 쉽고 간단하게 움직이는 것을 본받은 것이고, '상'은 이러한 움직임을 형상한 것이죠.*

천지의 간이한 법도를 본받은 것이 바로 효입니다. 점을 쳐서 어느 효가 동했느냐만 보면, '간이'의 법칙으로 정확하게 적중됩니다. 효라는 것은 이 간이법을 본받은 것이고, 괘상이라는 것도 역시 이 건곤(천지)의 간이함을 본받아 형상으로 담아놓은 것입니다.

③ 효상 동호내 길흉 현호외 : 효와 상은 안에서 동하고 길흉은 밖에서 나타납니다. 곤간건이坤簡乾易의 법칙으로 괘상과 효변, 즉 여섯 효와 팔괘의 상은 안에서 동합니다.

길흉은 안에서 동한 것이 이제 밖으로 표출되어 나타나는 것입니다. 길한 효가 동했으면 길하게 표출되고 흉한 효가 동했으면 흉하게 표출되지요. 집에서 점할 때는 효상의 길흉만 알다가, 밖에 나가 사업을 하고 활동해보니까 효상 속에 있던 길흉이 그대로 나타난다는 것입니다.

---

* 건乾은 강건하니 기(奇, ━)로 형상하고, 곤坤은 유순하니 우(偶, ╌)로 형상하는 것을 말한다. 더 나아가 건과 곤의 소식하는 것을 형상한 괘상을 뜻하기도 한다.

④ **공업 현호변 성인지정 현호사** : '공업', 즉 무엇인가를 만들고 상업을 하는 것 등은 변하는 데에서 나타납니다. 사람이 공을 들여 만들어내고 업으로써 사업을 하는데, 그 모든 활동의 결과인 공적功績과 업적業績은 어떻게 변하냐 하는 데에서 나타납니다(功業 見乎變).

또 '성인의 참된 실정'은 괘사와 효사에서 나타난다고 했습니다. 가령 "하느님이 도와 길해서 이롭지 않음이 없다."는 대유괘 상구의 말씀 속에는, 성인이 사람들의 행복을 위해서 피흉취길避凶就吉하는 방법을 가르쳐 주시려는 참뜻이 들어 있지요. 괘사나 효사를 보면 성인의 진정한 뜻을 알 수 있다는 것입니다(聖人之情 見乎辭).

天地之大德曰生이요 **聖人之大寶曰位**니
천 지 지 대 덕 왈 생   성 인 지 대 보 왈 위

何以守位오? **曰仁**이요 **何以聚人**고? **曰財**니
하 이 수 위   왈 인   하 이 취 인   왈 재

理財하며 **正辭**하며 **禁民爲非**ㅣ **曰義**라.
이 재   정 사   금 민 위 비   왈 의

직역 천지의 큰 덕을 생해주는 것이라 말하고, 성인의 큰 보배를 지위라고 말하니, 무엇으로써 지위를 지킬까? 인이다. 무엇으로 사람을 모을까? 재물이다. 재물을 다스리며 말을 바르게 하며, 백성이 그릇된 일을 함을 금지시키는 것을 의라고 말한다.

■ 理 : 다스릴 리 / 聚 : 모을 취 / 禁 : 금할 금 / 非 : 그릇될 비, 잘못할 비

> 강의

① **천지지대덕왈생 성인지대보왈위** : 하늘과 땅의 큰 덕은 만물을 내는 것입니다. 천지가 있음으로써 만물이 나오기 때문입니다. 그래서 천지의 큰 덕을 '생生'이라고 합니다(天地之大德曰生).*

이러한 천지의 큰 덕에 짝하는 성인의 큰 보배가 바로 지위인데, 이는 곧 임금의 지위를 말하는 것입니다. 요순이 선정善政을 베풀 수 있었던 것도 임금자리에 있었기에 가능했지요. 아무리 뜻이 크고 광대해도 지위를 얻지 못하면 안 됩니다. 공자님도 지위를 못 얻었기 때문에 철환천하轍環天下만 하시고, 도를 펴지는 못하셨습니다. 그래서 "그 지위에 있지 않고는 정사를 도모하지 못한다."**고까지 말씀하셨지요.

'位'는 '사람 인亻' 변에 '설 립立'을 했어요. 사람이 그 자리에 턱하니 서는 게 바로 위位 아니겠어요? 사람이 그 자리에 서서 정치를 해야 정치가 잘 이루어지는 겁니다. 그 자리에 서지 않아야 할 사람이 서서 정치를 하기 때문에 비리가 생기는 것이죠. 그래서 성인의 보배라고 할 수 있는 것은, 바로 정치를 할 수 있는 자리인 것입니다.

② **하이수위 왈인** : 그러면 어떻게 해야 그 위를 확보하여 지킬 수 있겠습니까? 바로 '어질 인仁', 즉 어진 덕성입니다.*** 사람의 본성에는

---

* 역易 또한 낳고 낳는 것이므로 '생생지위역生生之謂易(「계사상전」 5장)'이라고 하였다.
** 『논어』, 「태백」 : 不在其位하얀 不謀其政이니라.
*** 주자는 "요새 책에 '曰人'의 '사람 인人' 자를 '어질 인仁' 자로 했으나, 여조겸이 옛날 책에 따라 '사람 인人' 자로 했으니, 따르는 사람이 아니면 나라를 지킬

어진 덕이 있기 때문에 '어질 인'과 '사람 인'이 통하는 게 아니겠어요 (人者 仁也)? 성인이 큰 보배로 여기는 게 자리인데, 그 자리를 지키려면 사람이 있어야지, 사람이 없으면 지키지를 못합니다. 나를 지지하고 나를 따라주는 사람, 온 천하 사람들이 나를 따르고 지지해주어야 하는 겁니다. 그래서 사람이 중요한 것이고, 그래서 '이민위천以民爲天', 즉 임금은 백성으로써 하늘을 삼는 것입니다.

③ 하이취인 왈재 : 그렇다면 어떤 방법으로 사람을 모을 수 있겠습니까? 그것은 바로 재물입니다. 아무리 지략이 있고 덕이 있고 훌륭해도 사람이 따라야 하고, 사람이 따르려면 무엇이 필요하냐? '무물불성無物不成'입니다. 재물이 없으면 이루지를 못합니다.

그래서 『대학』에 보면 "어진 사람은 재물을 탐내지 않음으로써 유명해지는 것이고, 어질지 못한 사람은 자기가 잘 되려고 재물을 탐내다 보니까 자기 몸을 망친다."*고 했습니다. 군자는 깨끗한 사람이 되기 위해서 재물을 흩뜨리는데, 소인은 수치스럽고 욕되게 하면서까지 재물을 탐내는 거지요.

또 "재물을 탐내서 백성의 것을 빼앗으며 모으면 백성이 흩어지고, 재물을 백성을 위해 흩뜨리면 백성이 모여들기 마련이지요."**

④ 이재 정사 금민위비 왈의 : 그래서 공자님은 '이재理財'와 '정사正辭'

수 없다는 말이다."고 해서 '曰仁'을 '曰人'으로 고쳐야 한다고 했다.
* 『대학』, 「전문 10장」: 仁者는 以財發身하고 不仁者는 以身發財니라.
** 『대학』, 「전문 10장」: 財聚則民散하고 財散則民聚니라.

그리고 '금민위비'가 중요한 잣대라고 하셨네요. 우선 재물이라는 건 잘 다스려야 합니다. "재상분명財上分明은 대장부大丈夫라."는 말이 있죠. 재물에 대해서 분명해야만 대장부라는 것입니다. 재물을 흐리멍텅하게 다루거나 흑심이 있으면 안 됩니다(理財).

재물은 한 푼도 틀림없이 잘 다스려야 하는데, 재물에 대해서는 모두가 거짓말을 하게 됩니다. 그래서 거짓이 일절 없도록 말을 바로 해야 합니다(正辭). 말을 바로 하면 도둑이 있을 까닭이 없지요. 그러고서 백성들의 재물에 대한 비행을 전부 막아야만 정의롭게 되는 것입니다(禁民爲非 曰義).

이 대목은 공자께서 유일하게 경제정책에 대해서 말씀하신 곳으로, '이재, 정사, 금민위비'의 세 가지를 강조하셨습니다. 그러나 전체적으로는 인의仁義를 강조한 말씀이라고 하겠습니다.

┃총설

이 장은 괘효와 길흉의 뜻을 말하고, 인仁과 의義를 말하여 성인이 역易을 쓰는 뜻을 밝혔습니다. 「계사상전」은 천도이기 때문에 '천존지비天尊地卑'로부터 시작하고, 「계사하전」은 인사이기에 '팔괘성렬八卦成列'부터 시작하여 인사적으로 말하였네요.

팔괘는 상이자 기본체가 되고, 팔괘를 넓힌 64괘는 용用으로써 동적인 육효가 됩니다. 그 효는 강효와 유효로 변화를 하고, 그 변하는 효에 따라 말을 붙여 가르쳐주었네요. 효사를 보고 길흉을 알게 되고, 늘 바른 것이 이기는 것을 알게 됩니다(貞勝). 그러므로 천하만사가 정正으로 복귀하는 것 아니겠어요?

「계사상전」 첫 장에도 '이간'을 말하고, 「계사하전」 첫 장에도 '이간'을 말했는데, 「계사상전」의 '이간'은 대시大始하고 성물成物하는 덕업德業으로 체가 되고, 「계사하전」의 '이간'은 대덕大德과 대보大寶로 이재理財하고 정사正辭하는 용이 되네요. 그래서 주자朱子도 "이 장은 괘효의 길흉과 조화의 공과 업을 말한 것이다."*라고 했습니다.

右 第 一 章
이상은 제 1장이다.

---

* 『주역전의대전』, 「계사하전」 1장 : 此章은 言卦爻吉凶과 造化功業이라.

계사하전 제 2 장

> 古者包犧氏之王天下也에
> 고 자 포 희 씨 지 왕 천 하 야
>
> 仰則觀象於天하고 俯則觀法於地하며
> 앙 즉 관 상 어 천   부 즉 관 법 어 지
>
> 觀鳥獸之文과 與地之宜하며 近取諸身하고 遠取諸物하야
> 관 조 수 지 문   여 지 지 의   근 취 저 신   원 취 저 물
>
> 於是에 始作八卦하야 以通神明之德하며
> 어 시   시 작 팔 괘   이 통 신 명 지 덕
>
> 以類萬物之情하니
> 이 류 만 물 지 정

직역 옛날에 복희씨(포희씨)가 천하에 왕을 할 때, 우러러 하늘의 상을 보고 구부려 땅의 법칙을 보며, 새와 짐승의 무늬와 땅의 마땅함을 보며, 가깝게는 몸에서 취하고 멀게는 물건에서 취해서, 비로소 팔괘를 만들어 신령스럽고 밝은 덕을 통하며 만물의 정을 분류하니

- 包 : 쌀 포, 푸줏간(庖) 포 / 犧 : 복희씨 희, 희생 희 / 仰 : 우러를 앙 / 俯 : 구부릴 부 / 宜 : 마땅할 의 / 諸 : 어조사 저(제) / 類 : 같을 류, 나눌 류

강의

① **고자포희씨지 왕천하야** : 인류생활에서 역이 어떻게 응용되었고 문

명발전에 얼마나 기여했는지에 대해서, 열두 가지로 나누어 설명하고 있습니다.

이 대목은 복희씨의 '시획팔괘始劃八卦', 즉 처음 팔괘를 그린 것에 대해 설명이지요. 공자님의 이 말씀을 배우고 공부하면서 복희씨가 괘를 그렸다는 것을 비로소 알게 됩니다.

포희씨包犧氏는 복희씨伏羲氏라고도 하지요.* 옛날에 임금이 되어 세상을 다스릴 때, 신명의 덕에 통하고 세상 만물의 실정을 알기 위해서 팔괘를 만들었다는 겁니다.

② 앙즉관상어천 부즉관법어지 : 팔괘를 그냥 만든 것이 아닙니다. 위로는 하늘의 상, 아래로는 땅의 운행법칙을 관찰해서 그 이치에 통달하였지요. 일월성신의 변화와 사계절의 운행법칙을 살피고, 땅을 보고는 그 생김새와 형세를 살핀 것입니다.** 춘하추동의 운행변화를 비롯한 하늘과 땅의 모든 것을 팔괘로 분류했다는 뜻이지요.

③ 관조수지문 여지지의 : 좀 더 구체적이고 세부적으로 말했네요. 동물과 식물의 생장수장하는 모든 법칙, 그리고 그 생김새를 살펴서 팔괘라는 상징부호에 귀속시킨 겁니다. 여기서 '여지지의'는 '여천지지의與天地之宜'의 준말입니다. 그러니까 하늘의 항상하고도 이치에 맞

---

* 복희씨는 인류를 위해서 푸줏간에서 죽어가는 소와 같이, 모든 것을 다 바쳐 희생했다 해서 포희씨包犧氏라고도 한다.
** 하늘의 일월성신은 상을 드리운 것이므로 '상을 관찰한다(관상)' 하였고, 땅의 산천동식山川動植은 천문天文을 본받아 질서 있게 형체를 나타낸 것이므로 '법法을 관찰한다(관법)'고 하였다.

는 운행, 그리고 땅의 평평하고 굴곡진 형세와 만물을 낳고 길러주는 이치를 살핀 거지요.

④ 근취저신 원취저물 : 이렇게 하늘과 땅, 그리고 그 사이에서 살아가는 모든 것을 살피는데, 가까운데서부터 멀리까지 두루두루 살펴나갔다는 겁니다. 그 움직임과 생김새를 먼저 나에게 제일 가까운 몸, 즉 오장육부와 이목구비를 살펴서 팔괘로 분류하고, 또 멀리 있는 동물과 식물 해와 달 등을 살펴서 팔괘로 분류하였다는 거지요.*

⑤ 어시 시작팔괘 : 이렇게 관찰하고 깨달은 것을 팔괘로 요약해서 표시했다는 겁니다. 그러니까 세상 만물의 움직임이 아무리 변화무쌍해도, 또 세상만물의 생김새가 아무리 다양해도, 팔괘라는 여덟 가지 괘상으로 분류될 수 있다는 것이지요.

⑥ 이통신명지덕 이류만물지정 : 이렇게 팔괘를 만들고 만물을 팔괘로 분류해서 귀속시켰더니, 그 팔괘만 보면 신명의 덕을 통할 수 있게 되고 또 만물의 실정을 다 분류할 수 있게 되었다는 겁니다.

---

* "가까이는 몸에서 취한다." 함은 머리(首)는 건(☰)의 상이고, 배(腹)는 곤(☷)이고, 발(足)은 진(☳)이고, 넓적다리(股)는 손(☴)이며, 귀(耳)는 감(☵)이고, 눈(目)은 리(☲)이며, 손(手)은 간(☶)이고, 입(口)은 태(☱)의 상이라는 것이다(이를 더 상세히 나눌 수도 있다). "멀리는 물건에 취한다." 함은 말(馬)이나 하늘(天)은 건乾의 상이고, 소(牛)나 땅(地)은 곤坤의 상이며, 돼지(豕)나 물(水)은 감坎이고, 꿩(雉)이나 해(日)는 리離이며, 개(狗)나 산山은 간艮이고, 양羊이나 호수(澤)는 태兌의 상이라는 것이다.

천문 보고, 지리 보고, 새와 짐승이 날고 뛰는 모습도 보고, 땅의 적당한 모든 조건을 보고, 자기 자신에서 취하고 만물에서 취하여 팔괘를 그렸으니, 이 괘가 살아 있지 않겠어요? 그래서 이 괘에는 신명한 덕이 있는 것이죠.

만물의 실정을 나눈다는 것은, 하늘에 속한 것, 못에 속한 것, 불에 속한 것, 우레에 속한 것, 바람에 속한 것, 물에 속한 것, 산에 속한 것, 땅에 속한 것으로 모두 분류되는 것을 말하지요. 또 건과 태는 금金, 리는 화火, 진과 손은 목木, 감은 수水, 간과 곤은 토土로써 오행이 여기에 다 속해 있어요. 만물이 아무리 많아도 팔괘에 있는 오행에 다 속해 있지요.

또 건건乾健·태열兌說·이명離明·진동震動·손입巽入·감함坎陷·간지艮止·곤순坤順의 성질에 속해 있어요. 그래서 만물의 실정을 이 팔괘로 나누어 놓았다는 것입니다.*

---

* '이통신명지덕'은 형이상학적인 표현으로 건乾은 건장하고, 곤坤은 유순하다 등의 뜻이다. 이는 팔괘로써 만물의 덕, 즉 성질에 통달한다는 것이다. 또 '이류만물지정'은 진震은 우레의 상이고 손巽은 바람의 상이라고 하듯이, 8괘로써 만물의 형상을 나눈다는 뜻이다.

> 作結繩而爲網罟하야 以佃以漁하니 蓋取諸離하고
> 작 결 승 이 위 망 고   이 전 이 어   개 취 저 리

직역 노끈을 매어 그물을 만듦으로써 사냥하고 고기를 잡으니, 대개 리괘(☲)에서 취했고,

- 結 : 맺을 결 / 繩 : 노끈 승 / 網 : 그물 망(산에 친다) / 罟 : 그물 고(물에 친다) / 佃 : 사냥할 전 / 漁 : 물고기잡을 어

강의

팔괘를 거듭하니 64괘가 됩니다. 그래서 이 64괘를 보고 물건을 만들어내고 해서 사회를 발전시켜 나가네요.

여기 2장에서 모두 13괘에 대해서 말하고 있는데, 그 가운데 건괘(☰)와 곤괘(☷)를 하나로 묶어 얘기했기 때문에 12가지입니다. 가짓수는 12개고 괘는 13개인데, 공자님은 이 13괘를 대표로 들어서 인류사회에 기여하고 문명사회로 발전하게 되었다고 말씀하셨습니다. 앞에서도 "성인은 모든 물건을 갖추고 괘상을 세우고 백성이 쓸 수 있는 물건을 모두 만들어 쓰도록 내놓았다."*고 했지요.

① **작결승이위망고 이전이어 개취저리** : 먼저 수렵사회를 말했네요. 복희씨는 이 리괘(☲)를 보고 물고기를 잡고 들짐승을 포획하는 그물을 만들었다고 합니다. '노를 꼰다(결승)'는 말이 리괘의 내호괘인 손

---

* 「계사상전」 11장 : 備物하며 致用하며 立象成器하야 以爲天下利ㅣ 莫大乎聖人하고,

(☴)에서 나오네요. 손은 음목이라고 합니다. 음목은 버드나무나 칡 넝쿨 같은 걸 말하죠. 그래서 그 나무껍질을 가지고서 노를 꼬고 묶어서 그물을 만든 겁니다.

'망고'는 그물입니다. '망網'은 산에 쳐놓고 산짐승을 잡는 그물이고, '고罟'는 물에 쳐놓고 물고기를 잡는 그물이죠. '리離는 리야麗也라'*, 리괘離卦는 '떠날 리離' 자를 괘명으로 쓰지만 '걸릴 리麗', 즉 걸린다고도 합니다. 해가 동에서 떠서 서로 가니까 '떠날 리' 인데, 사실은 해가 하늘에 걸려 있네요. '붙을 리', 즉 물고기와 들짐승이 이 그물 속에 걸려드는 것이죠.

② 개취저리 : 리괘(☲)의 초획과 상획은 양효니까 노를 꼬아 실질이 있게 하고, 그 중간에 있는 중획은 음효니까 비어놓았다가 물고기와 짐승이 걸려들게 하는 것이지요. 또 상괘 그물(☲)은 중화리괘(☲)의 외호괘 못(☱) 위에 쳐놓았으니 '고罟'가 되고, 하괘 그물(☲)은 내호괘 숲(☴) 속에 쳐놓았으니 '망網'이 됩니다.

복희씨 때만 하더라도 수목은 울창하고 짐승은 많은데 사람은 그리 많지 않았고, 짐승의 피해는 많고 먹고살기는 힘들었습니다. 그때는 고기를 잡아먹는 수렵사회였지요. 그 수렵사회를 중화리괘를 보고 만들어냈다**고 공자님이 말씀하신 것입니다.

---

* 「중화리괘, 단전」, 「설괘전 7장」, 「서괘전」
** 성인이 물건을 갖추고 쓰는 것에 반드시 괘를 관찰할 필요는 없지만, 리離의 괘덕과 괘상이 그물을 만들어 수렵하는 것과 일치하므로 "리괘에서 취했다."고 한 것이다. '개蓋'는 꼭 그렇다는 뜻이 아닌 것을 나타내는 말이다.

> 包犧氏沒커늘 神農氏作하야 斲木爲耜하고 揉木爲耒하야
> 포희씨몰 신농씨작 촉목위사 유목위뢰
>
> 耒耨之利로 以敎天下하니 蓋取諸益하고
> 뇌누지리 이교천하 개취저익

직역 복희씨가 죽자 신농씨가 일어나서, 나무를 깎아 보습을 만들고 나무를 휘어 쟁기를 만들어서, 밭갈고 김매는 이로움으로써 천하를 가르치니, 대개 저 익괘(䷩)에서 취하고,

- 沒 : 죽을 몰 / 作 : 일어날 작 / 斲 : 깎을 촉 / 耜 : 보습 사 / 揉 : 굽을 유 / 耒 : 쟁기(따비) 뢰 / 耨 : 김맬 누, 호미 누 / 耒耨 : 밭 갈고 김맴

강의

① **포희씨몰 신농씨작** : 그 다음으로 농경사회를 말했네요. 괘를 그리고 수렵사회를 만든 복희씨는 작고하고, 신농씨가 임금이 되었어요. "신농씨가 일어났다."는 것은 신농씨가 천하를 다스리는 임금이 되었다는 겁니다.

신농씨가 임금이 되어서 무엇을 했냐? 농사를 짓게 했다는 겁니다. 사람은 자꾸 많아지고 짐승은 한계가 있으니 먹고살기가 힘들었기 때문이죠. 그래서 농사를 '신농유업神農遺業'이라고 합니다.

② **촉목위사 유목위뢰** : '촉목위사'는 나무를 깎아 보습을 만든다는 것이고, '유목위뢰'는 나무를 구부려서 따비(쟁기)를 만들어 농사를 짓는다는 것이지요. 익괘는 유익하게 한다, 즉 농사를 지어서 이익을 보게 하는 괘입니다.

풍뢰익괘(䷩)는 상괘 손하절(☴)도 나무이고, 하괘 진하련(☳)도 나무입니다. 아래의 진하련 나무는 강한 양목이고 위의 손하절 나무는 유한 음목이므로, 강한 나무로는 깎아서 보습을 만들고 유한 나무로는 구부려 쟁기를 만드는 것이지요.

③ **뇌누지리 이교천하** : 보습과 쟁기로 땅을 파 엎어서 밭을 가네요. 신농씨는 넓은 땅을 이용해서 먹고살자는 생각으로 익괘에서 착안하여 쟁기로 땅을 파고 김매는 것을 천하에 가르쳤습니다.

④ **개취저익** : 이렇게 해서 농사를 짓는 방법을 가르쳤는데 익괘에서 취한 것이죠. 진하련은 움직이는 것이고, 손하절은 들어가는 것입니다. 진하련 보습으로 내호괘 곤삼절(☷)의 땅을 파 올려서 땅이 뒤집히네요. 뒤집힌 흙이 손하절(☴) 쟁기로 들어가서는 외호괘 간상련(☶) 밭이랑을 만들며 쌓이는 것이지요.

익괘 초구에도 '이용위대작利用爲大作'이라고 하였는데, '농자農者는 천하지대본天下之大本'이라는 얘기입니다.

日中爲市하야 **致天下之民**하며 **聚天下之貨**하야
일 중 위 시   치 천 하 지 민   취 천 하 지 화

交易而退하야 **各得其所**케하니 **蓋取諸噬嗑**하고
교 역 이 퇴   각 득 기 소   개 취 저 서 합

직역 한낮이 되면 시장을 만들어서 천하의 백성을 오게 하며, 천하의 재

화財貨를 모아서 교역하고 돌아가게 해서, 각각 그 얻고자 하는 바를 얻게 하니, 대개 서합괘(䷔)에서 취하고,

- 市 : 저자 시 / 噬 : 씹을 서 / 嗑 : 씹을 합

강의

① **일중위시 치천하지민 취천하지화** : 교역사회가 되었네요.* 농사를 지어서 곡식을 쌓아놓고 먹게 되었지만, 농기구를 만드는 사람 따로 있고, 농사짓는 사람이 따로 있으며, 물고기나 짐승을 잡는 사람이 따로 있습니다. 각자 풍부해서 남는 것과 필요로 하는 것을 바꿔야 합니다. 그래서 옛날에는 오십 리에 장이 하나 섰다고 했지요.

아침 먹고 장보러 가면 한나절이 되므로 한낮에 장이 들어섭니다. 서합(䷔)의 상괘는 이허중(☲) 불, 태양이므로 한낮이 나옵니다. 또 하괘는 진하련(☳)으로 발동하는 괘이므로, 재물을 잔뜩 가지고 시장으로 모여드는 것이지요.

② **교역이퇴 각득기소** : 내호괘 간상련(☶)으로 산과 같이 물건이 쌓이고 사람이 인산인해를 이루며 모이지요. 외호괘 감중련(☵)으로 평평하게 합니다. 각자 쌓인 물건을 필요한 물건과 바꾸게 되니 평평하고 고르게 갖게 되는 겁니다.

---

* 농경사회를 살다보니 자신이 먹고 남는 재물이 있게 되었으므로, 잉여생산품을 다른 사람과 바꿔야 하는 교역이 필요하게 되었다(교역사회). 서합괘(䷔)는 씹어 합하는 것이니, 백성들이 자신의 남는 물건을 필요한 물건으로 바꿈으로써 서로 이익을 보는 것이다.

상괘(☲)는 태양이 되어 한낮을 만들고, 하괘(☳)는 재물(패貝)이라고 하였으므로 천하의 재물을 모아서 서로 교역을 하네요. 하괘 진(☳)은 동하는 것이고, 내호괘 간(☶)은 그치는 것입니다. 교역한 뒤에 집으로 돌아가 쉬는 것이지요.
③ 개취저서합 : 이렇게 교역사회가 이루어진 것이 서합괘의 상에서 취한 것이죠. 서합괘 단전에 '뇌전雷電이 합이장合而章', 즉 우레와 번개가 합쳐져서 장章을 이루는 것처럼, 서로 뜻이 맞아야 물건이 거래되고 시장교역을 이루게 됩니다.*

神農氏沒커늘 黃帝堯舜氏作하야
신 농 씨 몰　　황 제 요 순 씨 작

通其變하야 使民不倦하며
통 기 변　　사 민 불 권

神而化之하야 使民宜之하니
신 이 화 지　　사 민 의 지

易이 窮則變하고 變則通하고 通則久라.
역　궁 즉 변　　변 즉 통　　통 즉 구

是以自天祐之하야 吉无不利니
시 이 자 천 우 지　　길 무 불 리

＊ 하괘 진(☳)의 큰 길로 왔다가 배합괘인 손(☴ : 3배의 이익)의 이익을 보고 물러나는 것이며, 리(☲)의 밝을 때 왔다가 배합괘인 감(☵)의 어두울 때 돌아가는 것이다.

黃帝堯舜이 垂衣裳而天下治하니 蓋取諸乾坤하고
황제요순   수의상이천하치   개취저건곤

직역 신농씨가 죽거늘 황제씨와 요임금·순임금이 뒤를 이어 일어나서, 그 변화에 통해서 백성이 게으르지 않게 하며, 신령스럽게 화육化育해서 백성으로 하여금 마땅하게 하니, 역이 궁하면 변하고 변하면 통하며 통하면 오래간다. 이렇기 때문에 하늘로부터 도와서 길해서 이롭지 않음이 없는 것이다. 황제씨와 요임금·순임금이 의상만 드리우고도 천하를 다스리니, 대개 건괘(☰)·곤괘(☷)에서 취하고,

- 使 : 하여금 사 / 倦 : 게으를 권 / 宜 : 마땅 의 / 窮 : 다할 궁/ 垂 : 드리울 수 / 裳 : 치마 상

강의

① 신농씨몰 황제요순씨작 : 의상사회가 되었네요. 신농씨가 돌아가신 뒤에는 황제씨와 요씨·순씨가 일어나서 임금을 했습니다. 복희씨 → 신농씨 → 황제씨 → 요씨 → 순씨, 이렇게 되는 것이죠. 복희씨는 수렵사회를 만들고, 신농씨는 농경사회를 이루고, 또 교역사회를 만들었으며, 그 후 황제씨·요임금·순임금이 임금이 되었네요.

② 통기변 사민불권 : 황제씨·요임금·순임금이 차례로 천하를 다스리며, 하늘과 땅의 변화와 시대가 바뀌는 것에 통달해서 백성들을 부지런하게 하였습니다. 봄 되면 씨앗을 뿌리게 하고, 여름 되면 김을 매게 하고, 가을에는 추수하게 하고, 겨울에는 감추고 저장하게 해서, 그때그때의 변화에 따라서 잘 통하게 한 것이지요.

③ **신이화지 사민의지** : 그리고 황제씨와 요임금·순임금은 신神으로써 교화하고 감화시켜서 힘 하나 안 들이고 정치를 하였습니다(神而化之). 사람으로서 백성으로서 마땅한 도리를 지키게 함으로써, 백성들이 모두 하나가 되어 잘살도록 했다는 것이죠(使民宜之).

④ **역 궁즉변 변즉통 통즉구** : 역이라는 건 궁하면 변하고 변하면 통하고 통하면 오래가는 것입니다. 역은 음양을 말하는데, 음이 궁극에 달하면 변해서 양으로 통하고, 양이 궁극에 달하면 변해서 음으로 통하네요.

즉 봄이 되어 양이 자라다가 여름 되어 궁극해지면, 음이 생겨나니 서늘한 가을이 되고, 또 겨울이 되어 음이 궁극해지면 다시 또 봄이 되네요. 이렇게 음과 양이 변통을 하니 사계절이 이어지고 세상이 영원히 존재하는 것 아니겠어요? 그래서 주역이라는 건 음양이고, 음양은 변하고 통하는 이치입니다.*

⑤ **시이자천우지 길무불리** : 이렇게 황제씨와 요임금·순임금은 주역의 변통하는 이치를 본받아 정치를 했습니다. 시의적절하게 정치를 잘 하니까 하느님이 도와서 길하지 않음이 없게 됩니다(自天祐之 吉无不利).

그래서 '요지일월堯之日月이요 순지건곤舜之乾坤이라'고들 합니다.

---

* 역의 이치란 한곳에 머물지 않는 것으로, 궁하면 변하고 변하면 통하는 것이다. 이렇게 변화하여 순환하는 것이 통이니, 통하면 오래가는 것이다. 또 성인이 죽으면 그 뒤를 이어 다른 성인이 나와 다스리니, 이것이 '궁즉통'이고 '통즉구'이다.

요임금의 해와 달이요, 순임금의 하늘과 땅이라, 즉 요순시절이 태평시대라는 말이지요.

⑥ **황제요순 수의상이천하치 개취저건곤** : 백성들이 교화되어 자발적으로 인륜을 다하고, 양보하며 살았기 때문에, 임금님이 따로 할 일이 없었다는 겁니다. 그러니까 허수아비에 임금님 옷만 입혀서 앉혀놓아도 저절로 정치가 되었다는 것이지요.

그런데 그런 상을 건괘乾卦와 곤괘坤卦에서 취했다, 즉 하늘을 본받고 땅을 본받았다는 것이죠. 어떻게 본받았는가 하면, 하늘과 땅이 묵묵히 자기 할 일을 하는 것을 본받아서 천지자연과 합치되게 정치를 잘 했다는 것입니다.

옛날 요순시대에 어떻게 정치를 잘했느냐? 『천자문』에 "좌조문도坐朝問道하고 수공평장垂拱平章이라."고 하였지요. '좌조문도' 즉 조정에 가만히 앉아서 어진이를 등용하고, 그 어진이에게 도를 물어서 어진이가 말하는 그대로 도덕정치를 하였다는 겁니다. 또 '수공평장'은 '드리울 수(垂)' '꽂을 공(拱)', 즉 곤룡포만 걸쳐 드리우고 팔짱만 끼고 앉아서도 평화롭고 빛나는 정치가 이루어진다는 것이죠. 무위이치無爲而治로, 아무것도 힘쓰는 것 없이 제대로 정치가 잘 이루어졌어요, 누가 잡아다 가두고 군대를 일으키고 하는 일 없어도 온 나라가 다 평장平章해지더라는 말입니다.

그런데 이때만 해도 사람이 풀을 엮어 몸을 가리면서 생활을 했어요. 그런데 "상서유피相鼠有皮하니 인이무의人而無儀아?"* 즉 '쥐도 가죽이 있어 몸을 가리는데, 사람이 몸을 가릴 줄 몰라 되겠느냐?' 하는 것이지요. 그래서 몸을 가리기 위해 옷을 만들었습니다.

건괘(☰)인 하늘은 하나로 이어진데다, 둥글고 검으므로 윗도리는 한 통으로 둥글게 해서 검게 해 입고, 곤괘(☷)인 땅은 물과 육지로 갈라져 있고 황색이기 때문에, 두 쪽으로 갈라서 누렇게 치마를 해 입었다는 것이죠.

곤괘坤卦의 육오六五에 누런 치마를 '황상黃裳'이라고 표현한 것도 이러한 연유에서입니다. 윗도리 옷은 현의玄衣, 아랫도리 옷은 황상黃裳으로 만들어 의상을 입고 천하를 다스리게 됨으로써, 옷을 입어 몸을 가리는 예를 갖추게 된 의상시대를 이룬 것입니다.

刳木爲舟하고 剡木爲楫하야 舟楫之利로 以濟不通하야
고 목 위 주　　염 목 위 즙　　주 즙 지 리　　이 제 불 통

致遠以利天下하니 蓋取諸渙하고
치 원 이 이 천 하　　개 취 저 환

직역 나무를 쪼개서 배를 만들고 나무를 깎아 노를 만들어서, 배와 노의 이로움으로 통하지 못하는 데를 건너서, 먼 데를 이르게 함으로써 천하를 이롭게 하니, 대개 환괘(☴☵)에서 취하고,

- 刳 : 따갤 고 / 舟 : 배 주 / 剡 : 깎을 염(섬) / 楫 : 노 즙 / 濟 : 건널 제

강의

---

* 『시경』, 「國風, 相鼠」 참조.

① **고목위주 염목위즙** : 물 건너 멀리 사는 사람과도 통상을 해야 되겠는데, 물이 가로막아 건너지를 못하고 있습니다. 그래서 나무를 파고 깎아서 배를 만들고, 나무를 깎아 돛대와 노를 만듭니다.

② **주즙지리 이제불통 치원이이천하** : 그래서 사람과 짐을 싣고 물을 건너는 배의 이로움으로써, 멀리까지 건너가 천하를 이롭게 하는 승선사회乘船社會를 이루었다는 겁니다.*

③ **개취저환** : 이렇게 승선사회를 이룬 것을 풍수환괘에서 취했다는 거지요. 환괘는 내호괘 진하련(☳)의 단단한 나무를 깎아 노를 만들고, 외괘인 손하절(☴) 부드러운 나무의 속을 파서 배를 만듭니다. 이 배를 타고 노를 저어서 내괘 감중련(☵) 물을 건너는데, 외괘 손하절은 바람이 되고 내호괘 진하련으로 노를 저어 건너가는 것이지요. 또 외괘 손하절로 배에 들어가 타고, 외호괘 간상련(☶)으로 사람과 짐을 태우고 가는 것입니다. 그래서 환괘渙卦「단전」에 "利涉大川은 乘木하야 有功也라"고 한 것이지요.

---

* 주자는 『본의』에서 '致遠以利天下'를 연문衍文이라 하였다. 그러나 배를 탄 것은 수로水路를 이용해 '치원이이천하'한 것이고, 아래 귀절의 '치원이이천하'는 육로陸路를 이용한 것이므로 그대로 있어도 무방하다고 본다.

服牛乘馬하야 **引重致遠**하야 **以利天下**하니 **蓋取諸隨**하고
복 우 승 마　　　인 중 치 원　　　이 이 천 하　　　개 취 저 수

직역 소를 길들이고 말을 타서, 무거운 것을 운반해서 먼 곳까지 가게 함으로써 천하를 이롭게 하니, 대개 수괘(☳☱)에서 취하고

- 服 : 길들일 복 / 乘 : 탈 승 / 引 : 이끌 인

강의

① **복우승마 인중치원 이리천하** : 사람의 힘은 한계가 있어 무거운 짐을 나르기 어렵고, 걸음도 한계가 있어 먼 길을 가기가 쉽지 않습니다. 그래서 소를 길들여 짐을 실어 이끌고, 말을 길들여 타고서 먼 데를 갑니다. 이렇게 함으로써 천하가 더욱 살기 좋아졌다는 거지요.

② **개취저수** : 이렇게 또 말도 타는 승마사회가 되었습니다. 수괘(☳☱)의 내괘 진하련(☳)으로 소가 뚜벅뚜벅 걸어가고 말이 달려갑니다. 외괘 태상절(☱)은 위에서 출렁거리는 못의 상이니, 물건이나 사람이 소나 말 위에서 흔들거리는 모습이지요. 사람이 가자면 가는 데로 따라가고, 또 말이 가는 길을 따라 사람이 위에서 따라갑니다. 이렇게 서로 따른다는 수괘에서 승마사회를 취한 것입니다.

　어떻게 길들이냐? 내호괘 간상련(☶ 手, 鼻) 손으로 외호괘 손하절(☴ 繩) 끈과 부드러운 나무로 만든 코뚜레를 쓰는 것이지요. 간상련 코 안에 손하절로 코뚜레를 집어넣는 것 아니겠어요?

重門擊柝하야 以待暴客하니 蓋取諸豫하고
중 문 격 탁   이 대 포 객   개 취 저 예

직역 문을 거듭 세우고 딱딱이를 침으로써 사나운 도둑을 막으니, 대개 예괘(☷☳)에서 취하고,

- 擊 : 칠 격 / 柝 : 목탁 탁 / 暴 : 사나울 포 / 待 : 기다릴 대

강의

① **중문격탁 이대포객** : 예괘(☷☳)는 미리 예방하고 방비하는 것이죠. 사회가 발달하면서 소득격차가 생겼어요. 쌓아놓고 먹는 사람도 있고 부족한 사람도 있었지요. 남의 것을 탐내 도둑질하는 사람도 생겼습니다. 그래서 담장을 겹겹으로 치고 방범용 딱딱이를 치면서 도둑을 예방한 거지요.

② **개취저예** : 내호괘 간상련(☶)은 문門이고, 외괘인 진하련(☳)을 거꾸로 보면 간상련이 되므로 중문重門이 됩니다. 또 산은 막혀 그치는 상이므로 도둑을 막는 것이지요.

　외괘 진하련(☳)은 단단한 나무가 되고 동動이 됩니다. 그러니 나무를 깎아서 만든 목탁을 치며 야경을 도는 것이지요. 어디를 도냐? 내괘 곤삼절(☷) 집(영역) 주위를 도는 것이지요.

　언제 도냐? 외호괘 감중련(☵)은 어두운 밤중이고, 도적에 해당합니다. 어두운 밤에 물처럼 스며드는 밤손님에 대비하는 것이지요. 그래서 방범사회가 되었네요.

계사하전 2장

斷木爲杵하고 **掘地爲臼**하야 **臼杵之利**로
단 목 위 저   굴 지 위 구   구 저 지 리

萬民이 **以濟**하니 **蓋取諸小過**하고
만 민   이 제   개 취 저 소 과

▨직역▨ 나무를 끊어서 절굿공이를 만들고 땅을 파서 절구를 만들어서, 절구와 절굿공이의 이로움으로 만 백성이 곡식을 도정해 먹게 되니, 대개 소과괘(䷽)에서 취하고,

- 杵 : 절굿공이 저 / 掘 : 팔 굴 / 臼 : 절구 구

▨강의▨

① 단목위저* 굴지위구 구저지리 만민이제 : 뇌산소과괘(䷽)에서 농사를 지어놓고 찧어먹는 방아를 연구해 만들어냈다는 겁니다.** 외괘 진하련(☳) 나무를 깎아 방아를 만들고, 내괘 간상련 '소석小石, 돌'으로 돌절구를 만들어 땅을 파고 묻었어요. 가만히 그쳐 있는 돌절구(☶)에 내호괘 손하절(☴)의 곡식을 붓고(입入), 위의 진하련(☳)으로 방아를 찧어서 외호괘 태상절(☱ 훼절)로 도정搗精하는 것이죠.

* '나무를 끊어 절구공이(杵=木+午)를 만든다'는 뜻은, 오회중천시대가 오면 동방목(木, 震)의 기운이 다시 번성하여, 곡식이 도정되듯이 정선된 종자種子만이 남게 된다는 뜻이 있다. 소강절 선생의 『황극경세』로 살펴보면 대과大過는 오전의 끝이고, 소과小過는 오후의 끝이니 대과부터 소과 때까지 만물이 도정되어 알맹이만 남는 것이다.

** 소과괘는 전체상이 감(☵→☶ : 구덩이)으로 '절구'의 상이 된다. 즉 위아래의 네 음효는 확이 되고, 가운데 두 양효는 절구공이가 확을 찧는 상이 되는 것이다.

② 개취저소과 : 밑의 간상련(☶)은 그쳐 있는 것이므로 절구가 되고, 위의 진하련(☳)은 움직이는 것이므로 절굿공이가 되어 움직입니다. 너무 급하게 찧으면 안 되고, 천천히 해야 합니다. 태상절의 훼절하는 기능이 심해지면 곡식이 다 부스러지고 맙니다. 서서히 해야 한다고 해서 소과네요. 소과괘(䷽)에서 방아를 찧어먹는 사회, 즉 '찧을 도搗' '깨끗할 정精', 깨끗하게 찧어먹는 도정사회가 되었습니다.

弦木爲弧하고 剡木爲矢하야
현목위호   염목위시

弧矢之利로 以威天下하니 蓋取諸睽하고
호시지리   이위천하   개취저규

직역 나무를 휘어 활을 만들고 나무를 깎아서 화살을 만들어서, 활과 화살의 이로움으로써 천하에 위엄을 보이니, 대개 규괘(䷥)에서 취하고,

- 弦 : 휠 현 / 弧 : 활 호(弓) / 矢 : 화살 시 / 威 : 위엄 위

강의

① 현목위호 염목위시 호시지리 이위천하 : 옛날 봉건사회에 여러 제후국이 있고 사람들이 많다 보니까, 서로 폭동도 일으키고 남의 나라를 침범하기도 합니다. 그래서 전쟁이 나게 되고 그 전쟁에 대비하려고 무기를 만드는 사회가 되지요.

그러니까 나무를 휘어 만든 활(弦木爲弧)은 외호괘 감중련(☵)이고, 나무를 깎아서 만든 화살(剡木爲矢)은 외괘와 내호괘의 이허중(☲)인

것이지요. 규괘는 위의 이허중과 아래의 못물(☱)이 서로 성질이 어긋나서 전쟁이 생기게 되므로, 이 어긋난 걸 해결하기 위해 무기를 만들어 무기사회가 되었다는 뜻이죠. 활은 그 대표적 무기입니다.

② **개취저규** : 규괘(䷥)는 외괘와 내호괘가 이허중(☲)으로 화살 또는 무기의 상이고, 외호괘 감중련(☵)은 활*의 상이며, 내괘 태상절(☱)은 금으로는 날카로운 화살촉의 상입니다. 즉 외호괘 감의 활에 화살(외괘와 내호괘)을 메겼는데, 화살 끝에 태상절의 쇠로 만든 활촉을 입힌 상태가 되는 거지요. 줄을 뒤로 잡아당겨 시위가 팽팽해지는 것이, 서로 어긋나서 벌어지는 규괘의 상이네요.

上古엔 穴居而野處러니 後世聖人이 易之以宮室하야
상고   혈거이야처   후세성인   역지이궁실

上棟下宇하야 以待風雨하니 蓋取諸大壯하고
상동하우   이대풍우   개취저대장

직역 아주 옛날에는 동굴에 살고 들에 거처하더니, 후세에 성인이 궁실宮室로써 바꾸어서 기둥을 올리고 지붕(서까래)을 내림으로써 바람과 비를 막으니, 대개 대장괘(䷡)에서 취하고,

- 穴 : 구멍 혈 / 野 : 들 야 / 宮 : 집 궁 / 棟 : 기둥 동 / 宇 : 집 우 / 待 :

---

* 「설괘전, 11장」 : 坎은 爲弓輪(감은 활과 바퀴가 되며).

기다릴 대

> 강의

① 상고 혈거이야처 후세성인 역지이궁실 : 아주 옛날에는 사람이 굴을 파고 그 굴속에서 살았습니다(上古 穴居而野處). 그런데 굴속에서 살다 보니 습한 기운 때문에 자꾸 병이 납니다. 밤에는 굴속에서 자고 낮에는 들에 나와 거처를 했지만, 비가 오면 다시 굴속에 들어가야 하고, 밤에는 여지없이 들어가야 했습니다. 그래서 후세의 성인이 집을 짓게 하였는데(後世聖人 易之以宮室), 이것은 뇌천대장괘의 상에서 만들어낸 것이지요.

② 상동하우 이대풍우 개취저대장 : 대장괘의 아래 네 양(??)은 집의 기둥이고 위의 두 음(==)은 지붕의 서까래입니다. 기둥은 모두 올려서 지붕을 받치게 하고, 그 위에 지붕을 내려 씌워서 물이 밑으로 빠지게 하면 자연 풍우를 막게 되니(上棟下宇 以待風雨)*, 집 안에서 사람이 살게 되는 가옥사회가 됩니다.

가옥사회는 대장괘에서 착안하여 이루어진 것입니다. 대장은 웅장한 것이죠. 지금은 몇십 층 아파트에서도 살지만, 땅을 파고 그 속에서 살던 때를 생각하면, 집을 짓고 살 생각을 했다는 건 굉장한 것입니다. 그래서 크게 장하다는 대장괘에서 집짓는 것을 알아내 가옥사회가 이루어졌다고 하였네요(蓋取諸大壯).

---

* 위의 두 음효는 아래로 내린 상이니 '하우下宇'이고, 아래의 네 양효는 기둥을 올리는 것이니 '상동上棟'이다.

古之葬者는 厚衣之以薪하야 葬之中野하야 不封不樹하며
고지장자   후의지이신   장지중야   불봉불수

喪期ㅣ 无數러니 後世聖人이 易之以棺槨하니
상기   무수   후세성인   역지이관곽

蓋取諸大過하고
개취저대과

직역 옛날에 장사 지내는 것은, 섶나무로써 두텁게 입혀서 들 가운데에 장사지내서, 봉분封墳도 하지 않고 나무도 심지 않으며 초상을 치르는 기약이 셀 수가 없더니, 후세에 성인이 관과 곽으로 바꾸니, 대개 대과괘(☱)에서 취하고,

- 葬: 장사 장 / 薪: 섶나무 신, 작은나무 신 / 封: 봉할 봉 / 棺: 널(안의 것) 관 / 槨: 널(밖의 것) 곽

강의

① 고지장자 후의지이신 장지중야 불봉불수 상기무수 : 대과는 보통 보다 크게 지나치다는 뜻이 있습니다. 장사 지내는 것을 좀 대과하게 하라고 했네요. 옛날에는 사람이 죽으면 방안에 모시고 같이 살 수 없으니까 들판에 내다버렸습니다(葬之中野). 하지만 차마 그냥 버릴 수 없었어요. 그래서 시신 위에 풀도 얹고 나뭇가지도 얹고 해서 시신을 가렸지요. '후의厚衣'는 시신을 가릴 때 두텁게 덮어서 안 보이게 했다는 것입니다(古之葬者 厚衣之以薪).

시신이 보이지 않도록 두텁게 나뭇가지를 덮기는 했지만, 아직 봉분을 할 줄도 모르고 시신이 있다는 표식이 되는 나무도 심지 못했지

요(不封不樹).

그런데 시체의 냄새를 맡은 짐승들이 파헤치고, 비바람에도 시신이 드러나고 하니 어떻게 하겠어요. 드러나면 나뭇가지로 덮고 또 드러나면 또 덮고, 그러니 초상을 치르는 기간이 끝없습니다(喪期 无數).

② 후세성인 역지이관곽 개취저대과 : 그래서 후세 성인이 대과괘를 보고 관곽을 만드는 제도를 창안하신 겁니다. 내괘 손하절(☴) 나무를 베어다가 관곽棺槨을 만들었어요(後世聖人 易之以棺槨).

상육과 초육의 음(--)은 열려 있는 상입니다. 내괘 손하절(☴) 관곽의 초육 구멍으로 시신을 들입니다. 그리고 내호괘와 외호괘 건삼련(☰)으로 단단히 다져가며 봉분을 쌓고, 그 위에 외괘 태상절(☱)로 출렁이며 흔들리되 태상절을 도전한 손하절(☴) 바람으로 흔드는 것이지요. 상육 구멍은 혼이 드나드는 곳입니다.

부모가 돌아가셨는데 소과로 아무렇게나 하면 안 되죠. 정성껏 지내야 한다는 대과에서 장례를 치르고 봉분을 해서 세우는 매장사회가 이루어져 장사지내는 세상이 된 것입니다(蓋取諸大過).*

---

* 『서경』에 순임금 재위 28년에 왕위를 선양한 요임금이 죽자 백성들이 아버지와 어머니를 잃은 듯이 3년상을 지냈다는 기록이 있다(『書經』,「舜典」: 二十有八載에 帝乃殂落커시늘 百姓은 如喪考妣를 三載하고 四海는 遏密八音하니라).

上古엔 結繩而治러니 後世聖人이 易之以書契하야
상고   결승이치   후세성인   역지이서계

百官이 以治하며 萬民이 以察하니 蓋取諸夬니라.
백관   이치   만민   이찰   개취저쾌

직역 아주 옛날에는 노끈을 맺어 다스리더니, 후세에 성인이 글과 문서로써 바꿔서, 백관이 이로써 다스리며 만 백성이 이로써 살피니, 대개 쾌괘(☱)에서 취하였다.

- 書 : 글 서 / 契 : 문서 계, 맺을 계

강의

① **상고 결승이치** : 옛날에는 노를 꼬면서 정치를 하였어요. 큰 사건은 크게 매듭짓고 작은 사건은 작게 매듭짓고, 기결旣決은 아예 옭매고 미결未決은 헐겁게 했습니다.

② **후세성인 역지이서계** : 그런데 사람의 기억력은 한계가 있고, 사건은 자꾸 늘어났기 때문에 노끈 매는 것으로는 일을 다 처리할 수가 없었어요. 그래서 글자를 발명하고 문서로 옮겨 기록하게 되었는데, 이렇게 문서사회가 된 것은 택천쾌괘의 상에서 영감을 얻어 서계書契를 만든 덕분이라는 겁니다.

③ **백관이치 만민이찰** : 전에는 노를 꼰 사람만 알았지 다른 사람은 몰랐습니다. 그런데 문서에 정치하는 법령을 옮겨놓게 되니까, 백관은 문서로 정치를 하게 되고, 만민은 그 정치를 잘했나 못했나 문서를

보고 알게 되었지요. 이렇게 해서 관官은 문서로 다스리고 민民은 그 다스린 문서를 보고 살피게 된 것입니다.

④ **개취저쾌** : '쾌夬'는 결단하는 것입니다.* 아래의 다섯 양효들은 결단된 기결이고, 맨 위의 음효 하나만 미결입니다. 기결이냐 미결이냐의 여부는 정치하는 문서에 달려 있습니다. 문서는 어떻게 만들었나? 내괘·내호괘·외호괘 건삼련(☰)의 단단한 돌이나 대나무에 외괘 태상절(☱)의 날카로운 쇠붙이로 새겨서 글자를 쓰는 것입니다. 예전에 종이가 없을 때 도필리刀筆吏라는 관리가 칼로 글자를 새겼지요. 이렇게 쾌괘로 인해서 문서사회가 이루어졌네요.

괘는 열셋이요, 사회는 열두 사회가 이루어졌습니다. 이게 모두 괘에서 성인이 착안하여 만들어내서 사회에 기여했고 사회를 발전시켰다고 공자께서 하신 말씀입니다.

▍총설

이 장은 성인이 덕德을 높이고 위位를 얻어 천하를 다스림에, 비물치용備物致用하고 입상성기立象成器하여 공업功業을 이루는 것을 말했습니다.

「계사상전」 2장이 복서卜筮로 괘를 얻는 체라면, 「계사하전」 2장은 괘상을 보고 제기制器하는 용이 됩니다. 문자도 없고 미개했을 때

---

* 쾌괘 「단전」, 「서괘전」, 「잡괘전」 : 夬는 決也라.

복희씨가 천문 지리 인사를 두루 살피되, 멀리는 모든 물건에서 취하고 가까이에는 자기 자신에서 알아내 비로소 8괘를 그리고, 괘상을 보아 정치·경제의 수단으로 삼았으며, 괘에서 취상하여 여러 가지 생활에 필요한 기구를 만들어 인류사회를 발전시켜왔다는 것을 각 괘와 그 괘에서 알아 낸 물건들로써 말씀했네요.

그래서 역은 '수시변역隨時變易'하는 것입니다.

右 第 二 章

이상은 제 2장이다.

계사하전 제 3 장

是故로 易者는 象也니 象也者는 像也요
시고 역자 상야 상야자 상야

象者는 材也요 爻也者는 效天下之動者也니
단자 재야 효야자 효천하지동자야

是故로 吉凶이 生而悔吝이 著也니라.
시고 길흉 생이회린 저야

직역 이렇기 때문에 역은 상이니, 상이라는 것은 형상이다. 단이라는 것은 재질이며, 효라는 것은 천하의 움직임을 본받은 것이니, 이렇기 때문에 길함과 흉함이 생기고, 뉘우침과 인색함이 (역에 의해) 드러나는 것이다.

- 象 : 코끼리 상. 여기서는 이치로서의 象을 말한다. / 像 : 형상 상(사람이 모사한 상), 본뜰 상 / 材 : 재목 재 / 著 : 나타날 저

강의

① **시고 역자상야 상야자상야** : 공자께서 2장에서 13괘의 괘상을 들어 사회발전에 대해서 말씀하셨으므로, 여기 3장 첫머리에 "이렇기 때문에 역은 상象이라."고 하셨습니다. 상을 보았기 때문에 세상을 발전시킬 수 있었고, 백성이 이용할 수 있는 물건을 만들어내지 않았겠어요? 그래서 상이라는 것은 본떴다는 '상像'과 같다고 하였습니다.
　주역은 무한정한 의미를 설명한 글이므로 대개 글자 옆의 부수를

빼고 표현합니다. '형상 상象' 자는 '사람 인人' 변에 '코끼리 상象'을 한 '형상 상像' 자에서 '인亻' 변을 빼놓은 것입니다. 왜 뺐는가 하면, 우주자연의 상 전체를 말한 것이지, '사람이 만든 상'만을 의미하는 것이 아니기 때문이지요.

② **단자 재야** : '단(단사 또는 괘사)'은 괘의 재질을 놓고 말한 것이고, '상(효사)'은 괘의 생김새(대상大象)와 효의 생김새(소상小象)를 보고 말한 것입니다.

　'단彖'이라는 것은 '재목 재材', 즉 '나무 목木'변에 '재주 재才'를 한 재목을 말합니다. 이 괘를 구성하는 재목, 덕목, 능력이라는 뜻이지요.*

③ **효야자 효천하지동자야** : 괘를 구성하는 것은 효爻인데, 이 효는 천하의 움직임을 본받은 것이죠. '본받을 효'에는 효效 또는 효効자를 쓰지만, 이 글자들은 손으로 본받고 힘써 가공해서 본받는다는 뜻으로 한계가 있지요. 그래서 우주자연을 있는 그대로 본받는다는 뜻으로 그저 간단하게 '효爻'라고 한 것입니다. 천하의 모든 움직임을 인위적으로 가공해서 본받지 않고 있는 그대로 본받는다는 것이지요.**

---

* 단彖은 문왕文王이 괘를 판단하여 붙인 괘사(단사)로, 한 괘의 덕德을 보고 붙인 말이니, 줄기를 말한 것이다.

** 효는 상象이 동하는 것을 본받은 것이니, 천하 만물의 움직임을 각 시기별로 말한 주공의 효사를 뜻한다. 천하의 움직임은 때와 장소 그리고 처한 위치가 다르므로 그 피흉취길하는 방법이 다르다. 따라서 천하의 동함에 따라 각기 다르게 본받아야 하므로, '효천하지동자'라고 하여 그 줄기에서 뻗어나간 가지를 말한 것이다

④ **시고 길흉생이 회린저야** : 천하의 움직이는 것을 본받아서 잘 움직이면 길하고 잘못 움직이면 흉하지요. 뭐는 어디까지 움직이더니 멸망하고, 뭐는 어디까지 움직이더니 큰 이득을 보았고 하는 것을 모두 효 속에다 담았기 때문에, 천하의 이치를 본받은 효 속에는 좋고 나쁜 길흉이 다 언급되어 있습니다.

외괘의 중中을 얻거나 내괘의 중을 얻으면 좋지요. 중도를 잘 지키면서 살아가니까요. 효에는 육오六五와 같이 음이 양자리에 있지만 중을 얻은 것, 구사九四같이 양이 음자리에 있어서 중도 못 얻고 제자리에 있지도 못한 것, 그리고 초구初九·구삼九三 같이 중을 얻지 못하였지만 제자리에 있는 것, 구오九五와 육이六二처럼 중과 정을 다 얻은 것 등등 여러 형태가 있습니다.

또 중을 얻은 것도 진하련(☳)의 중을 얻은 것, 곤삼절(☷)의 중을 얻은 것 등등 상황이 모두 다르지요. 그래서 길하고 흉한 것이 모두 효에서 나오고, 뉘우침과 인색함이 나타나는 것입니다.

흉凶한 것은 아주 나쁜 것이고, 인(吝 : 인색한 것)은 흉한 데로 가는 것이고, 길吉한 것은 아주 좋은 것이고, 회(悔 : 뉘우치는 것)는 개과천선하기 때문에 길한 데로 가는 것이지요. 괘상과 효변에서 이런 길흉과 회린이 나타나고, 그것을 효사로 써놓아서 누구나 알 수 있게 한 것입니다.*

---

* 길과 흉은 이미 결과가 드러난 것이므로 '생겨난다(生)'라 하였고, 회와 린은 아직 드러나지 않고 마음속에 있는 것이므로 '나타난다(著)'라고 하였다.

▎총설

 이 장은 역의 상象 속에 천하 만물의 재질과 움직임이 모두 포함되어 있으니, 먼저 상을 보고 나중에 그에 매인 단사와 효사를 보면 길흉회린을 알 수 있음을 밝혔습니다.

 쌍호호씨雙湖胡氏가 "이 장은 괘상과 단사 및 효사를 설명하고, 인사적으로 회린悔吝과 길흉吉凶이 나타나는 연유를 논했으니, 괘사와 효사는 모두 실득失得으로 인한 응보가 아님이 없음을 밝혔다. 그리고 사람이 상을 관찰하고 거기에 쓰여 있는 말을 완미할 때에, 후회하는 마음을 두고 허물을 고치는 데 인색하지 않으면 길하게 되고 흉하게 되지 않을 것임을 알게 한 것이다."*라고 했습니다.

右 第 三 章
이상은 제 3장이다.

---

* 『주역전의대전』, 「계사하전」: 雙湖胡氏曰 此章은 說卦象及彖辭爻辭하고 論人事之悔吝至吉凶而始著하니 蓋卦爻辭│ 无非所以明得失之報하고 欲人觀象玩辭之際하야 知有悔心而不吝於改過면 庶幾有吉而无凶耳라.

계사하전 제 4 장

陽卦는 多陰하고 陰卦는 多陽하니
양괘   다음   음괘   다양

其故는 何也오? 陽卦는 奇요 陰卦는 耦일새라.
기고   하야   양괘   기   음괘   우

其德行은 何也오?
기덕행   하야

陽은 一君而二民이니 君子之道也요
양   일군이이민   군자지도야

陰은 二君而一民이니 小人之道也라.
음   이군이일민   소인지도야

직역 양괘는 음효가 많고 음괘는 양효가 많으니, 그 이유는 어째서인가? 양괘는 홀수(기수)이고, 음괘는 짝수(우수)이기 때문이다. 그 덕행은 어떠한가? 양(양괘 : ☳, ☵, ☶)은 임금(양효) 하나에 백성(음효)이 둘이니 군자의 도이고, 음(음괘 : ☴, ☲, ☱)은 임금(—)이 둘에 백성(--)이 하나니 소인의 도이다.

- 奇 : 홀 기 / 耦 : 짝 우

강의

① 양괘다음 음괘다양 기고하야? : 이 장에서는 공자님이 자문자답식으

로 양괘와 음괘에 대해서 설명을 하셨네요. 여기서 양괘는 진(장남 ☳), 감(중남 ☵), 간(소남 ☶)을 말하고, 음괘는 손(장녀 ☴), 리(중녀 ☲), 태(소녀 ☱)를 말합니다. 부모인 건(부 ☰)과 곤(모 ☷)은 순양순음괘이므로 여기서는 제외가 됩니다.

그런데 양괘는 양효 하나에 음효는 둘이라서 음이 많고, 음괘는 음효 하나에 양효 둘이라서 양이 많네요. 양괘에 양의 성질이 많고 음괘에 음의 성질이 많아야 할 것 같은데, 괘상으로는 오히려 양괘가 음이 많고 음괘는 양이 많습니다. 그래서 '그 까닭은 어째서인가?' 하고 공자께서 자문自問하신 거지요.

② **양괘기 음괘우** : 양괘는 홀수인 기奇가 되고 음괘는 짝수인 우耦가 되기 때문이라고 스스로 답하셨습니다. 기수는 1, 3, 5, 7, 9이고 우수는 2, 4, 6, 8, 10인데, 기수로 떨어지는 것은 양괘고 우수로 떨어지는 것은 음괘라는 것이죠.

이것은 괘획에 있어서 1양 2음인 양괘는 다섯 획이라서 홀수로 떨어지고, 1음 2양인 음괘는 네 획이라서 짝수로 떨어진다는 말입니다.* 양괘는 음이 많은 것 같지만, 그어놓은 괘획의 숫자가 홀수로 떨어지므로 양괘가 되고, 음괘는 양이 많은 것 같지만 우수로 떨어지므로 음괘가 된다는 말씀이지요.

---

* 양효(━)는 한 획이고 음효(╍)는 두 획이니, 양괘는 다섯획(1+2×2=5)으로 기수이고, 음괘는 네획(1×2+2=4)으로 우수이다. 기수는 양의 수요, 우수는 음의 수이니, 다섯 획괘(震·坎·艮)가 양괘가 되는 것이고, 네 획괘가 음괘(巽·離·兌)가 되는 것이다.

③ 기덕행 하야? 양 일군이이민 군자지도야, 음 이군이일민 소인지도야 : 그렇다면 '양괘와 음괘의 덕행은 어떠한가?' 하고 또 자문하십니다.

양괘는 임금은 하나인데 백성은 둘이니 군자의 도이고, 음괘는 임금은 둘인데 백성은 하나이니 소인의 도라고 자답自答하셨네요.

양효와 양괘는 군자이고 임금이며, 음효와 음괘는 소인이며 신하로 봅니다. 지도자는 적고 실천하는 사람이 많아야 위계질서가 바로 서고 평안해집니다. 공무원이 일반인보다 많다고 생각해 보세요. 세금도 많이 내야하고, 제약도 점점 늘어납니다. 이건 소인의 세상이지요.

▌총설

이 장은 8괘의 음양을 논함으로써 군자와 소인의 도道를 밝혔습니다. 쌍호호씨雙湖胡氏도 "이 장은 오로지 팔괘의 음양 획수를 가지고 군자와 소인의 도를 나눈 것이다."*라고 했지요.

右 第 四 章

이상은 제 4장이다.

---

* 『주역전의대전』, 「계사하전」 : 雙湖胡氏曰 此章은 專以八卦陰陽畫數로 分君子小人之道니라.

계사하전 제 5 장

易曰 憧憧往來면 朋從爾思라 하니
역왈 동동왕래 붕종이사

子曰 天下ㅣ 何思何慮리오!
자왈 천하 하사하려

天下ㅣ 同歸而殊塗하며 一致而百慮니
천하 동귀이수도   일치이백려

天下ㅣ 何思何慮리오!
천하 하사하려

직역 역(함괘 구사효)에 말하기를 "자주 자주 가고 오면 벗이 네 생각을 따른다."고 하니, 공자께서 말씀하시기를, 천하가 무엇을 생각하고 무엇을 염려하겠는가! 천하가 돌아가는 곳은 같아도 길이 다르며, 이루는 것은 하나지만 생각은 백 가지이니, 천하가 무엇을 생각하며 무엇을 염려하겠는가!

- 憧 : 자주 동 / 爾 : 너 이 / 殊 : 다를 수 / 塗 : 길 도

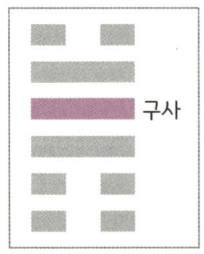
구사

강의

① **역왈 동동왕래 붕종이사** : 이 말은 택산함괘 구사를 두고 하는 말입니다. 위에는 태상절(☱) 소녀이고 아래에는 간상련(☶) 소남으로, 소녀와

소남이 만났네요. 남녀가 만나서 서로 교감을 하는 것이죠.

'다 함咸'은 교감, 즉 '느낄 감感' 자와 통하는데, '마음 심心'을 뺐습니다. 그러니까 마음으로만 느끼는 것이 아니고 온 몸으로 다 느낀다는 겁니다. 한계가 없는 것이죠. 음양의 이치를 느끼면 다 느끼는 것 아니겠어요?

함괘의 초육은 발가락으로 느끼고, 육이는 장딴지로 느끼고, 구삼은 넓적다리로 느끼고, 구사는 중심에서 느끼는 것이죠. 마음이 서로 하나가 되고, 실제적으로 남녀가 교합하여 동동왕래(憧憧往來 : 자주자주 오고 감)하는 자리입니다. 느끼는 여섯 자리 중에서 극치의 자리가 되지요.

남자와 여자가 서로 교감을 하는데, 일치된 생각으로 동동왕래를 합니다. 그래서 자주자주 오고 가는 동동왕래를 하면, 또는 실제로 교합하여 쾌감을 느끼는 동동왕래를 하면, 또 친구를 사귈 때도 보고 싶어서 동동왕래를 하면 생각이 같아지는 것입니다.

② 자왈 천하 하사하려! : 주공의 효사에 대해 공자께서 "천하에 어찌 생각하고 무엇을 염려하겠는가!"라고 풀이하셨네요. '생각'이라고 했는데 도대체 그 생각이란 게 무엇이냐는 말이지요.*

구사는 신하의 자리이고 초육은 백성의 자리로, 서로 응하는 자리이지요. 그런데 신하와 백성이 사사로이 친해서 서로 동동왕래를 하

---

* 공자께서는 삿된 생각으로 좇다 보면 이루어지는 것이 없으니, 지공무사하고 무사무위한 가운데 통해야 함을 말하셨고, 또 "言致一也(하나를 이룬다)"가 된다고 말씀하셨다.

면 나라 일에 지장이 많습니다. 한쪽으로 치우치기 때문이죠.

'사思'는 '밭 전田' 밑에 '마음 심心'을 했네요. 생각이라는 건 마음의 밭인데, 그 밭에다 곡식을 심어야 열매를 맺는 것이지요. 곡식이 나오냐, 풀이 나오냐, 열매를 잘 맺느냐 하는 것은 다 밭에 달렸습니다. 마음밭을 어떻게 이용하느냐에 달린 것이죠.

생각을 잘 하면 이로운 것이고 못하면 망치는 것이니, 생각이 악하냐 선하냐에 따른 것입니다.

③ 천하 동귀이수도 일치이백려 천하 하사하려! : 돌아가는 것은 결국 한 군데로 돌아가므로 이치는 분명 하나인데, 길도 다 각각이고 생각하는 것도 제각각이라는 겁니다.

사람은 생생生生 즉 낳고 또 낳으며, 길러주고 또 길러주면서 인류를 번창시키는 한 가지 길로 나갑니다. 또 태어난 사람은 반드시 죽는 길로 가지요. 이렇게 목적도 같고 갈 곳도 같은데, 그 길을 가는 방법이 다 틀리고 목적에 대한 생각도 다 다르다고 하는 거지요.

공자님 말씀에 "역은 생각함도 없고 인위적인 것도 없어서 고요히 움직이지 않다가, 느껴서 드디어 천하의 이치에 통한다. 천하의 지극한 신이 아니면 그 누가 이런 경지에 참여할 수 있겠는가?"*라고 하셨지요. 그러니까 '적연부동(고요히 움직이지 않음)'은 느끼는 감감의 본체가 되고, '감이수통(느껴서 드디어 천하의 이치에 통함)'은 감감의 작용이 되는 겁니다. 잡된 생각이나 욕심 같은 것을 가지고 있어봤자 뭐

---

* 「계사상전」 10장 : 易은 无思也하며 无爲也하야 寂然不動이라가 感而遂通 天下之故하나니 非天下之至神이면 其孰能與於此리오?

가 됩니까? 아무것도 안 되죠. 그래서 '하사하려何思何慮리오?'라고 한 겁니다.* '뭘 생각할 게 있느냐? 생각이란 게 좋은 건 아니다. 아예 생각을 않는 가운데에서 깨끗하고 순수하게 통해 나오는 것이다.' 바로 이 말입니다.

'동동왕래'라고 하는 순간 벌써 잡된 생각으로 오가는 것이죠. 그 이전에 깨끗한 '무사무위(생각함도 없고 인위적인 것도 없음)' 속에서 '감이수통'이 나와야 한다는 겁니다.**

이 아래로 '덕지성야德之盛也'까지는, 모두 자연의 정당한 동동왕래를 말하여 천하의 이치가 하나로 돌아감을 말했어요.

日往則月來하고 月往則日來하야
일 왕 즉 월 래   월 왕 즉 일 래

日月이 相推而明生焉하며
일 월   상 추 이 명 생 언

寒往則暑來하고 暑往則寒來하야
한 왕 즉 서 래   서 왕 즉 한 래

---

* '동귀'나 '일치'하는 것이 자연의 이치이나, 사람의 사욕私欲이 앞서므로 '수도'하고 '백려'하는 것이니, 공자께서 '하사하려'를 거듭 말하여 한탄하신 것이다.

** 동귀이수도와 산행 : 송구봉宋龜峰선생은 산행山行이라는 시詩에서
山行忘坐 坐忘行/산 가다보니 앉을 줄 모르고, 앉아 있다보니 갈 줄 모르네
歇馬松陰 聽水聲/소나무 그늘 아래 말을 매고, 물소리를 듣는구나
後我幾人 先我去/나보다 먼저 몇 사람이나 갔으며, 뒤에 몇 사람이나 올꼬
各歸其止 又何爭/제각기 갈 곳을 가건만 어찌하여 다투기만 하는가
라고 하여 끊임없이 오고 감이 다 한가지로 돌아가는 것임을 읊었다.

寒暑ㅣ 相推而歲成焉하니
한서   상추이세성언

往者는 屈也요 來者는 信也니
왕자   굴야   래자   신야

屈信이 相感而利生焉하니라.
굴신   상감이이생언

직역 해가 가면 달이 오고 달이 가면 해가 와서, 해와 달이 서로 밀쳐서 밝음이 생기며, 추위가 가면 더위가 오고 더위가 가면 추위가 와서, 추위와 더위가 서로 밀쳐서 한 해가 이루어진다. 가는 것은 굽힘이고 오는 것은 펴는 것이니, 굽히고 폄이 서로 느껴서 이로움이 생긴다.

- 屈 : 굽을 굴, 굽힐 굴 / 信 : 펼 신(≒伸)

강의

① 일왕즉월래 월왕즉일래 일월 상추이명생언 : 해는 달을 느끼고 달은 해를 느끼는 데서 서로 응하며 오고 갑니다. 해가 지면 달이 뜨고 달이 지면 해가 뜨는 것이죠. 이것을 감응感應이라고 합니다.

느끼는 것은 빠릅니다. '일왕즉월래, 월왕즉일래'가 생각을 해서 되는 것이 아니지요. 저절로 감응해서 오고 가는 것입니다. 이렇게 감응해서 서로 밀치면 낮이나 밤이나 밝음이 생기지요. 우리가 밝은 걸 만들자는 상의도 없고 생각도 안했는데, 자연스럽게 해와 달이 느끼는 가운데 밝음이 나오는 것입니다.

그래서 '해 일日'에 '달 월月' 자를 합해서 '밝을 명明'이라고 합니다. '무사무위无思无爲 하사하려何思何慮'인 것이죠. 무슨 생각을 가지고 이루어지는 것이 아니지요.

② 한왕즉서래 서왕즉한래 한서 상추이세성언 : 한서의 왕래 또한 일월의 왕래와 마찬가지네요. 추위가 가면 더위가 오고 더위가 가면 추위가 와서, 한 번은 여름이 되어 더위가 오고 한 번은 겨울이 되어 추위가 옵니다.

가장 음이 극성한 동지에서 양이 발생해서 자라다 음력 4월이 되면 양이 극성해집니다. 또 가장 양이 극성하다는 하지에서 음이 발생해서 자라다 음력 10월이 되면 음이 극성해지지요. 이렇게 해서 음양이 한서로 오가는 동안에 1년 한 해가 이루어집니다.

추웠다 더웠다 하더니 마침내 한 해를 이루었네요. 이것도 '무사무위 하사하려'로 서로가 생각하거나 좋아해서 되는 건 아니죠. 그저 추위와 더위가 서로 밀쳐내는 감응을 해서 한 해를 이루는 것입니다.＊

③ 왕자굴야 래자신야 굴신 상감이이생언 : 그래서 해가 지고 달이 지는 것은 굽히는 것이고, 해가 뜨고 달이 뜨는 것은 펴는 것이니, 이 굽히고 펴는 것이 서로 느끼는 가운데 밝음이라는 이로움이 생기고 한 해를 완성하는 이로움이 생기네요.

여기서 '신信'은 '펼 신伸' 자와 같은 뜻이죠. 신용이 있어야 자신의 뜻을 펴지 않겠어요? 또 '펼 신伸' 자는 '사람 인'에 '거듭 신申' 자로

―――――――
＊ 외호괘인 건(☰)은 서북방으로 추위를 맡아 행하고 내호괘인 손(☴)은 동남방으로 더위를 맡아 행하니, 추위와 더위가 서로 밀쳐내며 한 해(歲)를 이루는 상이다.

되어 있지요. 이 '신㽉'은 밭에 곡식을 심어서 기른다는 뜻이 들어 있어요.

'밭 전田'이라는 건 사방으로 '흙 토土'를 하였으므로 땅을 말합니다. 땅 한가운데 씨를 뿌리면 아래로 뿌리를 내려 '갑옷 갑甲'이 되지요. 이것이 굴屈입니다. 뿌리를 내린 갑甲이 을乙로 꼬불꼬불 움직여 쭉 펴나오는 것은 신(信≒伸)이네요. 그래서 '귀신 귀鬼' 자는 꼬부린 모양이고, '귀신 신神' 자는 펼치는 모양입니다.

즉 '갑옷 갑'에서 뿌리를 귀(鬼≒歸)로 내렸다가 신神으로 땅밖으로 나오게 됩니다. '납 신㽉' 자 옆에 '보일 시示'를 한 것이 바로 신神인데, 귀신을 알려면 '신㽉'의 이치를 알아야 한다고 해서 '보일 시示' 자를 넣게 되었습니다. 땅 속으로 꼬부라진 싹은 귀이고 음이며, 땅 위로 터져 나오는 것은 신이며 양입니다. 죽은 것은 다 꼬부라진 것이고 산 것은 쭉 펴서 나오는 것이고, 지나간 것은 다 죽은 것이고 앞으로 올 것은 모두 산 것이죠.

이렇게 왕굴래신往屈來信, 굴해서 한 번 가고 신해서 한 번 오는 가운데 음양이 느끼는 것입니다. 일월의 굴신이 아니면 밝게 되는 이로움이 없고, 한서의 굴신이 아니면 한 해의 세歲를 이루는 이로움이 없고, 지나간 일이 없으면 미래가 없습니다. 굴과 신이 합해져야 '명明'을 이루고 '세歲'를 이루는 등 성공을 하는 거니까, 굴을 나쁘다고 싫어하고 신을 좋다고 기뻐만 할 일이 아닌 것이지요. 하나의 성공을 위해서 가는데(同歸, 一致), 생각이 다르고 길이 다를 뿐입니다(殊塗, 百慮).

> 尺蠖之屈은 以求信也요 龍蛇之蟄은 以存身也요
> 척확지굴   이구신야   용사지칩   이존신야
>
> 精義入神은 以致用也요 利用安身은 以崇德也니
> 정의입신   이치용야   이용안신   이숭덕야

계사하전 5장

직역 자벌레가 굽히는 것은 폄을 구하는 것이고, 용과 뱀이 움츠림은 몸을 보존하기 위함이며, 의리를 정미롭게 하여 신묘한 데 들어감은 쓰임을 이루고자 함이고, 쓰는 것을 이롭게 해서 몸을 편안히 함은 덕을 높이고자 함이니,

- 尺蠖 : 자벌레 / 蛇 : 뱀 사 / 蟄 : 업드릴 칩 / 精 : 깨끗할 정

강의

① 척확지굴 이구신야 용사지칩 이존신야 : 앞의 '굴신상감'에 대한 구체적인 예를 몇 가지 든 것입니다. 척확尺蠖은 자벌레를 뜻합니다. 자벌레가 굽혔다 폈다 하면서 앞으로 나가는 것이 마치 자로 길이를 재는 것 같다 해서 자벌레라고 합니다. 그 자벌레가 굽히는 이유가 뭐냐(屈)? 쭉 펴서 앞으로 나가는 것이 목적이라는 겁니다(信).*

또 용과 뱀이 겨울 동안 땅속에 엎드려 있는 것은(屈), 추위로부터 몸을 보존했다가 봄의 경칩 때 밖으로 나오기 위함이라(信)고 했습니

---

* 자벌레에 대한 시가 있습니다. "척확尺蠖이 척지尺地에 척기척尺幾尺고?" '자벌레가 땅을 재는 데 그 땅이 몇 자냐?'라는 거지요. 그런데 저 위로는 북두칠성이 있어요. 북두칠성을 북두北斗 또는 두수斗宿라고 해서 '말 두斗' 자로 표현하지요. 자벌레시에 대한 대구로 "두우斗牛ㅣ 두천斗天이 두칠두斗七斗라." 즉 '북두가 하늘을 말질하는데 그 말수가 일곱 말이더라'고 하는 겁니다.

다. 굴했다 신했다 하면서 이로움을 만들며 살아간다는 거지요.*

② 정의입신 이치용야 : 또 의리를 정미롭게 해서 신의 경지에 들어가는 것은, 다름이 아니라 자신의 쓰임을 다 하려는 것이라고 했어요. 사람이 학문을 한다든지 도를 닦는다든지 하는 것을 공연히 하는 게 아닙니다. 세상에 나가 구제창생하는 보람을 한 번 세우겠다는 것이죠.

정의입신은 공연히 심심해서 하는 게 아니라 잘잘못을 가리는 의리를 정미롭게 하고, 잡념을 버리고 뜻을 깨끗이 정미하게 연마하여 신의 경지에 쏙 들어가는 것입니다. 불교에서 참선參禪을 한다든지 유교에서 관觀공부를 한다는 것이고, 그렇게 신의 경지에 들어가서 세상에 뜻을 펴려는 것이죠.

'치용'은 쓸모를 다 이루는 것입니다. 그러니까 '정의입신'은 내적인 체가 되고, '치용'은 외적인 용이 됩니다. 내적으로 정의입신이 되었을 때에 외적으로 치용이 나오는 게 아니겠어요? 외적으로 세상에 쓰는 것을 이루려면 먼저 내적으로 정의입신을 해야 합니다.

③ 이용안신 이숭덕야 : '정의입신'으로 그 쓰임을 다 이롭게 하고 내

---

* 구사가 동하면 감(☵ : 교유矯輮이니 구부러진 것을 편다는 뜻에서 자벌레가 나오며, 외호괘가 건룡乾龍이며 또 내괘를 도전하면 진룡震龍이니 용사龍蛇가 칩거하는 상이다. 외괘 감중련 자벌레가 내괘 간상련 산위에서 구부림은 더 멀리 가고자 함이고, 외호괘 및 내괘 용龍이 외괘 태택兌澤 밑에 칩거함은 때를 기다리며 몸을 보존하는 것이다. 구사가 변한 지괘之卦가 수산건괘로, 나아가지 않고 멈추는 뜻이 있다.

몸을 조금도 흐트러지지 않게 안정토록 하는 것은(利用安身)* 안으로 덕을 숭상하기 위한 것입니다(以崇德也).

'이용안신'은 외적인 것이고 '숭덕'은 내적인 것이죠. 그렇지 않겠어요? '정의입신'을 내적으로 하고 '치용'을 외적으로 하면서, 밖으로 '이용안신' 하니까 안으로는 덕이 자꾸 쌓여서 '숭덕'이 되네요.

계사하전 5장

> 過此以往은 未之或知也니 窮神知化ㅣ 德之盛也라.
> 과차이왕   미지혹지야   궁신지화   덕지성야

직역 이것 이상은 혹 알 수 없으니, 신묘함을 궁구하고 조화를 아는 것이 덕의 성한 것이다.

- 過 : 지날 과 / 窮 : 다할 궁

강의

① 과차이왕 미지혹지야 : 그런데 위에서 설명한 것 이외의 것에 대해서는 공자님 자신도 알지 못하겠다고 했습니다. 성인이 모를 리가 없지만, 일반인들에게 앞서 설명한 굴신왕래屈伸往來의 이치만으로도 충분하다고 강조하신 거지요.

---

* '이용안신'은 세상을 위하여 절도 있게 처신한다는 뜻으로, 군자가 자기 몸을 편안히 하는 것(屈)은 장차 세상을 위해 인애仁愛의 덕을 펴려는 뜻을 숭상하는(信) 것이다.

② **궁신지화 덕지성야** : 그러나 사람은 몇 발짝을 가든, 천릿길을 가든 간에 신을 궁구해서 변화됨을 알아야 해요. 그래야 덕이 성대해집니다. 신을 궁구해서 신의 이치에 통하면,* 그 통한 신의 이치대로 세상이 변화합니다.

그렇게 되면 신의 조화가 그냥 세상에 전부 펼쳐지게 되는데, 이것은 후천을 얘기하는 것입니다. 그래서 '미지혹지야'의 '미未'는 곧 후천을 지적해서 하는 말이지요, '자축인묘진사'까지는 선천(오전)이고, 오午는 중천, 그리고 미未부터 '신유술해'까지는 후천(오후)인데, 그 첫 시간이 바로 '미'네요. 그래서 1원元·12회會·12만 9600년을 주기로 운행하는 하늘의 도수가, 이 미회未會에 이르면 완전히 후천이 되는 것입니다.

'미지혹지야未之或知也니', 즉 미회에 가면 알 수 있으니, 그때 가면 모두가 '궁신지화'가 된다. 그것은 무엇이냐? '덕지성야德之盛也라', 그만큼 모든 사람의 덕이 성대해졌기 때문이라는 것이지요.**

---

* 유교儒敎도 '신神'을 강조한 것을 여기서 알 수 있다.
** 대과괘(大過卦 : 선천 마지막괘)를 지나서 후천의 함괘(咸卦 : 선천의 처음괘)가 온다. 그래서 함괘를 설명하면서(過此以往) '미지未知'와 '궁신지화'를 말한 것이다.

易曰 困于石하며 據于蒺藜라.
역왈 곤우석　거우질려

入于其宮이라도 不見其妻니 凶이라 하니
입우기궁　　불견기처　흉

子曰 非所困而困焉하니 名必辱하고
자왈 비소곤이곤언　　명필욕

非所據而據焉하니 身必危하리니
비소거이거언　　신필위

旣辱且危하야 死期將至어니 妻其可得見邪아?
기욕차위　　사기장지　처기가득견야

직역 역(곤괘 육삼효)에 말하기를 "돌에 곤하며 가시덤불에 웅거해 있다. 그 집에 들어가도 아내를 볼 수 없으니 흉하다."고 하니, 공자께서 말씀하시기를 "곤궁하지 않을 데서 곤궁해 있으니 이름이 반드시 욕되고, 웅거할 곳이 아닌데 웅거하니 몸이 반드시 위태해질 것이니, 이미 욕되고 또 위태해서 죽을 때가 장차 이를 것이니, 아내를 볼 수 있겠는가?"

▪ 據 : 웅거할 거 / 蒺 : 가시 질 / 藜 : 가시 려

강의

육삼

① 역왈 곤우석 거우질려 입우기궁 불견기처 흉 : 택수곤괘(䷮) 육삼효를 두고 한 말이죠. 곤괘困卦는 못에 물이 없어서 곤하고, 나무가 가지를 뻗지 못해 곤한 괘인데,* 특히 육삼효는 음이 양자리에 있고, 구이 양효를 올라타고 있으며(승강乘

剛), 상육과 음양응도 되지 않고, 중도 못 얻어서 참으로 나쁜 자리입니다.

　이 나쁜 자리를 놓고 성인이 어떻게 말씀하셨냐 하면, 앞으로 나아가려니 구사가 돌처럼 꽉 막아서 못나가게 하고(困于石),* 앉아 있으려니 구이가 가시덤불이 되어 찔러온다고 했네요(據于蒺藜).** 할 수 없이 집으로 돌아가려 해도 제일 친한 아내를 보지 못하게 되었다는 겁니다. 정응이 아내인데, 상육하고는 음양응이 안되니 만나지 못하는 거지요. 그러니 이것이 흉함이 아니고 무엇이냐는 것이지요(入于其宮 不見其妻 凶).

② 자왈 비소곤이곤언 명필욕 비소거이거언 신필위 : 그래서 공자님께서, 거처할 곳이 못되는 곤궁함을 겪는 자리에 있으니 처신을 잘 못한다는 질책의 욕을 당하고(非所困而困焉 名必辱), 웅거하며 머무를 수 없는 위험한 곳에 있기 때문에 몸이 반드시 위태해진다고 한 것입니다 (非所據而據焉 身必危).

③ 기욕차위 사기장지 처기가득견야 : 이미 구사한테 욕을 당하고, 구이

---

* 괘명인 '困'은 동방 '木'이 울 안(口)에 갇혀 있어 가지를 못 뻗고 있는 상태를 표시한 것이며, 물이 없으니 더욱 곤하다
* 상괘 태(☱)를 배합하면 간(☶ : 小石)이고, 또 구사가 강건한 양효이므로 돌에 비유된다. 육삼이 군자인 구사를 가리고 자신을 드러내려 하니 곤困한 것이다. 가리려고 하지 않으면 곤할 것도 없지만 굳이 가리려 하니, 세상 사람들로부터 지탄을 받게 되므로 '명필욕名必辱'하게 된다.
** 하괘 감(☵)은 가시덤불의 상이고, 육삼이 구이의 강한 양을 탔으니 '신필위'하게 되는 것이다. 욕을 먹고 위태하게 되었으니 장차 죽는 것을 기다릴 수 밖에 없는 것이다.

한테 찔리는 위태함을 당해서 죽을지도 모르는데, 어떻게 정응을 찾아서 만날 수 있겠냐고 경계하신 겁니다.*

易曰 公用射隼于高墉之上하야 獲之니 无不利라 하니
역왈 공용석준우고용지상   획지   무불리

子曰 隼者는 禽也요 弓矢者는 器也요 射之者는 人也니
자왈 준자   금야   궁시자   기야   석지자   인야

君子ㅣ 藏器於身하야 待時而動이면 何不利之有리오?
군자   장기어신   대시이동   하불리지유

動而不括이라 是以出而有獲하나니 語成器而動者也라.
동이불괄   시이출이유획   어성기이동자야

강의 역(해괘 상육효)에 말하기를 "공이 높은 담 위의 새매를 쏘아 잡으니 이롭지 않음이 없다."고 하니, 공자께서 말씀하시기를 "새매라는 것은 새이고, 활과 화살은 기구며, 쏘는 것은 사람이니, 군자가 기구를 몸에 감추어서 때를 기다려 움직이면 무엇이 이롭지 않음이 있겠는가? 움직임에 막힘이 없다. 이렇기 때문에 나아가서 얻음이 있는 것이니, 기구를 이룬 후에 움직이는 것을 말한다."

▪ 射 : 쏠 석 / 隼 : 새매 준 / 墉 : 담 용 / 禽 : 새 금 / 括 : 맺을 괄, 막힐 괄

---

* 앞 구절에서는 '왕래굴신'이 '궁신지화窮神知化 덕지성야德之盛也'로 가는 것을 말하고, 이 구절에서는 소인의 도道를 말하여 '굴屈'을 예로 들었다.

강의

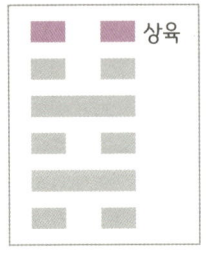

① **역왈 공용석준우고용지상 획지 무불리**: 이 괘는 뇌수해괘의 상육효가 동한 것입니다. 해괘解卦는 모두가 다 풀리는 괘이죠. 모든 문제가 해결되는 것입니다. 내괘인 감중련(☵) 양수羊水 밖으로 외괘인 진하련(☳) 장남이 태어나니 해산解産이고, 감중련 겨울을 지나 진하련 봄이 오니 해동解冬이며, 감중련 험한 함정을 진하련 우레가 빠져나오니 해방解放입니다. 이렇게 모든 것이 풀려나 해결이 됩니다.

이건 다 해결되어 풀리는 시대, 즉 후천시대를 말하는 겁니다. 원한이 쌓였던 시대가 선천이라면 후천은 모든 게 다 해결되고 해원解冤되는 시대이지요. 해괘의 초육·구이·육삼·구사를 거쳐 육오의 정치적인 문제까지 풀리면, 이제 마지막 남은 것은 종교적인 문제입니다.

최후로 종교만 해결되면 완전히 해결되므로, 주공이 "공公이 높은 담 위에 있는 새매를 쏘아 잡으니 이롭지 않음이 없다."고 했네요. 여기서 '공公'은 군자든, 임금이든, 주역을 공부한 이든 여러 가지 뜻으로 말한 것입니다.

② **자왈 준자 금야**: 효사에서 말한 '새매 준隼'은 맹금류라는 겁니다. 새매는 작은 새를 잡아먹는 맹금류로, 날개는 작지만 한 번 날면 한 군데로 새들이 확 몰립니다. 상육이 변하면 이허중(☲) 불괘가 되니, 남방주작南方朱雀의 새가 나오지요.

그런데 새매라는건 남방의 기운으로 잘 지저귀며 새들을 한쪽으로 잘 몰아가기도 해서, 사람들이 확확 모여듭니다. 그 새매를 높은 담 위에서 정확히 쏘아 잡는다는 것이죠.

'남방병초南方炳草'란 담배를 가지고 염소(미未)를 부르면 와요. 남방병초 담배를 가지고 '담배담배'하면 양떼가 막 몰려드는 것입니다. 남방 화기에 서양의 양떼가 모이는 것이지요. 오회午會 다음에 미회未會가 오는 겁니다.

공자님 말씀에, 새매는 날짐승이라고 하셨네요. 주역은 성인의 비결입니다. '준隼' 자는 '새 추隹' 밑에 '열 십十'을 하였는데, 십자가 위에 군림하려는 남방주작이라는 거지요. 새매는 물질만능을 숭상하고 과학문명을 맹종하며 종교에 빠져들며 자기만 옳다고 하는 세력을 말합니다.

또 이 말은 점을 치면 백발백중으로 맞춘다는 뜻도 있어요. '준隼' 자가 '표준 준準' 자와 뜻이 통하니까 새매를 표준으로 삼아 쏜다는 뜻이 되지요. 능력 있는 군자가 화살을 쏴서 맞추면 '해패解悖'가 됩니다. 잘못되고 어긋난 일들이 모두 풀리지요. 다시 새로운 마음으로 시작하는 겁니다. 상효가 동하면 미제괘가 되는 것도 모든 걸 마치고 다시 시작한다는 뜻이지요.

③ 궁시자기야 석지자인야 : 그럼 '궁시弓矢'는 뭐냐? 새매를 잡는 도구이고, 그 도구는 바로 주역입니다. 새매를 쏘는 것은 사람인데, 주역을 공부한 군자를 말하는 것이죠.

④ 군자 장기어신 대시이동 하불리지유 : 그런데 아무리 주역을 공부한 군자라도 그 도구를 몸에 잘 간직하고 잘 익혀야지, 그것을 제대로

닦지 않고 모셔두기만 하면 아무 소용이 없는 것입니다. 그래서 '때가 되면 군자가 확실하게 간직하고 익혔던 도구를 가지고 나가 써먹게 되니, 어찌 잘 되지 않겠는가?'라고 한 것입니다.

⑤ **동이불괄 시이출이유획 어성기이동자야** : '동이불괄'이라고 한 것은 움직임에 매일 것이 없다, 즉 내가 완전히 숙련되게 익힌 완전무결한 무기를 가지고 움직이므로 막힘없이 일사천리로 나가게 된다는 뜻이지요.

그렇기 때문에 나섰다 하면 높은 담 위에 있는 새매를 반드시 잡게 되는데, 이것은 먼저 나 자신이 그릇을 이룬 뒤에 나아가야 가능하다고 하였네요.

뇌수해괘 상육에서 '공용석준'을 이루면 완전히 끝나는데, 이 효가 동하면 주역의 마지막 괘 마지막 효인 화수미제괘 상효로 변합니다. 마지막 남은 미제를 해결한다는 것이죠. '미제未濟'란 본래 아직 건너지 못했다는 뜻이지만, '미未+제濟'로 풀이하면, 후천이 시작되는 미회(未)의 때로 건너가야 한다(濟)는 뜻과, 이 미회가 오면 모든 문제가 해결된다는 비결이 들어 있지요. 그 상구 효사에도 "미덥게 술을 마셔야 한다(有孚于飮酒)."고 하였는데, 이 '음주飮酒'에 또한 동서양의 종교에 대한 비결이 있습니다.*

---

* 수천수괘 상효 참조. 이 귀절은 '장기어신'했다가 '대시이동'하는 군자의 '신信'하는 도道를 말하였다.

子曰 小人은 不恥不仁하며 不畏不義라.
자왈 소인 불치불인 불외불의

不見利면 不勸하며 不威면 不懲하나니
불견리 불권 불위 부징

小懲而大誡 | 此 | 小人之福也라.
소징이대계 차 소인지복야

易曰 屨校하야 滅趾니 无咎라 하니 此之謂也라.
역왈 구교 멸지 무구 차지위야

직역 공자께서 말씀하시기를 "소인은 어질지 못함을 부끄러워하지 않으며, 의롭지 못함을 두려워하지 않는다. 이익을 보지 않으면 권하지 않으며, 위엄이 아니면 징계되지 않으니, 적게 징계해서 크게 경계시키는 것이 소인의 복이다. 역(서합괘 초구효)에 말하기를 '형틀을 신겨서 발꿈치를 멸하니 허물이 없다'고 하니 이것을 말함이다."

- 恥 : 부끄러울 치 / 畏 : 두려워할 외 / 懲 : 징계할 징 / 誡 : 징계할 계 / 屨 : 신길 구 / 校 : 형틀 교 / 趾 : 발꿈치 지

강의

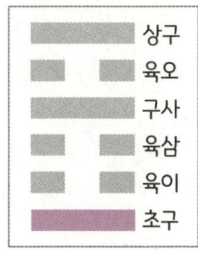

이것은 화뢰서합괘 초구효를 두고 한 말입니다. 서합괘는 64괘 중 옥을 다스리는 괘이죠. 옥을 다스리는 서합괘의 초구와 상구는 죄인이고 육이, 육삼, 구사, 육오는 죄인을 다스리는 옥관들입니다. 초구는 경범죄에 해당하고 상구는 큰 죄에 해당하죠.

① **자왈 소인 불치불인 불외불의** : 초구효를 보고 공자님이 하시는 말입니다. "소인小人은 어질지 못한 일을 해도 부끄러워하지 않고, 의롭지 않은 일을 해도 전혀 두려워하지 않는다."라고 하였네요.

『명심보감』에도 "하루 착한 일을 행함에 복은 오지 않더라도 재앙은 저절로 멀어지고, 하루 악한 일을 함에 재앙은 이르지 않더라도 복은 저절로 멀어진다."*고 하였죠. 눈으로 확인할 수 있는 복이 없으니 어진 행동을 하지 않는 것이고, 눈으로 확인할 수 있는 화가 없으니 두려워하지 않는 겁니다.

② **불견리불권 불위부징** : "좋은 일을 해야 하는데도 자신에게 이롭지 않으면 노력하지 아니하며(不見利 不勸), 형벌주고 벌금 내게 한다고 위협하지 않으면 조심하지 않는다(不威 不懲)."고 했네요.

③ **소징이대계 차 소인지복야** : "조금 잘못했을 때 크게 경계시켜서, 즉 조그만 잘못을 저질렀을 때 일벌백계로 다스려서 더이상 죄를 짓지 못하게 하는 것이(小懲而大誡), 결국은 소인에게 복을 주는 것이다(此 小人之福也)."라고 했네요.

군자가 부끄러워하는 것은 어질지 못함(不仁)이고, 두려워하는 것은 의롭지 못한 것(不義)인데, 소인은 오로지 이익만 추구하네요. 그러니 조금 잘못했을 때 징계하여 큰 잘못을 못하게 하는 것이, 소인에게 포학하게 하고자 함이 아니라 오히려 소인을 위해서 그러는 것

---

* 『명심보감』, 「계선편」 : 一日行善에 福雖未至나 禍自遠矣요 一日行惡에 禍雖未至나 福自遠矣라.

이라는 거지요.

④ **역왈 구교멸지 무구 차지위야** : 그래서 역에 이르길 "족쇄를 채워서 발꿈치를 멸하니 허물이 없다."*고 하였다는 거네요. 서합괘의 초구는 '구교멸지', 즉 족쇄를 발에 채워 꼼짝 못하게 했죠. 내괘는 진하련(☳ 震爲足)이므로 발이 나오지요. 나대지 못하게 해서 죄를 짓지 못하게 하는 것입니다.

이 귀절은 인의仁義에 대한 잘못을 말했는데, 소인이 의義에 어긋남은, 다음 구절에 나오는 것처럼 악을 쌓아 죄가 구체적으로 드러난 것은 아니므로 가벼운 잘못에 해당합니다.

善不積이면 不足以成名이요 惡不積이면 不足以滅身이니
선부적　　부족이성명　　악부적　　부족이멸신

小人이 以小善으로 爲无益而弗爲也하며
소인　이소선　　위무익이불위야

以小惡으로 爲无傷而弗去也라.
이소악　　위무상이불거야

故로 惡積而不可掩이며 罪大而不可解니
고　악적이불가엄　　죄대이불가해

---

* 화뢰서합괘(☲☳) 초구효에 대한 말이다. 서합괘는 형벌을 주는 괘인데 초구는 가벼운 형벌刑罰에 해당한다. 형틀은 발에 씌우는 족쇄가 있고 목에 씌우는 항쇄가 있는데, 초구는 가벼운 형이므로 족쇄를 사용하는 것이다.

> **易曰 何校**하야 **滅耳**니 **凶**이라 하니라.
> 역왈 하교   멸이   흉

직역 "착한 것을 쌓지 못하면 이름을 이룰 수 없고, 악한 것을 쌓지 않으면 몸을 멸하게 되지 않으니, 소인이 조금 착함으로써 유익할 것이 없다하여 하지 않으며, 작은 악함으로써 해로울 것이 없다하여 버리지 않는다. 그러므로 악한 것이 쌓여서 감출 수가 없으며, 죄가 커져서 풀 수가 없으니, 역(서합괘 상구효)에 말하기를 '형틀을 메게 해서 귀를 멸하니 흉하다'고 한 것이다."

- 去 : 버릴 거 / 掩 : 가릴 엄 / 何 : 멜 하, 짊어질 하

강의

이제 화뢰서합괘 상구효를 두고 말하네요. 상구는 큰 죄를 지은 사람인데, 이렇게까지 크게 죄를 짓기까지는 필연적인 연유가 있게 마련이므로 이에 대한 설명을 하고 있습니다.

① **선부적 부족이성명 악부적 부족이멸신** : 선한 행동을 한두 번 해서는 훌륭하다는 명성이 나지 않고, 악한 일도 심하게 하지 않으면 감옥까지 가지는 않습니다. '선부적'은 명성이 날만큼 선을 쌓지 않았다는 것이고, '악부적'은 감옥엘 갈 정도로 악을 쌓지 않았다는 것이니, 이 둘은 모두 그저 평범하게 지내는 것이네요.*

② **소인 이소선 위무익이불위야 이소악 위무상이불거야** : 감옥에 갈 정도

로 악한 일을 하지 않았으니 몸을 망칠 일은 없고, 이름을 날릴 정도로 선한 일도 하지 않았지만, 그러나 착한 일을 좀 해야 한다는 것입니다.

그런데 소인의 경우는 그까짓 착한 일 조금 해봤자 유명해지지 않는다고 안하고, 악한 일 조금 해도 탈이 나지 않는다고 하면서 계속 악한 일을 합니다.

③ **악적이불가엄 죄대이불가해** : 그러다보니 악한 것이 쌓이고 쌓여서 풀래야 풀 수 없고 용서 받을래야 받을 수 없는 지경에 이르네요. 경범죄를 단속하면 하루에도 수백 건이 나옵니다. 이게 모두 '이것쯤이야' 하기 때문인데 이게 바로 문제가 됩니다. 바늘도둑이 소도둑 되고 세 살적 버릇이 여든까지 가거든요.

④ **역왈 하교멸이 흉** : 그래서 서합괘의 상구효에 '형틀을 어깨에 메게 해서 귀를 못 듣게 하니 흉하다'고 한 것이죠.

'하교멸이'는 큰 칼 즉 항쇄項鎖를 목에 씌운 것인데, 외괘 리(☲)의 밝음이 외호괘 감(☵ : 귀, 질곡)에 의해 가려지고, 상효 자신도 동해서 이·삼·사·오·상효가 대감(大坎 ☵☵→☵☵)이 되어 어둠에 휩싸이게 되므로, 아예 밖의 소식을 듣지 못하게 되는 것입니다. 이것이 '귀를 멸한다'는 것이죠.

여기서 귀를 멸한다는 건 귀를 다치게 하는 것이 아니라, 큰 죄를

---

* 문장의 머리에 '子曰' 두 글자가 생략되었다. 이것은 앞의 문장이 같은 서합괘에 대한 내용이므로 생략한 것이다.

지은 사람을 격리시켜서 아무도 못 만나게 하고 아무것도 못 듣게 하여 죄를 뉘우치게 함을 말합니다.

또 남의 말을 잘 듣고 행할 생각을 해야 하는데, 남의 말을 전혀 듣지 않고 악한 짓을 계속함으로써 스스로 '멸이'가 된다는 거지요. 후천시대에 해당하는 이 「계사하전」에 특별히 '구교멸지'와 '하교멸이'를 들어서 쭉 이어 설명한 것이 의미가 있습니다.

子曰 危者는 安其位者也요 亡者는 保其存者也요
자왈 위자 안기위자야 망자 보기존자야

亂者는 有其治者也니 是故로 君子ㅣ 安而不忘危하며
난자 유기치자야 시고 군자 안이불망위

存而不忘亡하며 治而不忘亂이라.
존이불망망 치이불망란

是以身安而國家를 可保也니
시이신안이국가 가보야

易曰 其亡其亡이라아 繫于包桑이라 하니라.
역왈 기망기망 계우포상

직역 공자께서 말씀하시기를 "위태할까 걱정함은 그 지위를 편안히 하는 것이고, 망할까 걱정함은 그 존재함을 보호하는 것이며, 어지러울까 걱정함은 다스림을 있게 하는 것이니, 이런 까닭에 군자가 편안하되 위태함을 잊지 않으며, 존재하되 망하게 될 것을 잊지 않으며, 다스리되 어지럽게 될 것을 잊지 않는다. 이 때문에 몸이 편안하고 국가를 보존할 수 있으니, 역

(비괘 구오효)에 말하기를 '그 망할까 망할까 해야 무성한 뽕나무에 맨다'고 하였다."

- 繫 : 맬 계 / 苞 : 무성할 포, 더부룩할 포 / 桑 : 뽕나무 상

강의

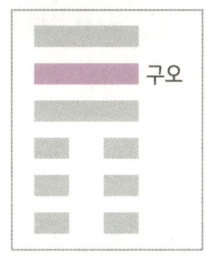

① **자왈 위자 안기위자야 망자 보기존자야 난자 유기치자야** : 천지비괘(䷋) 구오효의 말을 다시 설명하신 거지요. '위태롭게 되지 않을까?' 하고 걱정하는 것은 그 자리를 안정되게 하는 것이고(危者 安其位者), '내가 이 자리를 보존했지만 언젠가는 이 자리에서 쫓겨나고 망하지' 하는 생각을 갖고 늘 조심하는 사람은 자기의 지위를 계속 보존하게 됩니다(亡者 保其存者也). 그리고 '난리가 나고 어지럽게 되지 않을까?' 하고 걱정하며 조심하는 사람은 상황을 잘 다스리게 된다는 겁니다(亂者 有其治者也). 평소 조심하고 신중하게 하면 안전하게 된다는 거지요.

② **시고 군자 안이불망위 존이불망망 치이불망란** : 이렇기 때문에 군자는 안전할 때라도 위태해질 것을 잊지 않고(安而不忘危), 존재하며 잘 있을 때에도 언젠가는 죽거나 망할 것이라는 생각을 항시 잊지 않습니다(存而不忘亡). 물론 잘 다스리고 있을 때에도 난리가 나고 어지럽게 될 것을 잊지 않고 항상 조심하지요(治而不忘亂).

그러니까 군자에게 있어서 '불망위, 불망망, 불망란'은 곧 '안기위, 보기존, 유기치'인 것이죠. 내내 그 말이 그 말입니다.

③ 시이신안이국가 가보야 : 이것을 통틀어 결론을 지으면, '이렇게 미리 조심하는 생활을 하게 되면, 몸도 편안해지고 나아가 국가도 보존할 수 있게 된다.'는 겁니다. 항상 머릿속에 새기고 근신하며 늘 철저하게 해 나가라는 거지요.

이 '신안이국가 가보야'의 '신, 안, 보' 속에는 '안이불망위(安)', '존이불망망(身)', '치이불망란(保)' 그리고 '위자 안기위(安)', '망자 보기존(身)', '난자 유기치(保)'가 다 들어 있네요. 즉 '신'은 존하는 것이고, '안'은 편안한 것이고, '보'는 잘 다스리는 것이죠.

④ 역왈 기망기망 계우포상 : 그래서 역에 이르길, '망할까 망할까 하고 조심하고 걱정해야 우묵한 뽕나무에 붙들어 맬 수 있다.'고 하였네요. 비괘(䷋)의 구오효가 변한 걸 놓고 주공이 "휴비休否라 대인大人의 길吉이니 기망기망其亡其亡이라야 계우포상繫于苞桑이라."고 한 것이지요.

그렇지요. 천지비괘의 외괘는 건삼련(☰) 하늘괘이고 내괘는 곤삼절(☷) 땅괘입니다. 하늘이 위에 있고 땅이 아래에 있는 것은 당연하죠. 이렇게 위치로 볼 때는 맞지만, 기운으로 볼 때는 다릅니다. 하늘기운이 밑으로 내려오고 땅기운이 위로 올라가서 소통이 되어야 하는데, 하늘기운은 위로만 올라가고 땅기운은 아래로만 내려가는 형세이죠. 그렇게 되면 천지가 막혀버립니다. 그래서 '막힐 비否'를 괘명으로 썼습니다. 통하지 못하는 것이지요.*

---

* 시일갈상時日曷喪 : 하夏의 마지막 왕인 걸桀이 말하기를 "내가 천하를 소유함은 하늘에 태양이 있는 것과 같으니, 태양이 없어져야 내가 망한다(吾有天下는 如天

또 음은 소인이고 양은 군자인데, 군자는 밖으로 쫓겨가고 소인이 안으로 와서 실권을 쥐고 나라를 어지럽히는 비색한 세상이죠.

외호괘가 손하절(☴) 나무괘인데 구오가 동하면 감중련(☵)의 심지가 단단한 나무*가 되니 뽕나무가 나오네요. 성한 뽕나무 뿌리는 질기고 단단한데, 이 뽕나무에다 붙들어 맨다는 것은 국가를 반석 위에 놓는다는 뜻입니다. 국가를 튼튼하고 편안히 해서 국가의 안녕을 영구하게 하는 거지요.

중천건괘(䷀)「단전」에 "수출서물首出庶物 만국함녕萬國咸寧"이 바로 이 비괘(䷋)의 뜻입니다.** 곤(☷) 나라와 백성들(庶物) 사이에서 성인聖人(☰)이 나온 것이지요(首出). 그렇게 나와서 나라를 잘 다스리니 만국이 모두 편안해집니다. 그렇지만 항상 '망할까, 망할까?'하고 조심해야지요. 즉 '손하절(☴) 바람과 감중련(☵) 물이 합해져 모

之有日하니 日亡이라야 吾乃亡耳라)"라고 하니 백성들이 모두 그 학정을 원망해서 "이 해가 언제나 없어지겠는가? 내 그와 더불어 함께 없어지겠다(此日은 何時之亡乎아 若亡則我寧與之俱亡)"라고 하였다.

하나라를 멸하고 상商나라를 세운 성탕成湯은 「탕서湯誓」에서 백성의 원망하는 소리가 "時日曷喪고? 予及汝로 皆亡이니라"에 까지 이르렀기 때문에 걸을 쳤다고 하였다. 이것은 걸왕이 자신의 조상인 우왕禹王의 덕을 믿고, 망할 것을 두려워하지 않고 백성에게 학정을 한 것을 비유한 말이다. 『맹자』「양혜왕」편에는 '時日害喪'으로 되어있다.

* 「설괘전, 11장」: 나무로 볼 때는 굳고 심이 많은 나무가 된다(其於木也에 爲堅多心).

** 또 중천건괘 용구의 "무수无首하면 길吉하리라"는 지천태괘(䷊)의 상이다. 곤(☷) 나라와 백성들 아래로 성인聖人(☰)이 내려감으로써(无首) 길하게 되는 것이다(吉). 그래서 태괘 이효「소상전」에 "'대인비형'은 무리를 어지럽히지 않음이라."고 하였다.

진 풍파가 되느냐? 아니면 든든한 뽕나무가 되어서 국가를 안정 시키냐?'는 것은 나라를 다스리는 사람에 달려 있다는 겁니다. 나라가 망할까 망할까 염려하며 다스려야만 국가의 안녕이 영구하고 편안하게 다스릴 수 있는 것이지요.*

子曰 德薄而位尊하며 知小而謀大하며
자왈 덕박이위존   지소이모대

力小而任重하면 鮮不及矣나니
역소이임중   선불급의

易曰 鼎이 折足하야 覆公餗하니
역왈 정 절족   복공속

其形이 渥이라 凶이라 하니 言不勝其任也라.
기형   악   흉   언불승기임야

직역 공자께서 말씀하시기를 "덕은 박한데 지위는 높으며, 지혜는 적은데 꾀하는 것은 크며, 힘은 적은데 책임이 무거우면 (흉하게 됨에) 미치지 않을 이가 적다(禍에까지 미칠 사람이 많다). 역(정괘 구사효)에 말하길 '솥의 발이 끊어져서 공(임금)의 밥을 엎으니, 얼굴이 땀에 젖어 흉하다'고 하니, 그 책임을 이기지 못함을 말한다."

---

* 이 귀절은 소인小人의 잘못이 존망存亡에 까지 미치는 것을 말했다. 즉 인의仁義를 구별 못함에서(서합 초구), 악적惡積으로 나가고(서합 상구) 결국 망하는 데까지 이른 것이다.

■ 薄 : 엷을 박 / 謀 : 꾀할 모 / 任 : 맡길 임 / 折 : 끊길 절 / 鮮 : 적을 선, 드물 선 / 公 : 임금 공 / 覆 : 엎을 복 / 餗 : 밥 속 / 渥 : 젖을 악

> 강의

① **자왈 덕박이위존 지소이모대 역소이임중 선불급의** : 화풍정괘(䷿) 구사에 대해 공자께서 하시는 말씀입니다. '덕은 없는데 지위는 높으며(德薄而位尊), 지혜는 모자라는데 도모하는 일은 크며(知小而謀大), 능력은 없는데 맡은 책임이 막중하면(力小而任重), 대부분의 경우에 있어서 잘못되어 흉하게 된다는 겁니다(鮮不及矣).

여기서 '선불급의'를 잘못 해석하면 다른 뜻이 됩니다. 그냥 '미치지 않을 이가 적다'고 한다면, 이 말은 밑도 끝도 없는 소리죠. 글은 숨은 뜻을 알아내야 하는 겁니다. 이것은 '망하거나 실패하는데 미치지 않을 이가 적다'는 뜻입니다. 위에 그런 내용이 표현되어 있으니까 그 말을 이어서 말한 것이지요.*

② **역왈 정 절족 복공속** : '솥을 지탱하는 발이 끊어짐에 솥이 넘어져서 임금이 먹을 밥을 엎었다.'는 말이죠. 솥 안에 있는 밥을 '속餗'이라 하는데, '밥 식食'에 '묶을 속束', 즉 밥이 솥에 묶여 있는 것입니다. '밥 반飯' 자는 '밥을 입으로 먹는다(反)'는 뜻이죠.

③ **기형악 흉 언불승기임야** : 이렇게 공의 밥을 엎었으니 어쩔 줄 몰라

---

* '선불급의'는 '鮮不及於禍矣'의 뜻으로, '화禍에 미치지 않을 이가 적다'라고 새긴다.

그 얼굴에 식은땀이 나고 흉하게 됩니다(其形渥 凶).

이건 화풍정괘 구사효가 동한 겁니다. 화풍정괘에서 초육은 솥발(鼎趾)이고, 구이·구삼·구사는 솥 속에 음식물이 차 있는 것이고(鼎有實), 육오는 솥귀(鼎耳), 상구는 솥고리(鼎鉉)네요. 솥 속에 밥을 짓는데 육오는 임금이요, 임금 밑의 구사는 대신입니다. 이 대신이 초육 백성하고 응했네요.

육오가 명령을 내렸는데, 육오의 명령을 받은 구사대신이 정치를 잘 못하네요. 양이 음자리에 있고 중을 못 얻은 구사가 '덕박이위존, 지소이모대, 역소이임중'해서 잘못하는 거예요.

솥에다 가족이 먹을 밥을 짓고 조상을 받드는 제사 밥도 지으니, 솥은 필수용품이고 귀중한 보배입니다. 조상을 받드는 제사에 쓸 밥을 짓는 것이기에, 시어머니가 새로 들어온 며느리에게 전하는 것이 솥입니다. 나라에서는 솥에 밥을 지어 민생구제를 하거나 혜택을 주지요. 그런데 이 육오가 먹을 밥을 구사가 잘못해서 밥을 못 먹게 되었습니다. 구사가 부끄럽고 또 무서워서 벌벌 떠니 땀이 주르르 흐르네요(其形渥).

정자程子는 글자 그대로 보아 '얼굴이 젖었다'고 풀이했습니다. 그런데 주자朱子는 조열지晁說之의 이론을 받아들여서 임금의 밥을 엎었으니 그 죄가 삼족을 멸하는 죄이므로 '얼굴 형形'을 '형벌 형刑'으로 풀이하였습니다. 또 '젖을 악渥' 자를 삼년의 형벌 또는 삼족이 멸하는 죄를 받는다고 하는 '형벌 악剭' 자로 보았지요.

구사가 양이 음자리에 있어서 제자리가 아니며 중을 못 얻었는데

도 대신자리에 처해 있으므로, 덕은 박한데 지위만 높은 상태입니다. 또 상괘인 이허중(☲) 불괘는 밝은 덕이 있지만, 구사가 동해서 이루어진 간상련(☶) 소인의 마음으로 행하니, 덕은 박한데 지위만 높은 것이지요. 또 외호괘가 태상절(☱) 해질무렵으로 지혜가 침침해졌는데, 구사가 동하면 외호괘가 진하련(☳)으로 크게 떨치려고 하니, 지혜가 적은 데 꾀만 큰 것이지요.

  더구나 강이 양자리에 있어야 힘이 센데, 강한 양이 음자리에 있으니 힘이 약해요. 그런데 자리는 대신의 자리이므로 책임만 무겁게 되어서 솥의 발이 부러진 상이 됩니다.* 밥을 하던 솥이 넘어져버렸으니, 육오의 명령을 제대로 시행하지 못한 형벌만 받게 되었다는 말입니다.**

---

* 내호괘가 건(☰)이니 그 도모하는 바가 큰 것이나, 외호괘는 태(☱)로 乾의 큰 뜻이 훼절을 당하는 것이다.

** 화풍정괘는 밑에서 나무로 불을 때고(巽爲木), 위에서는 솥에 물건을 넣고 삶아 새로운 것을 만들어 내는 형상이다. 이 구절은 구사가 초육을 시켜 밥을 짓게 하였으나, 초육이 그 책임을 이기지 못하여 공公의 밥을 엎으니, 잘못은 초육이 하였으나 책임은 구사에게 있다는 뜻이다.

子曰 知幾l 其神乎인뎌!
자 왈 지 기　 기 신 호

君子l 上交不諂하며 下交不瀆하나니 其知幾乎인뎌!
군자　상교불첨　　하교부독　　　기 지 기 호

幾者는 動之微니 吉之先見者也니
기 자　 동 지 미　 길 지 선 현 자 야

君子l 見幾而作하야 不俟終日이니
군자　 견 기 이 작　　불 사 종 일

易曰 介于石이라 不終日이니 貞코 吉타 하니
역 왈 개 우 석　　부 종 일　　 정　 길

介如石焉커니 寧用終日이리오? 斷可識矣로다!
개 여 석 언　　영 용 종 일　　　 단 가 식 의

君子l 知微知彰知柔知剛하나니 萬夫之望이라.
군자　지미 지창 지유 지강　　　 만 부 지 망

직역 공자께서 말씀하시기를 "기미를 아는 것이 신과 같구나! 군자가 위를 사귐에 아첨하지 않으며, 아래를 사귐에 모독하지 않으니, 그 기미를 아는 것이로다! 기미라는 것은 움직임의 미미한 것이니, 길한 것에 먼저 나타나는 것이니, 군자가 기미를 보고 일을 하기 때문에 날이 마칠 때까지 기다리지 않는 것이다. 역(예괘 육이효)에 말하기를 '절개가 돌과 같은지라, 날이 마침을 기다리지 않으니, 바르고 길하다'고 하니, 절개가 돌과 같으니 어찌 날이 마칠 때까지 기다리겠는가? 판단함을 앎이라! 군자는 미미한 것도 알고 밝게 드러난 것도 알며, 부드러운 것도 알고 강한 것도 아니, 모든 사람이 우러러 보는 것이다."

■ 幾 : 기미 기, 조짐 기 / 諂 : 아첨할 첨 / 瀆 : 더러울 독 / 俟 : 기다릴 사 / 介 : 절개 개 / 寧 : 어찌 녕 / 彰 : 드러날 창

강의

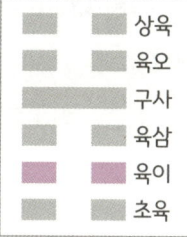

① **자왈 지기 기신호** : 뇌지예괘 육이효를 두고 한 말입니다. 땅(☷)을 뚫고 우레(☳)가 우르릉 소리를 내며 나오는 예괘의 상에서, 옛날 성인은 음악을 지었습니다. 음악을 틀어놓으면 어깨춤이 나오고 해서 즐거우므로 '미리 예豫'를 '즐거울 예'라고도 합니다. 뇌지예괘는 음악을 연주하는 것이고 즐거운 것입니다.

예괘의 소리는 구사효에서 나옵니다. 움직이는 진하련 우레괘(☳)의 바탕이 되는데다가 예괘 전체의 주체가 되어 소리를 내는 것이지요. 구사가 있음으로써 뇌지예괘가 되고, 즐거운 괘가 되고, 음악괘가 되고, 소리가 나오는 것입니다.

초육·육이·육삼·육오·상육의 모든 음이 구사 양에 매여 있네요. 구사 효사에도 '유예由豫라' 하여 모든 즐거움이 구사로 인해서 생긴다고 했습니다. 이 남자 하나가 썩 잘나고 보니까, 상육부터 초육까지 모든 여자가 구사에게 붙어 난리인데, 오로지 육이만은 절개를 지키겠다고 합니다. 그래서 육이 효사에 '개우석介于石'이라고 해서 그 절개가 돌 같다고 하였네요.

내괘는 곤삼절(☷)로 순하고 하늘의 뜻을 잘 이어받습니다. 육이가 동하면 감중련(☵)의 정고한 율律이 되고 돌(中石)이 됩니다. 더구나 육이가 중을 얻은 데다 음이 음자리에 있기 때문에, 절개가 돌

처럼 단단한 것이지요. 그래서 공자님이 "기미를 아는 것이 그 신과 같구나(知幾 其神乎)!"라고 칭찬하셨네요.

② **군자 상교불첨 하교부독 기지기호** : 내호괘 간상련(☶)으로 절제를 하기 때문에, 군자는 윗사람과 사귈 때도 아첨하지 아니하며(上交不諂), 아랫사람과 사귀어도 아랫사람을 모독하거나 더러운 짓을 하지 않으니(下交不瀆),* 군자 또한 아첨하고 모독하면 잘못된다는 기미를 신과 같이 아는 겁니다(其知幾乎).

③ **기자 동지미 길지선현자야** : 기미(조짐)는 움직이려는 은미한 순간에 나타나므로(幾者 動之微), 아직 길흉이 드러나지 않은 미미한 움직임입니다. 길흉이 드러나기 전에 나타나는 전조현상이라는 것이지요(吉之先見者也).**

여기서는 사물의 기미를 아는 것을 신이라고 했는데, 신은 기미나 조짐, 그 싹수를 막힘없이 다 압니다. 군자도 기미를 잘 보고 이에 따라 '상교불첨'하고 '하교부독'으로 행동하다 길하게 된다는 것이지요. 그러니까 '상교불첨'하고 '하교부독'하는 행동이 길흉이라는 결과를 나오게 하는 기미가 된다는 것입니다.

★ 육이와 이웃해 있는 육삼과 초육이 모두 구사를 보고 '명예鳴豫, 우예盱豫'하며 아첨하지만, 육이만은 사사로운 사귐을 두지 않고 공명정대하게 포용하니 '상교불첨, 하교부독'이다.

★★ 『한서漢書』에는 '吉之先見者也'가 '吉凶之先見者也'로 '凶' 자가 더 쓰였다. 즉 조짐은 길한 것 뿐 아니라 흉한 것에도 먼저 나타나는 미세한 움직임이라는 것이다.

④ 군자 견기이작 불사종일 역왈 개우석 부종일 정길 : 그래서 군자는 그 기미를 먼저 보고 일어나서(君子 見幾而作), 종일을 기다리지 않습니다. 해가 떨어질 때까지 미적거리지 않고 당장 실행으로 옮기는 것이죠(不俟終日).

예괘의 육이 효사에, '개우석介于石이라 부종일不終日이니 정貞코 길吉하니라'고 말한 것이 바로 이러한 뜻이네요.

⑤ 개여석언 영용종일 단가식의 : 절개가 돌과 같이 확실하다면, 굳이 해가 떨어질 때까지 기다릴 필요가 없는 것이죠(介如石焉 寧用終日). 얼른 결단하고 실행해야지 왜 이걸 못 하느냐? 그때그때 옳은 일을 판단해서 그냥 알고 행하라는 말씀입니다(斷可識矣).

⑥ 군자 지미지창지유지강 만부지망 : 군자는 그래서 은미한 걸 보면 나중에 크게 드러날 결과를 알기 때문에, 미미한 것도 알고 나중에 드러날 것도 압니다(知微知彰). 또 유한 것이 다하면 강한 것이 나오고, 강한 것이 다하면 유한 것이 나온다는 것도 알지요(知柔知剛). 모든 사물의 이치를 예지豫知해서 알기 때문에 세상의 모든 사람들이 구사 군자를 우러러보는 것이죠(萬夫之望).

야산 선생님을 모시고 대전에 있을 때, 이승만 대통령이 특사를 보내서 "선생님께서 오시든지 정히 안 되면 제자라도 보내셔서 정치를 도와달라."고 했어요. 그때 거절하는 시를 지어서 이승만 대통령에게 주셨지요.

"태백중옹泰伯仲雍은 지덕호至德乎인져(저 중국의 태백과 중옹은 덕이 지극하구나)!* / 지금인칭今人稱 이영조二寧朝라(지금 사람들은 조선의 양녕과 효령을 일컫네).** / 지기신동知幾神動 유기단惟其斷하니(기미를 알고 신이 동하여 비석을 끊어버리니),*** / 개석정연介石貞然 시유조示有祖라(절개가 돌처럼 곧은 그대 할아버지를 보여주노라).****

* 주나라가 아직 은나라의 제후국으로 있을 때, 고공단보(古公亶父, 훗날의 太王)라는 임금에게는 세 아들이 있었죠. 태백泰伯은 형이고 중옹仲雍은 아우고 막내가 계력季歷이었는데, 태왕은 계력에게 왕위를 물려줄 마음을 두고 있었어요.
  맏이였던 태백은 아버지의 마음을 알아채고서 임금자리를 사양하고 중옹과 함께 멀리 은둔하였습니다. 결국 문왕의 아버지였던 계력이 임금 노릇을 하게 되었는데, 이렇게 문왕이 대를 이음으로써 주나라가 천자국이 될 수 있었죠. 그래서 태백과 중옹을 지극한 덕으로 길이 칭송하는 것입니다.

** 중국의 태백과 중옹처럼 우리나라에도 양녕대군과 효령대군이 있어서, 나라를 사양한 큰 덕이라고 칭송받고 있습니다. 이승만 대통령은 양녕대군의 18대손이라고 하는데, 그대는 양녕대군 후손으로서 조상을 거울삼아야 한다는 말이죠.

*** 기미를 아는 것은 신입니다. 나라를 사양한 양녕대군이 절대로 자신의 묘비를 세우지 말라고 유언했어요. 후손들이 차마 유언대로 할 수 없어서 비석을 세웠는데 갑자기 벼락이 내리쳐서 그 비석이 끊어졌다고 해요. 이것은 이승만 대통령에게 양녕대군의 신명이 동하여 비석을 끊어버렸다는 사실을 지적해준 것이죠. 이 글은 여기『주역』「계사전」의 '지기기신호'와 '기자 동지미', 그리고 '단가식의'에서 문장을 취한 것입니다.

**** 신명이 동하여 비석을 끊어버린 것은, 다름 아닌 그대의 할아버지인 양녕대군의 절개가 돌처럼 단단하고 곧음을 보여주는 것 아니냐? 왜 그렇게 대통령자리에 연연하려고 하느냐는 말씀입니다.

子曰 顔氏之子ㅣ 其殆庶幾乎인뎌!
자왈 안씨지자 기태서기호

有不善이면 未嘗不知하며 知之면 未嘗復行也하나니
유불선   미상부지   지지 미상부행야

易曰 不遠復이라 无祗悔니 元吉이라 하니라.
역왈 불원복   무지회   원길

직역 공자께서 말씀하시기를 "안씨의 자식(안자)이 아마도 거의 가깝구나! 착하지 않음이 있으면 알지 못함이 없으며, 착하지 않음을 알면 다시 행하지 않으니, 역(복괘 초구효)에 말하기를 '멀지 않아서 회복한다. 후회하는 데 이르지 않으니, 크게 착하고 길하다'고 하였다."

- 殆 : 자못 태, 거의 태 / 嘗 : 일찍이 상 復 : 다시 부 / 祗 : 이를 지

강의

상육
육오
육사
육삼
육이
초구

① 자왈 안씨지자 기태서기호 : 지뢰복괘 초구효를 두고 한 말씀이죠. 복괘는 양이 처음 생기는 동짓달괘입니다. 밖은 모두 음효라서 추운데, 땅속에서는 양효가 하나 생겨서 새 봄을 준비합니다. 이 동짓달 괘는 자지반子之半, 즉 하루로 말하면 자시(11시~1시)의 중간인 12시를 말하고, 겨울로 말하면 자월인 동짓달이지요.

"동지冬至는 자지반子之半이요/ 천심天心은 무개이無改移라(하늘의 마음은 고쳐 옮김이 없다) / 일양一陽이 초동처初動處요(양 하나가 처음 동하는 곳이고) / 만물萬物이 미생시未生時라(만물이 아직 나오지 않은 때이다)"

299

라는 소강절 선생의 시와 같이 한밤중 자시가 되면 하늘이 크게 열립니다. 그러나 사람은 깊은 잠이 들고, 날은 완전히 새지 않고 하늘만 열리는 것이죠.

  동짓달은 춥지만 봄을 준비하고 있어요. 새벽이 오는 건 자시부터이고, 새해가 오는 건 동짓달부터이죠. 그러나 동짓달은 춥고 자시는 밤중이며, 만물은 나오지 않고 준비만 하는 때입니다. 지금 후천이 왔다고 하지만 회복하는 것일 뿐, 당장 후천의 증험이 드러나는 것은 아니지요. 그래서 지뢰복괘 초구에 '불원복不遠復이라(머지않아 회복한다)'고 하였죠.

  공자님은 이 효를 두고 지극히 사랑했던 제자인 안자(안회)에 견주어, 죽은 안자가 부활할 것을 예언하시고 이렇게 칭찬한 것입니다.

② **유불선 미상부지 지지 미상부행야** : 안자가 평소에 이렇게 살았다는 것이지요. 안자는 선하지 않은 일을 조금이라도 하게 되면 얼른 깨달아서 알았고, 불선하다는 것을 깨달으면 다시는 행하지 않았네요. 그래서 안자는 '삼월불위인三月不違仁'*, 즉 무려 석 달 동안이나 인仁을 어기지 않았다는 것이죠. 대개 보통사람은 작심삼일作心三日로 사흘을 지키기가 힘듭니다. 그런데 석 달 동안 인仁을 행했으니 대단한 것이죠. "불천노不遷怒하며 불이과不貳過라." 갑에서 성난 것을 을에다 옮기는 일도 없고, 허물을 두 번 짓는 일도 없었네요.

---

* 『논어』, 「옹야」 : 子曰 回也는 其心이 三月不違仁이요 其餘則日月至焉而已矣니라 (공자께서 말씀하셨다. "안회는 그 마음이 석 달 동안 인을 어기지 않았고, 그 나머지 제자들은 하루나 한 달에 한번 인에 이를 뿐이다.")

여기에는 깊은 뜻이 들어 있어요. 부활한다는 것입니다. 사람이 죽으면 높은 데 올라가서 '다시 살아나오라'는 뜻에서 '복, 복, 복'하고 세 번 고복皐復을 하죠. 예수교에서도 예수가 죽은 지 3일 만에 부활했다고 하지 않아요? 물론 때가 아직 안 되어서 다시 묻히기는 했지만요.

그럼 언제 완전한 부활을 할까요? 상여가 나갈 때에 '오훼, 오훼'를 합니다. 그 오회(오훼)는 중천 시대인 지금을 말하는데, 이 시대를 넘어 후천시대가 오면 귀신도 해원하니, 그때에 가서 다시 만나자는 뜻이지요.

오회중천을 건너 이렇게 부활한다는 말인데, 안자가 서른둘이라는 젊은 나이에 작고를 했어요. 공자님이 땅을 치고 통곡한 제자이며 '하늘이 나를 버렸다(天喪予)'*고까지 말씀한 대단한 제자가 바로 안자지요. 그래서 부활할 것이라고 한 것입니다. 여기에서 서기庶幾는 '거의 때가 되었다'는 뜻이죠.**

③ **역왈 불원복 무지회 원길** : 이처럼 선하게 살았는데도 이번 생은 단명했다. 하지만 다시 부활한다. 그래서 복괘 초구에 이르길, '머지않

---

* 공자는 안회를 아껴 그가 죽자, "하늘이 나를 망하게 하였구나! 하늘이 나를 망하게 하였구나(『논어』, 「先進」: 噫라 天喪予샷다 天喪予샷다!)"하고 애통해 하셨다. 또 그 애통해함을 너무하다고 생각한 제자가 묻자 "저 사람을 위해 애통해 하지 않고 누구를 위해 애통해 하겠는가(「선진」: 非夫人之爲慟이요 而誰爲리오)?"라고 하였다.
** 안회顔回 : 공문십철의 으뜸으로 꼽히는 사람으로 자字는 자연子淵. 노魯나라 사람(B.C.521~490). 안빈낙도安貧樂道하는 덕행이 뛰어났지만 32세의 젊은 나이로 죽었다. 인을 회복했다고 해서 '복성공復聖公'이라고도 불린다.

아 다시 회복하니라(不遠復). 후회에 이르지 않게 된다(无祗悔)'고 한 것이 아니냐는 말씀이죠.*

이 말씀은 다시 부활(부생 : 復生)하니까 죽는 것을 서러워할 까닭이 없고, 그래서 크게 길하다는 것이네요. 성인의 참된 말씀은 도덕적으로도 해석이 되고 숨은 뜻도 있어요.

'불원복, 무지회'라는 것은 뭡니까? 선하지 못한 걸 보고 얼른 깨닫고, 다시는 그런 짓을 하지 않는 사람이라야 극기복례克己復禮를 잘해서 머지않아 선을 회복할 수 있다는 도덕적 해석이 먼저 됩니다. 이걸 먼저 해석해놓고 부활한다는 얘기를 해야지, 그런 해석을 하지 않고 얘기하면 허황된 소리가 됩니다.

그래서 글이라는 건 나무뿌리가 있고 줄기가 뻗듯이, 기본적인 걸 알아놓고 그 다음 문제를 부차적으로 해석해야 하는 겁니다. 그냥 부활한다고 하면 안 되죠. 불선한 걸 보면 알았고, 그것을 알면 다시는 행하지 않았다! 이렇게 하니 사람의 본성을 쉽게 회복하는 것입니다. 그런데 이 말의 뜻을 더 깊이 생각하면 부활한다, 부활한다는 데 까지 유추할 수 있다는 것이죠.**

---

* 지뢰복괘(䷗) 초구효에 대한 말이다. 산지박괘(䷖ : 9월괘)의 상구효 양陽이 석과불식의 상태에서, 중지곤괘(䷁ : 10월괘)의 땅 속으로 들어갔다가 동지冬至에 다시 나오듯, 안자顔子와 같이 선한 사람은 다시 세상에 부활하리라는 뜻이다.

** 윗 문장인 예괘 육이효를 이어서 말한 것이다. 즉 감(☵)의 허물을 감坎의 율법과 내호괘 리(☲)의 밝음으로 분별하여 행하니, 예괘 하괘의 곤(☷)밭에 인仁의 씨앗이 진(☳)으로 회복되어 나오는 것이다.

天地ㅣ 絪縕에 萬物이 化醇하고
천지   인온   만물   화순

男女ㅣ 構精에 萬物이 化生하나니
남녀   구정   만물   화생

易曰 三人行엔 則損一人코
역왈 삼인행   즉손일인

一人行엔 則得其友라 하니 言致一也라.
일인행   즉득기우   언치일야

직역 "하늘과 땅의 기운이 쌓이고 합함에 만물이 화해서 두텁게 엉기고, 남녀가 정기를 얽음에 만물이 화해서 생긴다. 역(損괘 육삼효)에 말하기를 '세 사람이 가는 데는 한 사람을 덜고, 한 사람이 가는 데엔 그 벗을 얻는다'고 하니, 하나를 이룸을 말한 것이다."

- 絪 : 쌓일 인, 천지의 기운 인 / 縕 : 쌓일 온 / 絪縕 : 천지의 기운이 한데 엉김 / 醇 : 두터울 순(술이 濃厚하게 익은 것을 말한다) / 構 : 얽을 구

강의

① **천지인온 만물화순** : 산택손괘 육삼을 두고 하는 말입니다. '쌓일 인絪', '쌓일 온縕'은 천지의 기운이 쌓이고 뒤엉킴을 뜻하죠.* 그러니까 천

---

* '인'은 하늘 기운, '온'은 땅 기운이 쌓인 것으로서, 하늘과 땅의 기운이 서로 교합하여 가득찬 것이다(氣化的 : 형이상학적). 즉 천지는 기질로써 만물을 낳는 것이다.

지의 정기가 쌓인 것을 '인온했다'고 합니다. 천지의 정기가 충분히 쌓이니, 드디어 그 기氣 속에서 만물의 실체가 나오네요(天地絪縕 萬物化醇). 인온교감이 된 거지요. 여기서 '순'은 술이 잘 익듯이 만물이 성숙되었다는 뜻입니다.*

② 남녀구정 만물화생 : 만물이 성숙되니 암수가 서로 짝을 지며 자손을 낳네요. 여기서 '남녀'는, 암컷과 수컷이라는 말을 만물의 영장인 사람으로 대표해서 말한 것입니다. 남녀가 실체적으로 정을 얽음에 따라(交搆), 즉 몸이 닿아 실체적으로 정을 통하여 아들·딸이 나와서 만물이 생생生生의 이치를 이어간다는 것입니다(男女構精 萬物化生).**

③ 역왈 삼인행 즉손일인 일인행 즉득기우 언치일야 : '천지인온 만물화순'은 천지의 음양기운이 쌓이면 자연적으로 만물이 나온다는 뜻으로 음양기운이 서로 얽히는 것을 말합니다. 또 '남녀구정 만물화생'은 남녀라는 실체를 갖춘 사람이 서로 만나 교합해 정을 얽으니, 정감을 느끼고 사정을 해서 남녀간에 만물이 직접 나온다는 말입니다.

그래서 주역 손괘 육삼에 이르길, "세 사람이 가게 되면 둘씩 짝을 이루어야 하는데 한 사람이 남으니까 한 사람을 덜어내게 되고(三人行 則損一人), 한 사람이 가게 되면 짝을 얻어야 하니까 한 사람의 벗

---

* 문장 머리에 '子曰' 두 글자가 빠졌다. 이것은 이 장(계사하 5장)의 첫 문장(함괘 구사효)의 뜻(言致一也)을 이어서 썼기 때문이다.

** 주자는 "'인온絪縕'은 긴밀하게 사귀는 상태이다. '순醇'은 두텁게 엉기는 것이니 기운이 화하는 것을 말하고, '화생化生'은 형체가 화하는 것이다."라고 했다.

을 구해서 얻을 것이니(一人行 則得其友), 생생을 하기 위해 행하는 누구나 공통되는 법칙이라(言致一也)."고 하였어요.*

택산함괘 구사에 '동동왕래憧憧往來면 붕종이사朋從爾思라' 해서 임신을 시키네요. 이렇게 잉태된 애를 열 달 만에 낳는 거죠. 하경 머릿괘인 함괘 구사에서 항괘(2), 돈괘(3), 대장괘(4), 진괘(5), 명이괘(6), 가인괘(7), 규괘(8), 건괘(9), 해괘(10)를 지나 손괘(11) 육삼까지 모두 10괘 60효가 걸립니다. 즉 열 달 만에 아이를 낳는 셈이지요.

본래 산택손괘(䷨)는 지천태괘(䷊)에서 왔습니다. 천지가 교태하여 태평한 세상이 되고 남녀도 사귀는 것이 지천태괘이지요. 이 태괘에서 구삼과 상육이 자리를 바꿔서 손괘가 된 겁니다.

'삼인행엔 즉손일인'이라고 한 것은 태괘의 내괘 건삼련(☰)의 세 양효가 같이 가다가(三人行) 삼효자리에 있던 양이 상효자리로 가는 것을 말합니다(則損一人). 그리고 '일인행 즉득기우'라 한 것은 상효로 홀로 올라간 그 양이(一人行) 아래로 손괘 육삼의 음과 짝을 이루는 것을 말합니다. 즉 아버지·어머니와 아기 세 사람이 살다가 아기가 크면 덜어내고, 덜어낸 아기는 자기 배우자를 만나는 것이죠.

이것은 함괘와 항괘를 체로 하고, 손괘와 익괘를 용으로 하는 인생을 말한 것이죠. 인생은 함·항에서 시작해 손·익으로 살아갑니다. 함괘에서 짝을 만나 교감하여 애를 배고, 항괘에서 가정을 꾸려 살림이 늘어 유익해지네요. 그래서 야산 선생께서는 홍역학洪易學을 제창한

---

* 함괘咸卦 구사효에서 '동동왕래'하여 느끼는 것이나, 손괘損卦 육삼효에서 '손일인損一人'하고 '득기우得其友'하는 것이 모두 하나를 이루고자 하는 뜻이다.

「부문敷文」 속에 '찰인사어함항지합이察人事於咸恒之合而 정손익지용
定損益之用'이라고 말씀하였습니다. 함항으로 합하고 손익으로 쓰라는
것이죠.

子曰 君子ㅣ 安其身而後에아 動하며
자왈 군자   안기신이후   동

易其心而後에아 語하며
이기심이후   어

定其交而後에아 求하나니
정기교이후   구

君子ㅣ 脩此三者故로 全也하나니
군자   수차삼자고   전야

危以動하면 則民不與也코 懼以語하면 則民不應也코
위이동   즉민불여야   구이어   즉민불응야

无交而求하면 則民不與也하나니
무교이구   즉민불여야

莫之與하면 則傷之者ㅣ 至矣나니
막지여   즉상지자   지의

易曰 莫益之라 或擊之리니 立心勿恒이니 凶이라 하나라.
역왈 막익지   혹격지   입심물항   흉

직역 공자께서 말씀하시기를 "군자가 그 몸을 편안히 한 뒤에야 움직이
며, 그 마음을 평이하게 한 뒤에야 말을 하며, 그 사귐을 정한 뒤에야 구하

는 것이니, 군자가 이 세 가지를 닦기 때문에 온전하다. 위태함으로써 움직이면 백성이 더불어 하지 않고, 두려워하면서 말하면 백성이 응하지 않고, 사귐이 없이 구하면 백성이 더불어 주지 않을 것이니, 더불어 하는 사람이 없으면 해치는 사람이 올 것이다. 역(익괘 상구효)에 말하기를 '더하지 마라. 혹 공격할 것이니, 마음을 세워 항상하게 하지 못하니 흉하다'고 하였다."

- 脩 : 닦을 수 / 懼 : 두려울 구 / 擊 : 칠 격

강의

① **자왈 군자 안기신이후 동** : 풍뢰익괘* 상구효를 두고 한 말입니다. 익괘는 이익을 베푸는 괘인데, 상구는 초심을 잃어버리고 자기 욕심만 부리네요.

이에 대해 공자께서는 '군자는 그 몸을 편안히 한 뒤에 움직인다'고 하셨네요, 제 몸도 안정되지 않았는데 움직이면 아무도 함께 움직이질 않아요. 임금이 되어 정치를 하면서 불안해하면 누가 따라주겠어요? 그 몸을 안정되게 해야 합니다.

② **이기심이후 어** : 또 그 마음을 평이하게 한 뒤에 말하라고 했어요. 마음이 정리가 되어서 편안하게 말이 나와야 조리 있고 순서 있지,

---

* 풍뢰익괘는 공자께서 「단전」에 동방의 목도木道가 행해진다는 "목도내행木道乃行"이라 하셨고, 이씨가 나라를 다스렸던 조선에서는 익괘의 손목(☴, 鷄)과 진목(☳, 龍)이 각기 계룡鷄龍의 형상에 합한다고 해서 계룡산 천도를 추진하였죠.

생각이 복잡해서 불안하게 떠드는 말은 남들이 들어주지를 않습니다.

③ 정기교이후 구 : 끝으로 그 사귐이 확실해 진 뒤에야 원하는 것을 요구할 수 있다고 했습니다. 서로 간에 신뢰를 바탕으로 사귐이 확실해진 뒤에 손을 벌려도 벌려야지, 잘 알지도 못하는 사람이 손을 벌린다고 주겠어요? 가는 정이 있어야 오는 정이 있는 겁니다.

④ 군자 수차삼자고 전야 : 군자는 이 세 가지를 먼저 잘 닦은 뒤에 일을 해나가기 때문에 온전하게 성공한다고 했습니다. 첫째 몸을 편안히 하고, 둘째 마음을 편안히 하고, 셋째 남에게 잘 해야만 동動과 어語와 구求, 즉 활동하고 말하고 요구하는 세 가지가 잘된다는 것이죠.

⑤ 위이동 즉민불여야, 구이어 즉민불응야, 무교이구 즉민불여야 : 이와 반대로, 마음이 위태로우면서 활동하면(危以動) 백성이 그 사람을 도와주지 않지요. 왜냐하면 겁이 나고 불안하니까요(則民不與也).

또 마음이 편치 못해 '잘될까 못될까'하는 두려움에 떨면서 말을 하면(懼以語) 백성이 응원하지를 않네요(則民不應也).

그리고 남하고 원만한 사귐도 없으면서 억지로 요구하기만 하면 (无交而求) 백성들이 절대 주지를 않습니다(則民不與也). 여기서는 '더불 여與' 자가 아니라 '줄 여' 자의 뜻으로 쓰이네요.*

⑥ 막지여 즉상지자 지의 : 이렇게 아무도 함께 하지 않고, 응해주지도

않으며, 주지도 않으면 외톨이가 됩니다. 자기만의 사익을 추구하고 주변 사람을 배려하지 않으니, 아무도 도와주지 않을 뿐만 아니라 오히려 해칠 사람이 생기는 것이지요.*

⑦ 역왈 막익지 혹격지 입심물항 흉 : 그래서 주공의 효사에 '네 이익만을 추구하지 말라. 너를 가만 놔두지 않고 모든 걸 탄로내서 너를 공격한다. 네가 마음을 세웠으면 끝까지 그 마음을 지켜야 하는데, 네가 그러지를 못했으니 흉하다.'고 한 것이죠.**

▮ 총설

5장은 음양·남녀·군자·소인의 굴신屈伸의 도를 말한 것입니다.

첫 문장은 우주 대자연의 하나로 돌아가는 대의大義를 설명하고, 두 번째는 굴屈한 상태를, 세 번째는 신伸하는 것을 말했고, 네 번째

군자	소인
安其身而後 動	危以動 則民不與也
易其心而後 語	懼以語 則民不應也
定其交而後 求	无交而求 則民不與也

* 위의 문장을 군자와 소인으로 구별하면 다음과 같다.

* 상구가 동하기 전에는 내호괘 곤(☷)의 편안한데서 하괘 진(☳)으로 동하며, 외호괘 간(☶)의 후중한 덕으로 겸손(☴ : 巽)하며, 상괘 손巽의 명령과 하괘 진震의 동動이 짝하여 사귀니(巽과 震은 배합괘) 군자의 도이다. 그러나 상구가 동하면 감(☵)이 되어 위태하고 두려운 상태가 되니 흉하게 되는 것이다.

** 모두의 마음이 하나로 되는 과정에서, 앞문장의 손괘損卦는 덜어냄으로써 그 구함을 얻었고, 지금의 익괘益卦는 더함으로써 그 구함을 잃은 것을 말한 것이다.

계사하전 5장

와 다섯 번째는 굴屈의 예로 소인의 도를, 여섯 번째는 소인의 세상에서 군자의 세상으로 바뀌는 것을, 일곱 번째는 소인물용小人勿用을, 여덟·아홉 번째는 군자의 도를 말하고, 열 번째는 첫 문장에 대한 답으로 이렇게 소인 군자의 굴신하는 것이 대자연의 '언치일言致一'의 법칙이라는 것을 말하고, 마지막 열한 번째는 군자 소인의 도를 같이 말했지요.

「계사상전」 8장에는 중부괘 구이효, 동인괘 구오효, 대과괘 초육효, 겸괘 구삼효, 건괘 상구효, 절괘 초구효, 해괘 육삼효의 7효를 들어 역도易道의 의의擬議를 밝혔습니다.

여기서는 함괘 구사효, 곤괘 육삼효, 해괘 상육효, 서합괘 초구효, 서합괘 상구효, 비괘 구오효, 정괘 구사효, 예괘 육이효, 복괘 초구효, 손괘 육삼효, 익괘 상구효의 11효를 들어 역도易道의 응용應用을 밝혔네요. 이것이 공자께서 「계사상전」 8장에 말씀하신 "의지이후擬之而後에 언言하고 의지이후議之而後에 동動이니 의의擬議하야 이성기변화以成其變化하니라."의 뜻입니다.

右 第 五 章
이상은 제 5장이다.

계사하전 제 6 장

> 子曰 乾坤은 其易之門邪인뎌!
> 자왈 건곤   기역지문야
>
> 乾은 陽物也요 坤은 陰物也니
> 건   양물야   곤   음물야
>
> 陰陽이 合德하야 而剛柔ㅣ 有體라.
> 음양   합덕   이강유   유체
>
> 以體天地之撰하며 以通神明之德하니
> 이체천지지선   이통신명지덕

직역 공자께서 말씀하시기를 "건·곤은 역의 문이로구나! 건은 양의 물건이고 곤은 음의 물건이니, 음양이 덕을 합해서 강하고 부드러운 것이 체가 있게 되었다. 이(건·곤)로써 하늘과 땅의 일을 본받으며, 신령스럽고 밝은 덕을 통하니,

- 邪 : 어조사 야(≒也≒耶), 간사할 사 / 撰 : 일 선(事), 지을 찬

강의

① **자왈 건곤 기역지문야** : 순양괘인 건괘와 순음괘인 곤괘는 역의 시작이고 끝이기 때문에 '문'이라고 했습니다. 건괘와 곤괘, 하늘과 땅은 만물의 문이죠. 그래서 이태백이 "천지자天地者는 만물지역려萬物之逆旅요(천지는 만물의 여관방이고), 광음자光陰者는 백대지과객百代之過

客이라(해와 달은 백대의 나그네라)"*고 노래한 거 아니겠어요?

　태극에서 음양이 나오는데 양은 건乾이고 음은 곤坤이네요. 양의 경청한 기운은 위로 올라가 하늘이 되고 음의 중탁한 기운은 아래로 내려와 땅이 됩니다. 양과 음이 태극에서 나옴으로써 문이 열렸어요. 여기에서 태양(⚌)·소음(⚍)·소양(⚎)·태음(⚏)의 사상이 나오고, 그 뒤에 또 팔괘가 나와 역을 이루는 것입니다.

　또 역 64괘를 이루는 데는 맨 먼저 건괘(☰)를 놓고 다음 곤괘(☷)를 놓았죠. 건곤은 이렇게 역의 문門이 된다는 겁니다. 선천팔괘 방위도를 보더라도 위는 하늘(일건천 ☰)이 되고 아래는 땅(팔곤지 ☷)이 되니까 건과 곤이 문을 이루네요.

　또 건괘(☰)를 배합하면 곤괘(☷)가 되고 곤괘를 배합하면 건괘가 됩니다. 한글도 ㄱ과 ㄴ이 기준이 되고 시작이 되는데, 그 사이에 ㅓ를 넣으면 건이 되고, ㅗ를 넣으면 곤이 되지요. ㅓ는 봄이고 동방이며 시작이라서 건에 해당하고, ㅗ는 여름이고 남방이니 건을 이어서 기르는 곤이 되는 것이지요. 건과 곤이 만물의 부모이고 시작이라는 겁니다.

② 건양물야 곤음물야 음양합덕 이강유유체 : 건은 양으로 이루어진 물건이고 곤은 음으로 이루어진 물건입니다(乾陽物也 坤陰物也).**

　이 음과 양이 섞이면서 사상이 나오고, 건체·태체·리체·진체·손

---

* 이백李白, 「춘야연도리원서春夜宴桃李園序」
** 건乾이 순양괘이고 곤坤이 순음괘라는 뜻도 되지만, 건은 구九로 대표되는 양효이고 곤은 육六으로 대표되는 음효라는 뜻도 된다.

체·감체·간체·곤체라는 팔괘가 나옵니다. 이 팔괘가 주역의 체가 되는 것이지요. 즉 음은 유라는 덕이 있고 양은 강이라는 덕이 있었지만, 그 어떤 형체는 없었지요. 그러다가 강과 유의 덕이 모이고 합해서 구체적인 형체를 띠게 되었다는 겁니다(陰陽合德 而剛柔有體).

여기서 건곤을 먼저 말한 것은, 부모괘라는 것을 강조한 것이지요. 이 뒤에 나오는 「설괘전」 10장에 자세합니다.

③ 이체천지지선 이통신명지덕 : 이렇게 팔괘의 형체를 갖추게 된 다음에는, 그 팔괘로써 세상의 일을 모두 본받아서 알게 되는 거지요. 천지天地의 일은 구체적이고 형체가 있는 것이므로 형상이나 몸을 뜻하는 '체體'를 씁니다(以體天地之撰).*

여기서 신명의 덕에 통한다는 것은 '음양합덕'을 말하고, 천지의 일들을 체로 해놓은 것은 '강유유체'를 말합니다.** 건乾은 무슨 덕을 가지고 있느냐? 굳센 덕을 가지고 있어요. 태兌는 기뻐하는 덕이고, 리離는 걸리는(붙는) 덕이고, 진震은 움직이는 덕이고, 손巽은 들어가는 덕이고, 감坎은 빠지는 덕이고, 간艮은 그치는 덕이고, 곤坤은 순한 덕입니다. 이것이 만물의 덕을 대표하는 거지요. 이렇게 건곤을 유추하면 팔괘가 나오고, 팔괘를 유추하면 만물의 덕에 통할 수 있는

---

* '선撰'은 일(事)·짓는다·갖추다(具)의 뜻이고, '체體'란 형용해서 본받는다는 뜻이니, 주역 64괘로써 천하의 모든 일을 형용해서 갖춘다는 뜻이다.
** '신명지덕'이란 건乾의 강건하고 동動하는 덕과 곤坤의 유순하고 정靜하는 덕을 뜻하며, 이러한 덕은 형체가 없으므로 그 이치를 궁구해서 '통通'한다고 한 것이다. 즉 64괘의 건순동정健順動靜에 통하면 신명의 조화를 모두 알 수 있다는 뜻이다.

겁니다. 그것이 바로 신명의 덕에 통하는 길이고요.

其稱名也ㅣ 雜而不越하나
기 칭 명 야   잡 이 불 월

於稽其類엔 其衰世之意耶인뎌!
어 계 기 류   기 쇠 세 지 의 야

직역 그 이름을 일컬음이 잡다하게 섞여 있되 넘치지 않으나, 그 유형을 살펴보면 쇠퇴해진 세상의 뜻이었구나!

- 稱 : 일컬을 칭 / 越 : 넘을 월 / 稽 : 상고할 계 / 衰 : 쇠할 쇠

강의

① **기칭명야 잡이불월** : 이렇게 형이상적인 신명의 덕과 형이하적인 실체를 다 섞어놓은 것이, 작게는 팔괘가 되고 넓히면 주역의 64괘가 됩니다. 괘에는 건, 태, 리, 진, 손, 감, 간, 곤의 팔괘의 이름과 건, 곤, 둔, 몽 … 등의 64괘의 이름이 있는데, 모두 다 섞여 있죠. 그러나 그 일컬은 명칭은 음양의 덕이라는 이치 밖으로 벗어나지 아니하고 모두가 이치에 맞게 잘 섞여 있습니다.

② **어계기류 기쇠세지의야** : 주역의 괘명이나 괘사와 효사 등을 상고해보면, 주역을 만든 시기가 바로 쇠한 세상의 때였음을 살필 수가 있지요.*

은나라의 임금 주紂가 폭정을 일삼고 있을 때, 은나라의 서쪽 끝

314

조그만 제후국 주周에는 문왕이 선정을 베풀고 있었습니다. 문왕이 성인이라는 말에 백성들이 문왕에게 몰려가자, 이를 시기한 주왕이 문왕을 유리옥羑里獄에 가두었지요. 그 유리옥에 갇혀서 주역의 괘사(단사)를 지은 것입니다. 그러니가 '쇠퇴한 세상'이란 것은 은나라가 망하고 주나라가 일어설 때를 말하는 겁니다. 즉 주와 문왕에 대한 일이지요.

그 이전은 싸움도 없고 욕심도 없어서, 주역에 괘사가 필요 없었어요. 괘의 형상만 보고도 뜻이 통해 정치가 잘 이루어졌는데, 점차 욕심이 생기고 포악해져서 은나라 말에 이르러서는 전란이 일어날 정도로 도탄에 빠졌습니다. 백성이 살기 어려워지고 사회가 혼란해지자, 문왕이 이러한 세상의 이치를 주역에 담아 경계한 것이죠.

복희씨의 괘를 본체로 해서 사람이 살아나갈 처세술, 지혜, 피흉취길하는 방법, 삶의 이치, 자연인으로서 살아나가는 방법을 각 괘에 담아서 쓴 것입니다. 그래서 괘가 뒤섞여 있고 이름도 뒤섞여 있는데, 가만히 보니 이치에 어긋나는 말은 한마디도 없더라는 얘기지요.

그리고 이치 밖의 말을 한 마디도 안 해놓은 주역의 내용을 또다시 상고해보니, 은나라 망할 무렵 문왕이 지은 것이고, 혼란한 때가 있음을 알리려는 것이고, 결국 어떻게 하면 슬기롭게 살아갈 수 있는가에 대한 가르침이더라는 공자님의 말씀이네요.

---

* 주역은 은나라가 망할 무렵 주紂라는 폭군이 폭정할 당시에 만들어졌는데, 이러한 사실을 입증하는 대표적인 예로는 주역의 명이괘를 들 수 있다.

> 夫易은 彰往而察來하며 (而)微顯而闡幽하며
> 부역　창왕이찰래　　　　미현이천유
>
> (開而)當名하며 辨物하며 正言하며 斷辭하니 則備矣라.
> 　　　당명　　변물　　　정언　　단사　　즉비의

직역 역은 간 것을 밝히고 오는 것을 살피며, 드러난 것에서 숨은 것을 찾고 그윽한 것을 밝히며, 명분을 마땅하게 하며, 물건을 분별하며, 말을 바르게 하며, 말을 판단하니 곧 모두 갖추어져 있는 것이다.

- 彰 : 밝힐 창 / 闡 : 밝힐 천 / 幽 : 그윽할 유 / 備 : 갖출 비

강의

① **부역 창왕이찰래 (이)미현이천유** : 주역은 무엇인가? 지나간 일을 다 밝혀놓고 또 미래에 닥칠 일들을 살필 수 있게 했네요. 과거가 있어야 현재가 있고 미래가 있으므로, '지난 과거에는 이렇게 지냈고 앞으로 오는 미래사는 이럴 것이다.' 하고 미리 살핀 것이죠(夫易 彰往而察來).*

이렇게 과거와 미래를 분명히 해놓은 주역은, 또 드러난 현상 속에 숨어 있는 은미한 이치를 살피고, 보이지 않는 심오한 이치를 밖으로 밝혀놓았습니다.

'미현'은 이미 세상에 드러나 있는 것을, '왜 이 물건이 있느냐? 사

---

* '彰往而察來'를 「계사상전」 11장과 비교하면 다음과 같다.
　　　'창왕'→'知以藏往　明於天之道'┐
　　　'찰래'→'神以知來　察於民之故'┘→神明其德

람이 살면 왜 살며, 어디서 나왔느냐?'는 등 그 근원과 뿌리를 알아내는 것입니다. '현'은 드러난 것이고 '미'는 드러나기 전이니, 드러난 것에서 그 드러나기 이전의 근원을 찾아내는 것이죠.

'천유'는 깊어서 보이지 않는 것을 드러내놓는 것이네요. 이렇게 보이는 것은 보이지 않는 데까지 밝혀놓고, 보이지 않는 것은 보이도록 밝혀놓은 것이 바로 주역입니다(微顯而闡幽). 여기서 '而'는 바로 뒤에 나오는 '開而'와 더불어 연문으로 봅니다. 많은 선현들께서 연문이다 혹은 착종되었다고 말씀하신 곳이지요.

② (개이)당명 변물* : 주역은 또한 만물에 각기 합당한 괘명을 붙여놓았습니다. 팔괘의 이름은 물론이고, 64괘의 이름까지 모두 그 덕이 잘 드러나게 이름을 붙였고, 더욱이 효의 이름도 제일 아래 있는 효는 초구·초육, 제일 위에 있는 효는 상구·상육 등등으로 자리와 음양을 잘 표현해서 이름을 붙였지요(當名).

또 그 괘명에 만물을 분별해서 배속시켰습니다. 가족으로 보면 건은 아버지, 곤은 어머니, 진은 장남, 손은 장녀 등등이지요. 또 국사는 상효, 임금은 오효, 대신은 사효, 제후 및 외직신하는 삼효, 선비는 이효, 백성은 초효 등으로 붙였습니다. 사람뿐 아니고 만물에 다 붙였지요. 건은 말이 되고, 태는 양(염소)이 되고, 리는 꿩이 되고, 진

---

* 원 경문에는 '而微顯闡幽 開而當名'으로 되어 있다. 주자朱子는 이에 대해 『본의』에서 '이미현천유'를 '미현이천유'로, '개이당명'을 '개당명'이라고 고치는 것이 옳다고 하였는데, '개당명'이라고만 하면 뜻과 운이 맞지 않으므로 '개開' 자를 마저 뺐다.

은 용이 되고, 손은 닭이 되고, …, 이렇게 분별해서 붙였어요(辨物). '당명'은 괘효에 각기 이름을 합당하게 붙여놓았다는 말이고, '변물'은 괘효를 보고 해당하는 물건을 분별해 놓았다는 것입니다.

③ **정언 단사 즉비의** : 주역은 또 말을 바로 했습니다. 말을 붙이는데 바른말로 잘 표현했네요. 하늘괘를 "원형이정元亨利貞"이라고 정의하였다든지 하는 것이 다 '정언'입니다. 모든 말을 이치에 맞게 도덕적으로 규범에 맞고 바르게 해놓았지요(正言).

말을 바로 해놓고 그 말을 바르게 판단했는데, 그게 바로 점입니다. '정언'은 도덕적으로 이치에 맞게 풀이한 것이고, '단사'는 점으로 풀이한 것이네요. '길吉, 흉凶, 이섭대천利涉大川, 불리섭대천不利涉大川, 무구无咎' 즉 '길하다·흉하다·인색하다·뉘우친다' 등등으로 말을 바르게 판단한 겁니다(斷辭).

그렇게 모두 갖추어놓은 것이 바로 주역입니다. 말도 바르게 해놓고, 길흉도 딱딱 끊어 판단해놓았고, 보이는 거나 보이지 않는 거나 근원을 다 밝히고 이름까지 합당하게 붙여놓았으니, 모든 것이 주역 속에 갖춰져 있는 것이죠(則備矣).

> 其稱名也ㅣ 小하나 其取類也ㅣ 大하며 其旨ㅣ 遠하며
> 기칭명야   소   기취류야   대   기지   원
>
> 其辭ㅣ 文하며 其言이 曲而中하며 其事ㅣ 肆而隱하니
> 기사   문   기언   곡이중   기사   사이은
>
> 因貳하야 以濟民行하야 以明失得之報니라.
> 인이   이제민행   이명실득지보

계사하전 6장

직역 그 이름을 일컬음은 작으나 그 종류를 취한 것은 크며, 그 뜻이 원대하며, 그 (괘효의) 말이 문리文理가 있으며, 그 말이 곡진하면서도 맞으며, 그 일을 베풀었으되 (이치는) 숨겨 놓았으니, 의심스러운 것으로 인해서 백성의 삶을 구제해서 잃음과 얻음의 응보관계를 밝히는 것이다."

- 曲:굽을 곡 / 肆:베풀 사 / 中:맞을 중 / 貳:의심 이 / 報:갚을 보

강의

① **기칭명야 소 기취류야 대** : 이렇게 이름을 붙인 것이 작으나(其稱名也 小), 즉 말이니 소니 꿩이니 우레니 등을 자질구레하게 붙여 일컬어 놓았으나 그 취한 부류를 상고하면 큽니다(其取類也 大).

'류類'는 양과 음입니다. 양의 부류와 음의 부류, 즉 이름이 아무리 자질구레하게 수없이 많아도, 나중에 보면 양의 종류와 음의 종류라는 말입니다. 음양을 벗어나지 않는다는 것이죠. 그래서 그 종류를 취하는 건 양류와 음류로 크게 나눌 수 있으며, 작게는 수없이 나뉩니다.

② **기지원 기사문 기언곡이중 기사사이은** : 그런데 주역의 가르침은 저

훗날 억천만 년 후까지 멀리 가르치고 있고(其旨 遠), 괘사나 효사는 문장으로서 조리 있게 잘 해놓았습니다(其辭 文). 그리고 말 한 마디 한 마디도 곡진하면서도 조리 있게 이치와 법도에 딱딱 맞게 해놓았다는 것이죠(其言 曲而中).

또 모든 일을 주역에서 베풀었지만 다 드러내서 속에는 아무것도 없는 줄 알았는데, 오히려 속으로 다 숨겨 놓았네요. 다 베풀었으되 그 속에는 이치가 깊숙이 숨겨져 있다는 겁니다(其事 肆而隱).

③ 인이 이제민행 이명실득지보 : 점치는 것도 결국 의심나는 걸 알려고 하는 것이죠. 그래서 주역은 의심나는 걸로 인해서(因貳), 즉 의심나는 걸 풀도록 해서, 백성에게 모든 의심을 풀어가면서 살도록 해줍니다. 의심나는 것으로 인해 주역을 만들었다는 뜻입니다. 여기서 '두 이貳'는 '의심 이'라는 뜻으로 쓰이지요. 길이 하나면 의심하지 않고 가는데, 길이 두 가닥이니 어느 쪽이 옳은 길인가 하고 의심하는 겁니다.

그럼으로써 주역은 백성들의 행동이 그릇되지 않도록 잘 나아가게 해서 구제해주며(以濟民行), 길흉득실의 응보를 밝게 알려주는 글이네요(以明失得之報). 그 사람이 한 만큼 대가를 받는 것, 잘못한 사람은 실失로 보답 받고, 잘한 사람은 득得으로 보답 받는 인과응보의 법칙, 즉 "선하면 복을 받고 악하면 화를 받는다."는 가르침을 백성들에게 밝혀주는 글이라는 것이죠.

▎총설

이 장은 세상의 모든 이치가 건곤乾坤으로부터 나와 주역 속에 갖추어졌는데, 이러한 이치를 백성에게 가르쳐서, 모든 일에는 원인이 있음을 알게 함으로써, 올바른 길로 가도록 했다는 거지요.

쌍호호씨雙湖胡氏는 "이 장은 전적으로 건곤乾坤이 역易의 문이 되고 64괘가 건곤으로부터 나왔으니, 건곤이 역의 관건關鍵이 됨을 말한 것이다. 깊이 연구해보면, 백성의 모든 의문점을 판단해줌으로써 길하고 흉한 일이 찾아드는 원인을 밝혀준 것이다."라고 했네요.*

右 第 六 章

이상은 제 6장이다.

---

* 此章은 專論乾坤이 爲易之門而六十四卦之所從出이니 乃易之關鍵也라. 其究則无非所以斷民疑하야 明吉凶之報耳니라.

계사하전　제 7 장

> 易之興也ㅣ 其於中古乎인뎌!
> 역지흥야　기어중고호
>
> 作易者ㅣ 其有憂患乎인뎌!
> 작역자　기유우환호

직역　역의 흥함이 중고시대였구나! 역을 지은 사람이 근심과 걱정이 있었구나!

강의

① **역지흥야 기어중고호 작역자 기유우환호** : 7장에서는 먼저 역이 흥왕하였던 때가 문왕시대, 즉 중고시대였음을 공자께서 밝히고 있네요 (易之興也 其於中古乎). 그리고 역을 지은 문왕과 주공이 근심이 있었음을 말씀하시고(作易者 其有憂患乎),* 이를 해결하기 위해서 필요한 아홉 가지 덕을 갖춘 이른바 구덕괘九德卦에 대해 세 차례로 나누어서 설명하였습니다. 구덕을 세 차례에 걸쳐 베풀었다고 해서 '구덕삼진九德三陳'이라고 하는데, 여기에는 공자님의 깊은 사상이 함께 내포

---

* '작역자'는 문왕文王과 주공周公, 특히 문왕을 말한다. 은殷나라 말엽에 서백西伯이던 문왕이, 주왕紂王에 의해 유리옥에 갇혀, 세상을 근심하면서 주역을 연역演易하였으니 우환이 있다고 하였다.

되어 있습니다.

복희씨 때는 상고上古, 문왕 때는 중고中古, 공자님 때는 하고下古가 되지요. 역은 상중하上中下의 삼고시대를 거치면서 이루어졌다고 해서, 시력삼고時歷三古라고 이르기도 합니다.*

문왕이 우환이 있어 괘사를 지었는데, 무슨 우환이냐 하면 그 전에는 살기 좋았지만 폭정으로 살기가 어려워졌지요. 문왕은 혼란무도한 당세뿐만 아니라 후세까지 근심하여, 이런 세상이 없도록 해야 한다는 뜻에서 괘사를 지었습니다.

본래 자연은 태연자약할 뿐입니다. 산 속에서 보면 참으로 태평한 자연인데, 이 세상은 살기가 괴롭고 우환도 많습니다. 심지어 불가에서는 고해苦海라고도 하지요. 그래서 『주역』은 이치가 들어 있는 책인가 하면, 모든 우환이 다 담겨있고 그에 대한 대처방법도 있습니다.

---

* 상고上古의 복희씨 때는 64괘만 있고 그를 해석한 말(괘사·효사)이 없던 것을, 문왕과 주공이 괘사와 효사를 붙여 일반인들도 해석할 수 있게 하였으므로 '흥성興盛'하였다고 했다. 주자는 "하夏나라와 상商나라의 말기에 역의 도가 쇠미해지더니, 문왕이 유리옥羑里獄에 감금되어 단사(괘사)를 붙이니, 역의 도가 다시 흥해졌다."고 했다.

> 是故로 履는 德之基也요 謙은 德之柄也요
> 시고   리   덕지기야   겸   덕지병야
>
> 復은 德之本也요
> 복   덕지본야
>
> 恒은 德之固也요 損은 德之修也요 益은 德之裕也요
> 항   덕지고야   손   덕지수야   익   덕지유야
>
> 困은 德之辨也요 井은 德之地也요 巽은 德之制也라.
> 곤   덕지변야   정   덕지지야   손   덕지제야

직역 이렇기 때문에 리(예절의 이행)는 덕의 기초요, 겸(겸손함)은 덕의 자루요, 복(회복함)은 덕의 근본이요, 항(항상함)은 덕의 견고함이요, 손(덜어냄)은 덕의 닦음이요, 익(더함)은 덕의 넉넉함이요, 곤(곤함)은 덕의 분별함이요, 정(우물)은 덕의 땅이요, 손(공손함)은 덕의 제어함이 된다.

- 基 : 터 기 / 柄 : 자루 병 / 固 : 굳을 고 / 裕 : 넉넉할 유 / 辨 : 분별할 변

강의

구덕삼진 중에 제1진이네요. 공자님은 성인의 근심을 해결하려면, 아홉 가지 덕이 필요하다고 보았습니다. 그래서 그 덕이 담긴 아홉 괘를 선택하신 거지요.

선천에서 후천으로 넘어가면 세상이 하나가 되는데, 그 과정에서 변동과 근심이 많고 어지럽습니다. 『논어』에 보면 공자께서 "가아수년加我數年하야 오십이학역五十以學易이면 가이무대과의可以无大過矣리라."고 말씀한 그 대과시기가 바로 오늘날의 시대이죠,

후천팔괘는 1감·2곤·3진·4손·5중·6건·7태·8간·9리의 여덟인데,

그 수는 낙서의 구궁수에 해당하죠. 공자님이 말씀한 구덕괘는 바로 낙서의 구궁수에 의거한 것입니다. 구궁수는 「홍범구주」의 근원이 되고, 고대 토지제도인 정전법井田法과 통합니다.

여기서는 낙서의 구궁수와 구덕괘를 연계하여 살펴보도록 하지요. 구궁수의 순서대로 1감 자리에 리괘, 2곤 자리에 겸괘, 3진 자리에 복괘, 4손 자리에 항괘, 5중 자리에 손괘損卦, 6건 자리에 익괘, 7태 자리에 곤괘, 8간 자리에 정괘, 9리 자리에 손괘巽卦를 배당합니다.

① **시고 리 덕지기야** : 첫 번째 천택리괘는 위는 하늘괘(☰)이고 아래는 못괘(☱)의 상인데, 사람이 살면서 도리를 이행하는 괘입니다, 위는 하늘이고 아래는 못이므로, 하늘이 운행하는 것을 못이 그대로 반영해서 따르듯이, 아랫사람이 윗사람의 뜻을 받들어 행하는 것이고, 위와 아래를 분별하는 예禮에 해당하지요.

사람이 예절을 모르면 금수와 같습니다. 예절은 살아가는 터전이네요. 그래서 구덕괘 중에 제일 먼저 나오는 이 리괘履卦는 바로 '덕의 터(基)'가 됩니다.

4巽 恒	9離 巽	2坤 謙
3震 復	5中 損	7兌 困
8艮 井	1坎 履	6乾 益

제1진   九德三陳卦를 井田에 배치함

② **겸 덕지병야** : 두 번째 지산겸괘는 땅(☷) 밑에 산(☶)이 겸손히 처해 있고, 유일한 양효인 구삼이 일을 다 하면서도 나머지 다섯 음들의 아래에서 겸손하며 자랑하지 않는 괘입니다.

겸손함이 없으면 덕을 높일 수가 없고, 덕이 있어도 베풀 수가 없지요. 내가 겸손함으로써 덕을 높일 수도 있고 베풀 수도 있다고 해서 겸괘는 '덕의 자루'라고 합니다. '병柄'은 '자루 병', '쥘 병'이라고 하죠.

③ **복 덕지본야** : 세 번째 지뢰복괘는 땅(☷) 속에서 우레(☳)가 움직이고, 어두운 음속에 밝은 양(초구) 하나가 다시 생겨서 근본을 회복하는 괘입니다. 내 몸의 사사로움을 다 이기고 예를 회복하는 것이 극기복례克己復禮인데, 사람이 선한 본성을 타고났건만 다 망각하고 상실해버리죠. 그런데 극기복례를 해서 근본성품을 다시 회복하므로 복괘는 '덕의 근본(本)'이 됩니다.

즉 땅 속의 우레가 움직이고 선한 양이 움직이는 것입니다. 양이 다 없어져 음으로만 되어 있는 중지곤괘에서, 양이 하나 생겨 땅 속에서 꿈틀거리는 것입니다. 선한 것이 회복되는 것이죠. 맨 앞의 "리履는 덕지기德之基"와 여기의 "복復은 덕지본德之本"에서 '기본基本'이 서네요. 그래서 기본을 '리복履復'으로도 표현합니다.

④ **항 덕지고야** : 네 번째 뇌풍항괘는 위는 우레괘(☳) 아래는 바람괘(☴)로, 우레와 바람이 서로 협력하여 만물을 고동시키고, 성숙한 장남과 장녀가 부부로 짝해 백년가약을 맺는 항구한 괘입니다. 그래서 항괘가 '덕의 견고함(固)'이 됩니다.

⑤ **손 덕지수야** : 다섯 번째 산택손괘는 위는 산괘(☶) 아래는 못괘(☱)로, 못의 기운을 덜어서 산을 윤택하게 하듯이 대의를 위해서 내 것을 손해 보는 괘입니다. 금전을 손해 보는 것도 있지만, 내 몸

의 나쁜 것들을 덜어내는 것도 손이지요.

그래서 손괘는 '덕의 닦음(修)'이라고 했네요. 손괘는 덕을 닦는 것이고, 덕을 닦으려면 내 마음을 극기하여 묵은 때를 벗겨내고 나쁜 마음을 깨끗이 씻어내야죠.

⑥ **익 덕지유야** : 여섯 번째 풍뢰익괘는, 위는 바람괘(☴)이고 아래는 우레괘(☳)로서 만물을 진작시켜 유익하게 하고, 위에 것을 덜어서 아래를 유익하게 하는 괘이죠. 만물을 여유 있게 하고 유익하게 하는 것이네요.

나, 내 주위, 내 이웃, 내 마을, 내 나라, 내가 사는 이 세계를 모두 유익하게 하는 여유가 있다고 해서, 익괘를 '덕의 넉넉함(裕)'이라고 했습니다.

⑦ **곤 덕지변야** : 일곱 번째 택수곤괘는, 못괘(☱) 밑에 물괘(☵)가 있는 괘입니다. 못에 물이 있어야 하는데, 물이 다 아래로 빠져나가 지하수로 흘러버린 까닭에 물이 없어 곤궁한 괘입니다. 그런데 곤궁함 속에서 오히려 덕이 분별됩니다.

'군자君子는 고궁固窮이라!',* 군자는 곤할수록 더욱더 마음이 견고해지지만, 소인은 곤하면 나쁜 마음을 먹게 돼요. 또 사람은 곤궁해야 그 진실된 마음을 알 수 있는 게 아니겠어요? 그래서 곤괘를 덕의

---

* 『논어』, 「위령공」 : 子曰 君子 固窮이니 小人은 窮斯濫矣니라.(공자께서 말씀하셨다. "군자는 궁해도 뜻을 굳게 지키고(固守) 소인은 궁하면 지킬 것을 못 지키고 넘친다.")

분별(辨)'이라고 했습니다.

그 사람이 덕이 있느냐 없느냐를 분별할 수 있는 것은 곤궁할 때입니다. 배고플 때 그 사람이 어떻게 행동하느냐에 따라 군자인지 아닌지를 분별할 수 있다는 것이죠.

⑧ 정 덕지지야 : 여덟 번째 수풍정괘는 위가 물(☵)이고 아래가 음목(☴)인데, 우물을 파서 샘구멍에 침목沈木을 댄 뒤에 벽을 쌓아서 침목 위로 물을 고이게 하는 괘네요. 이 우물물을 퍼서 사방팔방으로 적셔주며 만물을 살리니, 땅에서 모든 만물이 나오는 것이나 마찬가지네요.

우물물이 나오면 오가는 사람이 모두 이 우물물을 먹고 살아요. 만물 생장의 가장 기본이 되는 땅인 셈입니다. 그래서 정괘는 '덕의 땅(地)'이 되는 것이지요.

⑨ 손 덕지제야 : 아홉 번째 중풍손괘는, 위와 아래가 모두 바람(☴)으로 공손하고 겸손한 괘입니다. 바람이 하늘로부터 땅 아래로 불어 내리니 공손하네요. '손巽은 입야入也라', 밖에 내놓고 하는 게 아니라, 안에 들어가 덕을 짓는 것이므로, 손괘는 '덕의 지음(制)'이 됩니다.

손하절 바람은 장녀괘이죠. 여자가 시집가서 가정주부가 되어 살림을 꾸리고, 남편을 내조하고, 시부모를 모시고, 자식을 낳아 기르고, 봉제사奉祭祀하고, 접빈객接賓客을 하는 모든 일을 장녀가 합니다. 공손한 가풍, 아름다운 풍속은 안에 들어앉아서 고요히 덕을 짓는 손괘에서 이루어지는 것이죠.

이상이 구덕삼진괘의 제1진이 됩니다.*

履는 和而至하고 謙은 尊而光하고 復은 小而辨於物하고
리   화이지   겸   존이광   복   소이변어물

恒은 雜而不厭하고 損은 先難而後易하고
항   잡이불염   손   선난이후이

益은 長裕而不設하고 困은 窮而通하고
익   장유이불설   곤   궁이통

井은 居其所而遷하고 巽은 稱而隱하니라.
정   거기소이천   손   칭이은

직역 리는 화합하되 지극히 하고, 겸은 높되 빛나며, 복은 작되 물건을 구별하고, 항은 섞여 있되 싫어하지 않으며, 손은 먼저는 어렵되 뒤에는 쉽고, 익은 길고 넉넉하되 인위적으로 베풀지 않으며, 곤은 궁하되 통하고, 정은 그 장소에 거처하되 옮기며, 손은 맞추되 숨긴다.

- 尊 : 높을 존 / 雜 : 섞을 잡 / 厭 : 싫어할 염 / 易 : 쉬울 이 / 遷 : 옮길 천 / 稱 : 저울 칭(달 칭, 맞출 칭) / 隱 : 숨을 은

---

* 혼란한 세상을 슬기롭게 헤쳐 나가는데 필요한 아홉 가지 덕을, 세 차례에 걸쳐 그 쓰이는 순서와 방소에 대해 성인이 전한 방법으로, 위의 글은 그 첫 번째(一陳)에 해당한다. 1진은 낙서구궁의 순서에 따라 배치되며 오행五行의 기틀을 설명한 것이므로, 다섯 자씩(五行 상징) 9개 덕을(九宮 상징)설명하며 총 45자로 이루어졌다(낙서 數의 합은 45이다.).

강의

구덕괘를 다시 베풀어 설명한 내용으로 제2진에 해당합니다.

① 리 화이지 : 리履는 예절이라고 했는데, 예절은 '화이지和而至'하지 않고는 안 됩니다. 예절괘인 리괘 履卦는 덕의 터전인데, 그 터전이라고 한 이유는 누구하고나 잘 화합하면서 지극히 상대해야 한다는 것입니다.*

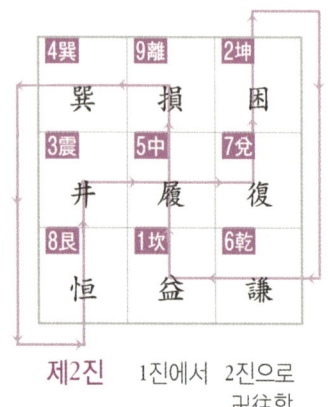

제2진 1진에서 2진으로 괘往함

② 겸 존이광 : 겸謙은 덕의 자루가 되는 괘인데, 자기의 지위가 높지만 아래로 비춰주어야 된다는 것입니다. 땅 위에 있어야 할 산괘가 땅 밑에 있으니 겸손하게 아래를 비춰주는 것이고, 위에 있어야 할 양효(구삼)가 하괘로 내려와서 비춰주네요. 높은 사람이 겸손하게 행동하면 아랫사람들이 그 빛을 바라보며 우러러보는 것이죠.**

③ 복 소이변어물 : 복復은 덕의 근본뿌리로, 세상 모두가 음으로 덮였을 때 저 밑바닥에서 양기운이 살아나는 괘입니다. 주역의 괘로 표현하면, 여섯 효 중에 다섯 효는 음으로 덮이고 그 밑에서 양효가 미미

---

* 낙서구궁 중에 일감一坎에서 오중五中 자리에 들어감을 말하니, 일관오중一貫五中 하여 중덕中德을 얻음을 뜻한다.
** 낙서구궁 중에 이곤二坤에서 육건六乾의 자리로 내려옴을 말한다.

하고 작게 생겨나는 것이지요.

그런데 이 양이 자신의 분수를 지키고, 음의 악한 꼬임에 넘어가지 않으며, 분별을 잘해서 커 올라가네요. 그것이 회복을 하는 겁니다. 다섯 보다 작은 하나가 회복해 가는 것이고, 아직 어린 것이 회복해 가네요. 하나하나 이치에 맞게, 사람의 본성을 되찾아가고, 상황을 차츰 분별해가면서 회복을 하는 겁니다.*

④ 항 잡이불염 : 항恒은 견고한 덕이 있는 항구한 괘인데, 왜 항구하게 하는 것이 어려울까요? 잡다하게 섞여 있는 세상을 극복하면서 자신의 뜻을 항구히 지켜나가기가 어려운 겁니다. 한 가정을 이루고 살다 보면 고초도 있고 어려움도 따르죠. 그것이 '잡雜'입니다. 하지만 싫지 않다고 하며 이겨내는 것, 그것이 바로 항의 덕을 견고히 하는 것입니다. 섞여 있는 여러 가지 일들을 싫어하지 않고 잘 극복해 나가야 더욱더 견고해집니다. 항구성이 없는 사람은 조금만 어려워도 염증을 내고 화를 내서 싸우거나, 포기하고 맙니다. 그래서 가정 파탄도 일어나는 것이죠.**

⑤ 손 선난이후이 : 손損은 수양하는 덕을 강조했지요. 덕을 닦자면 처음엔 닦기 어려워 '선난先難'이네요. 그러나 천천히 닦아나가면 그것이 쉬워져 '후이後易'가 됩니다.***

---

* 낙서구궁 중에 삼진三震에서 칠태七兌자리로 나아감을 말한다.
** 낙서구궁 중에 사손四巽에서 팔간八艮으로 뿌리를 내림을 말한다.
*** 낙서구궁 중에 오중五中에서 구리九離로 올라감을 말한다.

⑥ 익 장유이불설 : 익益은 덕의 넉넉함인데, 덕이 넉넉하고 여유 있게 되려면 덕이 내 몸에 가득 차야 합니다. 내 마음속의 덕을 기르고 넉넉히 차게 한 뒤에 내게서 덕이 나가는 것이죠. 덕을 베풀 때 남의 눈치나 보고 소문이나 내려고 하며, 남을 의식해서 덕을 베풀면 안 되는 겁니다. 분수를 넘어서 덕을 과장하고, 확대시켜 큰 덕을 베푸는 척하면 안 되는 것이지요.*

⑦ 곤 궁이통 : 곤困은 덕을 분별하는 것입니다. 잘 분별해서 행동하면 곤한 것을 견뎌내네요. 캄캄한 밤을 견뎌내면 새벽으로 훤해져요. 궁하면 통할 것을 생각합니다. 궁하면 변할 생각을 하고, 변하게 되면 자연 통하게 되지요.**

⑧ 정 거기소이천 : 정井은 덕의 땅입니다. 우물 자체는 땅에 속해 있어서 그 구멍에서 물이 나오는 것이니 어디로 옮겨갈 수 없습니다. 그러나 우물을 뜨면 그 물이 사통팔달하며 옮겨갑니다. 물이 사방천지로 옮겨가며 만물을 기르네요.

　옛날에는 정전법井田法을 시행했는데, 사전私田 100묘씩 800묘는 여덟 집이 각자 경작해 먹고, 공전公田 100묘는 여덟 집이 공동경작해서 수확한 것을 나라에 세금으로 바칩니다. 사전은 '거기소居其所' 하며 먹는 것이고, 공전은 나라로 '천遷'해서 바치는 것이지요.***

---

* 낙서구궁 중에 육건六乾에서 일감一坎으로 내려옴을 말한다.
** 낙서구궁 중에 칠태七兌에서 이곤二坤으로 들어감을 말한다.
*** 낙서구궁 중에 팔간八艮에서 삼진三震으로 뻗어나감을 말한다.

⑨ 손 칭이은 : 손巽은 덕을 제어하며 다스리는 것이지요. 어떻게 다스리냐 하면, 잘 맞춰서 숨겨놓네요. 그렇죠, 덕을 다스리는 건 불합리한 걸로 하면 안 됩니다. 이치에 딱딱 맞게 해놓고서 거기에 은근히 숨겨놓는 것입니다. 덕이 얄팍해서 훤히 드러나 보이면 안 되죠. 덕이라는 건 융숭하고 깊어서 거기에 많은 게 감춰져야 합니다.*

이상이 구덕삼진괘 중 제 2진을 설명한 것입니다. '卍往만왕'**에 해당하지요. 9개의 덕이 모두 낙서수洛書數인 45자로 되어 있으니, 각기 오행을 이루는데 필요한 괘의 재질을 설명한 것입니다.

---

* 낙서구궁 중에 구리九離에서 사손四巽으로 들어감을 말한다.
** 구덕삼진괘는 1진에서 2진으로 나아갈 때 「卍」자의 형상대로 운행한다. 3진으로 나아갈 때도 「卍」자의 형상대로 운행하나 2진으로 갈 때와는 달리 역행한다. 이러한 운행이 이른바 '만왕만래卍往卍來'이니, 천부경에서 말한 '일묘연一妙衍 만왕만래萬往萬來 용변부동본用變不動本' 그리고 정괘井卦괘사의 '무상무득无喪无得 왕래정정往來井井'의 뜻이다.

履以和行코 謙以制禮코 復以自知코 恒以一德코
리이화행　　겸이제례　　복이자지　　항이일덕

損以遠害코 益以興利코 困以寡怨코 井以辨義코
손이원해　　익이흥리　　곤이과원　　정이변의

巽以行權하나니라.
손이행권

직역 리로써 행동을 조화되게 하고, 겸으로써 예를 지으며, 복으로써 스스로 알고, 항으로써 덕을 한결같이 하며, 손으로써 해로움을 멀리하고, 익으로써 이로움을 일으키며, 곤으로써 원망을 적게 하고, 정으로써 의리를 분별하며, 손으로써 권도를 행한다.

- 寡 : 적을 과 / 權 : 저울추 권, 권세 권

강의

　구덕삼진九德三陳의 세 번째입니다. 삼변성도三變成道라고 하였듯이, 공자께서 이 구덕괘를 세 번 베풀었는데, 그 완성인 셈이지요.

① **리이화행** : 예절괘인 리履는 화합하기를 지극히 했으니, 그 화합하는 것을 그대로 행해나가는 것입니다.*

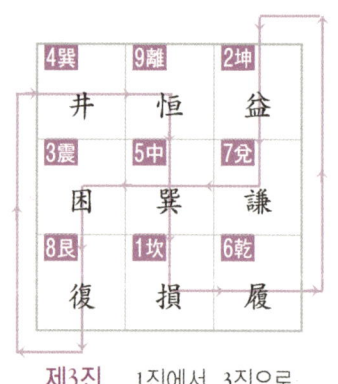

제3진　1진에서 3진으로
　　　　卍來함

② **겸이제례** : 겸謙은 덕의 자루라고 했죠. 이 겸손함에서 모든 예禮가

나옵니다. 그러므로 예를 겸손함이 만든다고도 할 수 있는 것이죠.*

③ 복이자지 : 복復은 양이 하나 생겨서, 비록 작지만 물건을 모두 분별해서 회복시키는 것이므로, 스스로 알아서 분별하고 회복하는 것입니다. 일종의 양지良知라고 할 수 있지요.**

④ 항이일덕 : 항恒은 덕을 견고하게 하는 것이므로, 그것이 바로 덕을 한결같이 하는 것이네요.***

⑤ 손이원해 : 손損은 몸을 수신하는 것이므로, 먼저는 몸과 마음에 있는 잡되고 삿된 욕심을 덜어내느라 어렵지만, 나중에는 나의 언행도 쉽고 사람과의 관계도 쉬워지므로 해로움을 멀리하는 것이죠. 내가 나쁜 마음을 씻고 좋은 사람이 되면, 자연히 내게서 해害가 멀어지는 것 아니겠어요?****

---

* 낙서구궁 중에 오중五中에서 6건으로 나와 1·6수水의 덕을 완성하는 것이다. 리괘는 1진에서는 일감一坎에 있었는데, 수의 덕을 이루기 위해 2진에서는 중덕中德을 얻는 5중자리로 갔다가 이제 6건으로 완성한 것이다.
* 낙서구궁 중에 육건六乾에서 칠태七兌로 나아가 화火의 덕을 완성함을 말한다(2·7火).
** 낙서구궁 중에 칠태七兌에서 팔간八艮으로 나아가 목木의 덕을 이룸을 말한다(3·8木).
*** 낙서구궁 중에 팔간八艮에서 구리九離로 나아가 금金의 덕을 이룸을 말한다(4·9金).
**** 낙서구궁 중에 구리九離에서 일감一坎으로 나아가 토土의 덕을 이룸을 말한다(5·10土 : 여기서는 숫자가 9밖에 없으므로 1이 10의 뜻도 포함함).

⑥ 익이흥리 : 익益은 점점 더 넉넉하고 관대하게 대하는 것이지만, 그렇다고 해서 과장되게 베풀고 아무렇게나 베푸는 것이 아니지요. 이렇게 묵중하게 덕을 자꾸 기르면서 그 덕을 함부로 쓰지 않아요. 마음에서 우러나 잘 쓰는 것이므로 점점 더 이로움을 일으킵니다.*

⑦ 곤이과원 : 곤困은 곤궁한 괘이지만 곤할수록 오히려 원망이 적어야 합니다. 곤은 덕을 분별하는 것이고, 그래서 변화를 꾀해서 통하게 되는데 원망할 게 뭐 있겠습니까? 그래서 곤할수록 원망을 하지 말아야 하고, 노력을 해서 통하게 해야 하는 겁니다.**

⑧ 정이변의 : 정井은 공사公私를 구분하고 의로운 것을 잘 분별해야 합니다. 고르게 베풀어야 하는 것이지요. 우물은 생물을 기르는 것이지만, 여기에는 의로운 자연의 철리哲理가 들어 있네요.***

⑨ 손이행권 : 손巽은 덕을 만드는 것입니다. 그래서 '저울질할 칭稱'과 '저울 추 권權'을 행사하는 것이지요. 즉 공손함으로써 권도를 행합니다.

---

* 낙서구궁 중에 일감一坎에서 이곤二坤으로 나아가 수水의 덕을 베풂을 말한다(6·1水를 坤에 베풂음 : 1진에서는 六乾의 자리에 있었음).
** 낙서구궁 중에 이곤二坤에서 삼진三震으로 나아가 화火의 덕을 베풂을 말한다(7·2火를 三震 즉 동방에 베풂음으로써 만물을 생함).
*** 낙서구궁 중에 삼진三震에서 사손四巽으로 나아가 목木의 덕을 베풂을 말한다(8·3木을 四巽에 베풀어 만물을 무성하게 자라게 함).

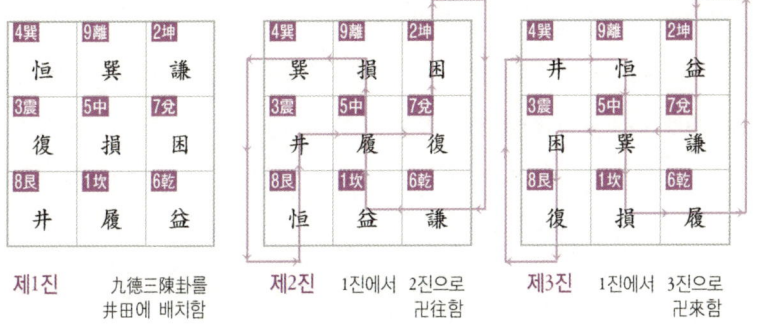

제1진 九德三陳卦를 井田에 배치함   제2진 1진에서 2진으로 卍往함   제3진 1진에서 3진으로 卍來함

어떻게 권도를 행하겠어요? 제2진에서 '칭이은稱而隱'이라고 했지요. 저울질을 잘 해서 잘 맞추고 그 속에 모두 은미하게 다 감춰놓았어요. 그래서 덕을 잘 지었네요. 그 다음에는 권도를 행해야 합니다. 저울질이라는 건 무거운 것과 가벼운 것을 올려놓고서 균형 있게 맞추는 것이 아니겠어요? 저울의 권도를 행하는 거죠. 그 사람이 아니면, 그 저울이 아니면 경중을 모릅니다. 그걸 아는 것이 권도를 행하는 것이에요.*

▍총설

1진은 아홉 가지 덕에 해당하는 괘를 말하고, 2진은 아홉 덕을 이루기 위해 필요한 과정을, 3진은 그 이룬 덕의 쓰임을 각기 말하였지요. 오행五行의 이룸과 더불어 '卍' 자를 그리며 오고 감을 나타내니, 음양의 거대한 두 기운이 자연을 순환하는 길을 말한 것입니다.

---

* 낙서구궁 중에 사손四巽에서 오중五中으로 들어가 금금기운으로 숙살지기肅殺之氣를 폄으로써 결실을 맺게 하는 것이다(9·4金으로 五中의 자리에서 극을 잡음으로써 가을의 결실을 맺듯이 후천을 여는 것이다).

구덕괘 중 첫 번째 괘인 리괘履卦의 삼진운행은, 오행 가운데 수水가 생성되어 나오는 이치가 담겨 있지요. 그리고 정전구궁井田九宮에 배치하여 3·3은 9로 삼진배열三陳配列한 것은, 정전井田이나 정수井水가 생명을 기르는 덕이라는 것을 밝힌 것입니다. 끝으로 손巽이 중궁中宮으로 들어감으로써 행권行權하는 것이지요.

구궁의 중심인 5자리로 손이 들어가면서 3진의 배열을 마치네요. 즉 이 손입중궁巽入中宮을 만들려고 삼진을 한 거지요. 앞으로 후천시대에는 손이 중심이 됩니다. 손괘巽卦의 구오효사에 "선경삼일先庚三日 후경삼일後庚三日"이라고 하여 후천 경금庚金을 말하고, 그「대상전」에 "신명행사申命行事(명을 거듭 밝혀서 일을 행함)"라고 하여, 손괘에서 후천의 일을 펼치는 명령이 나온다고 하였습니다. 위아래 모두 바람괘인 손괘에서 명이 행해지는 것이죠.*

우리 홍역학회에서 1년에 한 번씩 '신명행사'를 하지 않겠어요? 손巽으로써 행권行權하는 것이 중요하기 때문이죠. 공자님께서는 바로 이러한 구덕삼진의 이치를 보여주심으로써, 성인이 왜 주역을 지었는지를 가르쳐주셨네요. 닥쳐올 근심걱정을 해결하기 위한 것이지요.

右 第 七 章
이상은 제 7장이다.

---

* 손巽은 4의 자리(巽)로 卍往했다가(2陳), 5의 자리(中宮)로 卍來하여(3陳) 완성한다. 4·9금으로 완성한 땅의 굳건한 기운은 삼복三伏 동안 모두 108경금庚金을 감추었다가 후천을 맞이하여 숙살지기를 발하는 권세를 행하는 것이다(申命行事). 금의 단련된 기운은 손巽의 덕으로 땅속으로 입入하여 완성되므로, 그 진정한 공功은 중궁中宮의 덕으로 만물을 다스리는데 있는 것이다.

계사하전 제 8 장

易之爲書也ㅣ 不可遠이요 爲道也ㅣ 屢遷이라
역지위서야   불가원   위도야   누천

變動不居하야 周流六虛하야 上下ㅣ 无常하며
변동불거   주류육허   상하   무상

剛柔ㅣ 相易하야 不可爲典要요 唯變所適이니
강유   상역   불가위전요   유변소적

직역 역의 글됨이 멀리할 수 없고, 도의 됨됨이는 자주 옮겨간다. 변해 움직이고 거처해 있지 않아서, 육허(상하사방)에 두루 흘러서, 오르고 내림에 항상함이 없으며, 강하고 부드러운 것이 서로 바뀌는 까닭에 전요(법칙과 요약)를 만들 수 없고, 오직 변화해서 가는 것이다.

- 屢 : 여러 루, 거듭 루 / 易 : 바꿀 역 / 遷 : 옮길 천 / 典要 : 일정한 법칙

강의

① **역지위서야 불가원** : 이 8장부터 다음 10장에 이르기까지는 『주역』이 어떠한 글인가에 대해서 거듭 설명하고 있습니다. 여기서는 먼저 『주역』이라는 글이 사람과 떨어질래야 떨어질 수 없는 불가분의 관계에 있음을 말하였네요.

『중용』에 "도불원인道不遠人하니 인지위도이원인人之爲道而遠人이면 불가이위도不可以爲道니라(『중용』 13장)."고 하였습니다. 즉 도가

사람에게 멀리 있지 않으니, 사람이 도를 행하면서 사람을 멀리하면 옳게 도를 행하는 것이 아니라는 것이지요. 사람이 사는 것이 도입니다. 뗄래야 뗄 수 없는 것이지요. 마찬가지로 주역도 도를 설명한 것이기 때문에 사람에게서 멀리 있는 것이 아니고 사람에게 붙어 있는 것입니다.

② 위도야 누천 : 주역의 도는 한 번은 음하고 한 번은 양하는, 즉 '일음지-陰之, 일양지-陽之'하는 도이지요.

그런데 그 역의 도가 여러 번 옮겨졌네요. 태극에서 양의가 되고, 양의에서 사상이 되고, 사상이 팔괘가 되고, 나아가 육십사괘가 됩니다.

또 중천건괘(䷀)인가 했더니 초구가 변해서 천풍구괘(䷫)가 되고, 구이가 변해서 천화동인괘(䷌)가 됩니다. 이런 식으로 음은 변해서 양이 되고 양은 변해서 음이 되니까, 그 도가 여러 번 변해서 계속 옮기고 옮겨 다니네요.

『주역』의 글은 사람과 똑같이 만들어 놓았습니다. 역이 곧 사람이요, 사람이 곧 역인 것이죠. 사람이 역을 떠날 수가 없는데, 거기서 나오는 역의 도는 계속 옮겨 다닙니다. 천 년 전과 다르고 지금과 다르고 또 후세에 달라질 것이 주역이지요.

③ 변동불거 주류육허 상하무상 : 이렇게 여러 번 옮긴 주역을 가만히 살펴보면, 역시 계속 변동하면서 한 곳에 거처하지 않습니다. 사람이 백 년을 살면 그 사람이 없어지고 누군가가 대신해서 살아가듯이, 자꾸만 변동해서 가만있지를 않는 것이죠. 세상물정 모두가 '변동불거'

하는 것처럼 주역도 '변동불거'네요.*

이렇듯 역은 변역變易하며 육허의 우주공간 속을 두루 흐르고 있습니다. '천지인온天地絪縕 만물화순萬物化醇', 그리고 '변동불거 주류육허', 이것이 바로 역입니다.

주역에서의 '육허六虛'는 효의 여섯 자리에 음이나 양이 오기 이전의 비어 있는 상태를 가리키는데, 그 육허에 양이 오거나 음이 옴으로써 음양이 육허를 주류하는 것이죠.

음양의 효는 동하여 변하는 것이므로, 이 여섯 효의 자리 안에서 변동불거를 합니다. 상하사방의 우주공간 속에서 만물이 변동불거하는 것과 똑같은 것이지요.

'변동불거'하고 '주류육허'하며 움직이기 때문에 '상하무상上下无常'하게 됩니다.** 위에 있는 양기운은 위에만 있고 아래 있는 음기운은 아래만 있는 것이 아니지요. '불거不居'나 '무상无常'이나 다 같은 소리에요.

④ 강유상역 불가위전요 유변소적 : 주역은 뭐라고 딱 집어 얘기를 하지 못합니다. 왜냐하면 이게 강인가 했더니 어느새 변하여 유가 되고, 유인가 했더니 어느새 강으로 변하기 때문입니다. 낮인가 했더니 밤이고 밤인가 했더니 낮입니다(剛柔相易).***

---

* '동動'은 움직이는 것이고 '거居'는 한자리에 그쳐있는 것이다. 엄밀히 말하면, '변동'은 변역變易을 '불거'는 교역交易을 말한다.
** 지천태괘에서 강은 위로 올라가고(상구) 유는 아래로 내려와서(육삼) 산택손괘가 되듯이 항상함이 없다. 즉 교역(交易, 不居)함을 말한다.
*** 강이 바뀌어 유가 되고 유가 바뀌어 강이 되는 변역(變易, 變動)을 말한다.

그래서 계속 낮이라고 할 수도 없고 계속 밤이라고 할 수도 없네요. 그저 밤낮의 변동으로만 얘기할 뿐이지, 딱 집어 '전요典要'를 못합니다. 그 요긴한 점을 무어라고 꼬집어 규정짓지 못하는 것이지요 (不可爲典要).

그러므로 주역은 계속 변해서 가는 것입니다. 계속 변하면 무엇이 갑니까? 세월, 즉 시간입니다. 1분 1초! 잠시도 쉬지 않고 마냥 흘러가는 것이죠. 이렇게 시간이 가는 것이 음양의 '변동불거 주류육허 상하무상 강유상역 불가위전요'인데, 그것을 한마디로 표현한다면 '유변소적'인 것입니다(唯變所適).*

其出入以度하야 **外內**에 **使知懼**하며
기 출 입 이 도　　외 내　　사 지 구

又明於憂患與故라 **无有師保**나 **如臨父母**하니
우 명 어 우 환 여 고　　무 유 사 보　　여 림 부 모

初率其辭而揆其方컨댄 **旣有典常**이어니와
초 솔 기 사 이 규 기 방　　기 유 전 상

苟非其人이면 **道不虛行**하나니라.
구 비 기 인　　도 불 허 행

직역 그 나가고 들어옴을 법도로써 해서, 바깥과 안에 두려움을 알게 하

---

* '변동불거'부터 '유변소적'까지는 '누천屢遷'을 설명한 것이다.

며, 또한 근심 걱정과 까닭을 밝힌다. 그러므로 가르치고 인도하는 사람은 없으나 부모와 같이 임하니, 처음에 그 말을 따라서 그 방법을 헤아려 보면 이미 법칙과 상도가 있지만, 진실로 그 사람이 아니면 도가 헛되이 행하지 않는 것이다.

- 率 : 따를 솔 / 揆 : 헤아릴 규 / 典常 : 떳떳한 법칙 / 苟 : 진실로 구

강의

① 기출입이도 외내 사지구 : 주역이 이와 같으므로 '출입이도出入以度', 즉 가고 옴을 법도로써 하네요. 가는 것은 출出이고 오는 것은 입入입니다. 주역은 도수度數로써 한 해가 가고 한 해가 오는 것을 가르쳐줍니다. 주천도수周天度數는 조금도 바뀌지를 않아요.

'출입이도'를 괘에서 살펴보면, 양이 하나 와서 지뢰복괘(䷗)가 되면 양이 입入하는 것이고, 음이 하나 와서 천풍구괘(䷫)가 되면 음이 입入하는 것이죠.

양이 점차 성해져서 택천쾌괘(䷪)가 되고 중천건괘(䷀)가 되면 하나 남은 소인이 쫓겨나니 음이 출出한 것이네요. 반면 음이 점차 성해져서 산지박괘(䷖)가 되고 중지곤괘(䷁)가 되면 하나 남은 양마저 소인에게 박해를 당해서 물러나니 양이 출하게 되는 것이지요.

이렇게 나가고 들어오는 것 모두가 주역의 도수이고 법도입니다. 그렇죠. 우리가 주역을 왜 배웁니까? 세상사는 법도를 주역에 있는 법칙 그대로 모방하고 본떠서 살기 위한 것 아니겠어요? 집 밖에 나갈 때에 사람의 본분을 지키고, 집에 들어갈 때 역시 법도를 지키고, 그래서 문을 들고날 때 '출입이도'를 하는 것이지요.

천지이치, 즉 건곤을 문門으로 세워, 이 건곤의 문을 들고나는 것

에 법도가 있는데, 이것이 바로 역인 것입니다. 그렇기 때문에 밖에서나 안에서나 역은 사람들에게 두려워해야 함을 알게 해줍니다.

건괘乾卦 구삼효에도 '종일토록 경건하게 도를 행하고서도 저녁에 내가 도를 잘못 행했나 반성하며 두려워하라.'고 하였습니다. 출出해서 밖에 있을 때에도 두려워해야 하고, 입入해서 안에 있을 때에도 두려워해야 합니다. 이렇게 두려워할 줄 알아야 하는 것이죠.

② **우명어우환여고** : 출입을 법도로써 했고 외내에 두려움을 알게 하였을 뿐만 아니라, 또한 우환과 연고(그렇게 되는 까닭)까지 밝혔습니다.* 우환이 왜 있으며 연고가 왜 있는가? 작게는 개인의 운명, 크게는 국가·세계의 운명, 이런 천하의 운명이 있는데, 거기에 있는 사건·사고, 근심·걱정을 주역에다 모두 밝혀 놓았다는 것이죠. 우환과 연고를 피하는 것이 곧 피흉취길避凶趣吉인데, 그러기 위해서는 '출입이도'를 해야만 합니다.

③ **무유사보 여림부모** : 이렇게 해놓은 주역은 누구나 쉽게 공부할 수 있습니다. 비록 스승이 옆에서 가르쳐주고 또 보모保姆가 옆에서 보호해주지 않아도, 나를 사랑해주시는 부모가 옆에서 친절하게 보살피고 가르쳐주시는 것과 똑같아서 든든한 것입니다.**

---

* 예를 들면 박괘 육사에 '凶'이라고 해서 우환을 밝히고, 효사에 '剝牀以膚'라 하고 상사에 '切近災也'라고 해서 그 연고를 밝혔다.

** 마치 부모가 사랑하는 자식을 돌보듯이 한다는 뜻이다. 윗 귀절의 '사지구'가 의義를 말한 것이라면 '여림부모'는 인仁을 말한 것이다.

④ 초솔기사이규기방 기유전상 : 그러므로 아까는 역이 '그 요점을 뭐라 집어 얘기할 수 없다'고 했지만, 이제는 '그 말을 따라서 방법을 잘 헤아려보면 이미 전상(典常 : 떳떳한 법도)이 있다'고 하였습니다. 역에 일정한 법칙이 있다는 것이죠.

건괘 초구효사에 '지금 놓여 있는 환경이 물속에 잠겨 있는 용과 마찬가지이니, 쓰지 말라'고 했지만, 영구토록 못 쓰는 게 아니고 쓸 때가 반드시 있습니다. 그래서 이효부터는 나와서 활동하라고 한 것이지요. 이렇게 괘에 대해 설명한 말을 따라 그 방법을 잘 헤아려보면, 머리가 열리고 통해서 모든 말의 뜻을 알게 되는 것이죠. 괘마다 하나의 전상典常, 하나의 법칙이 있게 마련이고, 그것을 잘 깨달아 통하면 나에게도 전상이 생긴다는 것입니다.

⑤ 구비기인 도불허행 : 이렇게 해서 우환도 알고 곡절도 알고 두려워할 줄도 알고 법도도 알고, 또 처음의 말을 따라 끝의 말까지 알아서 하나의 전상을 알게 되지만, 마음을 옳게 쓰고 정통으로 공부해서 깨달을 사람이 아니라면, 즉 진실로 역의 도를 세상에 옳게 펼 수 있는 사람이 아니라면, 주역은 공허한 데로 떨어져 아무런 소용이 없게 됩니다. 도가 헛되게 되어 제대로 행해지지 못한다는 것이죠.* 정도正道로써 옳게 배워 옳게 세상에 펼 사람이라야 되지, 그렇지 않으면

---

* 괘사 및 효사에 쓰여 있는 방법대로 살피면 그 말자체가 이미 일정한 법칙으로 갖추어져 있지만, 어진 사람이 볼 때 인仁이라 하고 지혜로운 사람이 볼 때 지知라 하고 백성은 날마다 사용해도 그것이 무엇인지 모르듯이, 주역이라는 경전은 같지만 그것을 보는 관점과 능력에 따라 달리 보는 것이다.

안 된다고 공자님께서 후인들을 경계시키신 겁니다.

▌총설

　이 장은 역의 도道가 시대에 따라 변해왔지만, 항상 법도에 맞고 친근해서 누구나 가까이 할 수 있다고 하면서도, 진실로 역에 통한 사람을 바라는 성인의 소망을 편 것입니다.

　쌍호호씨雙湖胡氏도 "이 장은 오로지 괘사나 효사를 완미하여 역을 공부하는 요령을 삼도록 설파하고, 은근히 그러한 사람이 나오기를 바란 것이다. '역지위서易之爲書'의 서書는 괘효를 설명한 글, 즉 『역경』을 말하고, '위도야누천爲道也屢遷'은 괘효가 변하는 것을 말한다. 그러니까 '변동불거變動不居'라고 한 말부터는 그 괘효의 변함을 말하고, '명어우환明於憂患'부터는 그 변화를 설명했다."고 했습니다.

右 第 八 章

이상은 제 8장이다.

계사하전 제 9 장

> 易之爲書也ㅣ 原始要終하야 以爲質也코
> 역지위서야   원시요종   이위질야
>
> 六爻相雜은 唯其時物也라.
> 육효상잡   유기시물야

직역 역의 글됨이 처음을 근원해서 마침을 살핌으로써 바탕을 삼고, 여섯 효가 서로 섞이는 것은 오직 그 때와 물건이다.

- 原 : 언덕 원, 여기서는 '근원 원源'의 뜻 / 要 : 구할 요 / 質 : 바탕 질

강의

① **역지위서야 원시요종 이위질야** : 여기서도 '역지위서야易之爲書也'라는 똑같은 말로 역의 글됨에 대해 언급하였네요. 역은 처음을 근원으로 하고 끝을 요구합니다. 점을 쳐서 효가 하나 나왔을 때 괘 전체가 다 나왔다고 할 수는 없지요. 겨우 '원시原始'를 한 것이고 이제 '요종要終'을 해야 합니다. '원시'는 초효를 근원으로 한다는 말이고, '요종'은 여섯 번째 상효로 종을 한다는 말입니다.＊

이렇게 원시하고 요종한 결과 대성괘가 됩니다. 역은 대성괘로 완

＊ 설시를 할 때 초효부터 상효까지의 시종을 바탕으로 한 괘를 이루니, 초효가 '시始'이고 상효가 '종終'이다.

성되고 표현되는데, 원시하고 요종한 여섯 효로써 대성괘의 본질을 이루는 것이지요.

② **육효상잡 유기시물야** : 그런데 이 대성괘의 여섯 효는 서로 섞여 있어서, 양효가 양자리에 있기도 하고 음자리에 있기도 하며, 음효가 양자리에 있기도 하고 음자리에 있기도 합니다(六爻相雜).

　양효와 음효가 제자리에 있기도 하고 제자리에 있지 않기도 해서, 각 괘마다 여섯 효가 서로 섞여 있는데, 그 이유는 오직 때와 물건일 뿐이라는 거지요. 초효·삼효·오효는 양의 때이고, 이효·사효·상효는 음의 때입니다. 또 양효는 양의 물건이고 음효는 음의 물건이지요. 때에 합당하게 온 물건(효)도 있고, 때에 합당하지 않게 온 물건도 있어서 길흉의 단초가 됩니다.

　예를 들어 중천건괘는 여섯 효를 용龍이라는 물건에 비유했고, 풍산점괘는 여섯 효를 모두 기러기(鴻)라는 물건에 비유했습니다. 음의 때이면서 아직 어린 때인 초효는 기러기가 물가에 있다고 했고, 이효 기러기는 반석 위에 있다고 하고, 삼효 기러기는 육지에 있다고 했네요. 사효 기러기는 나무 가지에 올라가 있다고 했고, 오효 기러기는 나무 보다 높은 언덕에 올라가 있다고 했고, 상효 기러기는 하늘을 훨훨 날아간다고 했지요.

　같은 기러기지만 어디에 있냐가 다르고 얼마나 자랐냐도 다릅니다. 기러기라는 물건은 같은데, 때에 따라 능력도 다르고 하는 짓도 다르지 않겠어요? 옛날 성인들이 때와 물건을 알아서 말을 붙여놓은 것이 곧 주역인 것입니다.

> 其初는 難知요 其上은 易知니 本末也라.
> 기초 난지 기상 이지 본말야
>
> 初辭擬之하고 卒成之終하니라.
> 초사의지   졸성지종

직역 그 처음(초효)은 알기 어렵고 그 위(상효)는 알기 쉬우니, 근본과 끝이다. 처음 말(초효사)은 비교해 보고 마침은(상효사) 끝을 이룬다.

- 易 : 쉬울 이 / 擬 : 비길 의(비교하다. 비기다) / 卒 : 마침내 졸(결국)

강의

① 기초난지 기상이지 본말야 : 무엇이든 일이 처음 발생할 때는 알기 어렵고 이미 발생한 뒤에는 알기 쉽습니다. 처음은 '본本'이고 나중은 '말末'인 것이죠. 나무가 겨우 뿌리를 내린 상태에서는, 줄기가 무성하게 뻗고 꽃이 펴서 열매 맺을 것을 모르죠. 나중에 열매까지 맺어야 이 나무가 무슨 나무인지 쉽게 알 수 있지 않겠어요?

 육효로 설명하면 초효는 나무의 뿌리이고 상효는 나무의 가지와 잎사귀가 모두 뻗어 나온 것입니다. 점을 쳐서 그 기초(초효)만 가지고는 다음에 무슨 효가 나올지 전혀 모르죠. 그래서 초효가 나왔을 때는 '기초난지'예요. 상효까지 다 나오면, '아! 이건 천택리괘이고, 이건 지뢰복괘이구나' 하는 것을 알게 됩니다(其上 易知).

 앞에서 말한 '원시原始'는 '기초난지'인 본本이고, '요종要終'은 '기상이지'인 말末입니다. 이렇게 본말이 있어야 괘의 본질이 이루어지는 것이지요.

② **초사의지 졸성지종** : 괘의 여섯 효는 처음 말한 것을 기본으로 해서, 나머지 효들에 견주고 비교해 놓음으로써 마침내 그 끝(결말)을 이루고 있습니다.

풍산점괘에서 초효의 기러기가 물가에 있어요. '그럼 다음에는 반석에 올라가고, 그 다음에는 그 보다 좀 더 높은 육지로 올라가겠네. 그 다음에는 나무 위로 올라가고, 이렇게 점점 높이 올라가다가 훨훨 나는 기러기가 되겠구나!' 하는 것을 유추할 수 있지요.

근본이 어지러우면 그 끝을 다스리기 어려운 것이지요. 근본이 세워져야 나아갈 길이 생깁니다. 역은 성인이 지은 글이므로 효사 또한 본말이 정연합니다. 그래서 처음 효를 보면 뒤의 효들에 어떠한 말이 나올 것인가를 미루어 볼 수 있는 것이지요.

若夫雜物과 撰德과 辨是與非는
약 부 잡 물   선 덕   변 시 여 비

則非其中爻면 不備하리라.
즉 비 기 중 효   불 비

噫라! 亦要存亡吉凶인댄 則居可知矣어니와
희   역 요 존 망 길 흉   즉 거 가 지 의

知者ㅣ 觀其象辭하면 則思過半矣리라.
지 자   관 기 단 사   즉 사 과 반 의

직역 만약 섞여진 물건과, 덕을 가림과, 옳고 그름을 분별하는 것은, 그 가운데 있는 효(중간의 네 효, 즉 호괘)가 아니면 갖출 수(제대로 알 수)

없을 것이다. 아아! 또한 존망과 길흉을 살피고자 하면 곧 가만히 있어도 알 수 있지만, 지혜로운 사람이 그 단사彖辭를 보면 생각이 반 이상을 알 수 있을 것이다.

- 若 : 만약 약 / 夫 : 무릇 부(대저) / 撰 : 가릴 선 / 辨 : 분별할 변 / 備 : 갖출 비 / 噫 : 탄식할 희 / 要 : 구할 요 / 彖辭 : 卦辭 / 過 : 지날 과

강의

① 약부잡물 선덕 변시여비 : 괘를 보는 방법에 대해서 설명했네요. 어떠한 물건을 거기에다 섞어놓은 것인지(雜物), 그 안에 갖추고 있는 덕이 무엇인지를 살핌(撰德), 그리고 그 처신하고 행동하는 바가 옳은지 그릇된 것인지를 잘 분별해야 합니다(辨是與非).

② 즉비기중효 불비 : 그러기 위해서는 괘의 중간에 있는 효가 아니면 안 됩니다. 초효와 상효가 본말이고 종시라서 중요하지만, 그 중간에 있는 중효(이효·삼효·사효·오효)의 역할도 중요합니다. 중요한 내용은 이 중효에 모두 갖추어져 있다는 것이죠.

여기서 중효의 의미는 셋으로 나누어 볼 수 있어요. 첫째는 외괘의 중은 5효이고, 내괘의 중은 2효라고 하는 중덕中德을 얻은 중효를 의미하고, 두 번째는 모든 괘의 삼효와 사효를 괘의 중심에 있다고 해서 중효라 하지요.* 마지막으로 여기서처럼 내호괘(2·3·4효)와 외호괘(3·4·5효)를 만드는 이효·삼효·사효·오효를 괘의 가운데 있다고

---

* 풍뢰익괘 육삼과 육사의 '中行'이 그러한 예이다.

해서 중효라고 합니다. 그러니까 무엇을 중심으로 보냐에 따라 '중'의 의미가 달라지는 것이지요.

가령 위에 하늘괘가 있고 아래에 못괘가 있다고만 봐서는 천택리괘(☰)의 뜻을 완전히 해석하지 못해요. 그래서 중효中爻로 이루어진 호괘互卦를 보아야 합니다. 내호괘 불(☲)이라는 물건과 외호괘 바람(☴)이라는 물건이 섞여 있어서, 예절을 말한 천택리괘 속에 풍화가인괘(☴)가 들어 있습니다. 풍화가인괘는 집안을 다스리는 괘예요. 예절이라는 것은 집안 식구부터 예를 행할 줄 알아야죠. 그 섞여진 물건으로 바람괘와 불괘가 들어 있기 때문에 예절괘가 됨을 알 수 있는 것입니다.

또 리괘履卦에는 어떠한 덕이 들어 있느냐? 지금은 내괘 태상절(☱)로 기뻐하는 덕을 가지고 있고, 외괘 건삼련(☰)으로 강건한 덕을 가지고 있어요. 이 속에 또 어떤 덕을 가려내느냐? 즉 '선덕'을 하는 것이죠. 외호괘 손하절(☴)은 들어가는 덕을 가지고 있고, 내호괘 이허중(☲)은 밝은 덕을 가지고 있네요. 이 들어가는 덕과 밝은 덕으로, 밝게 들어가서 일진일퇴一進一退의 예를 잘 지키는 것입니다.

여기서 '시是'는 손(☴)으로 집에 들어와서 리(☲)로 밝게 행동하면서 옳게 붙어 있는 것이고, '비非'는 리(☲)의 화기가 바람(☴)을 잘못 따라 나가서 말을 함부로 하는 것입니다. 이렇게 시비를 분별해내는 것은 중효가 아니면 안 됩니다.

괘에서 초효와 상효인 본말도 중요하지만, 그 과정에 해당하는 중효가 없으면 시비를 분별할 수 없다는 겁니다.*

③ 희 역요존망길흉 즉거가지의 : 공자님께서 탄식하며 하시는 말씀입

니다(噫). '존망과 길흉을 요구하면 그 자리에 가만히 앉아서도 알 수 있다'는 거지요(亦要存亡吉凶 則居可知矣). 여기서 '요구한다'는 것은 곧 '알고자 하면', 즉 점을 쳐서 나온 괘에서 '존하냐? 망하냐?, 길하냐? 흉하냐? 하는 것을 알아내려고 하면' 이라는 뜻이죠. 괘상과 효변, 또 거기에 설명해 놓은 괘사와 효사를 보면 존망길흉을 알 수 있는 거지요.

④ 지자 관기단사 즉사과반의 : 성인聖人은 점을 치지 않아도 앞으로 닥칠 일을 알 수 있어요. 지혜로운 현인만 되어도 효변을 보지 않고 괘만 보아도 알 수 있지요. 이렇게 알 수 있을 정도로 주역을 공부한 사람이라면, 괘 전체를 설명한 괘사(단사)만 읽고 효사를 보지 않더라도 반 이상은 그 뜻을 알 수 있다는 것입니다.*

예를 들어 천택리괘의 괘사에는 "이호미履虎尾라도 부질인不咥人이라 형亨하니라."고 했는데, 이것만 보아도 조심조심 나아가면 형통하게 된다는 것을 알 수가 있죠. 호랑이 꼬리를 밟는 듯한 험하고 악한 세상이지만, 사람이 예절을 지키고 이행하면 위험에 빠지지 않고 무사히 잘 지낼 수 있다는 겁니다.

또 천택리괘(☰)와 배합이 되는 지산겸괘(☷)의 괘사에도 "겸謙은 형亨하니 군자유종君子有終이니라."고 했습니다. 사람이 겸손하게 세

---

* '기초 … 졸성지종'까지는 초효와 상효에 대하여 말한 것이고, '약부잡물 … 불비'까지는 이·삼·사·오효 즉 호괘에 대하여 설명한 것이다.
* 문왕文王이 쓴 괘사는 괘의 대강을 풀이한 것이고, 주공周公이 쓴 효사는 보다 자세하게 각 효마다의 물건의 상호작용 및 때에 따른 득실을 설명한 것이다.

상을 살면 그 결과가 좋게 된다는 것을 알 수가 있지요. 이렇게 괘사만 보더라도 그 괘 전체 뜻의 반은 짐작할 수가 있습니다.

二與四ㅣ 同功而異位하야 其善이 不同하니
이여사   동공이이위   기선   부동

二多譽코 四多懼는 近也일새니
이다예   사다구   근야

柔之爲道ㅣ 不利遠者컨마는
유지위도   불리원자

其要无咎는 其用柔中也일새라.
기요무구   기용유중야

직역 이효와 사효가 공은 같되 자리가 달라서 그 착함이 같지 않으니, 이효는 명예로운 효가 많고 사효는 두려워하는 효가 많은 것은 (사효가 오효와) 가깝기 때문이다. 부드러운 것(음)의 도됨이 오효(임금)와 먼 것이 이롭지 않지만 이효가 허물이 없는 중요한 원인은 부드러움으로 중도를 쓰기 때문이다.

- 譽 : 기릴 예, 칭찬할 예 / 懼 : 두려울 구

강의

① 이여사 동공이이위 기선부동 이다예 사다구 근야 : 앞에서 '중효'에 대해 설명하였고, 이제 중효를 양자리와 음자리로 구분해서 구체적으로 설명하네요. 먼저 중효 가운데 음자리에 속한 2효와 4효의 관계

를 보지요.

　임금인 오효와 응하는 신하는 이효입니다. 또 사효는 임금을 최측근에서 모시고 있는 내직대신에 해당하지요. 사효도 음자리에 있고 이효도 음자리에 있어서, 음의 부드러운 성격으로 임금을 모신다는 공은 같지요(同功).* 그럼에도 불구하고 그 지위가 다름에 따라 그 잘잘못이 다르네요(異位 其善不同).

　이효는 내괘의 중을 얻어서 중화中和로 행동해서 칭찬받을 일이 많아요. 그래서 이효의 효사는 좋다는 내용이 많지요. 반면에 사효는 임금 바로 밑에 있어서 핍박을 받을 염려가 있는 것입니다. 언제 쫓겨날지 목이 달아날지 불안해요. 남의 이목을 신경 써야하는 임금과 가까운 자리라는 것입니다. 그래서 사효의 효사는 위험하니 조심하라는 내용이 많지요(二多譽 四多懼 近也).

② **유지위도 불리원자 기요무구 기용유중야** : 양은 강건해서 독립할 수 있지만, 음은 유약해서 독립하기가 어렵습니다. 그래서 의지해야할 양이 옆에 있어야 좋지요. 가장 대표적인 양자리는 온 나라 백성을 다스리는 임금자리입니다. 그렇다면 이효는 강한 자리에 있는 오효 임금으로부터 멀리 떨어져 있어서 불리하고, 사효는 측근에 있으므로 유리해야 합니다(柔之爲道 不利遠者).

　그런데 이효는 허물이 별로 없고 사효는 허물을 짓기 쉽습니다. 이효가 왜 허물이 없냐? 중(중덕)을 쓰기 때문이네요. 양하고 가깝지 않

＊ 음자리에 있다는 것은 성품이 유하다는 뜻이다.

더라도 내괘의 중을 얻어 좋다는 것이지요. 양과 아무리 가깝다 해도 중을 못 쓰고 있는 사효는 두려움이 많고, 이효는 비록 오효와 멀어도 중을 쓰기 때문에 영예가 많네요(其要无咎 其用柔中也).*

> 三與五ㅣ 同功而異位하야 三多凶코 五多功은
> 삼여오   동공이이위   삼다흉   오다공
>
> 貴賤之等也일새니 其柔는 危코 其剛은 勝耶인뎌!
> 귀천지등야   기유   위   기강   승야

직역 삼효와 오효는 공은 같으나 자리가 달라서, 삼효는 흉한 효가 많고 오효는 공을 세우는 효가 많음은 귀하고 천한 차등이 있기 때문이니, 그 부드러운 효(음효)는 위태하고 그 강한 효(양효)는 이겨내는구나!

- 貴 : 귀할 귀 / 賤 : 천할 천 / 等 : 차례 등 / 勝 : 이길 승

강의

① **삼여오 동공이이위 삼다흉 오다공 귀천지등야** : 이번에는 양자리에 있는 삼효와 오효에 대한 말입니다. 삼효는 제후의 자리이고 오효는 임금의 자리이지요. 둘 다 백성을 다스리는 직책이라 공이 같지만,

---

* 사효는 이효에 비해 임금의 자리에 가까와 권세도 얻고 높은 자리에 있으며, 또 음陰이 양陽에 가까이 있다는 장점이 있으나, 중덕中德이 없는데다 외신外臣으로 비유되는 이효와는 달리 바람을 잘 타는 내신內臣으로 있기 때문에 두려운 것이다.

임금은 높은 지위이고 제후는 그 보다 낮은 지위지요(三與五 同功而異位).

그런데 점을 쳐서 삼효가 나온 경우는 흉함이 많고, 오효가 나온 경우는 참으로 좋습니다. 그 이유는 오효의 지위는 귀하고 삼효의 지위는 천하다는 차등 때문이라는 거지요.

귀하고 천한 차등이 있다면 어떠한 차등일까요? 임금은 가장 존귀한데다 외괘의 중을 얻었기 때문에 모든 일을 전제專制할 수 있는데, 삼효는 내괘에서는 제일 존귀하지만 위로 임금의 전제를 받는데다 중을 못 얻어 치우친 덕을 가지고 있습니다. 그러므로 오효는 공을 세우기가 쉽고, 삼효는 오효에게 전제를 당하는데다 잘못을 저지르기도 쉽기 때문에 흉하게 되기가 쉽지요(三多凶 五多功 貴賤之等也).*

② 기유 위 기강 승야** : 삼효와 오효는 제후와 임금의 자리입니다. 책임이 막중하니 양효가 오면 책임을 다하기 쉽지만, 음효가 오면 힘이 부쳐서 잘못되기 쉽다는 것이지요.

예를 들어 풍뢰익괘(䷩) 육삼은 "흉한 일에 더해주는 것은 허물이 없지만, 믿음 있게 하고 중도로 행해야 윗사람에게 고해서 허락을 받

---

* 이효와 사효는 원근遠近의 차이를 말하며, 음은 유약하여 양에 가까워야 좋다고 하였다. 반면에 삼효와 오효는 스스로 자립할 수 있는 강한 자리이므로 귀천으로써만 말하였다.

** 『주역집해』에서는 후과侯果의 말을 빌어서 "'야耶'는 부정사不定辭다. 혹 음효가 그 자리에 있으면서도 길한 경우는 때를 얻었기 때문이고, 양효가 있으면서도 흉한 경우는 사사로이 응했을 경우가 그렇다(耶者는 不定之辭也니 或有柔居而吉者는 得其時也요 剛居而凶은 私其應也라)."고 하였다.

은 듯이 될 것이다."고 했지요. 흉년을 만나 굶주린 사람한테 곡식을 나눠주는데, 임금의 허락을 받을 틈이 없어요. 우선 나눠주기는 하는데 까딱 잘못하면 부정을 저질렀다고 해서 목이 달아난다는 겁니다.

반면에 지산겸괘(䷎) 삼효는 양효가 왔네요. 그래서 "구삼은 공로가 있지만 겸손하게 하니, 군자가 마침이 있게 되어 길하다."고 했지요. 일처리를 잘해서 모든 사람이 승복한다는 겁니다.

양이란 원래 강한 것인데 그 자리마저 강하면, 너무 강해져서 지나친 상태가 됩니다. 그러므로 여기서 이긴다는 '승勝' 자는 두 가지로 풀 수 있어요. 하나는 지나치게 과강하다는 경계의 뜻이고, 또 하나는 실패하지 않고 이겨낼 수 있다는 뜻으로 쓰입니다. 대개 중을 얻지 못한 구삼의 경우는 전자의 뜻이 많고, 중을 얻은 임금인 구오의 경우는 후자의 뜻이 많습니다. 이런 식으로 주역을 해석해 나가면 자신도 모르게 능통해집니다.

▌총설

이 장은 괘의 질과 효의 길흉 및 공과功過에 대해 설명함으로써, 괘를 해석하는 방법을 말했어요. 여섯 효의 시종始終관계를 개괄적으로 설명한 뒤에, 초효와 상효가 괘의 본말이 된다고 한 겁니다.

또 중효와 단사彖辭를 언급한 뒤에, 중효의 원근과 귀천에 따른 공과를 설명하고, 중효 중에서도 중덕中德을 얻은 이효와 오효가 허물 없이 공을 이루는 괘의 주인이 된다고 했네요.

右 第 九 章
이상은 제 9장이다.

계사하전 제 10 장

易之爲書也ㅣ 廣大悉備하야
역지위서야 광대실비

有天道焉하며 有人道焉하며 有地道焉하니
유천도언   유인도언   유지도언

兼三才而兩之라 故로 六이니
겸삼재이양지 고 육

六者는 非他也라 三才之道也니
육자   비타야   삼재지도야

직역 역의 글됨이 넓고 크며 다 갖추어서, 하늘의 도가 있으며 사람의 도가 있으며 땅의 도가 있다. 삼재를 겸해서 두 번 하기 때문에 여섯이니, 여섯은 다른 것이 아니라 삼재의 도이다.

- 悉 : 다 실 / 焉 : 어조사 언 / 兼 : 아우를 겸

강의

① 역지위서야 광대실비 유천도언 유인도언 유지도언 : 여기서도 '역지위서야易之爲書也'라고 하였는데, 주역의 글이 천지와 같이 광대무변하여 천지인 삼재지도三才之道를 두루 갖추고 있다고 한 것입니다.

하늘과 땅은 광대무변합니다. 주역의 글됨도 넓고 커서 모든 것을 다 갖추고 있네요. '광廣'은 땅의 넓음을 말하고 '대大'는 하늘의 큼을

말하는데, 하늘과 같이 크고 땅과 같이 넓은 이치를 다 갖추어 놓았다는 얘기지요. 그렇게 '광대실비'하니까, 천도·인도·지도가 다 들어 있네요.

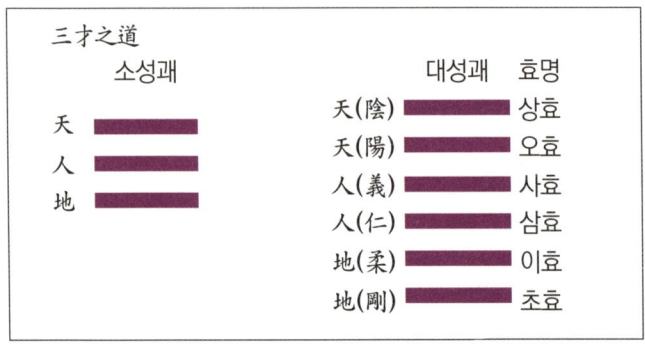

② **겸삼재이양지 고육** : 육효로 이루어진 대성괘로써 보면, 위의 상효와 오효는 하늘자리이고(天道), 아래의 이효와 초효는 땅자리이고(地道), 가운데의 사효와 삼효는 사람자리네요(人道).

태극으로 말한다면 천태극, 지태극, 인태극의 셋으로 나뉘는데, 천태극에 해당하는 천도에는 음양이 있고, 지태극에 해당하는 지도에는 강유가 있고, 인태극에 해당하는 인도에는 인의가 있어서 여섯 효로 나뉩니다.

③ **육자 비타야 삼재지도야** : 공간적으로는 상천上天, 중인中人, 하지下地의 삼위三位로 벌려지므로, 천도·인도·지도의 순서로 삼재의 도를 말하였네요. 삼재는 천재天才, 인재人才·지재地才인데, 이 셋을 각기 음양으로 겸해서 놓은 것이 바로 육효입니다.

이렇게 삼재三才를 둘씩 나누어 여섯으로 본 것이 천지우주의 공간입니다. 상하와 사방이지요. 여섯이 합해서 우주공간을 이루었다고 해서 육합六合이라 하고, 비워져 있다고 해서 육허六虛라고도 합니다. 이 육허 공간 속에서 여섯 자리, 즉 육위六位가 나오는데, 이 여섯은 결국 삼재의 도라고 할 수 있지요.

> 道有變動이라 故(로)* 曰爻요
> 도유변동   고   왈효
>
> 爻有等이라 故(로) 曰物이요
> 효유등   고   왈물
>
> 物相雜이라 故(로) 曰文이요
> 물상잡   고   왈문
>
> 文不當이라 故로 吉凶이 生焉하니라.
> 문부당   고   길흉   생언

직역 도가 변동이 있기 때문에 효라고 말하고, 효에 차등이 있기 때문에 물건이라 말하며, 물건이 서로 섞여 있기 때문에 무늬라 말하고, 무늬가 마땅치 않기 때문에 길하고 흉함이 생기는 것이다.

강의

---

* '故로 曰爻요 … 故로 曰物이요 … 故로 曰文이요'의 '故' 자 다음의 '로' 토는 언해본의 '현토'에는 없지만, 문장의 흐름상 '로'를 붙이는 것이 운율에 더 맞다고 생각해서 붙였다.

① **도유변동 고 왈효** : 삼재지도에 의해 육효로 이루어진 대성괘가 나오는데, 그 삼재지도는 변동합니다. 역은 변하고 바꾸는 것이므로 모든 효가 다 변할 수 있는 것이지요. 역의 도는 변동을 하고, 육합·육허라는 공간 속에 만물이 생장하고 있는데, 살고 있는 모든 생물들은 가만히 정지해 있는 것이 아니라 모두가 변동합니다.

삼재지도를 역에서는 육효六爻로 표시하는데, 춘하추동 사시의 변동과 만물의 변동을 모두 본받아서 표시한 것이라 해서 '효爻'라고 합니다. 변동한다고 해서 그 명칭을 효라 하면서도 동시에 그 변동을 본받으라는 뜻을 지니고 있지요.

② **효유등 고 왈물** : 효에는 등급(등분)이 있습니다. 앞에서 설명한 '이위異位'가 지위에 따라 등급이 다르다는 것을 말한 것입니다. 잘사는 사람, 못사는 사람, 힘있는 사람, 힘없는 사람 등으로 모두 등급이 있는데, 그 등급에 따라 비유해 놓은 물건이 다르지요.

그러니까 등급 자체가 물건이네요. 큰 물건, 작은 물건, 잘생긴 물건, 못생긴 물건, 약한 물건, 강한 물건 등 모두 다 등급이 있어 구별되고 나뉘는 것입니다. 모든 효에는 각각 원근, 상하, 귀천·음양 여부에 따른 등급이 있는데, 그것이 바로 물건인 것입니다.

음양이라는 것은 기운을 말하고, 강유라는 것은 음의 실체(유)와 양의 실체(강)를 말하죠. 그래서 실체를 갖춘 물건을 강유로 말합니다. 그러니까 효에는 등급이 있고 그것을 또 물건이라고 하는 것이며, 물건은 강체와 유체로 나뉜다고 할 수 있지요.

③ **물상잡 고 왈문** : 그러면 그 물건은 어떻게 존재하고 있는가? 괘마

다 음효와 양효가 제각기 뒤섞여 있네요. 그렇지요. 이 우주공간에는 물건이 다 섞여 있습니다. 산천초목, 동물, 식물, 인간도 모두 섞여 삽니다. 이렇게 물건이 모두 섞여 있기 때문에 문채가 있게 되는 것이지요.

서로 섞어놓지 않고 단색으로만 그려놓으면 무늬가 나오지를 않아요. 뒤섞여 있어야만 무늬가 나옵니다. 산도 높은 산, 낮은 산이 있고, 또 산만 있는 것이 아니라 물이나 나무, 돌 등과 같이 있지요. 사람도 남녀가 모두 섞여 있지 않습니까? 그러니까 자연 '무늬 문文'이 나오는 것이지요.

④ **문부당 고 길흉 생언** : 그런데 그 '문文'이 섞여 있다 보니까, 있을 데에 있는 것도 있고, 있지 않아야 할 데에 있는 것도 있고, 음이 양자리에 있기도 하고, 양이 음자리에 있기도 합니다. 그래서 마땅한 것과 마땅치 못한 것으로 나눕니다.

문제는 바로 거기서 생기지요. 양이 양자리이거나 음이 음자리에 놓인 경우는 문당文當이 되지만, 그 반대로 양이 음자리에 있거나 음이 양자리에 있으면 문부당文不當이 됩니다. 그렇기 때문에 길하고 흉함이 생기는 것이지요.

그래서 어떤 자리는 음이 양자리에 있어서 흉하고, 어떤 자리는 음이 음자리에 있어서 길하다는 등 위치를 봐서 설명합니다. 사람 사는 것도 그 사람이 어떠한 위치에 있느냐 하는 것이 중요한 게 아니겠어요? 거기서 좋고 나쁜 것이 다 나오니까요.

▎ 총설

똑같이 '역지위서야易之爲書也'로 시작한 8장은 역의 도道를, 9장은 효의 체體를, 10장은 효의 용用을 말한 것입니다. 즉 8장은 주역이 모든 것 특히 시대적인 변천을 다 갖추었음을(時), 9장은 효의 체인 질質을, 10장은 효의 용(用 : 爻사이의 관계)인 무늬(天地人의 공간적인 道를 갖추었음)를 위주로 설명했지요.

그 무늬를 천지인 삼재로 나누어 보고, 삼재를 각기 둘씩 해서 육효로 보았으며, 삼재의 도가 변동하는 것을 본받은 것을 효爻라고 한 겁니다. 그 변화 속에 상하上下와 호오好惡 등의 차등이 발생하고, 마땅한 자리와 그렇지 못한 자리가 있으므로, 이러한 차이에서 길흉이 나뉜다고 했네요.

右 第 十 章

이상은 제 10장이다.

계사하전 제 11 장

易之興也ㅣ 其當殷之末世周之盛德耶인져!
역지흥야   기당은지말세주지성덕야

當文王與紂之事耶인져!
당문왕여주지사야

是故로 其辭ㅣ 危하야 危者를 使平하고 易者를 使傾하니
시고 기사 위   위자 사평   이자 사경

其道ㅣ 甚大하야 百物을 不廢하나
기도   심대   백물   불폐

懼以終始면 其要ㅣ 无咎리니 此之謂易之道也라.
구이종시 기요   무구   차지위역지도야

직역 역의 흥함이 은나라의 말세와 주나라의 덕이 성할 때에 해당하는구나! 문왕과 주왕의 일에 해당하는구나! 이런 까닭에 그 말이 위태해서, 위태할까 걱정하는 자를 평이하게 하고 나태한 자를 기울어지게 하니, 그 도가 심히 커서 백 가지 물건이 없는 것이 없으나, 두려워함으로써 마치고 시작하면 그 중요한 것은 허물이 없을 것이니, 이것을 역의 도라 이른다.

- 殷 : 나라 은, 성할 은 / 周 : 나라 주, 두루 주 / 傾 : 기울 경 / 甚 : 심할 심 / 廢 : 폐할 폐

강의

① **역지흥야 기당은지말세주지성덕야 당문왕여주지사야** : 주역이 한창 흥한 것은 시대적으로는 은나라가 망해가는 때, 반면에 주나라는 이제 막 덕이 성할 무렵이고(易之興也 其當殷之末世周之盛德耶), 사람으로 보면 주나라는 문왕文王이 선정을 베풀고 은나라는 폭군인 주紂가 폭정을 저질러 백성의 원성이 자자할 때에 해당합니다(當文王與紂之事耶).*

은나라가 망할 때는 주라는 임금이 폭정을 했지요. 문왕이 성인이라는 말을 듣고 백성이 문왕한테 몰려가니까, 그걸 시기한 주가 문왕을 유리옥羑里獄에 가둡니다. 그래서 문왕이 유리옥에 갇힌 채로 주역의 64괘 괘사를 지었다는 것이지요.

만일 그때 문왕이 괘사를 짓지 않았다면 역이 흥성할 수가 없었고, 복희씨가 그은 괘만 유일하게 전해왔겠지요. 모든 일이 어려울 때 그것을 극복하고자 더 크게 일어나는 것 아니겠어요? 중국에 제자백가가 일어나 철학을 흥성시킨 것도, 그때가 서로 물어뜯으며 죽이는 전국시대였기 때문입니다.

그래서 주역에는 은나라 말기와 주나라 덕이 흥성할 당시의 일, 즉 문왕과 주에 대한 일을 많이 적고 있습니다. 문왕이 유리옥에 갇혀 괘사를 지은 일, 주가 폭정을 해서 백성이 도탄에 빠질 무렵의 일 등을 모두 주역에 담고 있는 것입니다.

---

* 7장에 '易之興也 其於中古乎 作易者 其有憂患乎'를 보다 구체적으로 말한 것이 '其當殷之末世周之盛德耶 當文王與紂之事耶'이다. 한 나라의 덕德이 쇠하여 망하고, 이어 또 다른 나라의 덕德이 성하여 흥할 때만큼 인간의 길흉화복吉凶禍福이 적나라하게 나타날 때가 없으므로, 역이 이러한 시대를 배경으로 기술된 것이다.

그 대표적인 것이 지화명이괘지요. 초효는 백이와 숙제, 이효는 문왕, 삼효는 무왕, 사효는 미자, 오효는 기자, 상효는 주에 대한 말이 직접적으로 언급되어 있지요.

② **시고 기사위 위자사평 이자사경** : 이렇기 때문에 주역에 붙여진 말들이 모두 위태로운 말로 표현되어 있네요. '불리不利하다, 려厲하다, 흉凶하다' 등등이 모두 위태한 말이죠. 세상 살기가 어려우니까 잘못하면 흉하고 위태롭다는 것을 말해놓은 겁니다(其辭危).

그런데 '위태롭게 되지 않을까?' 하고 조심하는 자에게는 평이하게 잘 살도록 만들어주는 반면(危者使平), 쉽게 아무렇게나 세상을 사는 사람은 기울어지게 하였네요(易者使傾).

그래서 『중용(17장)』에 보면 "천지생물天之生物이 필인기재이독언必因其材而篤焉하나니 고故로 재자栽者를 배지培之하고 경자傾者를 복지覆之니라."고 했지요. 하늘이 물건을 내는데 그 재목이 쓰일 만한 것은 북돋워줘서 재배를 해주고, 그 재목이 되지 못할 것은 기울어지게 해서 아예 엎어버린다는 뜻입니다.

'위자사평'이라는 말처럼 항시 조심하며 세상 걱정을 한 문왕은 평안하였고, '이자사경'이라는 말처럼 함부로 정치를 해서 백성을 죽이며 세상을 쉽게 보았던 폭군 주는 망하게 되었네요.

③ **기도심대 백물불폐** : 세상을 경솔하게 사는 사람은 엎어버리고, 세상을 조심스럽게 사는 사람은 흥하게 해주는 것이 하늘의 도이고 역의 도입니다. 그렇기 때문에 그 도가 심히 크지요(其道甚大).

이렇게 역의 도가 심대하므로, 세상의 모든 일과 물건을 하나도 빠트리지 않고 역 속에 담아놓았어요(百物不廢).

④ **구이종시 기요무구 차지위역지도야** : 모든 일이 주역 속에 다 들어 있지만, 늘 '위자사평'을 염두에 두고 두려워하는 마음으로 잘 마치고 시작해야만 허물을 짓지 않게 되지요(懼以終始 其要无咎).

여기서 '두려운 마음으로 종시終始한다'는 '구이종시'는 곧 종시가 중요하니 잘 살피라는 뜻도 됩니다. 건괘 구삼효에 "군자君子 종일건건終日乾乾하야, 석척약夕惕若하면 려厲하나 무구无咎리라."고 하였지요. 종일토록, 즉 오전을 지나 오후까지도 굳건하고 굳건히 노력하면서도, 저녁에는 두려워하며 반성하면 위태한 처지에 있더라도 허물이 없다고 했습니다.*

이렇게 종과 시를 잘 살펴서 행동하면, '기요무구', 즉 세상 모든 일에서 가장 중요한 '허물이 없다'가 되는데, 이것을 역의 도라고 하는 것이죠(此之謂易之道也).

역의 도는 늘 '구이종시' 하는 데에 있습니다. 종일 열심히 살았더라도, 저녁이 되면 '내가 잘했나, 못했나?' 반성하고 두려워해야 한다는 것입니다. 그러면 성공은 못하더라도 허물이 없게 된다는 겁니다. 이것이 바로 역의 도입니다.**

---

* 건괘乾卦 「단전」에도 "大明終始하면 六位時成(크게 종시를 밝히면 여섯 자리가 때로 이룬다)"고 하였다. 선후의 종시를 중시하는 것은 주역의 여러 곳에 나타나는데, 이것은 역의 도가 '구이종시 기요무구'임을 잘 보여준다(蠱卦 단전 : 終則有始 天行也, 歸妹卦 단전 : 歸妹 人之終始也, 설괘전 : 終萬物始萬物者 莫盛乎艮 등등).

** 역易은 개과천선을 중시한 것을 알 수 있다. 비록 위태하고 허물이 있는 자라도, 조심하며 성실하게 자신을 수양해 나가면 허물이 없게 된다는 것이다.

▌총설

  이 장은 항상 조심하고 경건한 마음으로 살아가는 것이, 역의 도와 합치된다고 했네요. 특히 공자님은 은나라의 후예이면서도 은나라의 마지막 왕 '주紂'는 그대로 이름을 부르고, 은나라를 무너뜨린 나라의 '문왕文王'은 왕王이라고 추존追尊한 호칭으로 표현한 점이 주목할 만합니다. 공자님이 역을 보실 때 공정하고도 순리를 따르신 마음을 엿볼 수 있지요.

右 第 十 一 章
이상은 제 11장이다.

계사하전 제 12 장

夫乾은 天下之至健也니 德行이 恒易以知險하고
부건　　천하지지건야　　덕행　　항이이지험

夫坤은 天下之至順也니 德行이 恒簡以知阻하나니
부곤　　천하지지순야　　덕행　　항간이지조

직역 건이라는 것은 천하의 지극히 굳센 것이니, 덕행이 항상 쉬움으로써 험한 것을 알고, 곤이라는 것은 천하의 지극히 순한 것이니, 덕행이 항상 간략함으로써 막힘을 안다.

- 健: 굳셀 건 / 恒: 항상 항 / 易: 쉬울 이 / 險: 험할 험 / 阻: 막힐 조

강의

① **부건 천하지지건야 덕행 항이이지험**: 세상에서 지극히 강건한 것은 바로 하늘입니다. 중천건괘 「대상전」에도 '하늘이 운행하는 것은 아주 굳세다'고 했어요. 억천만 년이 가도 춘하추동이 꼭 제때 맞춰 오고 낮과 밤이 제때에 옵니다. 이렇게 끝없이 운행을 해도 바뀌거나 허물어지거나 늦어지는 일이 없어요. 이것이 바로 하늘이 자강불식한다는 것이고 지극히 강건하다는 것 아니겠어요(*夫乾 天下之至健也*)?

　그런데 하늘의 덕행은 항상 쉬우면서도 험한 걸 압니다. 하늘이 어려우면 아무 일도 못합니다. 건괘를 이루는 양 또한 쉬운 것입니다. 만물 보다 앞장서서 운행하는데 조금도 주저함이 없습니다. 그렇게

덕행이 쉬우면서도 늘 세상이 험하다는 것을 알고 행하지요. 험한 걸 알고 나가니까 함부로 행하지 않게 되어 험한 데 빠지지를 않습니다.

하늘이 하는 일은 달 뜨고 해 뜨고, 밤 되고 낮 되고, 비 오고 바람 불고 하는 것인데, 모두 어려운 게 하나 없이 쉽게 행합니다. 그런데 계속해서 해가 뜬다든가 계속해서 밤이 되면 문제지요. 또 폭우가 쏟아진다든가 바람이 거세게 분다든가 하면 큰 문제가 됩니다. 잘못하면 험하게 될 걸 늘 알아야 합니다.

② 부곤 천하지지순야 덕행 항간이지조 : 천하의 지극히 강건한 것이 하늘인 반면, 지극히 순한 것은 땅이네요. 땅은 하늘을 따라서 순하게 움직입니다. 그래서 동적인 하늘의 기운을 정적으로 잘 받아들이지요(夫坤 天下之至順也).

그렇기 때문에 덕행이 항상 간략하면서도 그 막힘을 잘 압니다. 「계사상전」 1장에도 '건은 쉽게 알아 주장하고, 곤은 간단하게 처리한다'라 하였고, 「계사하전」 1장에도 '쉬움으로써 보여주고, 간단함으로써 보여준다'라고 하였습니다.

이 이간易簡은 역의 법칙이죠. 건은 쉽게 주장하고 곤은 간단하게 따릅니다. '막힌다'는 것은 땅에서 하늘로 올라가는 것입니다. 하늘이 내려온 길을 따라 간단하게 올라가지만, 하늘을 거스르면 막혀서 못 올라간다는 것을 아는 겁니다.

땅에서 자라는 동물과 식물이 아무리 커도 하늘 끝까지는 못 올라갑니다. 새가 아무리 잘 날아도 높이 오르는 데는 한계가 있지요. 하늘이 막는 것도 아닌데 못 올라갑니다.

신하가 임금 보다 높아지면 죽는 것이고, 아내가 남편보다 세지면 집안이 무너집니다. 임금이 막고 남편이 막아서 그런 것이 아니고, 재질이 다르고 역할이 달라서 그런 겁니다. 이렇게 천지건곤의 덕행이 각각 다릅니다(德行 恒簡以知阻).*

能說諸心하며 能硏諸(侯之)慮하야
능 열 저 심　　능 연 저　　　　려

定天下之吉凶하며 成天下之亹亹者니
정 천 하 지 길 흉　　성 천 하 지 미 미 자

직역 마음으로 기뻐할 수 있으며 생각을 연마할 수 있어서, 천하의 길함과 흉함을 정하며 천하가 힘쓰도록 함이니,

- 능할 능 / 說 : 기쁠 열 / 諸 : 어조사 저 / 硏 : 갈 연, 궁구할 연 / 亹 : 힘쓸 미

강의

① 능열저심 능연저(후지)려 : '마음으로 기뻐할 수 있다' 하는 것은 그

---

* 공자님께서 「계사전」을 지으실 때, 건乾·곤坤으로 시작해서 건·곤으로 끝을 맺되, 「계사상전」은 1장에 건·곤의 이간易簡을, 12장에는 건·곤의 역易 됨을 말하여 일반적인 조화의 이치를 밝혔고, 「계사하전」은 1장에서는 건·곤이 이간易簡하기 때문에 천하의 이치에 통할 수 있다 하고, 12장에서는 건곤이 건순健順한 성정이 있기 때문에 그 어려움인 험조險阻를 극복하여 운행을 계속할 수 있다고 하였다. 즉 「계사상전」은 정적인 것을 주로 말하였고, 「계사하전」은 동적인 것을 말했으니 서로 체용體用의 관계에 있는 것이다.

덕행이 '항이이지험'하는 건괘를 두고 하는 말입니다. 그렇죠. 항상 쉽게 하면서도 험한 데를 알고 있어 빠지지 않고 나아가니까 마음속으로 늘 기뻐하고 있어요. '능열저심'의 '심心'은 마음이니까 형이상적인 하늘을 두고 한 말입니다(能說諸心).

또 '생각을 연마할 수 있다' 하는 것은 그 덕행이 '항간이지조'하는 곤괘를 가리킵니다. '능연저려'의 '려慮'는 이미 마음에서 나온 생각이므로 형이하적인 땅을 두고 한 말이지요. 마음에서 먼저 기뻐했으니까 생각이 떠오르게 되고, 그 떠오른 생각으로 다시 연구하는 것입니다(能硏諸慮).*

② 정천하지길흉 성천하지미미자 : 이렇게 마음속으로 기뻐할 수 있기 때문에 기쁜 마음으로써 천하의 길흉을 정하는 것이고(定天下之吉凶), 생각하고 연구할 수 있기 때문에 천하의 일을 힘써 헤쳐나가는 게 아니겠어요(成天下之亹亹者)?

그러니까 '항이이지험, 능열저심, 정천하지길흉'은 전부가 하늘을 두고 한 말이고, '항간이지조, 능연저려, 성천하지미미'는 땅을 두고 한 말이지요.

이렇게 '부건夫乾은' 하고 '부곤夫坤은' 해서, 건은 건대로 설명해 나가고, 곤은 곤대로 설명해서 쭉쭉 나가네요. 건에 대한 설명은 형이상적이고, 곤에 대한 설명은 형이하적인 얘기로 나가면서 체와 용을 만들어 가네요.

---

* 경문에는 '能硏諸侯之慮'로 되어 있으나, '侯之' 두 글자는 주자朱子도 연문衍文이라 하였고, 문맥이나 운률로 볼 때도 빠지는 것이 타당하므로 생략한다.

> 是故로 變化云爲에 吉事ㅣ 有祥이라
> 시고 변화운위 길사 유상
>
> 象事하야 知器하며 占事하야 知來하나니
> 상사   지기   점사   지래

직역 이렇기 때문에 변하고 화하며 말하고 행함에 길한 일에는 상서로움이 있다. 일을 본떠서 기구를 발명하며, 일을 점쳐서 오는 것을 안다.

- 云 : 이를 운 / 云爲 : 말하고 행동함 / 祥 : 상서로울 상

강의

① **시고 변화운위 길사유상** : 이렇기 때문에 길한 일에는 상서로운 조짐이 있다고 했네요. '변화變化'는 천도가 운행하며 변화하는 것을 말하는 것이고, '운위云爲'는 말하고(云) 행동하는(爲) 인사적인 언동을 말하지요. 천도로써 변화하고 인사로써 운위함에 길한 일이 발생하는데, 먼저 상서로운 조짐이 있게 된다는 얘기입니다.

변화는 천도이고 운위는 인사인데, 이것을 합친 '변화운위'는 건乾을 체로 한 데에서 나오고, 뒤이어 말한 '길사유상'은 곤坤을 용으로 한 데에서 나오네요.*

② **상사지기 점사지래** : '변화운위'를 했으니까 일을 모방하고 형상해서 기구(도구)를 알아내고(象事 知器), '길사유상'하므로 일을 점쳐서

---

* '변화'를 괘효의 변화로 보면, 괘효의 변화에 따른 것을 말로 하는 것이 '운云'이 되고, 이것을 행동으로 옮기는 것이 '위爲'가 된다.

앞으로 다가올 일을 알게 되는 것이지요(占事 知來).

'변화운위'에서 '상사지기'가 나온 예로 수택절괘(䷻)를 보면, 태상절(☱) 못괘에 물이 적당히 고이고, 그 위에서 감중련(☵) 물이 들어갔다 나왔다 흐르니 '절도 있게 잘 조절된다'는 괘상이 나오고(象事), 여기에서 댐이나 보 같은 기구를 알아냅니다(知器).

화풍정괘를 보고 솥을 만들어내고, 수풍정괘에서 우물을 만들고, 풍수환괘에서 강물을 건너는 배를 만들고 하지 않았겠어요? 이렇게 모든 일을 괘의 형상으로 만들고, 그 형상에서 또 유추하고 응용해서 기구를 만드네요.

그러니까 '변화운위'를 않고는 '상사지기'를 모르지요. 글이라는 것은 늘 위에서 한 말과 연관을 시켜 봐야 합니다. 천도가 변화하는 것을 사람이 운위할 줄 알면, "아! 여기서 무슨 그릇이 나온다. 이건 뭘로 형상을 하면 된다." 하는 식으로 '상사'도 하고 '지기'도 하는 것입니다.

또 길한 일에 상서로움이 있으니까 점을 쳐보는 것이죠. 점쳐서 어떤 일이 일어난다는 것을 아는 것이 '길사유상吉事有祥'이죠. '길사유상'에서 '점사지래'라는 말이 뻗어나간 것이 아니겠어요? 그래서 결국은 '천하지지건'과 '천하지지순'의 얘기가 두 갈래로 흘러내려왔네요.

天地設位에 **聖人**이 **成能**하니
천지설위   성인   성능

人謀鬼謀에 **百姓**이 **與能**하나니라.
인모귀모   백성   여능

<small>직역</small> 그러므로 하늘과 땅이 자리를 베풂에 성인이 공(능한 일)을 이루니, 사람이 꾀하며 귀신이 꾀함에 백성이 더불어 공을 이루게 된다.

- 設 : 베풀 설 / 謀 : 꾀할 모 / 與 : 더불 여

<small>강의</small>

① **천지설위 성인성능** : 천지는 자리를 베풀어놓아서 위位를 베풀어줍니다(天地設位). 그 것을 보고 성인이 역을 만들어서 공을 이루고 있네요(聖人成能). 여기서 '능할 능'은 '능한 일(能事)' 또는 '공로 공功'으로 풀이하면 됩니다. 하늘이 품부한 성性을 다 발휘하도록 역을 만들어서 이룬 공이지요.*

　천지가 모두 위를 베풀었어요. 사람도 동·식물도 사는 자리가 저마다 다르고, 산과 내와 바다도 높낮이를 다 정해놓았지요. 이렇게 천지와 만물이 모두 제각각의 자리를 얻어 운행하고 삶을 영위하는 것을, 성인이 '능열저심'하고 '능연저려'하면서 64괘와 384효를 만들

---

* 하늘은 위에 있고 땅은 아래에 자리하며 그 위치를 바로 정함에, 그 사이에서 뇌雷·풍風·수水·화火·산山·택澤이 각기 자신의 자리를 정하니, 이것을 성인이 보고 팔괘를 그리고, 그에 대한 풀이로 괘사와 효사를 짓고, 점치는 법을 만드신 것이다.

고, 거기에 일일이 괘사와 효사를 붙이고, 또 점치는 법을 만드는 등 주역을 다 이루어냈습니다.

② 인모귀모 백성여능 : 성인이 만들어 놓은 설시법대로 점을 칩니다. 산가지의 수를 세고 괘를 괘효를 그리는 것 등은 사람이 꾀하는 일이고, 산가지를 무작위로 나누어서 괘를 만드는 일은 귀신이 꾀하는 일이지요.

　점괘효는 산가지를 둘로 나눌 때 결정됩니다. 넷씩 세고 나머지를 거는 것은 결과를 보기 위한 기계적인 손놀림이지요. 이렇게 둘로 나눌 때 '왼손에 몇 개 오른 손에 몇 개로 나누어야지.'하는 생각을 먹지도 않고, 또 생각한 대로 나눠지지도 않아요. 이건 귀신이 나눠주는 겁니다. 그래서 '귀모'라고 하는 거지요. '귀모'가 이루어진 뒤에 기계적인 손놀림은 '인모'입니다. 귀신이 시키는 대로 사람이 움직이는 거지요(人謀鬼謀).＊

　이렇게 인모와 귀모를 해서 점괘가 나오면, 그 효사에 적힌 대로 움직여서 피흉취길避凶就吉을 합니다. 이렇게 효사가 가르쳐주는 대로 움직이는 것은 일반 백성도 할 수 있지요. 그래서 백성도 피흉취길하게 됨으로써 행복한 삶을 살게 됩니다(百姓與能).

　그러니까 '부건 → 천하지지건 → 덕행 항이이지험, 부곤 → 천하지

＊ 왕부지(왕선산)는 "대연수大衍數는 50이나 그 쓰임은 49이다. 둘로 나누어서 하나를 걸고, 세어서 남는 나머지를 돌려서 7·8·9·6의 변화를 살핌으로써 이치를 본받고자 하는 것은 인모人謀이고, 둘로 나눌 때에 무심無心하게 많고 적은 무더기가 결정되는 것은 불측不測한 신神의 역할이니 귀모鬼謀에 해당한다."고 하였다.

지순 → 덕행 항간이지조', 여기까지가 '천지설위天地設位'네요. 문맥이 계속 통합니다. 이렇게 공부를 하면 대번에 문리文理가 나고, 문리가 나면 아무 책이나 한 권만 가지고도 그 책을 통해서 다 알게 됩니다. 요컨대 문맥이 통해서 문리가 나면 되는 것이지요.

'능열저심 능연저려 정천하지길흉 성천하지미미'는 성인의 '성능成能'이죠. 성인이 모든 사람이 능할 수 있도록 다 이루어놓았습니다. 그리고 '변화운위 길사유상 상사지기 점사지래'는 곧 '인모귀모人謀鬼謀'와 '백성여능百姓與能'을 말하는 것입니다. 이렇게 해서 성인은 물론 백성까지도, 천도의 변화를 하나하나 살피고, 또 모든 일을 형상으로 대비시켜서 그릇을 만들어내고, 점을 쳐서 미래를 알게 됩니다.

사실 문리가 난 사람은 글을 많이 안 써요. 딱 몇 마디만 씁니다. 간단하게 '부건 천하지지건, 부곤 천하지지순'! 이 말 하나만으로도 다 말이 통하지요. 성인이신 공자께서 후세 사람들이 알기 쉽도록, 계속 문맥을 이어가며 나무의 줄기와 가지로 뻗듯이 이렇게 자세히 해놓으신 것입니다.

八卦는 以象告하고 爻彖은 以情言하니
팔괘   이상고   효단   이정언

剛柔ㅣ 雜居而吉凶을 可見矣라.
강유   잡거이길흉   가견의

직역 팔괘는 상으로써 알려주고, 효사와 단사(괘사)는 정상情狀으로써 말하니, 강함과 부드러움이 섞여 있음에 길함과 흉함을 알 수 있다.

- 告 : 알릴 고

> 강의

① **팔괘 이상고 효단 이정언** : 팔괘는 하늘의 상, 못의 상, 불의 상, 우레의 상, 바람의 상, 물의 상, 산의 상, 땅의 상, 이렇게 상象으로써 알려줍니다. 팔괘가 음양으로 둘씩 더해 육효괘(대성괘)가 된다고 했죠. 괘는 상으로 나타나므로 괘상이라고 합니다. 괘상으로 현재 처해 있는 처지를 잘 표현해주는 것이지요(八卦 以象告).

그런데 괘상의 효 하나하나는 상이 아니고 변동합니다. 효(효사)와 단(단사)은, 이것은 험해서 어렵다거나 평탄해서 쉽다고 하는 실정實情을 말한 것입니다. 가령 수뢰둔괘 괘사의 "스스로 나아가지 말고 제후를 세움이 이롭다."고 한 것은 아직 어려서 활동하기 어려우니 대리인을 세우라는 실정을 말한 것이죠(爻象 以情言).* 즉 소성괘인 팔괘는 상을 나타내고(告), 대성괘인 괘사(단사)는 말로 그 내용(情)을 설명(言)하는 것입니다.

② **강유 잡거이길흉 가견의** : 그래서 강과 유가 서로 섞여서 길하고 흉한 것을 보게 되네요. 양은 강이요 음은 유인데, 이 강체·유체가 모두 섞여 있습니다. 이 세상이 음양관계가 아니면 뭐가 있겠어요? 강

---

* 진괘震卦는 우레의 상이며 동하는 성질이고, 간괘艮卦는 산의 형상이며 그치는 성질이라는 등등, 8괘는 괘상으로써 나타내는 것이므로 보인다는 뜻의 '고告'를 썼다. 또 괘사와 효사는 말로써 길흉을 맨 것이므로 '언言'이라고 하였다. '상고象告'는 양효 또는 음효로 볼 수도 있고, 소성괘小成卦 또는 대성괘大成卦로도 풀이가 된다.

이 변해 유가 되고 유가 변해서 강이 되는 이런 변동 속에서 길흉을 알 수 있는 것이죠.

  강유가 섞여 있지 않으면 길흉이 나올 수 없습니다. 강이 유자리에 있기도 하고 유가 강자리에 있기도 하고, 이렇게 섞여 있기 때문에 거기서 모든 길흉이 나옵니다. 길한 방위나 자리에 있으면 길하고, 흉한 데 있으면 흉하지요. 자리를 봐가면서 판단을 했으니까요.

變動은 **以利言**하고 **吉凶**은 **以情遷**이라.
변동   이이언   길흉   이정천

是故로 **愛惡**ㅣ **相攻而吉凶**이 **生**하며
시고   애오   상공이길흉   생

遠近이 **相取而悔吝**이 **生**하며
원근   상취이회린   생

情僞ㅣ **相感而利害**ㅣ **生**하나니
정위   상감이이해   생

凡易之情이 **近而不相得**하면
범역지정   근이불상득

則凶或害之하며 **悔且吝**하나니라.
즉흉혹해지   회차린

직역 변해서 움직임은 이로움으로써 말하고, 길함과 흉함은 실정으로써 옮겨진다. 이때문에 사랑함과 미워함이 서로 공격해서 길함과 흉함이 생기며, 멀고 가까운 것이 서로 취해서 후회와 인색함이 생기며, 참과 거짓이

서로 느낌에 이로움과 해로움이 생긴다. 그러므로 모든 역의 뜻이 가까우면서도 서로 얻지 못하면, 흉하거나 혹 해치며 후회스럽고 인색하게 된다.

- 惡 : 미워할 오 / 攻 : 칠 공 / 情僞 : 참과 거짓

강의

① 변동이이언 길흉이정천 : 만물은 이로움을 살핀 뒤에 변동합니다. 변동은 변하고 움직이는 것인데, 효는 이렇게 변동하는 것을 기본으로 합니다. 효사에는 음이 변동해서 '이롭다, 이롭지 않다', 혹은 양이 변동해서 '이롭다, 이롭지 않다'고 말하고 있는데, 모든 만물이 변동하는 가운데 이로움과 불리함이 나뉘어진다는 것이지요(變動 以利言).

또 만물은 길흉을 살핀 뒤에 그 마음을 옮겨갑니다. 원래 길흉은 정해진 것이 없지요. 사람이 순리대로 하면 길하고, 도를 어겨가며 억지로 하면 흉하게 됩니다. 사람의 마음에 따라 길흉이 정해진다는 거지요. 즉 사실(情)대로 움직이는(遷) 것입니다(吉凶 以情遷).

이로운 방향으로 변동해서 나가기는 하는데, 나가다 보니까 쭉정이만 남은 게 있고, 풍성하게 결실을 본 것도 있어요. 이로움을 추구해서 변동해 나가다 완전히 옮겨진 자리에 가보면, 길하게 된 것도 있고 흉하게 된 것도 있다는 겁니다.

그 길흉이 뭐냐 하면, 바로 순리대로 하고자 한 마음이 옮겨지고, 거역하고자 하는 마음이 옮겨진 결과라는 말입니다. 수택절괘 상육에 '고절苦節'이라고 해서, 절제하는 것이 너무 지나쳐서 쓰다고 하였습니다. 길하게 되려고 절제를 했는데, 순리에 맞지 않게 너무 지나쳐서 쓰게 되었다는 거지요. 운동도 과하게 하면 목에서 쓴내가 납니

다.

② **시고 애오 상공이길흉 생** : 사랑하고 미워하는 것이 서로를 치고 공격하는 가운데서 길흉이 나옵니다. 그렇지요. 이 세상은 애상공(愛相攻 : 사랑해서 공격함)과 오상공(惡相攻 : 미워해서 공격함)을 하며 살고 있어요. 사랑하는 것끼리 서로 치고, 미워하는 것끼리 서로 치고 하면서 살아가는 것입니다.

천화동인괘(䷌)는 사람이 뜻을 같이 하고 있으므로 모두가 친하지요. 그런데 음(육이)이 하나밖에 없어서, 다섯이나 되는 양이 모두 육이만을 쳐다보고 있어요. 육이는 구오하고 정응입니다. 육이도 중정한 효이고 구오도 중정한 효라서 천생배필이지요.

그 두 효가 천생배필인 것은 자타가 모두 인정하지만, 구사나 구삼도 육이하고 친하고 싶어요. 그런데 구오 때문에 육이를 못 만난다고 생각하는 겁니다. 그래서 구삼은 구오를 미워해서 공격하려 하고, 구오도 그런 구삼이 미워서 서로 싸움이 붙습니다. 육이 때문에 구삼과 구오가 서로 미워하며 싸우는 것이 '오상공'이네요.

또 지산겸괘(䷎) 구삼효는 홀로 힘들고 어려운 일을 다 하지만 자신의 공을 낮추면서 겸손해 하는 노겸군자勞謙君子이지요. 그래서 모든 음의 흠모와 존경을 받고 있습니다. 음들이 모두 구삼을 사랑하고 있어요. 그런데 오히려 육오효가 구삼을 치러 오고, 상육효도 군사를 동원하네요. 사랑해서 자기 것을 만들려고 하는 겁니다.

그러니까 오상공은 사랑하는 효를 얻으려고 경쟁자를 치러가는 것이고, 애상공은 사랑하다 못해서 사랑하는 당사자를 치는 겁니다. 그래서 애상공 오상공하는 가운데 길흉이 생기네요.

③ **원근상취이 회린생** : 뉘우치고 인색한 것은 먼 것을 취하고(遠相取) 가까운 것을 취하는 데서(近相取) 나옵니다. 정응을 기준으로 해서 그보다 멀리 있는 것을 취하는 것을 원상취遠相取라 하고, 정응보다 가까이 있는 것을 취하는 것을 근상취近相取라고 합니다.*

천풍구괘(䷫) 구오효의 정응 자리는 구이효인데, 구오효가 구이효를 지나서 유일한 음효인 초육효를 '이기포과以杞包瓜'하면서 보살펴주는 것이 원상취입니다.

또 뇌지예괘(䷏)의 유일한 양효인 구사효를 모두가 바라보며 좋아하고 있습니다. 그런데 음이 양자리에 있어서 제자리가 아닌데다 중을 얻지도 못한 육삼이 구사와 가깝다고 해서 '우예盱豫'하며 짝사랑하고 있네요. 그런 사랑이 이루어질 리가 없지요. 그러니까 후회만 생기는 겁니다. 근상취를 하려다 후회를 하는 거지요.

예괘豫卦의 '근상취'는 흉한데, 구괘姤卦의 '원상취'는 길합니다. '근상취'라서 흉하고 '원상취'라서 길한 것이 아니고, 예를 든 것이 그렇게 되었네요.

④ **정위상감이 이해생** : 또한 이로움과 해로움은 참된 것을 느꼈냐, 혹은 거짓된 것을 느꼈냐에 따라 생겨납니다. 정情은 참된 것이고 위僞는 거짓된 것입니다. 이 세상에는 참되게 느끼는 자리가 있고 거짓으로 사귀며 느끼는 자리가 있습니다. 참으로 느끼는 것은 '정상감情

---

* 공격은 적극적인 행동이므로 길흉이 생하고, 취한다는 것은 공격 보다는 소극적인 행동이므로 회린이 발생한다. 즉 공격은 내가 반드시 쟁취하겠다는 의미가 많고, 취한다는 것은 편의에 의해 취하고 버린다는 뜻이 많다.

相感'이고, 거짓으로 느끼는 것은 '위상감僞相感'이라고 하지요.

수뢰둔괘(☳) 육사에 '초구에게 청혼을 해서 시집을 가는 것이 크게 길하고 이롭지 않음이 없다'고 하였습니다. 육사가 중은 못 얻었지만, 음이 음자리에 있고 초구와 잘 응하므로 초구를 찾아가 이롭게 되는 것이죠. 이것이 바로 '정상감'이네요. 참되게 느껴서 간 것입니다.

산수몽괘(☶) 육삼에는 '음이 자기 자리가 아닌 양자리에 있고, 또 중도 못 얻은 불순한 여자인 육삼이 훌륭하고 돈 많은 남자인 구이를 보고 자기 몸을 파니 취하지 말라'고 했어요. 이것은 '위상감', 즉 거짓으로 느끼는 겁니다. 거짓말 하는 것만 거짓이라 하는 것이 아닙니다. 위장해서 사는 것, 정도가 아니고 부당하게 행동하는 것을 다 거짓이라고 말합니다.

그렇게 정과 위가 서로 느끼니까, 거기서 이로운 것도 생하고 해로운 것도 나오네요. 부정하게 살면 자기만 해로운 게 아니라 나라까지 해로워요. 또 옳게 살면 자기도 이롭고 사회도 이롭고 모두가 다 이롭습니다. '정상감'은 이롭고 '위상감'은 해롭네요.

⑤ **범역지정 근이불상득 즉흉혹해지 회차린** : 주역의 참된 실정이 뭐냐? '가까이 했는데도 서로 친하지 못하면, 흉하게 하고 해치기도 하며 후회하게 되고 또 인색하게 한다.' 이렇게 공자님께서 말씀하셨네요.

천지우주자연을 그대로 표방해놓은 천서天書가 주역이므로, 이 역의 실정은 참되게 되어 있는데, 주역을 가까이 하고도 주역의 진리를 얻지 못하고 엉뚱하게 나가면, 오히려 흉하게 된다는 것이죠. 이것이 바로 하느님을 거역하는 것이니까요.

앞의 제 9장에서 '이효는 명예로움이 많고 사효는 두려움이 많다(二多譽 四多懼)'고 하였죠. 그리고 그 까닭이 이효는 오효와 거리가 멀고 사효는 오효와 가깝기 때문이라고 하였습니다.

오효가 임금이므로 가깝게 모시면 좋을텐데 왜 두렵게 됩니까? 가까이 했으면 친해야 합니다. 권력 있고 능력 있는 사람을 가까이 했는데, 친하지 못하고 미움을 산다면 그 피해가 얼마나 크겠습니까? 어설피 배우면 다치는 겁니다. 주역이라는 큰 학문을 배웠는데 제대로 모르면, 그 피해는 나만 다치는 것이 아니고 주변 모든 사람에게까지 옵니다.

괘로 말하면 가까운 효들끼리 모두 문제가 됩니다. 아까 몽괘(䷃)에서도 육삼이 구이를 보고 절제를 못해서 흉하다고 했어요, 차라리 멀면 아무 상관이 없는데, 가까이 있으면서 친하지 못하니까 흉하게 되는 거지요.

가까이 있으면서 서로 화합을 이루면 좋지만, 그렇지 않고 부정한 관계로 맺어져도 나쁘지요. 이 사회도 그렇지 않겠어요? 가까운 데서부터 바르게 살면, 사회나 나라가 모두 바르게 되는 것입니다. 그래서 수신제가修身齊家를 한 다음에 치국평천하治國平天下를 하는 것이지요. 자기 가정에서부터 바르게 되어나가야지요.

주역의 말은 한 가지로만 보는 게 아닙니다.* 주역을 가까이해서 얻지 못하면 하느님에 거슬리고 천서天書에 거슬리니까 흉하고 해롭다는 말도 맞는 말이고, 실제로 효가 가까이 접근해 있는 경우에 불

---

* 주역을 가까이 하고도 주역의 가르침대로 하지 않는 것을 말한다. 또는 효끼리 응應·비比관계로 서로 가까우면서도 어긋나는 것을 말한다.

상득不相得하면 흉하고 해롭다는 말도 옳은 말입니다. 그리고 가까운 형제·친척·친구·이웃끼리도 마찬가지이죠.

將叛者는 其辭ㅣ 慙하고 中心疑者는 其辭ㅣ 枝하고
장반자   기사   참   중심의자   기사   지

吉人之辭는 寡하고 躁人之辭는 多하고
길인지사   과   조인지사   다

誣善之人은 其辭ㅣ 游하고
무선지인   기사   유

失其守者는 其辭ㅣ 屈하니라.
실기수자   기사   굴

직역 장차 배반하려는 사람은 그 말이 부끄럽고, 마음속에 의심하는 사람은 그 말이 가지와 같이 갈라지며, 길한 사람의 말은 적고, 조급한 사람의 말은 많으며, 거짓 선한 체 하는 사람은 그 말이 뜨고, 그 지킴을 잃은 사람은 그 말이 비굴한 것이다.

- 將 : 장차 장 / 叛 : 배반할 반 / 慙 : 부끄러울 참 / 寡 : 적을 과 / 躁 : 조급할 조 / 誣 : 속일 무 / 游 : 놀 유 / 屈 : 비굴할 굴

강의

애오상공愛惡相攻과 원근상취遠近相取 그리고 정위상감情僞相感에 따라서 각기 길흉吉凶·회린悔吝·이해利害가 생기네요. 이제 마무리하면서, 그것을 표현하는 효사와 괘사를 구체적으로 설명했어요.

『시경』에 보면 "타인유심他人有心을 여촌탁지予忖度之라",* 남들이 맘먹고 있는 그 속을 내가 헤아릴 수 있다고 했어요. 또 맹자님은 "청기언야聽其言也요 관기모자觀其眸子면 인언수재人焉廋哉리오?"**라고 하셨지요. '내가 그 사람의 말을 들으며 또 그 사람의 눈동자를 보면 그 사람의 마음을 다 알 수 있는데, 어찌 나를 속일 수 있겠는가?' 하신 겁니다.

또 "무엇을 보고 '말을 안다(知言)'고 합니까?"하자, "편파적인 말에서 그 가려진 바를 알며, 과장된 말에서 그 사람이 빠져 있는 바를 알며, 부정한 말에서 배반하고 떠나갈 것을 알며, 본질을 회피하려는 말에서 그 사람이 곤궁함을 아는 것이다."***고 했지요. 말이라는 것이 마음의 발로 아니겠어요?

① 장반자 기사참 : 장차 나를 배반할 사람은 그 말의 내용이 부끄럽습니다. 풍산점괘(䷴)는 기러기가 점차 날아오르듯이 육례의 절차를 밟아가며 시집가는 괘입니다. 괘사에도 "여자가 시집가는 게 길하다."고 했어요.

그런데 구삼과 육사하고 서로 응하는 자리가 아닌데도 이웃이라는 이유로 불륜을 저지르네요. 그래서 구삼효사에 '구삼이 육사한테 가면 다시 돌아오지 못하고, 육사는 구삼과 만나서 아이를 잉태해도 불

---

* 『시경』, 「소민」, 교언巧言시.
** 『맹자』, 「이루 상」.
*** 『맹자』, 「공손추 상」: 詖辭에 知其所蔽하며 淫辭에 知其所陷하며 邪辭에 知其所離하며 遁辭에 知其所窮이니….

륜의 씨앗이라서 낳아서 기르지 못한다.'고 하였어요.

  그 말이 얼마나 부끄러운 말입니까? 아이 배고 기르지 못하게 되었고, 갔다가 낯을 들고 돌아오지 못한다고 하니 말입니다. 이 효가 아니라도, 배반할 사람의 말을 들어보면 부끄러운 데가 있어요. 배반한다는 것은 신의를 저버리고, 인륜에 위배되니 스스로도 부끄럽게 생각하고, 그 부끄러운 것이 자신도 모르게 표현되는 겁니다.

② 중심의자 기사지 : 또 중심(마음속)에서 의심하는 자는, 즉 마음속으로 나를 의심하는 사람은 그 말에 자꾸 가지가 돋습니다. 내게서 무슨 말이 나오나 해서 이리 떠 보고 저리 떠보면서 자꾸 이런 가지 저런 가지를 치네요.

  화택규괘(䷥)의 육삼과 상구는 서로 정응관계로 당연히 만나야 하는데, 서로 의심하느라 못 만나고 있어요. 그래서 상구효사에 "진흙을 짊어진 돼지와 귀신을 하나 가득 싣고 오는 수레를 보고, 혹시 나를 해치려는 도적이 아닌가 하고 활을 빼서 쏘려고 한다. 그러다가 혼인하자고 오는 것을 알게 된 후에야 활을 벗어놓고 서로 만나 껴안고 희희낙락한다."고 했네요. 속마음으로 의심하다 보니 그 효사도 이리저리 길게 여러 말을 해놓은 거지요.

③ 길인지사 과 : 길한 사람은 말이 없어요. 기쁘면 말을 할 필요가 없지요. 괘효도 마찬가집니다. 길한 괘효는 말이 적고 길하지 못한 괘효는 말이 많습니다. 예를 들어 양이 어느 정도 자라서 안정되기 시작하는 지택림괘(䷒) 같은 경우는 전부 말이 적어요.

④ 조인지사 다 : 반면 조급한 사람의 말은 많습니다. 마음속으로 의심하는 사람의 말은 곁가지가 돋는 것이고, 조급한 사람은 자꾸 말이 많아지고 귀찮게 구는 겁니다.

화택규괘(䷥)의 육삼은 빨리 상구를 만나야겠는데 난관이 많습니다. 마음만 급한 거지요. 그래서 그 효사에 "수레도 못 가게 끌어당기고 끌고 가야할 소도 못 가게 잡아당긴다. 그 사람이 머리를 깎이는 중벌을 받고 코를 베이는 형벌을 받으니, 처음은 없지만 마침은 있게 된다."고 하였지요. 육삼이 조급한 상태이므로 그 말도 이렇게 많은 겁니다.

⑤ 무선지인 기사유 : 또 선한 체 하며 거짓을 일삼는 사람의 말은 그 말이 붕 떠서 근거가 없어요. 말에 근거가 없어서 떠있는 겁니다.

풍택중부괘(䷼)의 육삼은 음이 양자리에 있고 중을 못 얻었습니다. 거기에다 구이 양을 타고 있어서 분수를 모르네요. 상구하고는 잘 응해 있는데, 바로 옆에 있는 육사에게 뺏길까봐 마음이 급합니다. 육사는 전혀 마음에도 두고 있지 않은데도 말입니다. 그래서 그 효사에 "적을 만들어서 공격하기도 하고 물러나기도 했다가, 잘 되는 것 같으면 노래도 부르고, 안되면 울기도 한다."고 했어요. 중정하지 못한데다 승강乘剛한 효이기 때문에, 참다운 믿음이 없어서 그 말이 모두 붕 떠있네요.

⑥ 실기수자 기사굴 : 신의를 저버리고 스스로 분수를 잃은 사람의 말을 들으면, 그 말이 비굴하기만 하고 떳떳하지를 못합니다.

수택절괘(䷻)의 상육도 '절節'을 못 지켰다고 해서, 그 효사에 '고

절꿈節', 즉 '쓴 절'이라고 하였네요. 자신의 분수와 주변의 소망을 잃은 사람의 말은 궁해지고 비굴해지는 것입니다.

▌총설

이 장은 먼저 건곤의 성정性情과 덕행德行을 말했네요. 그런데 지극히 굳건한 건乾은 항시 어려움이 없고 쉽게 주장하기 때문에 험한데 빠지는 일이 없으며, 유순柔順한 곤坤은 항시 번거롭지 않고 간단하게 따라해서 막히는 일이 없습니다.

건은 심신이 통하여 길흉을 알고, 곤은 사려가 통하여 일에 힘씁니다. 천지가 있어 운행하기 때문에 역易을 짓고, 역으로써 신神과 통해서 백성을 이롭게 해주네요.

괘를 긋고(象告) 말을 붙이며(情言), 그 속에서 길흉이 나옵니다. 그런데 그 길흉이라는 것이, 길한 일에는 길하게, 흉한 일에는 흉하게 가감없이 나오기 때문에 사실 그대로 옮겨진다고 정천情遷이라 했죠.

그러니까 애공오공愛攻惡攻, 원취근취遠取近取, 정감위감情感僞感, 흉해회린凶害悔吝, 그리고 기사참其辭慙, 기사지其辭枝, 기사과其辭寡, 기사다其辭多, 기사유其辭游, 기사굴其辭屈의 여섯 사辭가 모두 정천情遷인 것입니다. 이 모두가 인정人情이므로, 역易은 인정에서 멀지 않고 또 백성과 함께 하는 것이네요.

이렇게 해서 「계사하전」 12장이 끝났습니다. 「계사상전」은 「상경」과 같이 천도(天道 : 형이상학적)를, 「계사하전」은 「하경」과 같이 인사(人事 : 형이하학적)를 중심으로 설명하지요. 또 「계사상전」은 체이고 「계사하전」은 용에 해당합니다. 「상·하경」과 마찬가지로 「계사전」

도 열두 때를 의미해 12장씩 해서 「상·하전」으로 나눠놓은 것입니다.

右第十二章

이상은 제 12장이다.

대산주역강의

설괘전

說卦傳

설괘전 총설

　공자님께서 주역을 '찬贊'하실 때 열 가지 날개에 해당하는 십익十翼을 달았다고 했지요. '도울 찬贊'과 '날개 익翼'은 같은 뜻이므로, '찬역贊易'은 곧 '익역翼易'입니다. 주역을 찬하신 열 가지 해설 가운데 하나인 「설괘전」입니다. 팔괘를 설명한 해설전이지요.

　「설괘전」은 팔괘에 대한 괘위卦位, 괘덕卦德, 괘상卦象, 괘방卦方, 괘시卦時 등에 대한 총괄적인 설명으로 모두 11장으로 구성되어 있습니다. 진시황의 분서갱유 이후에 다른 십익과 마찬가지로 사라졌다가 한나라 때 다시 복원되었지요.*

---

* 한나라 때 「설괘삼편(說卦三篇 또는 一篇)」을 하내河內 땅의 여자인 벌로옥(伐老屋 또는 發老屋)이 얻었다고 『한서漢書』 및 왕충王充의 『논형論衡』에 기록되어 있다. 원나라의 오유청吳幼淸은, 「설괘전」이 옛적부터 전해 내려왔는데, 공자님이 필삭筆削하셨다고 하였다.

설괘전 제 1 장

昔者聖人之作易也에 **幽贊於神明而生蓍**하고
석자성인지작역야   유찬어신명이생시

직역 옛날에 성인이 역을 지을 때 그윽하게 신명을 도와 시초점법을 만들어 내고,

- 昔 : 옛 석 / 幽 : 그윽할 유 / 贊 : 도울 찬 / 蓍 : 시초 시 / 倚 : 의지할 의

강의

① **석자성인지작역야** : 옛날 성인이 세상에 나와서 백성을 다스리고 가르치실 때, 미래를 알고 세상이치를 알 수 있는 큰 근본이 필요했지요. 여기 「설괘전」 머릿장에서는, 성인이 역을 지을 때 무엇을 근거로 했는지를 밝히고, 역을 공부하는 방법과 목표에 대해 구체적인 설명을 하였습니다.

② **유찬어신명이생시** : 신명神明은 천지자연을 만드는 조화를 부리고, 보이지 않는 가운데 그 운행을 주관합니다. 그 조화 가운데 만물의 영장인 사람이 있으므로 좀 잘 되었으면 하고 바랍니다.

그런데 조화가 무궁무진한 신명이지만 사람과 언어가 통하지를 않아요. 가르쳐 주고 싶어도 방법이 없는 거지요. 그래서 신명에 가까운 덕과 능력이 있는 성인이, 시초를 사용해 점치는 방법을 만들어

소통하게 한 겁니다. 신명의 뜻을 '유찬(암묵적으로 도왔다)'한 거지요. 괘상이라는 부호를 통해서 신명과 사람을 소통하게 한 겁니다.

參天兩地而倚數하고
삼 천 양 지 이 의 수

직역 하늘은 셋으로 하고 땅은 둘로 해서 숫자를 붙이며,

- 倚 : 의지할 의

강의

① **삼천양지이의수** : 역의 기초는 괘효인데 시초蓍草를 이용하여 만들지요. 50개의 시초로 점을 쳐서 괘가 나옵니다. 괘는 실체적인 상象이 걸려 있다는 뜻인데, 이 상은 수數가 있어야만 합니다. 수가 없으면 상이 안 나와요. 수로 형상을 만들어내면 거기서 이치를 알아내는 것이죠. 상수리象數理라 하는 것이지요.

수는 삼천양지에 의지합니다. 삼천양지라는 것은 하도에서 나오죠. '하도'는 1부터 10까지 수가 쓰여 있는데, 이것이 수의 기본이 되네요. 이 중에서 1에서 5까지를 생하는 수라서 생수生數라 하고, 6에서 10까지는 이루는 수라 해서 성수成數라고 합니다.

생수 중에는 1·3·5라 하는 양수가 셋이 있고, 2·4라는 음수가 둘 있습니다. 이 양수 셋을 하늘수 셋이라 해서 '삼천參天'이라 하고, 음수 둘을 땅수 둘이라 해서 '양지兩地', 즉 '삼천양지'라고 이른 것이죠. 이 생수의 삼천양지법을 기본으로 해서, 우주만물을 이루고 괘도

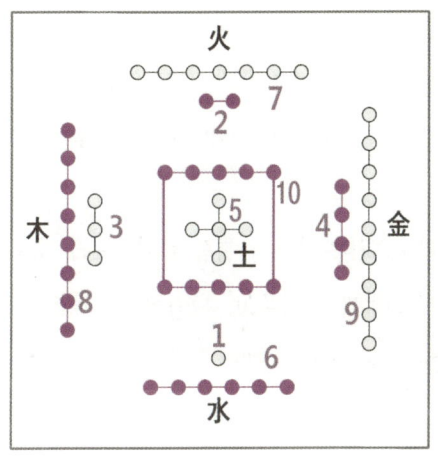

하도의 숫자와 오행

또한 그렇게 나왔습니다.*

생수 중에 양수인 1, 3, 5를 합하면 9가 되는데, 9는 양을 대표하는 노양수이죠. 또 생수 중에 음수인 2, 4를 합하면 6이 되는데, 6은 음을 대표하는 노음수입니다. 주역은 변하는 학문이기 때문에 삼천양지법으로 이루어지는데, 성숙하여 변할 수 있는 9와 6으로 대표합니다. 그래서 주역을 '음양학' 또는 '구육학九六學'이라고 합니다. '음양학'이란 음양을 직접 얘기하는 것이고, '구육학'이란 노양 9와 노음 6으로 변하는 수를 말한 것이지요.

삼천양지로 하면 건삼련(☰)은 3×3획이니 9입니다. 하늘을 대표하며, 사람에게는 아버지가 되고 늙어서 변하는 거네요. 곤삼절(☷)은 2×3획이니 6입니다. 음을 대표하며, 사람에게는 어머니가 되고 늙어서 변하는 거네요. 그래서 건괘를 노양괘, 곤괘를 노음괘라고 하는 것이지요.

'구육'이 나온 원인이 삼천양지에 의하므로 소음 8과 소양 7도 나

---

* 생수에 중앙수 5를 합하면 성수가 된다. 오행 중에 수水를 예로 들어보자. 1에 5를 합하면 6이 되므로, 6을 1의 성수라 하고 둘 모두 수수水數 즉 1·6수라고 한다. 하늘에서 수(비)가 내려올 때는 어떤 형상일지 모르지만, 토(흙)로 도랑을 만들면 도랑물이 되고, 호수를 만들면 호수물이 된다. 즉 토수 5에 의해 형체가 정해지므로, 생수에 토수 5를 합해서 성수를 이룬다고 하는 것이다.

와야죠. 진(☳)괘, 감(☵)괘, 간(☶)괘는 각기 일양이음(3×1+2×2=7)으로 소양 7이 됩니다. 또 손(☴)괘, 리(☲)괘, 태(☱)괘는 각기 일음이양(2×1+3×2=8)으로 소음 8이 됩니다. 이렇게 삼천양지로 따지면 다 나오네요.

성인이 신명을 도와서, 신명과 사람이 서로 소통할 수 있도록 괘를 만들어냈는데, 신명은 괘로써 사람에게 일러주고, 사람은 그 괘를 보고 풀이함으로써 신명과 통하는 것이지요. 그래서 성인이 시초를 만들고, 그 시초에서 괘가 나오고, 그 괘에서 길흉회린의 미래사가 나오게 되어 여러 가지 것들을 알게 됩니다. 그러니까 성인이 신명으로 하여금 사람에게 미래사를 일러줄 수 있도록 신명을 도운 것이지요.

觀變於陰陽而立卦하고 **發揮於剛柔而生爻**하니
관 변 어 음 양 이 입 괘　　　발 휘 어 강 유 이 생 효

직역 음양의 변함을 봐서 괘를 세우고, 강과 유를 발휘해서 효를 낳으니,

- 揮 : 휘두를 휘

강의

① 관변어음양이입괘 : '삼천양지'에서 살핀대로 양이 변하면 음이 되고 음이 변하면 양이 됩니다. 노양 9가 변하면 소음 8이 되고, 노음 6이 변하면 소양 7이 되는 것이죠. 밤이 변하면 낮이 되고, 낮이 변하면 밤이 되고, 이러한 음양의 변함을 보아서 괘를 세웠네요.

② 발휘어강유이생효 : 음과 양은 각기 강과 유를 발휘해서 효를 냅니다. 발휘하는 건 변한 것입니다. 노양이 변해서 음이 되고 노음이 변해서 양이 되었다는 것이죠. 낮이 한참 발휘하면 밤이 오고 밤이 한참 발휘하면 낮이 오네요. 양의 체는 강한 것이고 음의 체는 유한 것인데, 음양은 그 기운만 가지고 말한 것이고, 강유는 그 실질적인 것을 말하는 것입니다. 음양은 손으로 쥘 수 없지만, 강유는 쥐고 만질 수 있습니다. 강하다 부드럽다 등을 손에 쥐어본 후 알 수 있는 것이죠. 단지 음양이라는 하나의 기운만으로는 표현할 수 없으니 강유를 발휘한다고 하는 것이지요. '관변어음양이입괘'는 팔괘를 만든다는 것이고, '발휘어강유이생효'는 여섯 효가 있는 대성괘를 만든다는 겁니다.

> 和順於道德而理於義하며
> 화 순 어 도 덕 이 이 어 의
>
> 窮理盡性하야 以至於命하니라.
> 궁 리 진 성 　 　 이 지 어 명

직역 도덕에 합하고 순해서 의리에 다스려지게 하며, 이치를 궁구하고 성품을 다함으로써 천명에 이르게 한다.

- 理 : 다스릴 리 / 窮 : 다할 궁

강의
① 화순어도덕이이어의 : 이렇게 괘효에 의거해서 역의 본체를 이루

는데, 성인은 이러한 역을 바탕으로 해서 도덕에 화순하고 의리를 다스리도록 가르칩니다. 이 세상은 다 도덕을 본체로 해서 나오는 게 아니겠어요? 자연이치가 도덕을 빼놓고서 뭐가 있겠어요? 도덕이 바탕이 되는 것이죠. 주역을 내는데 있어 성인이 시초를 냈고, 삼천양지의 수를 만들어냈고, 음양이 변하는 것을 봐서 괘를 만들어냈고, 강체 유체가 활동하는 것을 봐서 효를 냈고, 이렇게 해서 주역이 완성되었습니다.

주역을 공부하려는 것은 먼저 도덕에 화순해서 의리를 다스리기 위함입니다. 천리天理에 따라 도덕에 화순해서 이치의 의미를 다스려 옳은 방향으로 나가야 한다는 것이죠.

② **궁리진성 이지어명** : 이렇게 한 다음에 이치를 궁구하고 성품을 다 해서 마침내 천명에 이르게 되지요. 그래야 완전하게 주역 공부를 했다고 할 수 있습니다. 역의 괘효 속에는 모든 이치가 들어 있어요. 괘효를 연구해서 그 속에 있는 이치를 알아내네요. 이치를 궁구해서 '나'라고 하는 생명체가 그 이치 속에서 나왔으니까, '나'라고 하는 이치와 더불어 나오는 성품과 성질, 즉 천성을 다 해야죠. 지금 천성을 모두 잊고 있기 때문에 사람이 사람 노릇을 제대로 못하는 게 아니겠어요?

이치를 궁구하고서 그 이치 속에 자기의 성품을 다 발휘함으로써 천명에 이르는 것이죠. 하느님의 명에 이르는 것입니다. '명命'은 천명이죠. 하늘이 명한 것이 성품이라고 했는데, 그 성품을 발휘해서 성품대로 살아가니 하늘 명에 그대로 이르렀네요. 이렇게 해서 내가 하늘에서 나와서 하느님한테 다시 돌아갑니다. 죽어서 가는 것이 아니고, 살아서 이치를 공부해서 하느님의 명을 그대로 받아들여 하느님과 하나가 되는 것이죠.

▌**총설**

쌍호호씨는 "이 장은 복희씨가 괘를 그은 뒤에 천하백성을 가르친 것이 주역임을 말하고, 시초로써 점을 하여 괘를 얻는 것은 사람이 그 성품을 기르고 천명에 순하도록 한 것임을 말했다. 복희씨가 괘를 긋고 문왕·주공이 글을 붙여 설명한 것이 처음부터 모두 궁리진성窮理盡性하여 지어명至於命하도록 가르친 것이다."라고 하였네요.

右 第 一 章

이상은 제 1장이다.

설괘전 제 2 장

> 昔者聖人之作易也는 將以順性命之理니
> 석자성인지작역야 장이순성명지리
>
> 是以立天之道曰 陰與陽이요
> 시이입천지도왈 음여양
>
> 立地之道曰 柔與剛이요 立人之道曰 仁與義니
> 입지지도왈 유여강 입인지도왈 인여의

직역 옛날에 성인이 역을 지음은 장차 성품과 천명의 이치에 순응하려는 것이니, 이렇기 때문에 하늘의 도를 세우니 음과 양이라 이르고, 땅의 도를 세우니 유와 강이라 이르며, 사람의 도를 세우니 인과 의라고 이른다.

- 將 : 장차 장, 가질 장 / 迭 : 차례 질

강의

① **석자성인지작역야** : 제1장의 첫 부분과 같이 성인이 역을 지은 뜻을 설명했네요.

② **장이순성명지리** : 앞에서 시초와 수와 괘와 효가 나오는 이치를 말하고, 도덕과 의리에 잘 따르고 다스려서 천명에 이르라고 하였죠. 그래서 여기서는 역을 지은 의도가 사람들로 하여금 성명의 이치를 따르도록 하기 위한 것임을 밝혔네요.

'성性'은 하느님한테 받아 타고난 천성이고, '명命'은 하늘이 각각의 사람에게 나누어 준 것이죠. 나무를 예로 들면, 그 나무의 굵기나 길이가 각양각색이나, 나무라는 것이 나온 자체는 성性이라고 할 수 있지요. 그런데 나무의 생김새가 다 다르네요. 굽은 것도 있고, 곧은 것도 있고, 가는 것도 있고, 통통한 것도 있고, 가지가 많은 것도 있고, 적은 것도 있는데, 이것이 바로 명命입니다. 이렇게 살아라 하고 명한 겁니다.

성性은 체가 되고 명命은 용이 됩니다. 너는 '어떻게 살아라', '어떻게 해라' 하는 것이 명이고, 성은 똑같이 타고난 바탕을 말하지요. 타고난 본성은 다 착한데 그 명이 사람마다 제각기 다르므로, 성명에 순해서 순리적으로 하는 것이 역이라는 말씀이네요. '장차 장將'을 '가지고 장'이라고도 합니다. '역을 가지고'라는 뜻으로 보아도 뜻이 통한다는 거지요.

③ 시이 입천지도왈 음여양 : 그래서 역에서는 하늘의 도를 음양으로 세워놓고, 땅의 도를 강유로 세워놓고, 사람의 도를 인의로 세워놓았습니다. 주역에는 천도가 있고 지도가 있고 인도가 있는데, 이 천도·지도·인도에 따라서 괘 또한 애초에 세 획으로 그려 천지인 삼재를 표상합니다. 이것이 나중에 육효로 된 대성괘가 되지만 기본은 팔괘(소성괘)이지요. 하늘의 도를 음과 양으로 나누어 볼 수 있다는 거지요.

④ 입지지도왈 유여강 : 천도는 음양이지만 음양이 땅에 내려오면 강

유가 되는 것이고, 사람의 성품으로는 인의가 되는 것이죠. 그런데 땅의 도라는 것은 실체가 있어서 강하고 유하네요. 바다가 있고 육지가 있으니, 모두 강유로 나뉘어 있지 않겠어요?

⑤ 입인지도왈인여의 : 천도의 음양과 지도의 강유 사이에 사람이 살고 있는데, 사람 노릇하는 것이 인도입니다. 이 인도를 올바로 지키려면 인의仁義라야 합니다. 인은 체이고 의는 용이죠. 봄이 인이라면 가을은 의입니다. 봄이라는 따뜻하고 화창한 기운에 모든 만물이 나오네요. 싹이 나오면 가을에 열매를 맺게 되지요. 또한 사람 역시 인의로 살고 있는 것입니다. 그것이 바로 인도가 되는 것이지요.

그래서 천도, 지도, 인도인데, 천도의 태극 속에 들어 있는 음양은 음양이고, 지도의 태극 속에 들어 있는 음양은 강유이고, 인도의 태극 속에 들어 있는 음양은 인의입니다.

兼三才而兩之라 故로 易이 六畫而成卦하고
겸 삼 재 이 양 지   고   역 육 획 이 성 괘

分陰分陽하며 迭用柔剛이라 故로 易이 六位而成章하니라.
분 음 분 양   질 용 유 강   고   역 육 위 이 성 장

직역 삼재를 겸해서 두 번 했기 때문에 역이 여섯 획으로 괘를 이루고, 음으로 나누고 양으로 나누며, 유와 강을 차례로 썼기 때문에 역이 여섯 자리로 문채를 이루는 것이다.

- 迭 : 차례 질 / 章 : 빛날 장, 꾸밀 장

> 강의

① **겸삼재이양지** : 이것이 삼재네요. 천도가 천재天才이고, 지도가 지재地才이고, 인도가 인재人才인 것이지요. 천재·지재·인재, 이 삼재를 둘씩 나누어 겸한 것이 바로 대성괘입니다.

② **고 역 육획이성괘** : 삼재가 두 번 겹쳐져서 육획이 되기 때문에, 역은 여섯 획으로 괘를 이룹니다. 음양, 강유, 인의를 숨겨놓고 어떻게 하겠어요? 삼재의 도를 각각 음양의 이분법으로 나눠야 변화하는 이치를 갖추게 됩니다. 그래야 완전한 주역이 되어 모든 이치를 두루 설명할 수 있게 되지요. 제 1장에서는 괘를 세운 것이고(효괘), 2장에서는 괘를 이룬 것입니다(成卦). 입괘는 삼천양지법으로 해서 나오고, 성괘는 육획으로 해서 이루어지네요.

③ **분음분양 질용유강** : 이렇게 음으로 나누고 양으로 나누어서 번갈아 강과 유를 쓰므로(迭用柔剛), 괘가 여섯 자리를 이루게 됩니다. '분음분양'은 자리로서 말한 것인데, 괘의 초효·3효·5효는 양의 자리가 되고, 2효·4효·상효는 음의 자리가 됩니다.

 '질용유강'은 초효는 양자리이고, 이효는 음자리이며, 삼효는 양자리이고, 사효는 음자리이며, 오효는 양자리이고, 상효는 음자리로, 양과 음 즉 강과 유가 번갈아 가며 자리를 얻는 것을 말합니다.

④ **역 육위이성장** : 삼위三位로는 소성괘를 이루고, 이를 거듭한 육위六位로는 대성괘를 뜻하는 '장'을 이룹니다. 이 '문장 장章'은, 양 둘에 음이 넷인 괘도 있고, 음이 둘에 양이 넷인 괘도 있으며, 음 하나에

양 다섯인 괘도 있는 등등 모두 섞여지는 데에서 나옵니다. 그래서 그것들이 뒤섞여 문장과 같은 밝은 상이 나오는 것입니다.

소성괘로는 문장을 이루지 못하죠. 그냥 '건괘다, 건삼련이다, 일건천이다, 하늘괘다' 하는 것밖에 더 있겠어요? 그러나 여섯 효가 된 건괘(☰)를 놓고서는 '乾은 元코 亨코 利코 貞하니라'는 문장을 이루네요. '初九는 潛龍이니 勿用이니라', 이것도 문장을 이룹니다. 그래서 음양이 모두 섞여 있어 거기에서 빛이 나오는 것을 문장이라 하는 것입니다. 비로소 그것이 이루어짐에 따라 초구자리 다르고 초육자리 다르고, 구이자리 달라서, 모두 다 다른 자리마다 다른 글을 쓰니까 문장을 이루지요.

▍총설

1장과 2장 모두 '석자성인지작역야昔者聖人之作易也'라고 했는데, 1장의 작역作易은 체가 되고, 여기 2장의 작역作易은 용이 되네요. 천도(陰陽)·지도(剛柔)·인도(仁義)를 육획으로 해서 괘를 이루고 육위六位로 문장을 이루어 성명性命의 이치에 순하도록 한 것입니다.

右 第 二 章
이상은 제 2장이다.

설괘전 제 3 장

天地ㅣ 定位에(하며)* 山澤이 通氣하며 雷風이 相薄하며
천지   정위   산택 통기   뇌풍 상박

水火ㅣ 不相射하야 八卦相錯하니
수화   불상석   팔괘상착

직역 하늘과 땅이 자리를 정함에, 산과 못이 기운을 통하며, 우레와 바람이 부딪치며, 물과 불이 서로 쏘지 않아서 팔괘가 서로 섞이니,

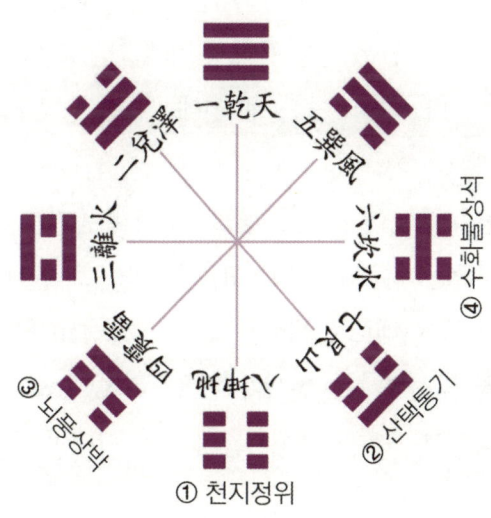

★ 원래 토는 '하며'인데, 문맥상 '에'가 맞다 생각해서 '에'로 고쳤다.

- 薄 : 부딪칠 박 / 射 : 쏠 석 / 錯 : 섞일 착

강의

이 장은 복희씨가 그린 선천팔괘의 방위도에 대한 설명이네요.
① **천지정위** : 하늘괘(☰)와 땅괘(☷)가 상하로 그 위치를 정하고 있네요. 공연히 천지정위가 아니지요. 「계사상전」 첫머리에도 하늘은 높고 땅은 낮으니 건과 곤이 정해지고, 낮고 높음이 벌려지니 귀하고 천한 것이 자리한다고 하였죠.

② **산택통기** : 이렇게 천지가 상하로 자리함에 따라, 산괘(☶)와 못괘(☱)가 기운을 통합니다(山澤通氣). 이것은 천지의 사귐이 산과 연못을 통해서 이루어짐을 말하지요. 즉 하늘의 성기는 산이 되고 땅의 성기는 못이 되어서, 하늘은 산을 통해서 땅과 사귀고 땅은 못을 통해서 하늘과 사귑니다. 그래서 하늘괘 옆에는 못괘를 놓고, 땅괘 옆에는 산을 놓았네요.

　실제로 그렇습니다. 못이 하늘을 올려다보며 수증기를 보내는 것은 땅의 기운을 하늘로 통해주는 것이고, 산이 땅으로 흘러내리는 것은 하늘의 기운을 땅 아래로 통해주는 것이죠. 그래서 '천지정위' 다음에 '산택통기'를 말하였네요. 천지가 위아래로 있다 보니까, 이 사이에서 만물이 나오고 조화가 행해지는데 먼저 산택이 통기를 한다는 것입니다.

③ **뇌풍상박** : 그런데 산택만 가지고 아무리 통기를 하려고 해도 되지를 않습니다. 우레괘(☳)와 바람괘(☴)가 서로 상박을 해야죠(雷風

相薄). 우레와 바람이 서로 부딪치는 데서 조화가 멀리까지 베풀어지므로 신뢰열풍迅雷烈風이라고 합니다.

 뇌풍이 상박을 하지 않으면 이 세상은 자극이라든지 충동이라든지 감각이라든지 하는 것이 아무것도 없는 것이죠. 그냥 기운만 통할 뿐입니다. 산택이 통기를 하고 뇌풍이 상박을 하고 있다. 바람소리 커지면 우렛소리 커지고, 우렛소리 커지면 바람소리 커지는 등 이렇게 서로 부딪치는 데에서 조화가 있네요.

④ **수화불상석** : 또 상극관계에 있는 물괘(☵)와 불괘(☲)가 서로 싸우거나 죽이지를 않네요. 물은 내려가는 성질이 있어서 계속 내려가고 불은 위로 올라가는 성질로 계속 올라가서, 불로 말려놓은 데는 물로 축이고, 물로 습하게 해놓은 데는 불로 말리지요. 이 둘은 성질은 상반되지만 서로 쓰임이 되고 있네요.

 이렇게 해서 천지를 체로 하면 수화가 그 작용이 되는 것입니다. 물자리에 불이 가고 불자리에 물이 가서, 서로 돕는 수화작용에 의해 모든 생물체가 살아가고 있는 것이지요. 사람도 마찬가지로 수승화강水昇火降으로 살 수 있는 게 아니겠어요?

⑤ **팔괘상착** : 이렇게 해서 팔괘가 서로 섞여 있습니다. 천지부모 사이에는 우레·바람·물·불·산·못의 여섯 자녀가 있고, 천지사이의 여섯 자녀는 천지와 더불어 팔괘로 섞입니다.

 부모 사이에는 장남·장녀·중남·중녀·소남·소녀의 여섯 자녀가 있어서, 부모와 자녀가 인간의 가족구성원으로서 섞여 있지요. '정위定位·통기通氣·상박相薄·불상석不相射'은 서로 모순되는 성질을 가지고 있지만 통일되고 조화되어 섞여 있는 것이지요.

數往者는 順코 知來者는 逆하니 是故로 易은 逆數也라.
수왕자 순 지래자 역 시고 역 역수야

직역 간 것을 세는 것은 순하고 오는 것을 앎은 거스르는 것이니, 이렇기 때문에 역은 거슬러서 세는 것이다.

- 數 : 셀 수, 수놓을 수 / 逆 : 거스를 역, 맞이할 역

강의 지나간 것을 전부 수를 놓고 계산해 보면 순한 것이고(數往者 順), 오는 걸 아는 것은 수를 거슬러 알기 때문에(知來者逆), 공자께서 '역을 역수'라고 정의하셨습니다(是故 易逆數也).

지나간 것은 순한 것이니까 작년을 회고하면 '우리가 어떻게 살아 왔나' 하는 것을 알 수 있죠. 그러나 앞으로 다가올 내년은 미래입니다. 아직 오지 않았으니까 모르는 것이지요. 그것을 아는 것이 바로 역입니다. 아직 오지 않은 것은 거슬러서 알아야 하는 것이지요. 그래서 '역易은 역수逆數'지요.

① 수왕자 순, 지래자 역 : 괘가 다 나와서 보는 것은 순順이고, 괘가 나오기 이전에 아래로부터 괘효를 뽑아 올라가는 과정은 역逆입니다. 괘가 다 나와서 살펴보는 건 기성旣成의 순이고, 획 하나하나의 여섯 효가 다 나오기 전까지는 무슨 괘가 나올지 모르니까 미지未知 즉 미래未來의 역이네요.*

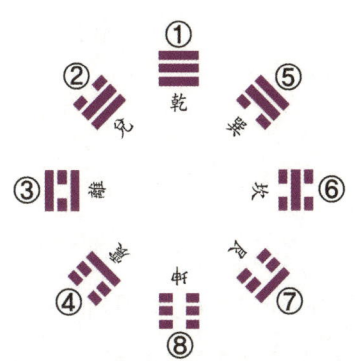

선천팔괘 방위도로 보면, 왼쪽의 일건천·이태택·삼리화·사진뢰가 위에서 내려오는 것은 현재로부터 어제 그제로 지나온 날들을 순히 세는 과정이고, 오른쪽의 오손풍·육감수·칠간산·팔곤지는 땅에서 위로 올라가며 세어야 하는 미래에 해당하지요.* 마치 물을 거슬러 올라가는 상입니다. 그래서 왼쪽은 오전이고 선천이며, 오른쪽은 오후이고 후천이네요. 오전의 네 괘는 '수왕자순', 오후의 네 괘는 '지래자역'입니다. 우리가 지금까지 살아온 건 선천인 반면, 앞으로 우리가 맞이할 그 시대는 후천입니다. 그래서 앞으로 후천시대가 도래한다는 것이지요.

② **역 역수야** : 주역의 '바꿀 역易' 자를 놓고 역이라고 할 때는 원리와 원칙을 말하는 것이지만, 이 역易을 '책력 력曆' 자로 보는 이도 있어요. 책력이라고 하는 건 작년 올해 다달이 날마다 자꾸 변하는 것이지요. 그래서 때에 따라 변하는 주역이 곧 책력이 되는 것이고,

---

* 진식은 "하나가 있으면 곧 둘이 있고, 둘이 있으면 곧 넷이 있으며, 넷이 있으면 곧 16이 있어 64에 이르는 것은 모두 이것으로 말미암아 저것을 알 수 있으며 현재로부터 말미암아 미래를 알 수 있다. 그러므로 건에서 부터 곤에 이르기까지 횡도橫道의 차례와 똑같다."고 하였다.

* 하늘인 일건천에서 이태택·삼리화·사진뢰로 순히 나아간다면, 같은 방향으로 땅인 팔곤지에서 칠간산·육감수·오손풍으로 나아가야 하는데, 팔괘의 순서상으로도 하늘은 1, 2, 3, 4로 순順이 되지만 땅은 8, 7, 6, 5로 역逆이 된다.

또 맞이하고 거슬러 가며 미래를 아는 것이 주역인 것입니다.

▍총설

  이 장은 건괘(☰)곤괘(☷)가 남북으로 중심을 잡고, 간괘(☶)와 태괘(☱)가 통기하고, 진괘(☳)와 손괘(☴)가 상박하고, 감괘(☵)와 리괘(☲)가 불상석하여 선천팔괘방위가 이루어짐을 설명하고 있네요. 또한 지나간 것은 순한 것이고, 앞으로 올 것은 예측하는 것이니 '역易은 미래학未來學'이라, 미래는 거슬러서 따지는 것이라고 했네요.

右 第 三 章
이상은 제 3장이다

설괘전 제 4 장

雷以動之코 風以散之코 雨以潤之코 日以烜之코
뇌이동지   풍이산지   우이윤지   일이환지
艮以止之코 兌以說之코 乾以君之코 坤以藏之하나니라.
간이지지   태이열지   건이군지   곤이장지

직역 우레로써 움직이고, 바람으로 흩뜨리며, 비로써 적시고, 해로써 말리며, 간으로 그치고, 태로써 기뻐하며, 건으로써 주장하고, 곤으로 감춘다.

- 散 : 흩을 산 / 潤 : 적실 윤 / 烜 : 말릴 환(훤) / 說 : 기뻐할 열(悅) / 君 : 주장할 군 / 藏 : 감출 장

강의

여기에서는 팔괘에 대한 덕성과 작용을 말했습니다. 그런데 자녀괘를 먼저 말하고, 아버지괘와 어머니괘를 뒤에 설명했네요. 앞의 '뇌풍우일雷風雨日'은 형이하적인 괘상을 들어서 괘를 풀이한 것이고, 뒤의 '간태건곤艮兌乾坤'은 그 형이상적인 괘명을 들어서 괘를 풀이한 것이죠. 이런 것을 상호발명相互發明이라고 합니다. '뇌풍우일'이라는 괘상을 말했지만 그 안에 '진손감리震巽坎離'라는 괘명을 함께 말한 것이고, 마찬가지로 '간태건곤'이라는 괘명 속에 '산택천지山澤天地'라는 괘상이 있음을 말한 것이지요.

① **뇌이동지** : 먼저 진하련(☳) 우레괘는 동하여 움직입니다. 고요한 땅(☷) 밑에 양이 하나(一) 생겨 만물을 움직이게 하는 괘상입니다. 위에 음 둘(☷)이 열려 있어 밑에서 동하여 위로 나오는 것이죠. 이 문장도 상호발명을 감안하면, '진이동지震以動之'로 볼 수 있습니다. 그러니까 '우레로써 움직인다'를 '진으로써 움직인다'로도 본다는 것이지요. 이 아래에 있는 일곱 괘도 똑같은 원칙이 적용됩니다.

② **풍이산지** : 손하절(☴) 바람괘는 부드럽게 흩어놓습니다. 하늘(☰)에서 음이 하나(--) 생긴 것인데, 이것은 아래에 있는 음(--)이 위의 두 양(=)에게 공손히 따르는 것이고, 밑에 음(--)이 열려 있으므로 하늘 아래로 바람이 불어내리는 괘상입니다.

③ **우이윤지** : 감중련(☵) 물괘는 불려서 윤택하게 합니다. 만물이 비가 오지 않으면 불어나지 않습니다. 빗물이 아니면 축축하게 못하고 윤택하게 못하는 것이죠. 괘상도 중간에 양 하나(一)가 위의 음(--)과 아래의 음(--)에 쌓여 있는데, 이것은 비가 내리고 물이 흘러 땅을 적시는 모습이네요.

④ **일이환지** : 이허중(☲) 불괘는 젖은 것이나 습한 것을 말려줍니다. 해가 떠 있지 않으면 말리지를 못하죠. 괘상도 한 음(--)이 위의 양(一)과 아래의 양(一) 사이에 걸려 상하로 밝은 빛을 내고 있네요.

⑤ **간이지지** : 간상련(☶) 산괘는 항시 움직이지 않는 산과 같이 제자리에 그치는 것입니다. 강력한 양기(一)가 음 둘(☷)을 가로 막고

있는 것으로, 산 봉우리(양━)로 딱 그쳐 있는 괘상이지요.

⑥ 태이열지 : 태상절(☱) 못괘는 아래가 양(⚏)으로 막혀, 물(⚋)이 차서 찰랑찰랑 고여 있는 연못의 상인데, 음 하나(⚋)가 양들(⚏) 위에 있어서 입을 벌려 웃고 기뻐하는 괘상입니다.

⑦ 건이군지 : 건삼련(☰) 하늘괘는 모든 효가 양이므로 강건하고 광명해서, 임금이 되어 모두를 다스리고 있는 괘상입니다.

⑧ 곤이장지 : 곤삼절(☷) 땅괘는 모두가 음이므로 유순하고 고요한 덕이 있네요. 땅은 하늘의 신하가 되어서 다 받아들이고 갈무리하는 것이죠. 하늘의 상제上帝가 아니면 우주만물은 일을 못하고, 땅의 후토后土가 아니면 물건을 저장하지 못해 감추지를 못합니다. 땅(☷)은 두툼하므로 물건을 저장해서 감추고 있고, 하늘(☰)은 위에서 기운으로 다스리고 있네요.

▌ 총설

운봉호씨雲峯胡氏가 "이 장에 괘위卦位를 상대적으로 놓고 말한 것은 앞의 3장과 같지만, 앞장에서는 건곤을 먼저 말하고 이 4장에서는 건곤을 맨 나중에 말한 것이 다르다."고 했네요.

자식이 장성하면 부모가 비켜주어야 합니다. 그래야 자식들이 자기 역할을 찾아 대를 이어가는 것 아니겠어요? 부모괘가 정남북으로 중심을 세우고 있는 선천팔괘와는 달리, 후천팔괘에서는 부모괘가 각기 서남방과 서북방으로 치우쳐 있는 것도 그런 뜻이지요.

右 第 四 章
이상은 제 4장이다.

설괘전 제 5 장

帝ㅣ 出乎震하야 齊乎巽하고 相見乎離하고 致役乎坤하고
제   출호진   제호손   상견호리   치역호곤

說言乎兌하고 戰乎乾하고 勞乎坎하고 成言乎艮하니라.
열언호태   전호건   노호감   성언호간

직역 제帝가 진에서 나와서, 손에서 가지런히 하고, 리에서 서로 보며, 곤에서 역사役事를 이루고, 태에서 기뻐하며, 건에서 싸우고, 감에서 위로하며, 간에서 완성한다.

- 帝 : 조물주, 주재자 제 / 齊 : 가지런히 할 제 / 役 : 일 역, 부릴 역 / 說 : 기쁠 열(≒悅) / 勞 : 위로할 로

> 강의

이 부분은 후천팔괘를 놓고 방위와 덕(역할) 그리고 시간을 말하셨네요. 진괘부터 설명한 것은 해가 동쪽에서 떠서 중천을 거쳐 서쪽으로 지는 것과 같은 것이고, 또 맏아들에게 집안을 이끌며 대를 잇게 했다는 뜻이 있습니다.

　동방의 진괘(제출호진), 동남방의 손괘(제호손), 남방의 리괘(상견호리), 서남방의 곤괘(치역호곤), 서방의 태괘(열언호태), 서북방의 건괘(전호건), 북방의 감괘(노호감)를 거쳐 동북방의 간괘(성언호간)로 마치는 것이지요. 이 아래의 글은 이러한 운행을 세부적으로 부연한 것입니다.

萬物이 出乎震하니 震은 東方也라.
만물　출호진　　진　동방야

齊乎巽하니 巽은 東南也니 齊也者는 言萬物之潔齊也라.
제호손　　손　동남야　　제야자　언만물지결제야

> 직역

만물이 진(☳)에서 나오니 진은 동방이다. 손(☴)에서 가지런히 하니, 손은 동남방이니, '가지런하다'는 것은 만물이 깨끗하게 가지런히 됐다는 것을 말한다.

> 강의

여기부터는 앞의 내용을 방위를 넣어 더 자세히 설명하셨네요.
① **만물출호진** : 만물이 진방(☳)에서 나오는데 그 진은 동방입니다.

앞의 '제출호진'은 하느님(帝)이 처음 나온 걸 말했고, 이제는 만물이 나오는 걸로 말했습니다. 진괘가 맡은 방위가 동방이라는 것을 확실히 말씀하셨네요. 또 시간적으로 보면, 진은 아침(오전 7~9시)이고, 계절로는 만물이 생생生生하여 나오는 봄입니다. 이렇게 진괘에게는 '출出'하는 덕과 동방이라는 방위와 아침 또는 봄이라는 시간이 있음을 가르쳐 주신 겁니다.

② 제호손 : 만물이 가지런하게 되는 곳은 손방(☴)인데, 손방은 동남방입니다. 여기서 '결제潔齊'는 '깨끗할 결, 가지런할 제'로서, 손괘에게는 만물을 깨끗이 해서 가지런히 정돈하는 덕이 있음을 말씀했네요. 시간으로는 9~11시이며, 계절로는 봄과 여름이 교차하는 시기입니다.

> 離也者는 明也니 萬物이 皆相見할새니 南方之卦也니
> 리야자   명야   만물   개상견   남방지괘야
>
> 聖人이 南面而聽天下하야 嚮明而治하니 蓋取諸此也라.
> 성인   남면이청천하   향명이치   개취저차야

직역 리(☲)는 밝은 것이다. 만물이 다 서로 보기 때문이니, 남방의 괘이다. 성인이 남쪽을 향해 천하의 말을 들어서 밝은 것을 향해서 다스리니, 대개 이것에서 취했다.

- 嚮 : 향할 향

강의

① **리야자 명야** : 손괘를 지나면 해가 남방으로 올라 한낮인 정오가 됩니다. 또 남방은 리방(☲)으로서 가장 밝은 때이며, 만물이 번창하기 때문에 서로 만나 마주봅니다. 이것을 '상견相見'이라고 하죠. 리괘에게는 밝게 보는 덕이 있다고 하셨네요. 하루로는 한낮, 계절로는 한여름에 해당합니다. 한 여름에는 무성하게 번창해서 다 보이므로, 사람의 신체로는 눈에 해당하죠.

② **성인 남면이청천하 향명이치 개취저차야** : 성인이 밝은 남쪽을 향해 앉아서 천하의 모든 소리를 듣고 밝게 정치를 한 것이 이 '리괘(☲)'에서 취한 것입니다. 옛날 임금들은 어두운 북쪽에 앉아서 밝은 남쪽을 바라보며 정치를 했어요. 그래서 임금에게 절을 하려면 신하가 북쪽을 향해서 북향재배를 하지요.

坤也者는 地也니 萬物이 皆致養焉할새
곤야자   지야   만물   개치양언

故로 曰致役乎坤이라.
고   왈치역호곤

직역 곤(☷☷)은 땅이니, 만물이 다 땅에서 기름(養)을 이루기 때문에, '곤에서 역사를 이룬다'고 했다.

강의

① 곤야자 지야 : 정오를 지나면 해는 서남방으로 기우는데, 그 서남방이 곤방(☷)입니다. 시간으로 미시(오후 1~3시)와 신시(3~5시)에 해당합니다.*

② 만물 개치양언 고왈 치역호곤 : 만물은 하늘이 씨를 내지만 그 기르는 것은 모두 땅이 하네요. 아버지가 기르는 것이 아니라 어머니가 합니다. 뱃속에 열 달을 품고 있다가 아기를 낳고, 낳아놓고도 젖먹이고 키우는 사람은 아버지가 아니라 어머니입니다. 땅이 키우고 어머니가 기르는 거지요. 그게 일하는 것입니다. 그래서 곤에서 일을 한다고 하였습니다.**

---

* 이 곳에서는 직접적으로 방위를 말하지 않고 있다. 다만 주역상경의 곤괘 괘사에 "西南得朋 東北喪朋"이 언급된다.
** 진침陳琛은 "화火의 기가 매우 뜨거우면 만물이 이루어질 수 없고, 수水의 기가 매우 차면 만물이 생겨날 수 없다. 오직 토의 기가 가장 중화하기 때문에 화와 금의 교체기에 곤괘인 토가 있고, 수와 목의 고체기에 간괘인 토가 있어 만물이 그것에 말미암아 들어가고 나가는 것이 된다. 몸을 기르고 백성을 길러주며, 천하를 다스리는 것은 모두 중화여야 한다."고 하였다.

兌는 正秋也니 萬物之所說也일새 故로 曰說言乎兌라.
태   정추야   만물지소열야   고   왈열언호태

戰乎乾은 乾은 西北之卦也니 言陰陽相薄也라.
전호건   건   서북지괘야   언음양상박야

직역 태(☱)는 정히 가을이니, 만물이 기뻐하는 바이기 때문에 '태에서 기뻐한다'고 말했다. '건(☰)에서 싸움'은 건은 서북방의 괘니, 음과 양이 서로 부딪친다는 말이다.

- 薄 : 부딪칠 박

강의

① **태정추야** : 서남의 미·신방을 지나면 유방酉方으로 해가 지는데, 괘로 말하면 태괘(☱)이고, 덕으로 말하면 기뻐함이고, 계절로는 한가을이고, 하루로 말하면 유시(오후 5~7시)입니다. 그게 바로 가을 중의 가을, 그러니까 가을(신·유·술)의 한 가운데에 해당한다는 거지요.

② **만물지소열야** : 만물이 생하여 자라는 것은 가을에 결실을 이루고자 한 것이니, 열매를 맺으면 만물이 다 기쁜 것입니다.

② **전호건** : '건방에서 싸운다'고 한 것은 건괘(☰)가 서북방에 있어서, 음양의 두 기운이 서로 부딪치는 것을 말합니다(言陰陽相薄也). 계절로는 음력 9월~10월의 쓸쓸할 때이고, 하루로 치면 해가 이미 지고 밤(술시, 해시 : 오후 7~9시)이 되었으므로, 강성했던 양이 쇠해지고 음이 성해져서 서로 싸우는 것이지요. 또한 음괘(손괘, 리괘, 곤괘,

태괘)와 양괘(건괘, 감괘, 간괘, 진괘)가 교대하는 때이기도 합니다.

坎者는 水也니 正北方之卦也니 勞卦也니
감자　수야　　정북방지괘야　　노괘야

萬物之所歸也일새 故로 曰勞乎坎이라.
만물지소귀야　　고　　왈노호감

직역　감(☵)은 물이니, 정북방의 괘니, 위로하는 괘이다. 만물이 돌아가는 바이기 때문에 '감에서 위로한다'고 했다.

강의

① 감자 수야 : 감괘(☵)는 북방에 해당하고, 시간으로 말하자면 한밤중인 자시이며, 계절로는 한겨울이네요. 이때가 되면 가을에 거둬들인 수확물로 음식을 해 나누어 먹으며 쉽니다. 1년 내내 수고했다고 위로하는 때이므로, 감중련 북방에 '수고로울 로勞, 위로할 로' 자가 붙습니다. 겨울철과 밤은 위로하고 위로받으며 쉬는 때입니다. 오행으로는 수(물)에 해당한다고 하였네요.

② 만물지소귀야 : 물은 근원으로 돌아가는 것이기 때문에, 만물이 휴식하고 위로하는 때이죠. 제각기 흘러갈 데로 흘러가는 물이 결국 바다에 이르게 됩니다. 그래서 '돌아갈 귀歸'라고 하였습니다. 북방에 이 물괘를 놓아야 하루가 다 끝나는 겁니다. 그래서 감을 '노괘勞卦'라고 하며, 이를 위로하는 것이라고 하였네요.

艮은 東北之卦也니 萬物之所成終而所成始也일새
  간   동북지괘 야   만 물 지 소 성 종 이 소 성 시 야

故로 曰成言乎艮이라.
  고   왈 성 언 호 간

직역 간(☶)은 동북방의 괘니, 만물이 마침을 이루는 곳이고 시작을 이루는 곳이기 때문에, '간에서 이룬다'고 한 것이다.

강의

① 간 동북지괘야 : 간(☶)은 동북에 놓여 있는 괘로, 만물이 한 주기 운행을 마치고 시작하는 곳입니다. 동북의 간토가 북방감수를 토극수하는 것은, 하루를 끝내고 1년을 끝내는 것이니까 그 마침을 이루는 것입니다. 또 동방진목이 이 간토를 목극토하며 뿌리를 내리고, 해가 밝아 하루가 시작되고, 따뜻해져서 1년의 봄이 오는 것이니까 그 시작을 하는 것이지요.

② 만물지소성종 이소성시야 : '성종成終'은 밤이 끝났다는 말이고, '성시成始'는 낮이 시작된다는 말이지요. 또 겨울이 끝나는 것은 '성종'이고, 봄이 시작하는 것은 '성시'입니다. 마찬가지로 토극수는 '성종'이고, 목극토는 '성시'이지요. 이렇게 '성종성시'하기 때문에 만물이 다 간방에서 이루어진다고 한 것입니다.

※ 팔괘를 오행에 배속시킬 때 수와 화는 각기 한 괘이고 목·금·토는 두 괘씩 되는 것은, 감과 리는 천지 기운의 중中을 얻은 것이고, 진·태·손·간·건·곤은 한쪽으로 치우쳐 있기 때문에 음과 양으로 나

뉘기 때문입니다. 음과 양으로 나눌 때에, 목은 양목인 진이 정동이고 금은 음금인 태가 정서인 것은, 동은 양의 기운이 자라나는 때이고, 서는 음의 기운이 자라나는 방소이기 때문이지요.

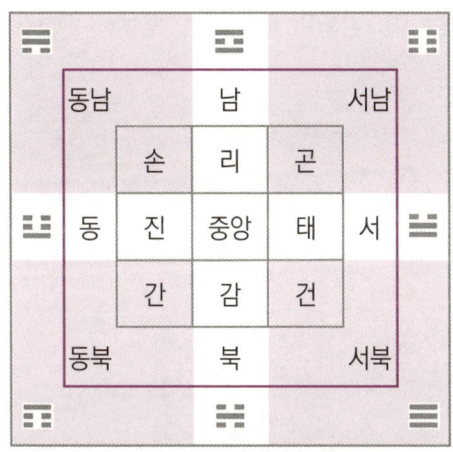

후천팔괘의 방위와 오행

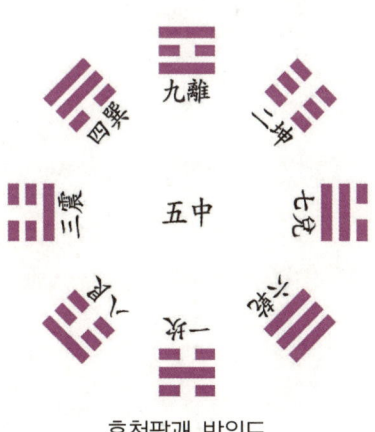

후천팔괘 방위도

▌총설

　소강절선생은 "제3장은 복희씨가 만든 것이니 선천先天의 학문이고, 5장은 문왕이 괘의 방위를 새로 정해서 만든 것이니 후천後天의 학문이라."고 했습니다. 이 장은 후천팔괘 방위에 따라, 하루가 운행되고 1년이 운행되며, 만물이 태어나서 결실을 맺는 시종始終을 명확하게 설명했네요.

右 第 五 章
이상은 제 5장이다.

설괘전 제 6 장

> 神也者는 妙萬物而爲言者也니
> 신야자 묘만물이위언자야
>
> 動萬物者ㅣ 莫疾乎雷하고 撓萬物者ㅣ 莫疾乎風하고
> 동만물자 막질호뢰 요만물자 막질호풍
>
> 燥萬物者ㅣ 莫熯乎火하고 說萬物者ㅣ 莫說乎澤하고
> 조만물자 막한호화 열만물자 막열호택
>
> 潤萬物者ㅣ 莫潤乎水하고
> 윤만물자 막윤호수
>
> 終萬物始萬物者ㅣ 莫盛乎艮하니
> 종만물시만물자 막성호간

직역 신이라는 것은 만물을 묘하게 하는 것을 말하니, 만물을 움직이는 것이 우레(☳)보다 빠른 것이 없고, 만물을 흔드는 것이 바람(☴)보다 빠른 것이 없으며, 만물을 말리는 것이 불(☲)만큼 잘 말리는 것이 없고, 만물을 기쁘게 하는 것이 못(☱) 만큼 기쁘게 하는 것이 없으며, 만물을 적시는 것이 물(☵)만큼 잘 적시는 것이 없고, 만물을 마치게 하고 시작하게 함이 간(☶)보다 성한 것이 없다.

- 莫 : 없을 막 / 疾 : 빠를 질 / 撓 : 흔들 요 / 燥 : 말릴 조 / 熯 : 말릴 한 / 潤 : 적실 윤 / 說 : 기쁠 열

강의 공자께서 신神에 대해 말씀하셨네요. 유도儒道에는 신에 관한 얘기를 잘 하지 않는다고 하는데, 그건 모르는 사람들 얘기지요. 왜 신을 말하지 않겠어요? 여기 『주역』「계사전」을 읽어봐야 신이 무엇인지 알 수 있지요.

① 신야자 묘만물이위언자야 : 공자님은 만물을 묘하게 하는 것이 신이라고 하셨습니다. '신은 묘하다'고 해서 신묘神妙하다고 하는 것이지요. 여기서는 건·곤괘를 제외하고서 여섯 괘인 자녀괘에 대해서만 설명하고 있습니다. 이 건·곤괘는 어디로 갔겠어요? '신야자神也者' 속에 들어 있는 것이죠.

그렇습니다. 천지의 신이 아니면 만물이 어디서 나오며, 부모의 신이 아니면 자녀가 어디서 나오겠습니까? 이러한 묘만물妙萬物하는 신神 속에서 후천적인 조화작용이 나오므로, 후천팔괘 방위도의 괘상을 기본으로 하여 다음과 같이 설명하고 있네요.

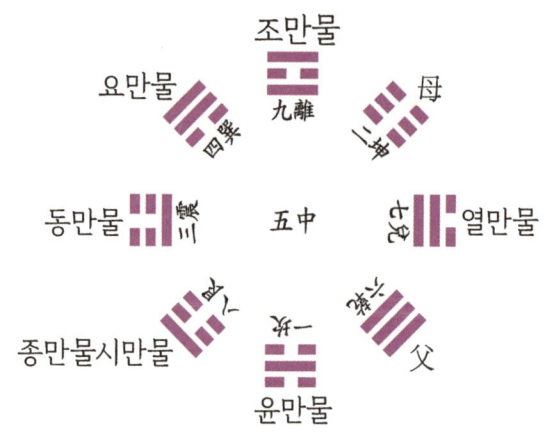

② 동만물자 막질호뢰 : 만물을 움직이는 것은 우레보다 더한 것이 없습니다. 우레가 쳐야 만물이 숨어 있던 곳에서 나오고, 또 봄에 만물이 약동해 나오는 것을 우레(☳)의 움직임으로 표현한 것이지요.

③ 요만물자 막질호풍 : 만물을 마구 흔드는 것은 바람보다 더한 것이 없습니다. 바람괘(☴)는 우레괘(☳) 보다 움직임이 부드러워, 물체를 흔들어주네요. 만물을 우레와 바람으로써 동요動撓시키고 고동鼓動시키는 것이지요.

④ 조만물자 막한호화 : 만물을 말리는 것은 불보다 더한 것이 없습니다. 이허중(☲) 불신은 젖은 것을 말려주는 신이지요.

⑤ 열만물자 막열호택 : 만물을 기쁘게 하는 것은 못보다 더한 것이 없습니다. 못은 물을 저장했다가 필요할 때 쓰게 하므로 기쁨을 줍니다. 태상절(☱) 못신은 기쁨의 신입니다.

⑥ 윤만물자 막윤호수 : 만물을 불리는 것은 물보다 더한 것이 없습니다). 감중련(☵) 물신은 적셔서 윤택하게 해주고 생명을 불려주는 신이네요.

⑦ 종만물시만물자 막성호간 : 만물을 끝내고 만물을 시작하는 것은 간艮보다 더한 것이 없습니다. 간상련(☶)은 후중히 그치는 산으로 종즉유시終則有始의 매듭 역할을 하지요. 다른 자녀괘들의 경우는 형이하적 괘상인 뇌·풍·화·택·수로 표현했지만, 만물을 종시하는 이 산

괘는 형이상적인 괘명인 '간艮'으로 표현하였네요. 역시 괘상과 괘명을 상호발명 한 것이고, 또 이 간괘가 선천을 마치고 후천을 여는 근본 핵심(형이상적 태극의 역할)이 된다는 것을 공자께서 특별히 강조한 것입니다.*

故로 水火ㅣ 相逮하며 雷風이 不相悖하며
고 수화 상체 뇌풍 불상패

山澤이 通氣然後에야 能變化하야 旣成萬物也하니라.
산택 통기연후 능변화 기성만물야

직역 그러므로 물과 불이 서로 따르며, 우레와 바람이 서로 거스르지 않으며, 산과 못이 서로 기운을 통한 뒤에야, 변화할 수 있어서 만물을 다 이루는 것이다.

■ 逮 : 미칠 체, 따를 체 / 悖 : 거스를 패, 어그러질 패

강의 앞의 문장에서는 후천팔괘를 놓고 그 신묘한 작용을 설명했네요. 후천적 변화작용이 선천팔괘의 교역으로 인한 것임을 밝혀놓은

---

* 유염俞琰은 『주역집설』에서 "만물이 막 싹 틀 때에는 우레로 움직여주고, 싹이 텄지만 아직 펴지지 않았을 때는 바람으로 흔들어주며, 펴졌지만 아직 부드러울 때는 햇빛으로 말려준다. 자랄 때에는 못으로 밖을 기쁘게 하고 물로 그 안을 적셔준다. 이미 기뻐하게 하고 적셔 주었으면 간괘로 멈추게 하고, 멈추면 끝나며 끝나면 다시 시작한다. 이것이 여섯 자식이 각기 작용을 하나씩 하고 그것으로써 만물을 이루는 것도 이와 같다는 말이다."라고 하였다.

것이지요.

① 수화상체 : 물과 불이 서로 미친다는 '수화상체水火相逮'는 3장에서 말한 '수화불상석水火不相射'처럼, 물과 불이 서로 쏘면서 싸운다거나 죽이는 게 아니고, 불이 간 데에 물이 미치고 물이 간 데에 불이 미쳐서 서로 그 자리에 이른다는 말입니다. 물이 축축하게 한 데는 불이 말리고, 불이 말린 데는 물이 축축하게 적시는 것이죠.

② 뇌풍불상패 : 우레와 바람이 서로 거스르지 아니한다는 '뇌풍불상패雷風不相悖'는 3장의 '뇌풍상박雷風相薄'처럼 서로 부딪치기는 해도 거스르지는 않는다는 말입니다.
　우레와 바람이 거스르면 서로 부딪치지를 못하죠. 우레는 우레대로 가고 바람은 바람대로 가면 부딪치지 않기 때문에 어긋나고 거스릅니다. 그러나 서로 거스르지 않는다고 했으니까, 서로 부딪친다는 말이 되네요. 우렛소리가 날 때 바람 불고, 바람 불 때 우렛소리가 나야 서로가 어긋나지 않는 것이죠.

③ 산택통기연후 능변화 기성만물야 : 그리고 산과 못이 기운을 통한다는 '산택통기山澤通氣'는 3장과 똑같네요. 여기서는 산택통기를 맨 나중에 말하고, 그런 뒤에야 변화할 수 있어서 만물을 이룬다고 하였습니다. 그렇죠. 이렇게 산과 못까지 서로 기운을 통한 뒤라야 변화를 하여 만물을 다 이루는 것입니다. 그 만물은 곧 '신야자神也者'인 천지건곤의 조화작용에 의한 것이죠.*
　세 아들괘와 세 딸괘가 서로 배합하는, 즉 '수화상체, 뇌풍불상패,

산택통기'의 과정을 거쳐 건곤의 변화가 행해지고 만물이 생성된다는 뜻이네요. 이렇게 된 결과가 만물의 '움직임·흔듦·말림·기쁘게 함·윤택하게 함·끝과 시작', 즉 후천팔괘의 신묘한 작용으로 나타나는 것이죠.

▌총설

「계사상전」 9장의 「행신문行神文」을 이어서, 신과 통하게 하는 「묘신문妙神文」을 말했네요. 「행신문」이 55수로 태극에서 양의·사상·팔괘가 나오고, 그렇게 나온 팔괘 역시 태극으로 귀일한다는 것을 말한 우주의 설계도라면, 「묘신문」은 팔괘의 역할과 묘용을 말한 우주의 운행명령이라 할 수 있지요. "차소이성변화此所以成變化하며 이행귀신야而行鬼神也라."고 한 「행신문」의 변화의 묘妙와 행신行神의 묘妙가 바로 이 「묘신문」에 있는 것입니다.

「설괘전」에서 3·4·5·6장은 그 뜻이 연결되어 있네요. 즉 3장은 선천팔괘의 음양대대에 대해서, 4장은 선천팔괘가 후천팔괘의 운용으로 바뀌기 위한 괘의 덕과 그 작용을, 5장은 4장의 작용결과 후천팔괘로 바뀐 상태와 그 운용을, 6장은 '후천팔괘는 선천팔괘를 기본으로 그 묘용을 다할 수 있다'고 종합적으로 말씀하신 겁니다.

右 第 六 章
이상은 제 6장이다.

---

* 건괘와 곤괘의 「단전」에 보면, 만물자시萬物資始와 만물자생萬物資生을 말하였다. 즉 만물의 시생始生은 천지건곤의 조화작용인 것이다.

설괘전 제 7 장

乾은 健也요 坤은 順也요 震은 動也요 巽은 入也요
건　건야　곤　순야　진　동야　손　입야

坎은 陷也요 離는 麗也요 艮은 止也요 兌는 說也라.
감　함야　리　리야　간　지야　태　열야

직역 건은 굳센 것이고, 곤은 순한 것이며, 진은 움직이는 것이고, 손은 들어가는 것이며, 감은 빠지는 것이고, 리는 걸리는 것이며, 간은 그치는 것이고, 태는 기뻐하는 것이다.

- 健 : 굳셀 건, 건장할 건 / 陷 : 빠질 함 / 麗 : 걸릴 리(려) / 說 : 기쁠 열

강의

공자께서 팔괘의 덕에 대해 설명하신 글입니다. 여기서는 인사적인 순서에 따라서 부모인 건과 곤, 장남·장녀인 진과 손, 중남·중녀인 감과 리, 소남·소녀인 간과 태의 차례로 풀이하였네요.

① 건 건야 : 건삼련(☰) 하늘괘의 덕은 굳셉니다. 양은 강하고 음은 유하지요. 하늘은 강한 양으로만 세 획을 이루어서 모두가 강하므로 굳건합니다. 그래서 건괘乾卦「대상전」에도 "하늘의 운행이 굳건하다(天行健)."고 하였지요.

② 곤 순야 : 곤삼절(☷) 땅괘의 덕은 순하네요. 땅은 아래에서 순하고, 부드러운 음으로만 세 획을 이루어서 순하고 유연합니다. 하늘에서 내리는 모든 기운을 그대로 받아들이고, 하늘이 하는 일에 순종하는 게 곤이죠. 그래서 곤괘 「대상전」에 "두터운 덕으로 만물을 다 담는다(厚德載物)."고 했어요.

③ 진 동야 : 진하련(☳) 우레괘의 덕은 움직이는 것이네요. 땅 속에서 양이 발동하는 것이지요. 그래서 지진도 일어나는 것이 아니겠어요? 순하고 정적인 음 밑에서 양이 발동해서 올라가는 것이 진하련 우레입니다.

④ 손 입야 : 손하절(☴) 바람괘의 덕은 들어가는 것이네요. 하늘 아래에서 바람이 부는 것이지요. 바람은 자꾸 안으로 들어가는 성질이 있고, 괘상도 들어가는 문이 아래로 열려 있네요. 들어가서 엎드리므로 겸손한 의미도 나옵니다.

⑤ 감 함야 : 감중련(☵) 물괘의 덕은 빠지는 것입니다. 음 사이에서 양이 빠져서 감괘를 이루죠. 물이 흐르다가 홈이 패인 곳에 빠지므로 감괘의 덕을 '빠진다(陷)'고 표현하였네요.

⑥ 리 리야 : 이허중(☲) 불괘의 덕은 걸리는 것이네요. 양 사이에서 음이 걸려 있어서 불괘를 이루는 것이고, 해가 하늘에 걸려 빛을 내는 것입니다. 그래서 리괘의 덕을 '걸린다(麗)'고 하였습니다.*

⑦ 간 지야 : 간상련(☶) 산괘의 덕은 그치는 것이네요. 진하련 우레는 양이 동하여 위로 움직여 나오는 것이지만, 간상련 산에서는 양이 더이상 나아갈 수 없어 그치게 됩니다. 여기서 그친다는 것은 양이 위에서 그치는 것을 말하죠.

⑧ 태 열야 : 태상절(☱) 못괘의 덕은 기뻐하는 것이지요. 음이 양 위에서 입을 벌려 웃고 말하며 출렁거리는 모습입니다. 음이 양 밑으로 들어간 손하절괘는 음이 숨어 있는 것이고, 태상절 못괘는 음이 밖으로 발산되어 나오는 것이네요.

┃ 읽을 거리 - 팔괘의 주효

하늘괘와 땅괘가 사귀었을 때에 양 하나가 오면, 그 양 하나가 주효主爻가 됩니다. 음이 와도 마찬가지로 주효가 되지요. 즉 찾아오는 그 하나가 주인공이 됩니다. 예를 들면, 양 하나가 음들 밑에 왔으면 밑에 온 양이 주효가 되어서 우레(☳)로 동하는 것이고, 음 하나가 양들 밑에 왔으면 그 음이 주효가 되어서 바람(☴)으로 들어가는 것이지요.

右 第 七 章
이상은 제 7장이다.

---

* 장재張載가 말하기를 "양은 음에 빠져 물이 되고, 양이 음에 붙어 불이 된다."고 하였다.

설괘전 제 8 장

> 乾爲馬요 坤爲牛요 震爲龍이요 巽爲雞요
> 건위마   곤위우   진위룡   손위계
>
> 坎爲豕요 離爲雉요 艮爲狗요 兌爲羊이라.
> 감위시   리위치   간위구   태위양

직역 건은 말이 되고, 곤은 소가 되며, 진은 용이 되고, 손은 닭이 되며, 감은 돼지가 되고, 리는 꿩이 되며, 간은 개가 되고, 태는 양이 된다.

- 豕 : 돼지 시 / 雉 : 꿩 치 / 雞 : 닭 계(鷄) / 狗 : 개 구

강의

공자께서 팔괘를 놓고 짐승에 붙여서 말씀하신 내용입니다. 복희씨가 괘를 그릴 때에 '원취저물遠取諸物'하여 멀리 모든 물건에서 취하고, 또 '근취저신近取諸身'하여 가까이 있는 내 몸에서도 취하였다고 했는데, 그 중 '원취저물'에 대한 거지요.

① **건위마** : 건(☰)은 모두가 양이니까 말이 되네요. 말은 건장해서 잘 달리고, 굳건한 것이 되어서 머리를 늘 하늘로 쳐듭니다. 게다가 말의 발꿈치가 한 굽인데다 동그랗게 생겨서 하늘의 양(━)을 상징하지요.

② 곤위우 : 곤(☷)은 모두가 음이니까 소가 됩니다. 소는 유순하고 느리며, 순종하는 것이 돼서 머리를 늘 땅에 내리고 땅에 있는 풀을 뜯습니다. 또 소의 발꿈치는 갈라져 있어서 땅의 음(--)을 상징합니다.

③ 진위룡 : 진(☳)은 양이 음 밑에서 발동해 위로 움직여 올라가니까 용이 됩니다. 용은 하늘로 올라가 변화막측한 조화를 부리지요. 곤괘의 맨 밑으로 양이 처음 와서 발동을 시작하는 것이죠. 그래서 우레가 되어 우르릉거리며 나오는 것입니다.

④ 손위계 : 손(☴)은 음이 양 밑에서 공손하여 아래로 파고들어가니까 닭이 됩니다. 닭은 밑에 두 발이 있고 상체가 커서 위로 잘 날지를 못하고 늘 아래로 머리를 수그립니다. 또 모이를 먹기 위해 안으로 잘 파고 들어가네요. 그래서 손은 고개숙인다, 엎드린다, 공손하다, 안으로 들어간다는 뜻을 지닙니다.

⑤ 감위시 : 감(☵)은 양이 음 사이에 빠져서 험한 우리에 갇힌 돼지가 됩니다. 돼지는 북방감수에 해당하는 검은 빛이고, 밖으로는 우매해 보여도 안으로 지혜가 있어요.

⑥ 리위치 : 리(☲)는 음이 양 사이에 걸려 밝고 아름다운 문양이 있으므로 꿩이 됩니다. 꿩은 남방리화에 해당하는 화려한 날짐승이죠. 옛날에는 선생님을 찾아뵙거나 제사를 지내거나 폐백을 드릴 때 꿩을 드리지만, 요즘은 '꿩 대신 닭'이라 하여 닭을 놓지요. 스승을 찾

아 뵐 때 꿩을 들고 가는 이유는, 스승으로부터 문명함을 받기 위해서였습니다. 꿩은 또 밖으로는 강하고 안으로 유합니다. 반면 돼지는 밖으로는 순해보여도 강한 데가 있지요.

⑦ 간위구 : 간(☶)은 그치는 것이므로, 항시 주인 곁에 있고 집을 지키면서 동구 밖을 벗어나지 않는 개가 됩니다. 늘 집 주위에 그쳐 있습니다. 개는 간괘처럼 외강내유해서, 겉으로는 으르렁거리며 굉장히 강한 것 같지만 안으로는 유한 짐승입니다.

⑧ 태위양 : 태(☱)는 물이 못이나 바다로 모여드는 것이고, 서방의 백색에 해당하므로 무리지어 있는 흰 양이 됩니다. 두 획으로 끊어진 위의 음(--)은 양¥의 두 뿔이네요. 양은 또 태괘처럼 외유내강해서, 밖으로는 유하지만 안으로는 고집 센 강한 성질이 있습니다.

右 第 八 章
이상은 제 8장이다.

설괘전 제 9 장

> 乾爲首요 坤爲腹이요 震爲足이요 巽爲股요
> 건위수   곤위복   진위족   손위고
>
> 坎爲耳요 離爲目이요 艮爲手요 兌爲口라.
> 감위이   리위목   간위수   태위구

직역 건은 머리가 되고, 곤은 배가 되며, 진은 발이 되고, 손은 넓적다리가 되며, 감은 귀가 되고, 리는 눈이 되며, 간은 손이 되고, 태는 입이 된다.

- 腹 : 배 복 / 股 : 넓적다리 고

강의

8장에서 원취저물遠取諸物을 설명했다면, 여기는 근취저신近取諸身 즉 사람의 신체로 팔괘를 설명했습니다.

① 건위수 : 건(☰)은 하늘괘이며 위에 있으므로 머리가 됩니다. 머리는 하늘과 같이 둥글고 형이상적인 정신을 주관합니다.

② 곤위복 : 곤(☷)은 땅괘이며 아래에 있으니까 배(腹)가 됩니다. 배는 땅과 같이 평평하고 형이하적인 신진대사를 합니다. 땅은 아래에 있을 뿐만 아니라 모든 걸 받아들이죠. 그래서 배는 모든 음식물을

받아들이네요.

③ **진위족** : 진(☳)은 우레괘이며 아래에서 움직이니까 발이 됩니다. 발은 진하련의 괘상과 같이 정적인 음 밑에 동적인 것 하나가 있어서 걷고 움직입니다.

④ **손위고** : 손(☴)은 바람괘이며 공손히 따르니까 넓적다리가 됩니다. 넓적다리는 무릎을 구부리고 펴고 하는 부위를 말하지요. 그래서 '무릎 고股, 넓적다리 고' 라고도 하죠. 넓적다리는 장딴지나 허리가 움직이는 대로 복종을 합니다.

⑤ **감위이** : 감(☵)은 물괘이며, 음 한가운데 양이 있어, 밖을 보지는 못하지만 안으로 소리를 알아듣는 두 귀가 됩니다. 감은 물입니다. 물은 신장에 속해 있는데, 신장은 물을 간직하고 있어요. 그 신장에 속해 있는 것이 귀입니다. 또 얼굴 곁에 열린 양쪽 두 귓구멍은 감중련 상하의 두 음이고, 귀 한가운데 고막은 감괘 중간에 있는 양에 해당합니다. 밖은 알아보지 못하지만(음) 안으로 알아듣는(양) 부위가 귀이죠.

⑥ **리위목** : 리(☲)는 불괘이며, 양 한가운데 음이 있어서 안은 어두워 못 보지만 밖의 사물을 밝게 살펴보는 두 눈이 됩니다. 하늘의 일월은 사람의 두 눈에 해당하는데, 하늘 중천에 일월이 붙어 천하를 비추듯, 사람의 얼굴에도 한가운데 두 눈이 붙어 사물을 밝힙니다. 그래서 이것을 보고 복희씨는 그물눈을 떠서 수렵사회를 이루었죠.

⑦ 간위수 : 간(☶)은 산괘이며, 음 위에 양이 있어서 어깨 아래 붙어 있는 두 손이 됩니다. 발은 움직이는 것이지만 손은 그치는 것이지요. 손모양은 공손하게 해서 그쳐야 한다는 것입니다.* 손을 흔들고 까부는 것은 예의상으로도 안 좋고, 관상학적으로나 건강상으로도 좋지 않습니다. 땅 밑에서 양이 올라오는 것(☳)은 발에 해당하는 것이고, 땅 위에 봉우리가 솟아 있는 것(☶)은 사람의 손(손가락)에 해당하는 것입니다.

⑧ 태위구 : 태(☱)는 못괘이며, 양 위에 음이 있어서 밖으로 터져 있는 상이고, 사람으로 보면 침이 고인 입(口)이 됩니다. 사람의 입은 자연의 호수에 비유되죠. 그래서 바다가 출렁이며, 위로 열려 있어 수증기가 증발해 하늘로 오르는 것이나, 사람이 말도 하고 기뻐하고 슬퍼하는 것이 같습니다. 또 바다에서는 밀물과 썰물이 있는데, 입으로는 음식물을 먹기도 하고 토해내기도 하죠.

▎총설

이 여덟 가지 괘 풀이를 가지고 팔괘운동을 하면 건강에 좋습니다. 먼저 '건위수'라 했으니 머리 운동을 하고, 그 다음 '곤위복'이니 배 운동을 합니다. '진위족'으로 발운동을 하고, '손위고'로 허벅지에 힘을 주는 운동을 하지요. 또 '감위이'라 했으니 귀를 주무르고 당기는

---

* 『예기』「玉藻」: 足容重 手容恭 目容端 口容止 聲容靜 頭容直 氣容肅 立容德 色容莊.

운동을 하고, '리위목'에 따라 눈을 맛사지 한 뒤에 위아래로 돌리는 운동을 합니다. '간위수'니 손가락을 굴절하며 운동하고, '태위구'니 입을 풀어주는 운동을 합니다. 운동을 하기 전에 먼저 각 부위를 순서대로 잘 문질러서 풀어준 뒤에 해야 하지요.

右 第 九 章
이상은 제 9장이다.

설괘전 제 10 장

> 乾은 天也라 故로 稱乎父요 坤은 地也라 故로 稱乎母요
> 건   천야   고   칭호부   곤   지야   고   칭호모

직역 건은 하늘이기 때문에 아버지라 일컫고, 곤은 땅이기 때문에 어머니라 일컬으며,

- 稱 : 일컬을 칭

강의 여기서는 인사적으로 팔괘를 설명하면서, 부모가 사귀어 자녀를 얻는 것을 구체적으로 말씀하셨네요. 하늘과 땅 사이에 있는 우레, 바람, 물, 불, 산, 못의 여섯 자녀가 천지와 더불어 우주의 여덟 가족을 이루듯이, 인간에게서도 여덟 가족을 이룹니다. 크게 보면 우주만물이라는 대자연의 가족이 있고, 작게 보면 인간가정이라고 하는 소자연의 가족이 있다는 것이지요.

건(☰)은 하늘이기 때문에 인간에게는 아버지가 되고, 곤(☷)은 땅이기 때문에 어머니가 됩니다.

震은 一索而得男이라 故로 謂之長男이요
진　 일색이득남　　고　위지장남

巽은 一索而得女라 故로 謂之長女요
손　 일색이득녀　　고　위지장녀

坎은 再索而得男이라 故로 謂之中男이요
감　 재색이득남　　고　위지중남

離는 再索而得女라 故로 謂之中女요
리　 재색이득녀　　고　위지중녀

艮은 三索而得男이라 故로 謂之少男이요
간　 삼색이득남　　고　위지소남

兌는 三索而得女라 故로 謂之少女라.
태　 삼색이득녀　　고　위지소녀

직역 진은 첫 번째 구해서 남아를 얻었기 때문에 장남이라 이르고, 손은 첫 번째 구해서 여아를 얻었기 때문에 장녀라 이르며, 감은 두 번째 구해서 남아를 얻었기 때문에 중남이라 이르고, 리는 두 번째 구해서 여아를 얻었기 때문에 중녀라 이르며, 간은 세 번째 구해서 남아를 얻었기 때문에 소남이라 이르고, 태는 세 번째 구해서 여아를 얻었기 때문에 소녀라고 이른다.

- 索 : 찾을 색, 구할 색.

강의 이 건과 곤이 사귀는 것을 서로 얽힌다고 하는데, 서로 얽히며 따른다는 말이지요.

장남과 장녀는 일색一索, 중남과 중녀는 재색再索, 소남과 소녀는 삼색三索에서 나오는데, '일색'은 상대의 첫 번째 자리(下位)로 찾아가는 것이고, '재색'은 상대의 두 번째 자리(中位)로 찾아가는 것이고, '삼색'은 상대의 세 번째 자리(上位)로 찾아가는 것을 말합니다.

① 진 일색이득남 고 위지장남 : 건과 곤이 서로 일색을 해서 자녀를 얻은 결과가 장남과 장녀라는 거지요. 즉 진(☳)은 건의 아래 양이 곤의 아랫자리로 찾아가 첫아들을 얻은 것이므로 장남이라 하였지요.

② 손 일색이득녀 고 위지장녀 : 손(☴)은 곤의 아래 음이 건의 아랫자리로 찾아가 첫딸을 낳은 것이므로 장녀라고 일컫습니다.

③ 감 재색이득남 고 위지중남 : 감(☵)은 건의 중간 양이 곤의 중간자리로 찾아가 둘째아들을 얻은 것이므로 중남이라 하였네요.

④ 리 재색이득녀 고 위지중녀 : 리(☲)는 곤의 중간 음이 건의 중간자리로 찾아가 둘째딸을 얻은 것이므로 중녀라고 일컫습니다.

⑤ 간 삼색이득남 고 위지소남 : 간(☶)은 건의 맨 위 양이 곤의 맨 윗자리로 찾아가, 셋째아들을 얻은 것이므로 소남이라 하였네요.

⑥ 태 삼색이득녀 고 위지소녀 : 태(☱)는 곤의 맨 위 음이 건의 맨 윗자리로 찾아가 셋째딸을 얻은 것이므로 소녀라고 일컫습니다.

이를 도표화 하면 다음과 같다.

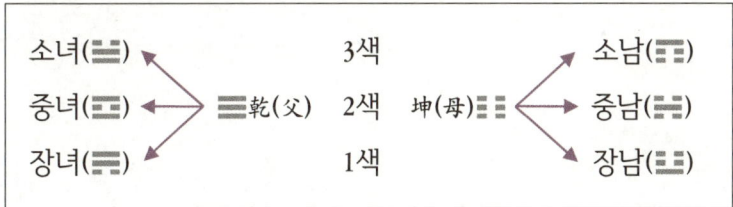

▎총설

　이 장은 팔괘를 가족관계로 보고 부모(乾坤)로 부터 여섯 자녀가 나오는 순서를 설명한 것입니다. 이는 우주의 생성이 천지·뇌풍·수화·산택의 순서로 나왔다는 주역의 고유한 개념이지요.

右 第 十 章

이상은 제 10장이다.

설괘전 제 11 장

乾은 爲天 爲圜 爲君 爲父 爲玉 爲金 爲寒 爲冰
건   위천 위원 위군 위부 위옥 위금 위한 위빙

爲大赤 爲良馬 爲老馬 爲瘠馬 爲駁馬 爲木果라.
위대적 위양마 위노마 위척마 위박마 위목과

직역 건(☰)은 하늘이 되고, 둥근 것이 되고, 임금이 되고, 아버지가 되고, 옥이 되고, 쇠가 되고, 추운 것이 되고, 얼음이 되고, 크게 붉은 것이 되며, 좋은 말이 되고, 늙은 말이 되고, 마른 말이 되고, 얼룩말이 되며, 나무의 과실이 된다.

- 圜 : 둥글 원, 에울 환(≒圓) / 冰 : 얼음 빙(≒氷) / 瘠 : 마를 척 / 駁 : 박마 박, 얼룩덜룩한 말 박

강의

이것은 소성괘 건(☰)에 내함된 사물에 대해 말한 것입니다. 점을 쳐서 건괘가 나오면, 여기에 나오는 사물과 성질을 기본으로 삼아 응용해 풀이하는 것이지요.

① 위천爲天 ② 위원爲圜 ③ 위군爲君 ④ 위부爲父 : 하늘은 둥글고 땅은 모나다는 우주관을 말한 거예요. 하늘이 만물을 통솔하듯 임금이 되며, 가정에서는 아버지가 되니, 건(☰)의 높고 존귀하다는 뜻을

살린 것입니다.

⑤ 위옥爲玉 ⑥ 위금爲金 : 깨끗하고 순수하다는 의미에서 옥玉을 취했고, 단단하고 차갑다는 뜻에서 금(쇠)이 되지요. 건(☰)은 오행으로 양금陽金에 해당합니다.

⑦ 위한爲寒 ⑧ 위빙爲冰 : 건괘는 하루로 보면 술시~해시 무렵의 음산한 때이고, 절기상으로는 입동立冬, 방위로는 추운 서북방에 해당합니다. 늦가을 초겨울에 추워지면 물이 얼어 얼음이 되지요.

⑨ 위대적爲大赤 : 하늘은 크고, 밝은 순양괘이므로 붉다고 한 것이지요.

⑩ 위양마爲良馬 ⑪ 위노마爲老馬 : 하늘이 쉼 없이 운행하는 것을 보고 '양마'라 했고, 노양괘(☰)에서 성질을 잘 부리는 늙은 말을 취했네요.

⑫ 위척마爲瘠馬 ⑬ 위박마爲駁馬 : 건은 노양괘이므로 비썩 말랐다고 해서 '척마'이고, 어금니가 톱니 같아서 호랑이를 잡아먹기도 한다는 힘센 말이라는 뜻에서 '박마'라고 했습니다.

⑭ 위목과爲木果 : 나무에 열린 열매는 단단하고 둥글기 때문에 취상한 겁니다. 또 하늘에 별이 매달린 것이, 마치 나무에 과일이 매달린 것 같기도 하니까요.*

坤은 爲地 爲母 爲布 爲釜 爲吝嗇 爲均 爲子母牛
곤   위지 위모 위포 위부 위인색 위균 위자모우

爲大輿 爲文 爲衆 爲柄이요 其於地也에 爲黑이라.
위대여 위문 위중 위병   기어지야   위흑

직역 곤(☷)은 땅이 되고, 어머니가 되고, 펴는 것이 되고, 가마솥이 되고, 인색한 것이 되고, 고른 것이 되고, 새끼 딸린 어미소가 되고, 큰 수레가 되고, 문채文彩가 되고, 무리가 되고, 자루가 되며, 땅에 있어서는 검은색이 된다.

- 布 : 펼 포 / 釜 : 솥 부 / 嗇 : 아낄 색 / 輿 : 수레 여 / 柄 : 자루 병

강의

① 위지爲地 ② 위모爲母 : 곤(☷)은 만물을 품어주는 땅이 되며, 땅은 만물을 낳고 기르는 어머니에 해당합니다.

③ 위포爲布 ④ 위부爲釜: 땅이 넓고 커서 만물이 널리 펼쳐지게 됩니다. 모든 것이 땅에서 나오고 이루어지므로, 무슨 음식을 넣어도 다 익어서 나오는 가마솥에 비유한 거지요.

⑤ 위인색爲吝嗇 : 건은 아낌없이 내려주는데, 땅은 받아들이기만 하고 하늘로 주는 경우가 없으므로 인색합니다. 또한 어머니는 자기자

---

* 순상이 지은 『구가역九家易』은 여기에 "용이 되고, 곧은 것이 되고, 옷이 되고, 말(言)이 된다."를 덧붙였다.

식에게만 관대하지 남의 자식에게 똑같이 사랑을 주지는 않지요.

⑥ 위균爲均 : 땅은 만물을 다 고르게 살게 합니다.

⑦ 위자모우爲子母牛 : 곤의 순한 성질을 취한 겁니다. 동물 중에 가장 순한 송아지나 새끼 딸린 어미 소가 되지요.

⑧ 위대여爲大輿 : 곤(☷)은 비어 있어서 모든 것을 받아들여 싣는 수레가 됩니다. 신체상으로는 오장육부가 들어 있는 배에 해당하고요.

⑨ 위문爲文 ⑩ 위중爲衆 : 산천초목, 동, 식물들이 아름답게 여기저기 널려 있어서 땅에는 아름다운 무늬가 있지요. 또 곤(☷)은 여섯 획이나 되므로 많은 사람, 군인 집단 등이 되지요.

⑪ 위병爲柄 : 형이상적인 하늘의 공기, 바람 등은 손으로 잡을 수가 없지만, 땅은 형이하적인 형체를 갖추고 있으므로 잡을 수 있습니다. 잡을 수 있다는 것은 사람이 땅에서 무슨 일이든지 할 수 있다는 뜻인데, 일을 하려면 반드시 자루(권세)를 잡아야지요.*

⑫ 기어지야其於地也 위흑爲黑 : 땅에는 검은색이 됩니다. 땅을 깊게 파보면 검은 색 흙이 나옵니다. 순음純陰의 색은 검은 색이거든요.**

---

* 우번은 '병柄'을 뿌리(本)로 보았다.
** 『구가역』에는 위의 글 외에도 "암컷이 되고, 희미한 것이 되고, 모난 것이 되고,

震은 爲雷 爲龍 爲玄黃 爲敷 爲大塗 爲長子 爲決躁
진   위뢰 위룡 위현황 위부 위대도 위장자 위결조

爲蒼筤竹 爲萑葦요
위창랑죽 위환위

其於馬也에 爲善鳴 爲馵足 爲作足 爲的顙이요
기어마야   위선명 위주족 위작족 위적상

其於稼也에 爲反生이요 其究ㅣ 爲健이요 爲蕃鮮이라.
기어가야   위반생   기구   위건   위번선

직역 진(☳)은 우레가 되고, 용이 되고, 검고 누런 것이 되고, 펴는 것이 되고, 큰 길이 되고, 맏아들이 되고, 결단하고 조급함이 되며, 푸른 대나무가 되고, 갈대가 되며, 말에 있어서는 잘 우는 말이 되고, 발이 흰 말이 되고, 발을 자주 움직이는 말이 되고, 이마에 흰 털이 많아 훤한 말(별박이 말)이 되며, 심는 데 있어서는 되살아나는 것이 되며, 궁극에 가서는 굳센 것이 되고, 번성하고 고운 것이 된다.

■ 敷 : 펼 부(≒敷) / 躁 : 성급할 조 / 蒼 : 푸를 창 / 筤 : 어린 대나무 랑 / 萑 : 갈대 환 / 葦 : 갈대 위 / 馵 : 발 흰말 주 / 的 : 밝을 적(환히 나타나는 모양) / 顙 : 이마 상 / 稼 : 심을 가 / 蕃 : 번성할 번 / 鮮 : 고울 선

강의

① **위뢰**爲雷 ② **위룡**爲龍 : 진(☳)은 음 밑에 양이 있어서 땅 속에서

주머니가 되고, 치마가 되고, 누런 것이 되고, 비단이 되고, 장물槳物이 된다고 하였다.

소리를 내고 나오는 우레로 대표됩니다. 또 잘 움직이며 변화가 많다는 의미에서 용이 되지요.

③ 위현황爲玄黃 : 하늘의 현묘함과 땅의 정수가 혼합되어 만물이 탄생하는 색이 현황색입니다. 태어나는 색이 푸른색이라 해서 '억조창생億兆蒼生'이라고 하지요.

④ 위부爲旉 : 우레(☳)는 움직여 펴나가는 것입니다. 진은 동방목으로 한 해를 시작하는 봄에 해당하지요. 그래서 만물이 모두 화창하게 피어나는 겁니다.

⑤ 위대도爲大塗 ⑥ 위장자爲長子: 큰길이라고 한 것은 맨 밑에서 발동하고 두 음이 앞에 있어서 앞길이 확 열려 있기 때문입니다. 또 장남괘이므로 큰아들이 되지요.

⑦ 위결조爲決躁 : 진(☳)은 양괘인데다가 음효로 앞이 열려 있는 상태입니다. 그러니 주저할 일이 없지요. 빨리 발동해서 결단을 잘 내리기도 하고 또 조급한 면이 있어요.

⑧ 위창랑죽爲蒼筤竹 ⑨ 위환위爲萑葦: '창랑'은 만물이 막 생겨나올 때의 푸른색이지요. 진은 양목陽木으로 쭉쭉 뻗어 올라가는 성질이 있는데다, 대나무 줄기는 바람이 불면 휘청휘청 넘어질 것 같아도 뿌리가 단단해서 넘어지지 않습니다. 진하련(☳)의 상은 밑의 뿌리가 양으로 단단하고, 위는 음으로 부드러워서 흔들흔들 하는 모습이지요.

갈대도 대나무처럼 뿌리가 질기고, 줄기는 바람에 잘 흔들리지요.

⑩ 기어마야其於馬也 위선명爲善鳴 ⑪ 위주족爲趯足 : 말은 건괘에 속하고 건괘를 많이 닮은 것은 장남괘인 진괘입니다. 소리가 나니 진괘의 말은 잘 우는 말에 해당하지요. 또 진하련(☳) 아래의 양효는 백색이고, 위의 두 음효는 흑색인데, 백색이 맨 밑에 있으니 하얀 발을 가진 말이 됩니다.

⑫ 위작족爲作足 ⑬ 위적상爲的顙 : 진괘의 말은 잘 움직이고 뒷발질을 잘하는 상입니다. 또 이마에 흰 털은 양효(—)이고 그 위의 수북한 털은 음(⚏)이니 별박이 말이 되지요.

⑭ 기어가야其於稼也 위반생爲反生 : 땅에 씨앗을 심으면 봄에 싹이 터 나옵니다. 진은 나무가 뿌리를 내리는 봄에 해당하는 괘인데, 양이 아래에 있어서 양을 회복하여 반생反生하는 상이지요.

⑮ 기구其究 위건爲健 : 더 커가면 결국 건괘의 굳셈이 된다는 겁니다. 아버지를 장남이 잇는 거지요.

⑯ 위번선爲蕃鮮 : '번선'은 여기저기에서 수북하게 나오는 것이, 아름답고 고우며 천진난만하다고 해서 취상한 겁니다.*

---

* 『구가역』에는 위의 글 외에도 "옥이 되고, 백조가 되고, 북(鼓)이 된다."고 하였다.

巽은 爲木 爲風 爲長女 爲繩直 爲工 爲白 爲長 爲高
손　위목 위풍 위장녀　위승직　위공 위백 위장 위고

爲進退 爲不果 爲臭요 其於人也에 爲寡髮 爲廣顙
위진퇴　위불과 위취　 기어인야　 위과발 위광상

爲多白眼 爲近利市三倍요 其究ㅣ 爲躁卦라
위다백안　위근리시삼배　　기구　위조괘

직역 손(☴)은 나무가 되고, 바람이 되고, 맏딸이 되고, 먹줄이 되고, 장인(工)이 되고, 흰 것이 되고, 긴 것이 되고, 높은 것이 되고, 나아가고 물러남이 되며, 과감하지 못함(또는 열매가 없음)이 되고, 냄새가 되고, 사람에 있어서는 털이 적은 것이 되고, 이마가 넓은 것이 되고, 눈에 흰자가 많음이 되고, 가까운 시장에서 세 배의 이익을 남김이 되며, 궁극에 가서는 조급한 괘가 된다.

- 繩 : 노끈 승 / 果 : 과단성 있을 과 / 臭 : 냄새 취 / 寡 : 적을 과 / 髮 : 터럭 발 / 眼 : 눈 안

강의

① 위목爲木 ② 위풍爲風 : 손(☴)은 음목(풀·줄기)이고, 진(☳)은 양목이 됩니다. 또 손하절은 두 양 밑에 한 음이 있는 상인데, 하늘에 음기가 생겨서 바람을 이루는 것이지요.

③ 위장녀爲長女 : 곤삼절의 아래 음효가 건삼련의 아랫자리로 찾아가서 첫딸이 되네요.

④ 위승직爲繩直 ⑤ 위공爲工 : 손은 음목이기 때문에 나무껍질을 벗기거나 칡넝쿨 등으로 꼬아서 만든 먹줄이나 끈이 나옵니다. 줄이나 끈에서 '붙들어 맨다', '묶는다'는 뜻이 나오지요.

또 먹줄을 튕겨가며 목수일을 하는 사람이나, 공예, 목공, 공업 등을 하는 기술자가 됩니다. 더구나 돌아다니지 않고 들어와서 하는 일이므로 '공'이 되지요.

⑥ 위백爲白 ⑦ 위장爲長 ⑧ 위고爲高 : 양은 밝고 흰색이 되는데, 손하절은 두 양효가 위에 있으니 밝고 흰색으로 빛납니다.

장녀인데다 줄이나 끈이므로 긴 것이 되고, 또 양 둘이 위에 있으니까 높은 것이 되지요.

⑨ 위진퇴爲進退 ⑩ 위불과爲不果 : 위에 양 둘이 있어서 앞으로 나아갔다가, 아래 있는 음 하나로 뒤로 물러나기도 합니다.

근본이 음효이므로 과감성이 없어요. 이말은 열매가 없다는 뜻도 되지요.

⑪ 위취爲臭 : 바람따라 냄새를 맡을 수 있다는 뜻이지요.

⑫ 기어인야其於人也 위과발爲寡髮 ⑬ 위광상爲廣顙 : 진하련(☳)은 위로 음이 둘이라서 털이 이마에 많이 난 것이지만, 손하절(☴)은 그 반대로 위에 양이 둘이므로 털이 적어요. 털이 적기 때문에 머리가 벗겨져서 넓은 이마가 됩니다.

⑭ 위다백안爲多白眼 : 위에 있는 두 양은 흰색이고, 아래 있는 음 하나는 검은 색이지요. 그러니 눈동자는 작고 흰자위가 넓어 흘겨보는 상이 됩니다.

⑮ 위근리시삼배爲近利市三倍 : 바람 불어서 냄새를 맡을 수 있는 거리에서 이익을 보는 겁니다. 노음은 6이고 노양은 9인데, 노양 9가 둘이라서 2×9=18이고, 노음 6이 하나 있으니까 3 : 1이 되지요. 음 하나가 3 : 1의 비율로 양을 상대하니 세 배의 이익을 보네요.

⑯ 기구其究 위조괘爲躁卦 : 밑에 있는 음이 빨리 커서 위에 있는 양을 없애고 음 세상을 만들려고 하네요. 바람이 부드럽지만 태풍이나 폭풍이 불면 지극히 강하듯이, 손순한 장녀괘이지만 속마음은 급한 데가 있다는 거지요.*

坎은 爲水 爲溝瀆 爲隱伏 爲矯輮 爲弓輪이요
감   위수 위구독 위은복 위교유 위궁륜

其於人也애 爲加憂 爲心病 爲耳痛 爲血卦 爲赤이요
기어인야   위가우 위심병 위이통 위혈괘 위적

其於馬也에 爲美脊 爲亟心 爲下首 爲薄蹄 爲曳요
기어마야   위미척 위극심 위하수 위박제 위예

---

* 『구가역』에는 위의 글 외에도 "버들(楊)이 되고, 황새(鶴)가 된다."고 하였다.

其於輿也에 爲多眚이요 爲通 爲月 爲盜요
기 어 여 야   위 다 생   위 통 위 월 위 도

其於木也에 爲堅多心이라.
기 어 목 야   위 견 다 심

직역 감(☵)은 물이 되고, 도랑이 되고, 숨어 엎드림이 되고, 굽은 것을 바로잡음이 되고, 활과 바퀴가 되며, 사람에 있어서는 근심을 더함이 되고, 심장병이 되고, 귀앓이가 되고, 피(血卦)가 되고, 붉은 것이 되며, 말에 있어서는 아름답게 마른 말이 되고, 마음이 급한 말이 되고, 머리를 떨군 말이 되고, 발꿈치가 엷은 말이 되고, 힘이 없어서 끄는 말이 되며, 수레에는 재앙이 많은 것이 되고, 통한 것이 되며, 달이 되고, 도적이 되며, 나무에는 굳고 심心이 많은 나무가 된다.

- 溝 : 도랑 구 / 瀆 : 도랑 독 / 矯 : 바로잡을 교 / 輮 : 곧게 바로잡을 유 / 脊 : 근심 척, 마를 척 / 薄 : 엷을 박 / 亟 : 빠를 극 / 蹄 : 발굽 제 / 曳 : 끌 예(≒引) / 堅 : 굳을 견

강의

① 위수爲水 ② 위구독爲溝瀆 : 안은 강하고 밖은 부드러운 것이 물이지요. 또 물이 흐르면 흙이 패이므로 도랑이 생깁니다.

③ 위은복爲隱伏 : 물은 만물을 다 길러주지만 늘 밑바닥을 흘러 다니므로 시비가 없어요. 꾸준히 흐르다가도 바위가 있으면 비껴서 돌아가는 지혜가 있지요. 물은 잘나고 못나고를 시비하지 않고, 자기 공을 내세우지 않으므로 선 중에서도 최고선인 '상선上善'입니다.*

④ 위교유爲矯輮 ⑤ 위궁륜爲弓輪 : 물이 굽이쳐 흐르다가 곧게 흐른다는 뜻에서 바로잡는다는 뜻을 취했네요. 물은 반달 형상을 한 활과 같이 한쪽으로 흐르기도 하고, 수레바퀴처럼 한 바퀴 빙 돌기도 합니다. 이러한 물의 성질에서 활도 나오고 바퀴가 나오는 거지요.

⑥ 기어인야其於人也 위가우爲加憂 : 사람에 있어서는 근심을 더하는 것이 됩니다. 심장은 화를 간직하고 있는데, 수극화에 의해 화가 물에 극을 당하니까 우울하고 근심을 더하는 것이지요. 또 감괘는 험하기 때문에 근심스럽다는 의미가 있습니다.

⑦ 위심통爲心病 ⑧ 위이통爲耳痛 : 심장은 가운데가 비어 있어야 하는데 꽉 막혀 있으므로 심장병이 됩니다. 수승화강을 이루지 못하고 수극화를 당하여 놀라고, 가슴이 뛰고, 두근거리게 되지요. 또 감(☵)은 귀라고 했는데, 신장에 열이 있으면 귀가 아픕니다.

⑨ 위혈괘爲血卦 ⑩ 위적爲赤 : 물에 속하니까, 신체상으로는 물로 이루어진 피에 해당하지요. 험한 일을 당하는 것을 '피본다'고 하잖아요? 또 물은 북방수로서 검은빛이지만 핏빛은 붉지요.*

⑪ 기어마야其於馬也 위미척爲美脊 ⑫ 위극심爲亟心 : 등줄기가 잘생긴 말이 된다고 했네요. 감중련은 가운데가 양이므로 등심이고, 상하의

---

* 손괘에도 엎드린다는 '伏'의 뜻이 있다.
* 공영달은 사람에게 피가 있는 것은 땅속에 물이 있는 것과 같다고 표현하였다.

음은 등심 부위에 난 아름다운 털에 해당합니다. 또 양이 음 속에 빠져서 조바심을 내니 성질이 급한 말이 되지요.

⑬ 위하수爲下首 ⑭ 위박제爲薄蹄 : 물이 아래로 흐른다는 뜻에서 머리를 아래로 떨구고 있는 말이 됩니다. 머리에 해당하는 상효가 음효라는 뜻도 '하수'를 뒷받침합니다. 또 발꿈치는 아래 부위인데 감중련의 아래는 약한 음이지요.

⑮ 위예爲曳 : 앞으로 못 가도록 끌어당기고 잡아끄는 말에 해당하니, 앞뒤가 음이기 때문입니다.

⑯ 기어여야其於輿也 위다생爲多眚 : 수레에는 사고가 잦은 것이 됩니다. 요즘으로 치면 교통사고에 해당하지요. 수레가 험한 물에 빠지고 함정에 빠진다는 뜻을 취한 겁니다.*

⑰ 위통爲通 : 물은 가지 못하는 곳이 없으므로 통하는 것이 되지요.

⑱ 위월爲月 : 리(☲)는 동쪽에 뜨는 해이고 감(☵)은 서쪽에 뜨는 달이지요.

⑲ 위도爲盜 : 아무도 모르게 몰래 스며드니 도둑과 같습니다. 시간상

---

* 『한상역전』에 "감괘의 험함은 수레가 가는 데는 병이 되니, 가면 반드시 손상을 당하리라."고 하였다.

으로도 한밤중(자시)에 해당하지요. 몰래 스며든다는 앞의 '은복隱伏'
과도 통하는 말입니다.

⑳ **기어목야**其於木也 **위견다심**爲堅多心 : 가운데 효가 양효이므로, 나
무에는 중심이 견고한 나무가 되지요.*

離는 爲火 爲日 爲電 爲中女 爲甲胄 爲戈兵이요
리   위화 위일 위전 위중녀 위갑주 위과병
其於人也에 爲大腹이요 爲乾卦 爲鱉 爲蟹 爲蠃
기 어 인 야   위 대 복   위 건 괘 위 별 위 해 위 라
爲蚌 爲龜요 其於木也에 爲科上槁라.
위방 위귀   기 어 목 야   위 과 상 고

직역 리(☲)는 불이 되고, 해가 되고, 번개가 되고, 중녀가 되고, 갑옷과
투구가 되고, 창과 병기가 되며, 사람에는 배가 큰 것이 되며, 건괘가 되고,
자라가 되고, 게가 되고, 소라가 되고, 조개가 되고, 거북이 되며, 나무에는
속이 비고 가지가 마른 나무가 된다.

- 甲 : 갑옷 갑 / 胄 : 투구 주 / 戈 : 창 과 / 鱉 : 자라 별 / 蟹 : 게 해 / 蠃
: 소라 라 / 蚌 : 조개 방 / 龜 : 거북 구 / 科 : 구덩이 과(움푹 들어간 곳) /

---

* 『구가역』에는 위의 글 외에도 "궁궐(집 또는 방)이 되고, 법률이 되고, 옳은 것이
되고, 기둥이 되고, 떨기로 난 가지 나무(叢棘)가 되고, 여우가 되고, 가시나무가
되고, 형틀(桎梏)이 된다."고 하였다.

槁 : 마를 고

> 강의

① 위화爲火 ② 위일爲日 ③ 위전爲電 : 리(☲)는 남방에 속한 괘로서 환히 밝혀주는 불, 해에 해당합니다. 진괘는 우레가 되지만, 리괘는 불이니까 번개가 번쩍하는 것이지요.*

④ 위중녀爲中女 : 곤의 가운데 음이, 건의 중간 자리를 찾아가서 두 번째 딸이 되었으므로 중녀에 해당합니다.

⑤ 위갑주爲甲胄 ⑥ 위과병爲戈兵 : 갑옷이나 투구는 속이 비고 겉이 단단하므로 이허중의 상입니다. 속에 있는 부드러운 몸(⚋)을 겉의 단단한 투구와 갑옷(⚌)으로 보호하는 것이지요. 또 모든 무기는 겉이 단단하여 속을 보호하는 특성이 있습니다.

⑦ 기어인야其於人也 위대복爲大腹 : 사람에게는 큰 배가 됩니다. 곤괘를 배로 볼 때는 모든 것을 받아들인다는 뜻이고, 리괘(☲)를 배로 보는 것은 속이 비고(⚋) 겉에 큰 양(⚌)이 막아주므로 큰 배(대복)가 되는 것이지요.

---

* 리離는 한 음이 두 양 사이에 걸려서 있어서, 불이 타오를 때는 반드시 그 연료에 붙어서 타들어가기 때문에 그 뜻이 '붙음(麗)'이 된다. 또한 번개를 따라 우레가 친다.

⑧ 위건괘爲乾卦 : 선천팔괘의 일건천 자리에 후천팔괘의 이허중이 오고, 또 하늘은 해가 주장하는 겁니다.*

⑨ 위별爲鼈 위해爲蟹 위라爲蠃 위방爲蚌 위구爲龜 : 자라, 게, 소라, 조개, 거북은, 모두 속이 비어 있고 겉이 딱딱한 갑각류로 이허중의 상이지요. 하늘을 나는 조류도 여기에 속합니다.

⑩ 기어목야其於木也 위과상고爲科上槁 : 속이 비고 윗부분이 마른 나무는 이허중의 상입니다. 또 화의 기운이 염상하니 고목이 되고 말라서 속이 비게 되지요.**

艮은 爲山 爲徑路 爲小石 爲門闕 爲果蓏 爲閽寺 爲指
간   위산 위경로 위소석 위문궐 위과라 위혼시 위지

爲狗 爲鼠 爲黔喙之屬이요 其於木也에 爲堅多節이라.
위구 위서 위검훼지속   기어목야   위견다절

직역 간(☶)은 산이 되고, 지름길이 되고, 작은 돌이 되고, 작은 문과 큰 문이 되고, 과일과 풀의 열매가 되고, 내시가 되고, 손가락이 되고, 개가 되고, 쥐가 되고, 부리가 검은 부류의 짐승이 되며, 나무에는 굳고 마디가 많

---

* 건괘나 리괘는 모두 '말린다' '건조시킨다'의 의미가 있으므로 '마를 간乾'으로도 본다.

** 『구가역』에는 위의 글 외에도 "암소(牝牛)가 된다."고 하였다.

은 것이 된다.

- 徑 : 지름길 경 / 闕 : 대궐문 궐 / 蓏 : 풀열매 라 / 閽 : 문지기 혼 / 寺 : 내시 시 / 鼠 : 쥐 서 / 黔 : 검을 검 / 喙 : 부리 훼 / 屬 : 무리 속

강의

① **위산爲山** : 간상련(☶)은 땅이 융기되어 봉우리가 우뚝 서서 그쳐 있는 산으로 대표됩니다.

② **위경로爲徑路** : 진괘는 움직임이 크므로 앞길이 트여 있는 큰길이 되는데, 간괘는 움직임이 작으므로 오솔길이나 질러가는 지름길에 해당하지요.

③ **위소석爲小石** : 간괘는 산 위에 노출된 작은 돌이고, 감괘는 중간 돌이고, 진괘는 땅속에 감춰진 큰 바위에 해당합니다.

④ **위문궐爲門闕** : 간(☶)은 두 음이 아래에 있으므로 양쪽으로 문이 탁 트여 가만히 그쳐 있는 상으로, 문은 그쳐 있고 여닫아서 출입을 하지요.

⑤ **위과라爲果蓏** : 나무에 맺은 것은 '과果'이고, 풀에 맺은 것은 '라蓏' 이지요. 간괘에 양효가 제일 위에 있는 것을 취상한 겁니다.

⑥ **위혼시爲閽寺** : 어두운 때를 지키는 사람이므로 환관이나 내시, 고 자가 되지요. 그래서 '절 사, 내시 시寺' 자를 붙여서 저녁에 궁녀를

지키는 내시와 환관으로 말한 겁니다. 간은 아직 소남이므로 양기가 발동되지 않는 때이지요.

⑦ 위지爲指 : 간(☶)은 손뿐만 아니라 손가락까지 포함하며, 몸에 붙어서 물건을 잡아 그치게 합니다.

⑧ 위구爲狗 ⑨ 위서爲鼠 ⑩ 위검훼지속爲黔喙之屬 : 산이 그 자리에 있듯이, 개도 자기 자리에서 집을 지키고, 쥐도 늘 그 자리에서 먹고, 자신의 영역에서만 왔다갔다 합니다. 개, 그리고 쥐와 같은 설치류의 강함은 이빨에 있으니, 간괘(☶) 상효의 강함을 취한 거지요. 산에 사는 짐승 가운데 멧돼지 같이 주둥이가 뾰족하고 검은 짐승을 말하는데, 간괘의 양효를 취상한 겁니다.

⑪ 기어목야其於木也 위견다절爲堅多節 : 감중련은 중심이 단단한 것이고, 간상련은 마디가 있는 대나무 같은 나무입니다. 그친다는 뜻을 살린 거지요.＊

＊ 『구가역』에는 위의 글 외에도 "코(鼻)가 되고, 호랑이가 되고, 여우가 된다."고 하였다(코는 그쳐 있고, 호랑이는 사람을 그치게 하고, 여우는 사람을 미혹시켜 그치게 한다는 의미를 가진다).

兌는 爲澤 爲少女 爲巫 爲口舌 爲毀折 爲附決이요
태   위택 위소녀 위무 위구설 위훼절 위부결

其於地也에 爲剛鹵요 爲妾 爲羊이라.
기 어 지 야   위 강 로   위 첩 위 양

직역 태(☱)는 못이 되고, 소녀가 되고, 무당이 되고, 입과 혀가 되고, 해지고 끊어짐이 되고, 붙은 것을 결단함이 되며, 땅에는 단단하고 짠 것이 되며, 첩이 되고, 양이 된다.

- 巫 : 무당 무 / 毁 : 헐 훼 / 折 : 꺾을 절 / 附 : 붙을 부 / 鹵 : 짤 로(소금)

강의

① 위택爲澤 ② 위소녀爲少女 : 태상절은 상효가 음으로 벌어져서 물이 출렁거리는 상으로 못이나 바다가 됩니다.* 또 곤의 맨 위 음효가 건의 맨 윗자리로 찾아가서 막내딸이 되므로 소녀가 되지요.

③ 위무爲巫 ④ 위구설爲口舌 : 태괘는 입에 해당하므로 입으로 떠들어대는 무당이 됩니다. 무당은 말로써 사람들을 기쁘게 하지요. 이 말이 지나치면 구설수를 부르는데, '설說' 자에도 이 '태兌'가 들어 있어요.

⑤ 위훼절爲毀折 ⑥ 위부결爲附決 : 상효가 끊어져 훼절된 상입니다.

---

* 『정역심법』에는 "태괘는 널리 만물에 베푸는 형상이니, 이롭게 하는 은택이 발생하게 된다."고 하였다.

또 아부하고 결단하는 것이 되지요. 웃고 말하고 무당질하는 것은 신에게 붙는 것이고, 아부하는 사람은 윗사람이나 남한테 잘 붙어 다닙니다. 또 입은 말로 결단을 하는 것이지요.*

⑦ 기어지야其於地也 위강로爲剛鹵 : 땅에는 바닷가 변두리 오지가 되고, 단단하고 짠 소금이 됩니다.** 태괘에 바다라는 뜻이 있고, 바다에서는 소금이 나고 맛을 보면 짜지요.

⑧ 위첩爲妾 : 소녀니까 맨 뒤에 있고, 남의 아내 맨 뒤에 있는 것이 첩입니다.***

⑨ 위양爲羊 : 겉은 부드럽고 속은 강인한 것이 양이지요.****

---

* 『상씨학』에서는 "윗부분이 훼손되었으므로 '훼절'이 되고, 음이 아래로 양에 붙어 있으므로 '附'가 되며, 爻가 위에서 끊어졌으므로 '決'이 된다."고 하였다.
** 『석명』과 『좌전』의 두예 주에는 "'剛'은 땅이 부드럽고 온화하지 않은 것이고, '鹵'는 메마르고 돌이 많은(磽确) 땅이므로 생물이 살 수 없다."고 하고, 『석명·석지』에는 "땅에 생물이 자라지 않는 것을 '鹵'라고 하였다.
*** 『정의』에 '爲妾'은 소녀가 언니를 따라 시집가서(잉첩媵妾) 동서가 되는 것이라고 하였다.
**** 『구가역』에는 위의 글 외에도 "항상함(常道)이 되고, 볼떼기와 뺨(輔頰)이 된다."고 하였다. '보협'은 괘의 형태를 취한 것이고, '常'은 九家에서 '남방의 신'이라고 했다. 그 뜻을 살펴보면 항상함을 지키는 자는 오래도록 기쁠 수 있고, '뺨과 볼'도 또한 언어로써 사람들을 기쁘게 하니, 모두 '기쁨'의 뜻을 내포하고 있다.

▌총설

「설괘전」은 괘를 설명해 놓은 글인데, 3부분으로 나눕니다. 1장~3장은 괘가 나온 생성순서이고, 4장~10장은 괘 위치나 작용 등을 말했지요. 그리고 11장은 괘 하나하나를 형상을 붙여 말했네요. 이것이 바로 물건에 비유한 것이지요. '하늘이 된다, 애비가 된다, 둥글다, 가마솥이 된다, 금이 된다' 등등을 말했어요.

아래는 설괘전 전체에서 언급한 팔괘의 물건이나 특징, 방위 등을 정리한 도표입니다. 같은 내용을 제외하면 건괘는 19가지, 곤괘는 18가지, 진괘는 21가지, 손괘는 24가지, 감괘는 29가지, 리괘는 22가지, 간괘는 18가지, 태괘는 13가지가 나옵니다.

여기에 나온 것 외에도 비슷한 성질을 가졌거나 형상이 같은 것은 응용해서 쓸 수 있습니다. 그러니까 모든 사물의 특징을 가지고 팔괘에 적용할 수 있지요. 여기에 선천팔괘의 순서, 후천팔괘의 순서까지 더하면 숫자도 나오게 됩니다. 그러므로 「설괘전」은 괘를 해석하는 중요한 열쇠가 되는 것이지요. 이 「설괘전」을 잘 연구하면 상象과 수數와 리理를 연결해서 환히 꿸 수 있어요.

▌편언

「설괘전」은 경문에 없는 내용을 다루고 있다. 팔괘의 덕과 방위 및 시간 그리고 상징물을 제시함으로써, 『주역』이 상수리象數理 중에 어느 하나도 소홀히 할 수 없는 종합적 철학체계임을 밝혔다.

팔괘	乾	坤	震	巽	坎	離	艮	兌
4장	君	藏	動	散	潤	烜	止	說
5장	戰西北	致役地養	出東方	齊東南潔齊	勞水北方歸	相見明南方	成東北	說·正秋
6장			動·	撓	潤	燥	終始	說·
7장	健	順	動·	入	陷	麗	止	說·
8장	馬	牛	龍	雞	豕	雉	狗	羊
9장	首	腹	足	股	耳	目	手	口
10장	父	母	長男	長女	中男	中女	少男	少女
11장	天圜君·父·玉	地·母·布釜吝嗇	雷龍玄黃旉大塗	木風長女繩直工	水·溝瀆隱伏矯輮弓輪	火日電中女·甲冑	山徑路小石門闕果蓏	澤少女巫口舌毀折
	金寒冰大赤良	均子母牛大輿文衆	長子決躁蒼筤竹萑葦善鳴	白長高進退不果	加憂心病耳痛血卦赤	戈兵大腹乾卦鱉蟹	閽寺指狗·鼠黔喙之屬	附決剛鹵妾羊
	老馬瘠馬駁馬木果	柄黑	旉足作的顙反生健	臭寡髮廣顙多白眼近利市三倍	美脊亟心下首薄蹄曳	蠃蚌龜科上槁	堅多節	
			蕃鮮	躁卦	多眚通月盜堅多心			·표시는 같은 문장으로 뒤의 것에 표시
갯수	19	18	21	24	29	22	18	13

右 第 十 一 章

이상은 제 11장이다.

대산주역강의

서괘전

序卦傳

서괘전 총설

　주역은 64괘인데 이 64괘 하나하나에 순서를 매겨 배열해놓고, 어떤 순서로 왜 그렇게 놓느냐 하는 것을 공자께서 설명한 것이 바로 「서괘전」입니다. 「서괘전」을 상하로 나눴네요. 주역상경에 있는 괘를 「상전」에, 하경에 있는 괘를 「하전」에 두었지요.

서괘 상전

有天地然後에 萬物이 生焉하니
유천지연후   만물   생언

직역 하늘(☰)과 땅(☷)이 있은 뒤에 만물이 생기니,

강의 주역의 맨 처음에 건괘(☰)를 놓고 곤괘(☷)를 놓았죠. 태극에서 음양이란 두 기운이 나왔습니다. 가볍고 맑은 기운은 올라가 하늘이 되고, 무겁고 탁한 기운은 내려가 땅이 되었다는 것이죠. 그래서 천지가 있은 뒤에 만물이 거기서 나오게 되는 것이고, 부모가 있으니 그 사이에서 아들·딸이 있게 된다는 겁니다.

盈天地之間者ㅣ 唯萬物이라
영천지지간자   유만물

故로 受之以屯하니 屯者는 盈也니 屯者는 物之始生也라.
고   수지이둔   둔자   영야   둔자   물지시생야

직역 하늘과 땅 사이에 가득 찬 것이 오직 만물이다. 그렇기 때문에 둔괘(䷂)로써 받으니, 둔은 가득 참이니, 둔은 물건이 처음으로 생긴 것이다.

강의 건·곤괘 다음이 둔괘입니다. '둔屯'은 천지가 사귀어서 만물이 나오고 있는 것이지요. 부모가 사귀어 어머니 뱃속에서 아기가 나오

는 것과 마찬가지로 어렵게 나옵니다. 하늘괘는 모두가 양이고 땅괘는 모두가 음입니다. 그래서 양을 대표한 '천부天父'와 음을 대표한 '지모地母'지요. 천지부모天地父母에서 만물이 나옵니다.

사람으로 말하면 어머니 뱃속에 애기가 들어 있는 것이에요. 천지 사이에 가득한 것이 바로 만물인데, 천지 사이에 가득 찬 만물이 나오는 과정이 어렵다고 해서 '어려울 둔'자 둔괘를 놓은 것이라는 겁니다.

천지는 공허합니다. 여기에 만물이 있기에 천지 사이가 차 있는 것이죠. 만약 만물이 없으면 천지는 있으나 마나 한 것으로 공허하게 되고 맙니다. 물건이 처음으로 뚫고 나올 때, 땅 속(田)에서 '갑甲'으로 뿌리를 내리면 '새 을乙' 자로 꼬불꼬불하게 뚫고 나오므로, 땅(一)을 뚫고 나오는 풀(屮)의 뿌리가 다 휘어진 것이지요(一+屮=屯).

物生必蒙이라 故로 受之以蒙하니
물생필몽   고   수지이몽

蒙者는 蒙也니 物之穉也라.
몽자   몽야   물지치야

직역 물건이 생기면 반드시 어리기 때문에 몽괘(䷃)로써 받으니, 몽이라는 것은 어린 것이니, 물건의 어린 것이다.

▪ 盈 : 찰 영 / 屯 : 둔칠 둔, 어려울 둔 / 蒙 : 어릴 몽 / 穉 : 어릴 치

강의 물건이 막 생겨나오면 아직 어려서 몽매하기 마련입니다. '몽蒙'은 몽매하다는 뜻이고 '치穉'는 유치幼稚하다는 뜻이니, 둘 다 어리

다는 뜻이죠. 그래서 '몽은 어린 것이니, 물건이 아직 유치한 것이다'라고 했습니다.

> 物穉不可不養也라 故로 受之以需하니
> 물 치 불 가 불 양 야   고   수 지 이 수
>
> 需者는 飮食之道也라.
> 수 자   음 식 지 도 야

직역 물건이 어리면 기르지 않을 수 없기 때문에 수괘(䷄)로써 받으니, 수는 음식의 도리이다.

- 需 : 기다릴 수, 음식 수 / 飮 : 마실 음 / 食 : 먹을 식

강의 '몽蒙'은 아직 어리니 음식을 먹여 키워야 하고, 아직 무지無知하니 가르쳐서 깨우쳐야 하지요.

그래서 '수需'는 기르는 것도 되고 가르치는 교육도 됩니다. 그런데 이 중에 꼭 필요한 것이 음식이에요. 기르는 것의 대표적인 게 바로 음식으로 기르는 것이니, 그래서 '음식 수需' 자를 쓰네요. 음식을 만들 때도 물로 만들어야 하듯이, 비가 내려야 땅이 축축해서 만물이 나오고 곡식이 나오지요.

또한 비를 기다린다는 의미로 '기다릴 수需'자 수괘입니다. 성장을 기다린다거나, 교육을 받고 역량을 길러 때를 기다린다거나 하는 모든 의미를 가지고 있는 것이죠. 이런 의미로 '몽蒙'은 어려서 길러야 하고, 먹여 길러야겠기에 '음식 수需'자를 놨다고 하네요. 그래서 '음식의 도'라고 한 것입니다.

飮食必有訟이라 故로 受之以訟하고
음식필유송　　고　수지이송

직역 음식에는 반드시 송사가 있기 때문에 송괘(☰)로써 받고,

강의 음식을 먹는 것이 살아가는 것이라면, 남보다 더 잘살기 위해 욕심이 생기고 송사가 있게 되지요. 생존경쟁이 있게 되는 것입니다.

음식 때문에 송사가 있게 되었으므로, 수괘 다음에 송괘를 놓았다고 한 것이지요. 하늘은 하늘대로 위에 있고 물은 물대로 아래로 흐르고 해서 위아래가 서로 통하지 않습니다. 서로 잘났다고 상대를 비방함으로써 갈등이 생기고 불화가 생겨서 송사가 벌어지네요.

訟必有衆起라 故로 受之以師하고
송필유중기　　고　수지이사

직역 송사는 반드시 무리로 일어나기 때문에 사괘(☷)로써 받고,

- 訟 : 송사할 송 / 衆 : 무리 중, 군인집단 중 / 起 : 일어날 기 / 師 : 군사 사, 스승 사

강의 처음엔 작은 송사로 시작하지만, 나중엔 그 송사가 군대가 떼를 지어 일어난다고 했네요. 서로 싸워서 나라를 빼앗으려는 국가적인 전쟁으로 확대된다는 얘기지요.

師者는 衆也니 衆必有所比라 故로 受之以比하고
사자   중야   중필유소비   고   수지이비

직역 군사는 무리니, 무리는 반드시 돕는 바가 있기 때문에 비괘(䷇)로써 받고,

- 比 : 도울 비

강의 '사師'는 무리지어 전쟁을 하는 것이니, 혼자서는 전쟁을 할 수 없죠. 여러 사람이 같은 목적으로 모이면 뜻을 같이 하고 협조를 하게 됩니다. 사괘에서 전쟁에 나가 이기고 돌아와서 임금이 되어 평화를 이루는 것이 비괘(䷇)입니다. 그래서 사괘 다음에 비괘를 놓았다고 하네요.

比者는 比也니 比必有所畜이라 故로 受之以小畜하고
비자   비야   비필유소축   고   수지이소축

직역 비는 돕는 것이니, 도우면 반드시 쌓는 바가 있기 때문에 소축괘(䷈)로써 받고,

- 畜 : 쌓을 축

강의 '비比'라는 것은 '견줄 비'인데 여기는 '도울 비'로 통합니다. 한 국가를 건립할 때는 온 백성이 힘을 합해서 나라를 도와야 합니다. 백성들이 자기 일에 힘쓰고 성실하면 국가가 부흥해지지 않겠어요? 비괘에서 서로 도와 차츰차츰 쌓게 되므로, 비괘 다음에 소축괘를 놓게 되었다고 했어요.

> **物畜然後**에 **有禮**라 **故**로 **受之以履**하고
> 물축연후   유례   고   수지이리

직역 물건을 쌓은 뒤에 예절이 있기 때문에 리괘(䷉)로써 받고,

- 履 : 밟을 리

강의 꼭 물건뿐만 아니라 사람이 모이는 것도 쌓인다고 볼 수 있지요. 회합을 하고 모여서 인류사회가 이루어지는데 거기에는 반드시 예절이 필요합니다. 사람으로서의 도리를 이행하지 않으면 질서가 없고 문란한 사회가 됩니다. 소축괘 다음으로 오는 리괘는 예절괘입니다.

소축은 사람이 모이는 것이고, 모이는 데는 예절이 있어야 하기 때문에 예절괘인 리괘를 소축괘 다음에 놓았다고 한 것입니다.

> **履而泰然後**에 **安**이라 **故**로 **受之以泰**하고
> 이이태연후   안   고   수지이태

직역 예절을 이행하여 태평한 다음에 편안하기 때문에 태괘(䷊)로써 받고,

- 泰 : 편안할 태

강의 공자님 말씀에 "극기복례克己復禮"라고 하셨지요. 예절이 잘 지켜지면 욕심을 부리지 않는 편안한 세상이 온다는 것입니다. 태괘는 아래의 기운은 위로 올라가고 위의 기운은 아래로 내려와 천지가 사귀어서 통하게 되지요. '통할 태' 입니다. 임금과 백성, 위아래가 서

로 뜻이 통하는 것이지요. 그러면 정치가 잘 이루어지고 태평할 수밖에요.

> **泰者는 通也니 物不可以終通이라 故로 受之以否하고**
> 태자 통야 물불가이종통   고 수지이비

직역 태는 통하는 것이니, 물건이 끝까지 통할 수만은 없기 때문에 비괘(䷋)로써 받고,

- 泰 : 편안할 태 / 否 : 비색할 비

강의 자연의 이치는 낮이 끝까지 낮일 수만은 없습니다. 일치일란一治一亂! 한 번 다스려지면 한 번 어지러워지는 것이지요. 그래서 통한다는 태괘 다음에 막힌다는 비괘를 놓았다고 한 것이죠.

'태泰'는 천지가 사귀어서 위아래가 잘 통하는 것이고, '비否'는 하늘은 하늘대로 위에 있고 땅은 땅대로 아래에 있어서 위아래가 꽉 막혀 통하지 않는 것입니다.

> **物不可以終否라 故로 受之以同人하고**
> 물불가이종비   고 수지이동인

직역 물건이 끝까지 비색할 수만은 없기 때문에 동인괘(䷌)로써 받고,

- 同 : 함께할 동

강의 비는 막혔다는 것인데, 그렇다고 끝까지 막히지만은 않습니다.

태괘는 소인이 물러나고 군자가 실권을 쥐고 정치를 하는 것이고, 비괘는 군자가 물러나고 소인이 안에서 정치를 하고 있네요. 그래서 이 막힌 세상을 해결하기 위해 군자가 뜻을 동인했을 때 세상은 다시 또 좋아지는 것이죠. 동인同人은 사회를 바르게 다스릴 수 있는 사람들이 뜻을 같이하는 것입니다. 다시 말해 비否로 막혔는데, 막히지 않도록 하는 사람들이 나오게 되어서 그 다음에 동인괘가 오게 된 것입니다.

與人同者는 物必歸焉이라 故로 受之以大有하고
여인동자 물필귀언 고 수지이대유

직역 사람과 더불어 같이 하는 사람은 인물(사람)이 반드시 모여들기 때문에 대유괘(☰)로써 받고,

- 歸: 돌아올 귀 / 焉: 어조사 언 / 有: 둘 유

강의 모두 뜻을 같이해서 막힌 세상을 해결했어요. 좋은 세상 대동사회가 된 것이죠. 대동사회가 되니 사람들이 같이 살자고 몰려듭니다. 그래서 모두가 다 같이 태평을 누리는 대유괘가 그 다음에 온 것입니다. 동인괘(☰)에서 아래에 있던 이효가 대유괘(☰)에서 임금의 자리에 올라와 있습니다. 약한 음 하나가 강하고 큰 양 다섯을 모두 다 소유하고 있네요.

有大者는 不可以盈이라 故로 受之以謙하고
유대자　불가이영　　고　수지이겸

직역 큰 것을 둔 자는 가득 차게 할 수 없기 때문에 겸괘(䷌)로써 받고,

- 有 : 둘 유 / 盈 : 찰 영, 오만할 영 / 謙 : 겸손할 겸

강의 사람이 큰 것을 가지고 있습니다. 부자가 되었죠. 부자가 되었을 때 오만하게 교만을 부리면 안 됩니다. 차 있을 때일수록, 큰 것을 가지고 있을수록 교만해서는 안 된다는 것이지요. 그래서 많은 걸 가지고 있다는 대유괘 다음에 겸손하라는 뜻으로 겸괘를 놓았다고 했지요.

有大而能謙이 必豫라 故로 受之以豫하고
유대이능겸　　필예　고　수지이예

직역 큰 것을 두고도 겸손할 수 있음이 반드시 즐거울 것이기 때문에 예괘(䷏)로써 받고,

- 謙 : 겸손할 겸 / 豫 : 미리 예, 즐거울 예

강의 대유괘에서 많은 것을 가지고 있는데 겸괘로 겸손했어요. 겸손하니까 잘 유지되고 숭상을 받네요. 그러니 더욱더 빛이 나고 즐거울 수밖에요. 대유하고도 겸손하니, 모든 사람들의 추앙을 받아 즐겁네요. 그래서 겸괘 다음에 즐겁다는 예괘를 놓았어요.

豫必有隨라 故로 受之以隨하고
예필유수　고　수지이수

직역 즐거움에는 반드시 따름이 있기 때문에 수괘(䷐)로써 받고,

- 隨 : 따를 수

강의 서로가 즐거우면 따르게 마련입니다. 춘삼월이 되면 때를 따라 밖으로 봄소풍을 나가지요. 즐거운 자리면 서로 구경 가고 같이 즐거워 합니다. 그래서 따른다는 수괘를 즐겁다는 예괘 다음에 놓은 것이죠.

以喜隨人者l 必有事라 故로 受之以蠱하고
이희수인자　필유사　고　수지이고

직역 기쁨으로써 사람을 따르는 자는 반드시 일이 있기 때문에 고괘(䷑)로써 받고,

- 隨 : 따를 수 / 蠱 : 좀먹을 고

강의 기뻐서 서로 따르다 보면, 만나서는 안 될 사람끼리 만나게 되어 불륜의 관계도 맺게 됩니다. 벼슬하는 사람끼리 위아래로 따르다가 뇌물을 주고받고, 그런 사람들끼리 모이면 사회가 어지러워지고 혼란스럽게 됩니다. 이렇게 사람들이 서로 기쁘게만 따르다 보니까 잘못 탈선을 해서 사회가 부패했다는 것이지요.

　너무 즐거움만 좇아서 따르다 보니 부패한 사회가 되었다고 해서, 수괘 다음에 고괘를 두어 경계를 하였습니다.

> **蠱者는 事也니 有事而後에 可大라 故로 受之以臨하고**
> 고자　사야　유사이후　가대　고　수지이림

직역 좀먹는 것(蠱)은 일이 있는 것이니, 일이 있은 뒤에 커질 수 있기 때문에 림괘(䷒)로써 받고,

- 臨 : 임할 림

강의 '고蠱'는 사건이나 사고 중에서도 소소한 게 아니고 크게 벌어진 일을 말합니다. 그래서 온 사회가 나서야 한다는 것이죠. 이럴 때는 총력을 다해야 합니다. 높은 자리에 있는 통치자도 아래로 내려와 함께 헤쳐 나가야지요. 위에 있는 양이 모두 내려와서 국민 속에 임하여 좀먹고 썩어서 적폐가 된 사회를 다스려 자각시켜야 합니다. 그래서 고괘 다음에 큰일을 하기 위해 군림한다는 림괘를 놓았다고 했어요.

> **臨者는 大也니 物大然後에 可觀이라 故로 受之以觀하고**
> 림자　대야　물대연후　가관　고　수지이관

직역 림(䷒)은 큰 것이니, 물건이 커진 다음에 볼 수 있기 때문에 관괘(䷓)로써 받고,

- 臨 : 임할 림 / 可 : 가할 가 / 觀 : 볼 관

강의 물건이 작으면 보기가 어렵지만 크면 잘 보이지요. 그래서 크다는 림괘 다음에 잘 보고 살핀다는 관괘를 두었지요. '볼 관觀' 자는 자세히 잘 살펴보는 것으로, 눈으로도 보고, 피부로도 느끼고, 마음

으로도 보고, 정신으로도 보고, 내적외적으로, 형이상하적으로 다 보는 겁니다.

可觀而後에 有所合이라 故로 受之以噬嗑하고
가관이후   유소합   고   수지이서합

직역 볼 수 있은 뒤에 합치는 바가 있기 때문에 서합괘(☲)로써 받고,

- 噬 : 씹을 서 / 嗑 : 씹어 합할 합

강의 보고 만나고 하면 서로가 마음과 뜻을 합하여 화합을 이루게 됩니다. 서합괘는 위턱과 아래턱 사이에 음식물(구사효)이 들어 있는 형상입니다. 입 안에 물건이 있으면 씹어야죠. 물건을 입 안에 넣어 씹으면 합해집니다. 마찬가지로 사회의 악을 제거시키면 도둑도 없고 죄인도 없는 아름답고 살기 좋은 사회가 되는 겁니다.

嗑者는 合也니 物不可以苟合而已라 故로 受之以賁하고
합자   합야   물불가이구합이이   고   수지이비

직역 씹는 것(嗑)은 합하는 것이니, 물건이 구차하게 합하고만 있을 수 없기 때문에 비괘(☲)로써 받고,

- 噬 : 씹을 서 / 嗑 : 씹어 합할 합 / 賁 : 꾸밀 비, 빛날 비(클 분)

강의 합한다고 해서 그냥 합하기만 해서는 오합지졸이 됩니다. 적재적소에 맞게 잘 꾸며야 하지요. 한 나라가 건립되면 임금이 있고 정

승판서가 있고 하급관리도 있어야 하니, 이들을 잘 꾸며 놓는 것은 정치의 꾸밈이 되지요. 문장도 꾸며야 하는 것이고, 사람도 꾸며야 하는 것이고, 모두 알맞게 꾸며야 하는 것입니다.

비괘(䷕)는 양과 음으로 잘 꾸며놓아서 '꾸밀 비'자 비괘네요. 자연스럽게 합하는 건 얼마나 잘 꾸몄느냐 하는데 달려 있기 때문에 서합괘 다음에 비괘를 놓았다고 한 것입니다.

賁者는 飾也니 致飾然後에 亨則盡矣라
비 자   식 야   치 식 연 후   형 즉 진 의

故로 受之以剝하고
고   수 지 이 박

직역 비는 꾸미는 것이니, 꾸밈을 이룬 뒤에 형통하면 무너질 것이기 때문에 박괘(䷖)로써 받고,

- 盡 : 다할 진 / 剝 : 깎을 박 / 致 : 이룰 치 / 飾 : 꾸밀 식

강의 가령 그릇을 잘 꾸며서 만들어도, 쓰고 나면 꾸민 것이 부서질 게 아니겠어요? 그래서 비에서 꾸민 것이 한동안 잘 써먹다 보니까 다 끝이 난다고 한 것이죠. 그러므로 다 허물어진다는 박괘로 받아놓았다고 하는 것입니다. 박(䷖)은 맨 위에 양효 하나만 남고 모두 다 허물어졌습니다.

剝者는 剝也니 物不可以終盡이니
박자　박야　물불가이종진

剝이 窮上反下라 故로 受之以復하고
박　궁상반하　고　수지이복

직역 박은 깎는 것이다. 물건이 마침내 다 깎일 수만은 없으니, 박이 위에서 궁해서 아래로 돌아오기 때문에 복괘(䷗)로써 받고,

- 盡 : 다할 진 / 剝 : 깎을 박 / 反 : 돌아올 반 / 復 : 돌아올 복

강의 박剝은 깎는 것인데, 녹祿(彔)을 날이 선 칼(刂)로 깎네요. 그러나 하늘이 다 죽이는 이치는 없죠. 가을에 낙엽이 지지만 과일의 씨가 떨어져 다음해 봄이 되면 또 땅에서 싹이 나옵니다. 박괘에서 박락된 양이 다시 회복하듯이, 한 주기가 되면 다시 회복하는 것입니다. 하나 남은 양이 다시 살아나므로 회복한다는 뜻의 복괘로써 받았다는 거지요.

復則不妄矣라 故로 受之以无妄하고
복즉불망의　고　수지이무망

직역 회복하면 망령되지 않기 때문에 무망괘(䷘)로써 받고,

- 妄 : 망령될 망

강의 세상 사람이 다 선하게 타고났지만 욕심에 가려 천성을 다 잃어버립니다. 자기 몸을 자기 스스로 다 깎아먹었죠. 하느님이 사람을 선하고 건강하며 오래오래 살도록 냈건만, 저 죽을 짓을 계속하다가

멸망을 초래하는 것입니다. 세상을 모두 망령되게 살고 있어요. 그렇지 않은 사람은 성인뿐이지요.

위에는 하늘(☰)이고 아래는 우레(☳)에요. 아래의 우레가 하늘 뜻 그대로 움직이니까, 천성 그대로 움직여 사는 무망无妄이죠. 그래서 모두 망령되게 살고 있는데 그 본성을 회복하고 보니까 그 망령됨이 없어지게 되었다고 해서, 복괘 다음에 무망괘를 놓은 것이라고 했습니다.

有无妄然後에 可畜이라 故로 受之以大畜하고
유 무 망 연 후   가 축   고   수 지 이 대 축

직역 망령됨이 없은 뒤에 쌓을 수 있기 때문에 대축괘(☰)로써 받고,
강의 지나간 성인의 말씀을 많이 공부해서 알고, 지나간 선현들의 행실을 본받아서(多識前言往行) 많은 지식과 덕을 쌓으면(以畜其德) 훌륭한 사람이 되는데, 이것이 크게 쌓는다는 대축大畜이죠. 그건 바로 무망에서 오는 겁니다.

망령된 사람이 대축의 덕을 쌓을 수는 없으니 망령됨 없이 마음을 깨끗이 해야지요. 불교의 공空이나 노자의 무無도 모두 그러한 무망 속에서 대축이 나오는 겁니다. 무망한 뒤에야 덕을 많이 쌓는 대축이 된다고 해서, 무망괘 다음에 대축괘를 놓았다고 했네요.

物畜然後에 可養이라 故로 受之以頤하고
물축연후 가양   고 수지이이

직역 물건이 쌓인 다음에 기를 수 있기 때문에 이괘(☶)로써 받고,

- 頤 : 기를 이

강의 물건이 커지고 많을수록 잘 관리하고 길러야지, 그렇지 않으면 다 허물어져 버려집니다. 그래서 대축괘 다음에 잘 기른다는 이괘(☶)를 놓은 것이죠. 이괘는 위턱과 아래턱 사이에 음식을 넣어 씹어서 삼키며 몸을 기른다는 뜻입니다. 음식으로만 기르는 것이 아니라 교육을 통해 현인賢人을 기르지요. 크게 쌓았으면 그것을 바르게 길러야 한다고 이괘를 놓았습니다.

頤者는 養也니 不養則不可動이라 故로 受之以大過하고
이자 양야 불양즉불가동   고 수지이대과

직역 이는 기르는 것이니, 기르지 않으면 움직일 수 없기 때문에 대과괘(☱)로써 받고,

- 過 : 허물 과, 지날 과

강의 기르지 않으면 힘이 없고 기르면 힘이 나네요. 힘이 나니까 나중에는 대과大過가 되어서 크게 지나치므로 대과괘를 이괘 다음에 놓았다는 것입니다. 사람이 잘 먹고 힘이 생기니, 요새 말하는 갑질을 하게 된다는 뜻이죠. 또 문명이 고도로 발달하니까 대과한 짓을 하게 되고 대과한 사회가 된다고 경고를 한 것입니다.

이頤는 꼭 몸만 기르는 것이 아니라 정신을 기른다든지 사회, 문명, 과학 등을 발전시키는 것을 말합니다. 이런 것들이 너무나 팽배해져서 대과가 되었다는 것이지요.

物不可以終過라 故로 受之以坎하고
물불가이종과   고   수지이감

직역 물건이 끝까지 지나칠 수만은 없기 때문에 감괘(☵)로써 받고,

- 坎 : 구덩이 감

강의 대과로 자꾸 지난다고 해서, 냇물도 건너고 강물도 건너고 바닷물도 건너죠. 힘만 믿고 이렇게 계속 해나가면 결국은 다 건너지 못하고 빠지게 됩니다. 감괘의 험한 물속에 빠지는 것이지요. '감坎은 함야陷也'라고 했고, '흙 토土' 변에 결함을 뜻하는 '하품 흠欠'을 했죠. 이렇게 해서 구덩이가 생기고 빠진다는 감괘를 대과괘 다음에 놓았습니다. 그러니 자기도 모르게 서로가 붙들고 빠지는 줄 모르게 빠져든다는 것입니다.

坎者는 陷也니 陷必有所麗라
감자   함야   함필유소리

故로 受之以離하니 離者는 麗也라.
고   수지이리   리자   리야

직역 감은 빠지는 것이니, 빠지면 반드시 걸리는 것이 있기 때문에 리괘(☲)로써 받으니, 리는 걸리는 것이다.

- 坎 : 구덩이 감 / 陷 : 빠질 함 / 麗 : 걸릴 리(려)

강의 '떠날 리離' 자는 '걸릴 리, 붙을 리' 하지요. 왜냐하면 리괘(☲)는 해(日)인데 해가 동에서 떠서 서로 가니까 떠나는 것 같지만, 중천에 걸려서 빛을 발합니다. 감괘에서 험한 데 빠지다 보니 마침내 걸리는 것이 생겼네요. 그래서 감괘 다음에 걸린다는 리괘를 놓았습니다. 이로써 상경 30괘를 마쳤네요.

右 上 篇

이상은 상편이다.

서괘 하전

有天地然後에 有萬物하고 有萬物然後에 有男女하고
유천지연후　유만물　　유만물연후　　유남녀

有男女然後에 有夫婦하고 有夫婦然後에 有父子하고
유남녀연후　유부부　　유부부연후　　유부자

有父子然後에 有君臣하고 有君臣然後에 有上下하고
유부자연후　유군신　　유군신연후　　유상하

有上下然後에 禮義有所錯니라.
유상하연후　예의유소조

직역 하늘과 땅이 있은 뒤에 만물이 있고, 만물이 있은 뒤에 남녀가 있으며, 남녀가 있은 뒤에 부부가 있고, 부부가 있은 뒤에 부자가 있으며, 부자가 있은 뒤에 군신(임금과 신하)이 있고, 군신이 있은 뒤에 위와 아래가 있으며, 위와 아래가 있은 뒤에 예의를 둘 수가 있는 것이다.

- 錯 : 둘 조

강의 주역 상경은 천도天道을 말하고 하경은 인사人事를 이야기 했습니다. 지금 하경 첫머리에 사람의 일에 대해 공자께서 말씀하시는 거예요. 하늘과 땅이 있어야 만물이 나오는 것이고, 만물이 있게 되면 자연히 사람이 나와 그 중에서도 남자와 여자가 구별이 됩니다.

그 남녀가 서로 혼인을 해서 남편과 아내가 되지요. 즉 부부가 됩니다. 부부가 있게 되니까 그 사이에 자식이 생겨서 부자父子관계가 이루어집니다. 가정이 이루어지고 씨족사회가 되고, 나아가 국가가 만들어지면, 가정에서의 부자관계처럼 임금과 신하관계가 형성됩니다. 임금과 신하가 있게 되니까 임금은 윗사람이고 신하는 아랫사람이라는 상하의 구별이 있게 되지요. 상하의 구별이 있게 되니, 복장을 달리하고, 녹봉을 달리하며, 언어행동을 달리하는 등 예의를 두게 됩니다.

주역의 원리로 보면 부부유별이 맨 먼저 입니다. 부부유별 다음에 부자유친이죠. 그 다음이 군신유의, 장유유서, 붕우유신의 순서입니다. 지금 하경의 맨 처음에 있는 택산함괘를 설명하면서 남녀가 만나 예절사회를 이루는 것을 다 얘기한 것입니다.

夫婦之道ㅣ 不可以不久也라 故로 受之以恒하고
부부지도 불가이불구야 고 수지이항

직역 부부의 도(☱)가 오래하지 않을 수 없기 때문에 항괘(☳)로써 받고,

- 恒 : 항상할 항

강의 함괘에서 남녀가 만났으니 부부가 되어 가정을 이룹니다. 항괘는 장남(☳)과 장녀(☴)가 만나 한 가정을 이룹니다. 혼인서약을 할 때 항구恒久하리라는 맹서를 하죠. 저 하늘의 달과 해와 같이 영원토록 일심동체로 살아야 합니다. 그래서 항구하다는 항괘를 남녀가 만나는 함괘 다음에 놓았다고 했습니다.

> 恒者는 久也니 物不可以久居其所라 故로 受之以遯하고
> 항자　구야　물불가이구거기소　고　수지이돈

직역 항은 오래하는 것이니, 물건이 오래 그 처소에만 있을 수 없기 때문에 돈괘(䷠)로써 받고,

- 居 : 거할 거 / 遯 : 도망할 돈(둔)

강의 항괘는 부부의 도를 대표해서 말한 것입니다. 항구해야 할 도가 오래되면 파탄에 이르게 됩니다. 자연으로 봐도 낮을 항구하게 지내는구나 하면 어느새 밤이 와요. 사람도 늘 그 자리에 있는가 하면 그렇지를 못하죠. 또 늘 부귀하냐 하면 그것도 아닙니다. 그래서 항구한 것이 늘 항구한 것만은 아니므로, 그 항구한 자리에서 물러날 때가 있다고 해서 돈괘(䷠)를 놓았다고 했네요.

　돈괘는 위에는 하늘(☰)이고 아래에는 산(☶)입니다. 소인(--)이 안에서 집권을 하며 세상을 어지럽혀 오니까, 하늘의 지공무사한 기운을 그대로 간직하고 있는 군자(—)가 밖으로 물러나 은둔생활을 합니다. 진퇴를 분명히 알아 물러나네요. 그래서 항괘 다음에 물러난다는 돈괘를 놓았다고 했어요.

> 遯者는 退也니 物不可以終遯이라 故로 受之以大壯하고
> 돈자　퇴야　물불가이종돈　고　수지이대장

직역 돈은 물러나는 것이니, 물건이 끝까지 물러날 수만은 없기 때문에 대장괘(䷡)로써 받고,

- 退 : 물러날 퇴 / 遯 : 물러날 돈 / 壯 : 장할 장

강의 물러난다고 해서 끝까지 은둔해 있는 것만은 아니므로, 크게 장壯하다는 대장괘를 돈괘 다음에 놓았다고 하네요. 겨울 동안 땅 속에 엎드려 있던 벌레들도 따뜻한 봄이 오면 깜짝 놀라(경칩驚蟄) '나갈 때가 왔구나' 하면서 모두 땅 밖으로 나옵니다. 그래서 몸에 크게 힘이 생기는 대장괘를, 몸을 감추는 돈괘 다음에 놓았다고 했네요.

物不可以終壯이라 故로 受之以晉하고
물 불 가 이 종 장　　고　수 지 이 진

직역 물건이 끝까지 건장(壯)해서 가만히 있을 수만은 없기 때문에 진괘(䷢)로써 받고,

- 晉 : 나아갈 진

강의 힘이 장해지면 반드시 앞으로 나아가기 때문에, 나아간다는 진괘를 대장괘 다음에 놓았다는 것이네요. '진나라 진晉' 자는 '나아갈 진進'의 뜻입니다. 대장에서 힘이 길러졌으니 나가야죠. 암울한 시대에 물러났던 군자가 광명한 세상을 만나 새사회 건설에 동참해야 하지 않겠어요? 그래서 진괘를 대장괘 다음에 놓았다고 했습니다.

晉者는 進也니 進必有所傷이라 故로 受之以明夷하고
진 자　진 야　진 필 유 소 상　　고　수 지 이 명 이

직역 진은 나아가는 것(進)이니, 나아가면 반드시 상하게 되기 때문에 명이괘(䷣)로써 받고,

- 晉 : 나아갈 진 / 夷 : 상할 이

강의 '진晉'으로 나가서 실컷 돌아다니다 보면 교통사고가 난다든지 해서 다치는 때가 있어요. 그래서 진괘 다음에 밝은 것이 상한다는 명이괘를 놓았다고 했네요. 명이괘는 위에는 땅(☷)이고 아래는 불(☲)로 땅 속에 밝은 태양이 상해서 숨어 있습니다. 다시 암흑의 세상이 오는 것이지요. 한낮이 지나면 어둠이 오는 것처럼, 다시 명이괘로 어두운 세상이 되었다는 뜻입니다.

夷者는 傷也니 傷於外者ㅣ 必反其家라
이 자 　상 야　　상 어 외 자　　필 반 기 가

故로 受之以家人하고
고　　수 지 이 가 인

직역 명이는 상하는 것이니, 바깥에서 상한 사람은 반드시 집으로 돌아오기 때문에 가인괘(䷤)로써 받고,

- 傷 : 상할 상 / 反 : 돌아올 반

강의 진괘에서 밖에 나갔다가 명이괘로 몸을 다치고 상했네요. 다치면 집으로 들어가야죠. 그래서 몸이 상해를 입는다는 명이괘 다음에 가인괘를 놓게 되었다고 한 것입니다. 사회가 어둡게 되면, 집에서부터 밝게 화합해야 사회가 다시 새롭게 건설되는 게 아니겠어요?

家道ㅣ 窮必乖라 故로 受之以睽하고
가도   궁필괴   고   수지이규

직역 집안의 도가 궁하면 반드시 어긋나기 때문에 규괘(☲)로써 받고,

- 乖 : 어긋날 괴 / 睽 : 어긋날 규

강의 가인괘는 가족이 각기 본분을 잘 지켜 집안이 밝고 명랑합니다. 그런데 내내 평화롭던 가정이 궁해져서 잘못되고 어긋나게 되었습니다. 부부가 오랫동안 가정생활을 하다보면 어그러져 이혼을 한다거나 가정파탄이 올 수 있지요. 그런 까닭으로 어긋난다는 규괘를 가인괘 다음에 놓았다는 것이죠.

睽者는 乖也니 乖必有難이라 故로 受之以蹇하고
규자   괴야   괴필유난   고   수지이건

직역 규는 어그러지는 것이니, 어그러지면 반드시 어려움이 있기 때문에 건괘(☵)로써 받고,

- 乖 : 어긋날 괴 / 蹇 : 다리 절 건

강의 건蹇은 '찰 한寒' 밑에 '발 족足'이 있어, 추위에 발이 얼어붙어 절뚝거리는 것입니다. 규에서 어긋나니까 서로가 어려워지므로 규괘 다음에 건괘를 놓았다고 했네요. 건괘(☵)의 위에는 물(☵)이고 아래는 산(☶)이니, 산 너머 물이요, 물 건너 산으로 계속 어렵기만 합니다.

蹇者는 難也니 物不可以終難이라 故로 受之以解하고
건자   난야   물불가이종난   고   수지이해

직역 건은 어려운 것이니, 물건이 끝까지 어려울 수만은 없기 때문에 해괘(☷☵)로써 받고,

강의 건蹇은 물이 험해서 어렵습니다. 그런데 뇌수해괘는 험한 물을 건넜네요. 감중련 물(☵)괘는 추운 겨울인데, 추위에 얼어붙었던 것이 봄이 되니까 다 해빙解氷이 되는 것이죠. 그러고 보니 우레(☳)가 물(☵) 위로 나왔습니다. 그래서 해解는 봄이 되는 해동解冬을 뜻하네요. 그뿐만 아니라 사람 일에도 건괘(☵☶)에서 사업이나 일이 꽉 막혔다가 해괘(☳☵)에 와서 다 풀립니다. 작든 크든 풀린다는 해괘를 건괘 다음에 놓았다고 하셨네요.

解者는 緩也니 緩必有所失이라 故로 受之以損하고
해자   완야   완필유소실   고   수지이손

직역 해는 누그러지는 것이니, 누그러지면 반드시 잃는 바가 있기 때문에 손괘(☶☱)로써 받고,

- 緩 : 느긋할 완, 누그러질 완 / 損 : 덜 손

강의 해괘는 풀리는 것인데, 따뜻해지면 긴장이 풀려서 게을러져요. 춘곤春困이라고 하듯이 봄에는 노곤해져서 손끝 하나 까딱하기가 싫습니다. 그래서 몸과 마음이 나태해져서 하는 일이 늘어진다고 한 것입니다. 느슨하게 일하다 보면 반드시 손해를 보죠. 반드시 잃는 바

가 있기 때문에, 해괘 다음에 손괘를 놓았다는 것입니다.

損而不已면 必益이라 故로 受之以益하고
손이불이　필익　　고　수지이익

직역 덜기를 말지 않다 보면 반드시 유익하게 할 것이기 때문에 익괘(䷩)로써 받고,

- 損 : 덜 손 / 益 : 더할 익

강의 손해를 보다 보다가 결국 맨손이 되고 나면, 더 이상 덜 것이 없습니다. 그러면 남은 것은 다시 유익해지는 것뿐이지 않겠어요? 또 내 것을 덜어서 다른 사람을 주다 보면, 그 사람들이 보태주기 마련입니다. 그래서 손해 본다는 손괘 다음에 유익해진다는 익괘를 놓은 것입니다.

益而不已면 必決이라 故로 受之以夬하고
익이불이　필결　　고　수지이쾌

직역 유익하게 함을 그치지 않다보면 반드시 척결될 것이기 때문에 쾌괘(䷪)로써 받고,

- 決 : 결단할 결 / 夬 : 결단할 쾌

강의 너무 이익만 추구해나가다 보면 결국 다 뺏기게 되어 척결을 당하게 됩니다. 그래서 이익을 추구한다는 익괘 다음에 결단을 한다

는 쾌괘를 놓았다고 했어요.

> 夬者는 決也니 決必有所遇라 故로 受之以姤하고
> 쾌자   결야   결필유소우   고   수지이구

직역 쾌는 척결하는 것이니, 척결하면 반드시 만나는 바가 있을 것이기 때문에 구괘(䷫)로써 받고,

- 夬 : 결단할 쾌 / 姤 : 만날 구

강의 쾌괘는 결단하는 것입니다. 쾌괘의 맨 위에 남아 있는 음을 결단해서 쫓아냈는데, 다시 천풍구(䷫)의 맨 아래로 음이 왔네요. 그래서 '다시 또 만났구먼(決必有所遇)!' 했습니다. 쾌로 결단하였는데, 또 만나게 되므로, 만난다는 구괘로써 놓았다는 것입니다.

> 姤者는 遇也니 物相遇而後에 聚라 故로 受之以萃하고
> 구자   우야   물상우이후   취   고   수지이취

직역 구는 만나는 것이니, 물건이 서로 만난 뒤에 모이기 때문에 취괘(䷬)로써 받고,

- 萃 : 모일 취(괘명 일때는 취, 본음은 췌)

강의 구괘에서 만났으니까, 물건이 서로 만나면 모일 수밖에요. '취萃'는 풀들이 땅 위에 모두 무더기로 나고 있네요. 만나면 모일 수밖에 없으므로 취괘를 놓았다고 했습니다.

萃者는 **聚也**니 **聚而上者**를 **謂之升**이라 **故**로 **受之以升**하고
취자   취야   취이상자   위지승   고   수지이승

직역 취는 모이는 것이니, 모여서 올라가는 것을 오른다(升)고 하기 때문에 승괘(䷭)로써 받고,

- 萃 : 모일 취 / 升 : 오를 승(≒昇)

강의 취로 모이니까, 위로 자꾸 쌓아 올라가므로 오른다는 승괘를 취괘 다음에 놓았다고 한 것이죠.

升而不已면 **必困**이라 **故**로 **受之以困**하고
승이불이   필곤   고   수지이곤

직역 오르기를 그치지 않으면 반드시 곤하기 때문에 곤괘(䷮)로써 받고,

- 困 : 곤할 곤

강의 가령 산에 오르든 나무에 오르든 오를 때에는 좋지만, 끝까지 오르면 곤困하지요. 더 올라갈 수도 없고 내려갈 수도 없으니 곤해질 수밖에요. 그래서 곤괘를 승괘 다음에 놓았습니다.

困乎上者ㅣ **必反下**라 **故**로 **受之以井**하고
곤호상자   필반하   고   수지이정

직역 위에서 곤한 사람은 반드시 아래로 돌아오기 때문에 정괘(䷯)로써 받고,

- 困 : 곤할 곤 / 反 : 돌아올 반 / 井 : 우물 정

강의 위에서 곤한 자는 반드시 아래로 돌아옵니다. 아래로 내려오면 쉴 수가 있고, 저축하기도 쉽지요.

또 연못의 물이 말라 물이 없는 게 '곤'이라면, 못 속에 물이 있는 것이 '정'입니다. 정괘는 나무(☴)를 짜서 묻고 물(☵)이 위로 차오르도록 하는 것이지요. 우물에 물이 차 있으니 곤궁함을 해결하게 되었지요.

井道ㅣ 不可不革이라 故로 受之以革하고
정도   불가불혁   고   수지이혁

직역 우물의 도는 개혁하지 않을 수 없기 때문에 혁괘(䷰)로써 받고,

- 革 : 고칠 혁

강의 우물도 때때로 수리를 해주어야 합니다. 우물이 허물어지거나 더러워지면 그 우물을 고쳐서 깨끗한 물을 먹도록 하는 거지요. 그러므로 정괘 다음에 고친다는 혁괘를 놓았다고 했어요.

革物者ㅣ 莫若鼎이라 故로 受之以鼎하고
혁물자   막약정   고   수지이정

직역 물건을 변혁하는 것은 솥만한 것이 없기 때문에 정괘(䷱)로써 받고,

- 革 : 고칠 혁 / 莫若~ : ~만한 것이 없다 / 鼎 : 솥 정

강의 물건을 고치는 것은 솥이 제일이라는 의미에서 고친다는 혁괘 다음에 '솥 정鼎'자 정괘를 놓았다고 했죠. 솥 속에 쌀을 씻어 넣고 물을 붓고 불을 때면 밥이 되지요. 솥이 쌀을 새롭게 고쳐서 밥을 만들어주는 공이 크므로, 혁괘 다음에 정괘를 둔 것입니다.

主器者ㅣ 莫若長子라 故로 受之以震하고
주기자　 막약장자　 고　 수지이진

직역 그릇을 주관하는 사람은 맏아들만한 사람이 없기 때문에 진괘(䷲)로써 받고,

강의 솥은 음식을 만들어 조상님께 제사를 지내는 그릇(奉祭祀)이니까 아주 중요합니다. 그 솥을 맡은 자가 대를 잇는 장남입니다. 그래서 솥이라는 중요한 기물(그릇)을 맡은 자가 장남만한 이가 없다고 하며, 장남괘인 진괘를 정괘 다음에 놓는다고 했네요.

震者는 動也니 物不可以終動하야 止之라
진자　 동야　 물불가이종동　 지지

故로 受之以艮하고
고　 수지이간

직역 진은 움직이는 것이니, 물건이 끝까지 움직일 수만은 없어서 그치기 때문에 간괘(☶)로써 받고,

- 艮 : 그칠 간

강의 진괘는 장남의 의미도 있지만, 움직인다(動)는 의미도 있지요. 아래에서 움직여 위로 올라가네요. 다 올라가면 그쳐야죠. 물건이 끝간 데 없이 움직일 수는 없기에 그친다는 간괘로 받았다는 것이지요.

艮者는 止也니 物不可以終止라 故로 受之以漸하고
간자 지야 물불가이종지 고 수지이점

직역 간은 그치는 것이니, 물건이 끝까지 그칠 수만은 없기 때문에 점괘(☴)로써 받고,

- 艮 : 그칠 간 / 漸 : 점차 점

강의 세상은 돌고 돕니다. 끝까지 움직일 수 없기 때문에 간괘를 놓았는데, 또 끝까지 그칠 수만도 없지요. 그래서 점진한다는 점괘로써 받아놓았습니다. 풍산점(䷴)은 산(☶) 위에 나무(☴)가 점점 커 올라가는 것이죠. 점진적으로 나가는 모든 것을 말하며, 점진적으로 나가는 것 중에는 여자가 시집가는 게 가장 중요하다고 해서 여자가 시집가는 걸로 얘기가 된 것입니다.

漸者는 進也니 進必有所歸라 故로 受之以歸妹하고
점자 진야 진필유소귀 고 수지이귀매

직역 점은 나아가는 것이니, 나아가면 반드시 돌아오는 바가 있기 때문에 귀매괘(䷵)로써 받고,

- 歸 : 시집갈 귀 / 妹 : 누이동생 매, 잉첩 매

강의 '돌아갈 귀歸' 자는 '시집갈 귀'라고도 하지요. 시집간다는 건 돌아가는 것입니다. '누이 매妹' 자는 '계집 녀女' 변에 '아닐 미未'로 완전히 크지 않은 처자가 시집간다고 해서 귀매가 되는 거예요. 옛날에는 좋은 혼처가 있으면 언니를 따라서 한 남자에게 시집을 갔어요. 잉첩滕妾이라고 하는 거지요.

'돌아갈 귀'를 '시집갈 귀'라고 하는 이유는 이제 자기가 몸담고 살 곳으로 완전히 돌아간다는 것입니다. 점괘는 나아가는 것인데, 한쪽으로 몰려가기 때문에 귀매괘를 놓았다고 했습니다.

得其所歸者ㅣ 必大라 故로 受之以豐하고
득 기 소 귀 자   필 대   고   수 지 이 풍

직역 돌아올 바를 얻은 자는 반드시 커지기 때문에 풍괘(䷶)로써 받고,
강의 한 곳으로 모두 돌아가면 풍대해지기 마련입니다. 살림이 늘고 하니까 그럴 수밖에요. 그래서 귀매괘 다음에 풍성하다는 풍괘를 놓았다고 했지요. 귀매괘가 비록 제자리를 지키지 못하고 육례를 행하지는 못했지만, 모든 게 한 곳으로 모여서 돌아가면 풍부해지기 때문에 풍괘를 놓았다고 했네요.

豐者는 大也니 窮大者ㅣ 必失其居라 故로 受之以旅하고
풍자 대야 궁대자   필실기거   고   수지이려

직역 풍은 큰 것이니, 큰 것이 궁극에 간 자는 반드시 그 거처를 잃을 것이기 때문에 려괘(☲)로써 받고,

- 旅 : 나그네 려

강의 풍괘는 위에는 우레(☳)이고 아래는 불(☲)이니, 온 천하가 밝고 온 천하가 다 움직이는 것이지요. 지금이 바로 풍괘의 시대입니다. 그런데 밝아야 할 한낮에 어두운 밤에나 보이는 별이 뜬다고 했으니, 밝은 세상이 오히려 어둡다는 말입니다. 풍대하게 많은 걸 가지고 있는 자는 교만하고 사치해져서 반드시 거처함을 잃게 되는데, 자기가 살고 있는 곳을 잃는다는 뜻이지요. 그러므로 떠돌아다닌다는 려괘를 풍괘 다음에 놓았다고 그랬네요.

旅而无所容이라 故로 受之以巽하고
여이무소용   고   수지이손

직역 나그네로 다녀서 용납받을 데가 없기 때문에 손괘(☴)로써 받고,

- 容 : 용납할 용, 받아들일 용 / 巽 : 들어갈 손, 공손할 손

강의 려괘는 산(☶)은 아래에 그치고 있고 불(☲)은 위에서 떠돌아다니는 상이지요. 풍성하게 누리고 있다가 교만하고 사치한 행동 때문에 자기가 있는 곳마저 잃어서 나그네가 되었습니다. 나그네가 되니까 받아들여주는 곳이 없어요. 들어갈 곳이 없게 되었죠. 그래서

공손한 마음으로 들어간다는 손巽괘를 려괘 다음에 놓았다고 했네요.

> 巽者는 入也니 入而後에 說之라 故로 受之以兌하고
> 손 자 입 야 입 이 후 열 지 고 수 지 이 태

직역 손은 들어가는 것이니, 들어간 뒤에 기뻐한다. 그러므로 태괘(☱)로써 받고,

- 說 : 기뻐할 열(≒悅)

강의 「설괘전」에 '손巽은 입야入也'라'고 했습니다. 바람은 언제나 안으로 들어가려고 해요. 또 손(☴)은 짐승으로 치면 닭이죠. 닭도 자꾸 안으로 파고 들어가려고 합니다. 이렇게 손巽은 들어가는 것인데, '갈데없이 떠돌다가 들어가게 되니 자연 기쁘게 되더라'지요. 그래서 기쁘다는 태괘를 손괘 다음에 놓았다고 했습니다.

> 兌者는 說也니 說而後에 散之라 故로 受之以渙하고
> 태 자 열 야 열 이 후 산 지 고 수 지 이 환

직역 태는 기뻐하는 것이니, 기뻐한 뒤에 흩어지기 때문에 환괘(☴)로써 받고,

- 渙 : 흩어질 환

강의 태(☱)는 못괘인데 사람의 입에 해당합니다. 입으로 말하고

기뻐합니다. 상하괘가 모두 태로 기뻐하다 보니까, 못이 출렁이듯 몸과 정신이 흐트러진다고 해서, 박장대소하며 기뻐하는 태괘 다음에 환괘를 놓았다는 것이죠.

渙者는 離也니 物不可以終離라 故로 受之以節하고
환자　리야　물불가이종리　고　수지이절

직역 환은 떠나는 것이니, 물건이 끝까지 떠날 수만은 없기 때문에 절괘(䷻)로써 받고,

- 渙 : 흩어질 환 / 離 : 떠날 리 / 節 : 마디 절, 절도 절

강의 절괘는 '마디 절節'을 쓰는데, 마디는 그치는 것입니다. 절괘가 64괘 중에 60번째에 있어요. 60이 되면 뭐가 됩니까? 환갑으로 인생의 일절—節이죠. 환괘로 흩어진다고 할 때, 더 이상 흩어지지 않도록 딱 막아놓고 마디를 정하는 것입니다. 그래야 사회도 발전하고, 사람도 사람 구실을 하게 되니, 모든 것이 절節 속에 다 내재되는 것이지요.

節而信之라 故로 受之以中孚하고
절이신지　고　수지이중부

직역 절도가 있으면 믿기 때문에 중부괘(䷼)로써 받고,

- 中 : 가운데 중 / 孚 : 믿을 부(마음속으로 진실하게 믿는 것)

강의 절도 있게 모든 일을 잘하니까 믿음이 생깁니다. 그래서 마음속으로부터 믿는다는 중부괘를 절괘 다음에 놓았다고 했네요. '믿을 부孚' 자는 마음속으로 믿는 것입니다. 절도 없이는 믿음이 없는 것이지요. 사람은 절도가 있고 다음에 믿음이 생기는 것입니다.

중부괘는 못(☱)에 바람(☴)이 불어, 바람과 물이 서로 속삭이고 감응을 하네요. '어미학이 우니 새끼가 그 소리를 듣고 화답을 한다'고 했지요. 모자의 정과 믿음, 선생과 제자의 믿음, 임금과 신하의 믿음 등을 여기에 모두 얘기했습니다.

有其信者는 必行之라 故로 受之以小過하고
유기신자 　 필행지 　 고 　 수지이소과

직역 믿음이 있는 사람은 반드시 행하기 때문에 소과괘(☷)로써 받고,

- 行: 행할 행 / 小: 작을 소 / 過: 지날 과

강의 믿음이 없는 자는 누구도 받아주지 않으니, 신용을 잃으면 갈 데가 없어요. 그러나 절도 있게 신용을 잘 지킨 사람은 갈 곳이 많습니다. 그래서 조금씩 나아가는 것이죠. 믿음을 가졌기 때문에 떳떳하게 가게 되어 조금씩 갈 바가 있다고 해서, 중부괘 다음에 소과괘를 놓았다고 했어요.

有過物者는 必濟라 故로 受之以旣濟하고
유과물자 　 필제 　 고 　 수지이기제

직역 물건(보통사람)을 지남(뛰어남)이 있는 사람은 반드시 건너기 때문에 기제괘(䷾)로써 받고,

- 濟 : 건널 제, 다스릴 제 / 旣 : 이미 기

강의 소과에서 이제 한 발짝씩 가다 보면 목적지에 다가가지요. 그래서 기제가 됩니다. 음양 모두가 꼭 제자리에 있는 괘는 주역 64괘에 기제괘 딱 하나이지요. 기제는 위로 물(☵)이 있고 아래로 불(☲)이 있어요. 아래에 있는 물이 올라가고, 위에 있는 불이 내려와서 수승화강水昇火降이 잘 된 상태입니다. 그래서 기제는 정해진 것이다(旣濟定也)'라고 했어요.

物不可窮也라 故로 受之以未濟하야 終焉하니라.
물 불 가 궁 야   고   수 지 이 미 제   종 언

직역 물건이 궁할 수(끝날 수) 없기 때문에 미제괘(䷿)로써 받아서 마친 것이다.

- 窮 : 다할 궁 / 終 : 마칠 종

강의 기제로 완성이 되어 마쳤다면, 미제는 새로운 시작입니다. 세상이 끝나면 안 되죠. 봄에 씨앗을 뿌리고 가을에 수확을 했다고 해서 세상이 끝난 건 아닙니다. 다시 씨앗이 떨어져서 봄이 되면 또 싹이 틉니다. 밤이 끝나면(終) 다시 낮으로 시작하듯(始) 주역은 종즉유시終則有始입니다. 그래서 주역은 기제에서 끝나지 않고 미제에서 다시 시작합니다.

미제괘(䷿)는 음양이 모두 제자리에 있지 않지요. 하지만 각 효가

모두 응하는 것이 있기 때문에 거기에서 그런대로 서로 도와 발전을 하게 되는 것이고, 또 사람이 살아가게 되는 것입니다.

右 下 篇
이상은 하편이다.

▌총설

　주역 64괘를 상하경으로 나누었는데 상경은 30괘, 하경은 34괘를 놓아 상경보다 하경이 4괘 더 많네요. 상경은 천도이자 체가 되고 하경은 인사이자 용이 되는데, 용적인 인사가 더 복잡하기 마련이니까 하경에 4괘를 더 놓은 것이죠.

　그리고 괘를 순서적으로 배열한 서괘序卦도 두 가지 측면에서 볼 수 있어요. 하나는 공자께서 「서괘전」에 설명한 인과관계이고, 또 하나는 도전괘 또는 배합괘끼리 둘씩 나란히 놓은 상반관계이지요. 참으로 묘한 것은 인과와 상반의 두 가지 관계가 동시에 합치되는 것입니다.

　64괘는 한 괘만 그려놓고 반대편에서 보면 또 한 괘가 나오는 도전괘倒轉卦가 있고, 한 괘를 그려놓고 반대편에서 보아도 역시 똑같은 부도전괘不倒轉卦가 있는데, 도전괘는 56괘이고 부도전괘는 8괘입니다. 도전이 되는 56괘는 한 괘만 놓고 상하로 보면 되니까 28괘만 그리면 되고, 부도전괘는 도전이 되질 않아 8괘를 모두 그려야 됩니다.

　도전이 된 28괘에 부도전 8괘를 합하면 36괘가 되기 때문에, 주역은 64괘이지만 36괘라고도 하는 겁니다. 소강절 선생도 '36궁宮'이라고 했지요.

이렇게 주역을 36괘로 보면, 상경에 18괘, 하경에 18괘로 고르게 되어 있습니다. 상경 30괘 중에 부도전괘가 건乾, 곤坤, 이頤, 대과大過, 감坎, 리離의 6괘가 있어 30괘에서 이들 부도전괘 6괘를 빼면 24괘가 되지요. 24괘를 도전하면 12괘가 되니, 도전괘 12에 부도전괘 6을 합하면 18이 되네요(514쪽 도표 참조).

하경 34괘 중에는 부도전괘가 중부中孚, 소과小過 2괘입니다. 이 2괘를 제해 놓은 도전괘 32괘를 도전하면 16이 되니, 이 16에 부도전괘 2를 합하면 18이 되네요. 결국 주역 36괘가 상하경에 18괘씩 고르게 분포된 것입니다.

그리고 초효와 상효를 가리고 중간의 2, 3, 4, 5효로 괘를 짓는 호괘互卦라는 것이 있는데, 64괘를 끝까지 호괘로 계산해서 줄여보면, 결국에는 건乾, 곤坤, 기제旣濟, 미제未濟 4괘만 남습니다(부록의 「호괘원도」 참조). 우주만물은 천지수화(天地水火 : 乾坤坎離)에 의해 생성변화하는 것이죠. 즉 천지를 체로 하고 수화를 용으로 하는 것이니, 천지는 수화작용으로 만물을 생성합니다.

그래서 주역은 맨 처음에 천지괘 즉 건괘와 곤괘를 놓고, 마지막 끝에 '수화가 작용하는 괘(기제괘, 미제괘)'를 놓은 것이죠.

	상경 18괘		
1	乾		부도전괘
2	坤		
3	屯		도전괘
	蒙		
4	需		도전괘
	訟		
5	師		도전괘
	比		
6	小畜		도전괘
	履		
7	泰		도전괘
	否		
8	同人		도전괘
	大有		
9	謙		도전괘
	豫		
10	隨		도전괘
	蠱		
11	臨		도전괘
	觀		
12	噬嗑		도전괘
	賁		
13	剝		도전괘
	復		
14	无妄		도전괘
	大畜		
15	頤		부도전괘
16	大過		
17	坎		부도전괘
18	離		

	하경 18괘		
1	咸		도전괘
	恒		
2	遯		도전괘
	大壯		
3	晉		도전괘
	明夷		
4	家人		도전괘
	睽		
5	蹇		도전괘
	解		
6	損		도전괘
	益		
7	夬		도전괘
	姤		
8	萃		도전괘
	升		
9	困		도전괘
	井		
10	革		도전괘
	鼎		
11	震		도전괘
	艮		
12	漸		도전괘
	歸妹		
13	豐		도전괘
	旅		
14	巽		도전괘
	兌		
15	渙		도전괘
	節		
16	中孚		부도전괘
17	小過		
18	旣濟		도전괘
	未濟		

대산주역강의

잡괘전

잡괘전

서론

「잡괘전」이라는 것은, '섞일 잡雜, 괘 괘卦'로 괘를 섞어놓은 것입니다. 성인이 천하의 잡란하게 뒤섞인 것을 보고 괘를 지었다고 했습니다. 그런데 공자께서 지금까지 「서괘전」에서 괘의 순서대로 설명해놓고, 이제는 잡괘로 섞어서 설명을 하셨네요. 「잡괘전」은 십익十翼 중 하나입니다. 세상사가 모두 섞여 있으니까 괘도 한 번 섞어놓고 판단을 해보자는 뜻이지요.

「서괘전」이 만물의 생성변화 순서를 논한 것이라면, 「잡괘전」은 천하만물이 뒤섞여 자리잡고 있는 상태와 그렇게 된 이유를 설명한 것입니다. 그러니까 「서괘전」은 역도易道의 항상함을 말한 것이고, 「잡괘전」은 역도易道의 변화에 초점을 두어 구성한 글입니다.

하지만 공자께서는 「잡괘전」에서도 선후천괘의 기본질서를 지켰습니다. 상경은 천도이기 때문에 천지창조하는 건괘와 곤괘를 먼저 놓고, 하경은 인사이기 때문에 남녀가 만나 가정을 이루는 함괘와 항괘를 먼저 놓으셨지요.

「잡괘전」은 대과, 구, 점, 이, 기제, 귀매, 미제, 쾌괘를 제외하고는 반대되는 요소를 가진 괘를 둘씩 묶어 설명하고 있어요. 괘를 섞어 놓긴 했어도 주역 상경 시작인 건·곤괘부터 시작하는 건 마찬가지입니다. 바로 만고불역萬古不易의 천지가 있은 뒤에 변역變易이 있는 이치지요. 주역의 기본인 건·곤괘는 그대로 놓고 다른 괘들이 섞여 있어야 한다는 논리인 것이죠. 그래서 '건강곤유乾剛坤柔'라고 해놓고 그 다음부터 괘를 뒤섞어 놓고 풀이하고 있네요.

잡괘전 상

乾剛坤柔요
건 강 곤 유

직역 건(☰)은 강하고 곤(☷)은 부드러우며,

- 剛 : 강할 강 / 柔 : 부드러울 유

강의 건괘(☰)는 모두 양으로 되어 있으니 실해서 강하고, 곤괘(☷)는 모두 음으로 되어 있으니 허해서 유하네요. 그래서 하늘괘인 건은 강한 것이고, 땅괘인 곤은 유한 것입니다.

比樂師憂라.
비 락 사 우

직역 비(䷇)는 즐겁고 사(䷆)는 근심스럽다.

- 樂 : 즐거울 락 / 憂 : 근심 우

강의 비(䷇)는 수지비괘를 말하고 사(䷆)는 지수사괘를 말합니다. 서괘상으로는 '지수사'가 먼저 있고 '수지비'는 뒤에 있지요.

　비괘는 땅(☷) 위로 물(☵)이 흘러 땅이 축축해져 만물이 싹터 나와요. 이것은 서로 협조하는 뜻이고, 그렇게 협조해서 새 사회를 건국하게 되는 비괘는 그야말로 즐거운 것입니다(比樂). 반면 사괘는 물(☵)이 땅(☷) 속에 고여 있네요. 그래서 이것은 물이 고이듯 사람을 모아 전쟁하러 나가는 것이고, 전쟁을 나가게 되니 사괘는 근심이 되는 것이 됩니다(師憂).

臨觀之義는 或與或求라.
림 관 지 의 　 혹 여 혹 구

직역 림(䷒)·관(䷓)의 의의는 혹 주고 혹 구한다.

- 與: 줄 여

강의 림괘는 땅(☷) 아래에 못(☱)이 있어 '군림한다'는 의미이며, 관괘는 땅(☷) 위에 바람(☴)이 있어 아래를 내려다보는 형상입니다. 두 괘 모두 양陽을 위주로 말한 것이지요.

지택림은 양(초구, 구이)이 아래로 내려와서 음에게 모두 주면서 올라가네요. 임금이 직접 백성들에게 내려가서 고난에 빠져 있는 백성들을 살 수 있도록 주는 것입니다. 그래서 '혹여或與'라고 했네요.

반면 풍지관괘는 두 양陽(상구, 구오)이 아래를 내려다보며 무엇을 주려고 했는데, 아래 네 음(육사, 육삼, 육이, 초육)이 모두 올려다보며 구하고 있네요. 그래서 '혹구或求'라고 말했습니다.

屯은 見而不失其居요 蒙은 雜而著라.
둔 　 현 이 불 실 기 거 　 몽 　 잡 이 저

직역 둔(䷂)은 나타나되 그 거처를 잃지 않으며, 몽(䷃)은 섞여 있으되

드러난다.

- 見 : 나타날 현(≒現) / 失 : 잃을 실 / 雜 : 섞일 잡 / 著 : 나타날 저

강의 둔괘는 물(☵) 아래에 우레(☳)가 있는 것으로, 땅속에서 우레가 나오려고 움직이네요. 어머니 뱃속에서 아기가 나오려 하고, 땅속에서 모든 생물이 나오려고 하니 어려울 수밖에요. '현見'이란 초구 양이 아래에 나타남을 말하는 것이고, '기거其居'란 자기가 있는 곳을 말하는 것인데 '불실기거不失其居'라고 했네요. 자신이 있어야 할 곳을 잃어서는 안 된다는 뜻인데 구오와 초구가 양이 양자리에 있으니 '불실기거'네요. 둔괘는 어렵게 세상에 나와(見) 자기의 위치를 바르게 지키는 것이지요(不失其居).

산수몽괘(☶)는 구이 양효가 선생이 되고 나머지 음효는 모두가 제자가 되며, 맨 위의 상구는 선생을 돕는 조교에 해당합니다. 몽괘는 사람이 아직 어리기 때문에 가르친다는 뜻이 들어 있습니다. 배워야 할 사람들이 섞여 있고, 배워야 할 것이 섞여 있습니다. 몽괘는 복잡한 세상에서(雜) 하나하나 그 모습을 드러내는 것입니다(著).

震은 起也요 艮은 止也라.
진   기야   간   지야

직역 진(☳)은 일어남이고, 간(☶)은 그침이다.

- 起 : 일어날 기 / 止 : 그칠 지

강의 진괘(☳)는 우레(☳)가 거듭되어 발동하는 것이고, 간괘(☶)는 산(☶)이 연속되어 후중히 그쳐 있는 상이네요. 진괘(☳)는 양이

맨 밑에 있는 것으로, 그 양陽이 땅 속에서 움직여 밖으로 나오네요.

'진震'은 초효 양이 발동하기 시작하므로 일어나는 것이고(震起也), '간艮'은 상효 양이 끝까지 올라가서 멈추기 때문에 그친다고 한 것이죠(艮止也).

損益은 盛衰之始也라.
손 익   성 쇠 지 시 야

직역 손(☴)·익(☳)은 성하고 쇠함의 시작이다.

■ 盛 : 성할 성 衰 : 쇠할 쇠

강의 사람이 사는 데 있어 남녀가 만나게 되고, 만나서 가정을 이루게 되지요. 그래서 손괘에서 아들·딸을 낳고, 익괘에서 살림이 늘면서 살아가는 것이 아니겠어요? 그래서 인생을 손익계산으로 사는데, 손할 때가 있으면 익할 때가 있고, 익할 때가 있으면 손할 때가 있는 법이지요. 그래서 손은 손해를 보다 못해 나중에 가서는 성대해지는 것이니 '손은 성하는 시작'이라고 한 것입니다.

또 '익'은 이익을 보다 못해 나중에 가서는 쇠락해지는 것이니, '익은 쇠하는 시작'이 된다는 거지요. 비록 지금은 덜어내지만 성해지는 싹이 트고, 비록 지금은 이익이지만 쇠해지는 싹이 튼다는 뜻입니다(盛衰之始).

> 大畜은 時也요 无妄은 災也라.
> 대축   시야   무망   재야

직역 대축(䷙)은 때이고, 무망(䷘)은 재앙이다.

- 時 : 때 시 / 災 : 재앙 재

강의 대축(䷙)은 산(☶) 속에 하늘(☰)이 있어요. 산은 작은 것이고 하늘은 한정없이 큰 것인데, 큰 하늘이 작은 산 속에 들어 있네요. 대축은 학문을 크게 쌓는 것인데 소년이 늙기는 쉽고 배워서 이루기는 어려운 것이니까(少年易老 學難成) 배움의 때를 놓치면 안 됩니다. 때에 맞추어 그때그때 잘 배워야 합니다. 옛날 성인들의 행실과 언행을 잘 배운다면, 비록 작은 사람이지만 하늘과 같이 큰 학문과 도덕을 쌓게 되는 것이지요. 때를 잘 이용하면서 때에 어긋나지 않고 때를 잘 타는 것입니다(大畜 時也).

무망(䷘)은 위에는 하늘이고 아래는 우레로, 하늘 전체가 움직인다는 의미를 갖고 있습니다. 하늘은 지공무사해서 사사로움이 하나도 없지요. 하지만 무망은 잘못하면 재앙이 됩니다. 사람이 본성을 잃게 되면 재앙이 되지요. '무망'은 원래 망령됨이 없는 것인데, 사람이 내내 마음을 잘 먹고 가다가 부지불식간에 뜻밖의 일이 생긴다는 뜻입니다. 처음부터 끝까지 일관되게 천성을 지킨다면 선인善人이 되고 성인聖人이 되니 재앙이 있을 수 없죠(无妄 災也).

萃는 聚而升은 不來也라.
취　취이승　불래야

직역 취(䷬)는 모이는 것이고, 승(䷭)은 오지 않는 것이다.

- 聚 : 모을 취 / 來 : 올 래

강의 취(䷬)는 위에는 못(☱)이고, 아래는 땅(☷)으로, 못 물이 모여 땅을 윤택하게 하고 있습니다. 또 취괘는 외호괘가 손하절(☴)로 나무가 되는데, 이 나무들이 곤삼절 땅 위에서 다 나오고 있네요. 그리고 내호괘가 산(☶)이 되니, 나무를 비롯한 만물이 땅과 산에서 나오는 형상이므로 모이는 뜻을 가지고 있습니다. 그래서 취괘는 모은다는 뜻입니다(萃聚).

승(䷭)은 위에는 땅(☷)이고 아래는 나무(☴)로, 나무가 땅 밑에서 뿌리를 내리고 싹이 터 나오는 형상입니다. 싹은 차츰 성장하면서 커 올라가지요. 올라간다고 해서 '승'이라고 붙인 것이고, 올라가서는 다시 내려오지 않고(不來) 열매를 맺게 되지요. 열매의 씨앗이 땅 속에 들어갔다 다시 싹터 나오는 것은 그 다음 문제입니다. 일단 나와서 큰 것은 그 위에서 다시 내려오지 않는다는 말이지요. 그래서 오지 않는다고 한 것입니다. 사람이 죽으면(昇天) 다시는 오지 못하는 것과 마찬가지죠(升不來).

| 謙은 輕而豫는 怠也라.
| 겸   경이예   태야

직역 겸(䷎)은 가볍게 하고, 예(䷏)는 게으름이다.

- 輕 : 가벼울 경 / 怠 : 게으를 태

강의 겸(䷎)은 위에 땅(☷)이 있고, 밑에 산(☶)이 있습니다. 산은 본래 땅 위에 솟아 있어야 하는데 땅 속에 있네요. 위에 있어야 할 양이 음 밑에서 겸손하고 있습니다. 자신을 낮추어 가볍게 여기고, 남을 소중하게 여기면서 겸손하고 있다는 것입니다(謙輕).

예(䷏)는 땅(☷) 위에 우레(☳)가 우르릉 하고 소리를 내며 나오는데, 옛날 성인들이 그 소리를 듣고 음악을 지었습니다. 음악을 틀어놓으면 노래가 나오고 춤이 나오니 즐거워요. 하지만 이렇게 즐거워만 하면 게을러지기가 쉽다는 것입니다(豫怠).

| 噬嗑은 食也요 賁는 无色也라.
| 서합   식야   비   무색야

직역 서합(䷔)은 먹는 것이고, 비(䷕)는 색이 없는 것이다.

- 食 : 먹을 식 / 色 : 색 색

강의 서합(䷔)은 불(☲)과 우레(☳)로 되어 있지요. 서합은 입안에 음식물이 들어 있는 형상입니다. 음식을 입에 물고 있기만 하면 불편하지 않습니까? 그래서 음식물을 씹어서 합하듯이, 이 사회에 불편을 주는 사람을 감옥에 가둬서 교도를 잘 시켜야 한다는 것이 서합괘가 가지고 있는 뜻입니다. 이렇듯 죄를 씹는 것이 바로 잘 먹는 것입니다(噬嗑食).

　비(䷕)는 산(☶) 아래에 불(☲)이 있어서 비춰주고, 또 양효 셋 음효 셋으로 잘 꾸며놓았기 때문에 '꾸밀 비賁'입니다. 꾸미는데 희게 꾸미면 허물이 없다고 했네요. 현란하게 겉보기만 좋도록 꾸미지 말고 실질적으로 깨끗하게 꾸며야 한다는 것이지요(賁无色).

兌는 見而巽은 伏也라.
　태　현이손　복야

직역 태(☱)는 나타나는 것이고, 손(☴)은 엎드리는 것이다.

- 見 : 나타날 현 / 伏 : 엎드릴 복

강의 태(☱)는 못(☱)이 중복되어 있고, 손(☴)은 바람(☴)이 중복되어 있습니다. 여기에서 '나타났다'거나 '엎드렸다'고 하는 것은 음효를 두고 말하는 것입니다. 못(☱)은 음이 맨 위에 나타나고(兌見), 바람(☴)은 음이 맨 아래에 엎드렸네요(巽伏).

隨는 无故也요 蠱則飭也라.
　수　무고야　고즉칙야

직역 수(䷐)는 연고가 없고, 고(䷑)는 경계해야 한다.

- 故 : 연고 고, 변고 고 / 飭 : 삼가할 칙, 신칙할 칙

『강의』 위에는 못(☱), 아래는 우레(☳)인 택뢰수(䷐)는 못 속에서 우레가 움직이네요. 못물이 출렁거리고 우레가 움직이며 서로 따르고 있는 것이죠. 또 장남(☳)이 발동을 하니까, 태상절(☱) 소녀가 따릅니다. 이렇게 서로 좋아서 따르니 탈이 없습니다. 서로 좋아하며 수시변역隨時變易을 잘 하여 아무런 사건 사고가 없습니다(隨无故).

고(䷑)는 산(☶) 아래에 바람(☴)이 부는 상이지요. 산 안에 바람이 들어서 단풍이 되니 나무 잎새가 병들었어요. 이와 같이 세상이 모두 부패된 것을 보고 "다시는 그렇게 부패한 사회가 오지 못하도록 해야겠다." 하고 그것을 법으로 삼는 것입니다(蠱則飭).

剝은 爛也요 復은 反也라.
박   난야   복   반야

『직역』 박(䷖)은 익어 해지는 것이고, 복(䷗)은 돌아오는 것이다.

- 爛 : 해질 란, 문드러질 란 / 反 : 돌아올 반

『강의』 양은 선한 것이고, 군자에 해당하니, 박괘의 상구는 생명의 씨앗, 핵이 되는 것입니다. 그런데 추위가 닥쳐서 깎여 떨어지고, 너무 익어 상하고, 부서지게 되므로 '란爛'이라고 했어요(剝爛也).

그런데 그 핵이 땅 속에 들어가서 썩어 없어지는 게 아니고, 다시 꿈틀거리면서 나옵니다. 그래서 '복復'이지요. 이렇듯 깎여서 쫓겨났던 양이 다시 돌아왔다고 해서 '반反'이라고 한 것입니다. 박괘에서 깎였던 선한 본성이 회복된 것이지요(復反也).

晉은 晝也요 明夷는 誅也라.
　진　　주야　명이　　주야

직역 진(☷☲)은 낮이고, 명이(☲☷)는 베는 것이다.

- 晝 : 낮 주 / 誅 : 벨 주, 책망할 주

강의 진(☷☲) 위에는 불(☲)이고 아래에는 땅(☷)으로 되어 있습니다. 밝은 태양이 땅 위로 나왔다는 것이지요. 명이(☲☷)는 위에는 땅(☷)이고 아래는 불(☲)로 되어 있어서 밝은 태양이 땅 속에 들어갔다는 의미입니다.

선정으로 주나라를 세운 무왕은 명출지상明出地上하여 밝은 '주晝'이고(晉晝也), 폭정으로 상나라를 망친 주왕은 후입우지後入于地로 베임을 당해 '주誅'네요(明夷誅也). 이것은 공자께서 나라의 흥망성쇠를 빌어 말씀하신 것으로 만고의 귀감이 됩니다.

井은 通而困은 相遇也라.
　정　　통이곤　　상우야

직역 정(☵☴)은 통하는 것이고, 곤(☱☵)은 서로 만남이다.

- 通 : 통할 통 / 遇 : 만날 우

강의 왜 '정井'은 통하는 것이 될까요? 우물을 파놓고 마을사람들 모두가 그 우물물을 마십니다. 물은 흘러서 모든 곡식을 길러주고, 나무도 꼭대기까지 물이 오르는 것이고, 사람도 수승화강水昇火降이 되어서 살아가고 있는 것이죠. 물은 본래 내려가는 성질이 있는데 위로 오르기까지 하니 모두 통하지 않은 곳이 없습니다. 그래서 정은 통하는 것이라고 했습니다(井通).

곤은 못에 물이 다 새나가 물이 없어 곤한 겁니다. 물이 없으니 물고기조차 모두 파닥거리며 죽을 지경입니다. '곤困은 서로 만난다'는 것은 '어려운 세상을 만났다'는 말도 되고, 응하는 효끼리 만나 함께 힘을 합해* 샘을 파서 곤궁함을 해결한다는 말도 되지요(困相遇也).**

---

* 곤괘의 삼효와 사효가 동하면 정괘井卦가 되므로 이 두 효에 특별한 주의가 필요하다. 마찬가지로 정괘의 삼효와 사효가 동하면 곤괘困卦가 되어 흉해진다. 정괘 괘사에서 "병을 깨서 흉하다."는 '병甁(並+瓦)'이 구삼효 '並受其福'의 '並'과 육사효 '井甃无咎'의 '甃(瓦)'로 나뉜 것도 그러한 까닭이다.
** 이상이 「잡괘전」을 64괘로 볼 때 상경에 해당하는 30괘이다. 즉 「서괘전」과 마찬가지로 乾·坤으로 시작해서 坎·離(여기서는 晉·明夷의 離와 井·困의 坎)로 매듭을 지었다.

잡괘전 하

咸은 速也요 恒은 久也라.
함 속야 항 구야

직역 함(☳)은 빠른 것이고, 항(☳)은 오래하는 것이다.

- 速 : 빠를 속 / 久 : 오랠 구

강의 함괘는 남녀가 처음 만나 합궁하면 먼저 느끼는 것이기 때문에 그 느낌은 잠깐이고(速), 남녀가 부부가 되어 가정을 이루는 항괘는 항구한 것입니다(久). 여기서부터 「잡괘전」의 하편에 해당합니다. 서괘序卦와 마찬가지로 시작은 함괘와 항괘로 하였네요.

渙은 離也요 節은 止也라.
환 리야 절 지야

직역 환(☳)은 떠나는 것이고, 절(☳)은 그치는 것이다.

- 離 : 떠날 리 止 : 그칠 지

강의 환괘(☳)는 물(☵) 위에 바람(☴)이 불어서 물이 흔들립니다. 그래서 흩어지는 것이죠. 또 환은 물 위에 배(☴)가 떠서 이곳저곳으로 떠나가는 형상입니다(渙離).

절괘(☳)는 물(☵)이 못(☱)에 고여 있는 상이네요. 물이 모자라면 머물러 그치게 하고 많이 차면 내보내고 하는 것이, 대나무가 마디마디 그치면서 조절하듯이 절도가 있는 것입니다(節止).

解는 緩也요 蹇은 難也라.
해   완야   건   난야

직역 해(䷧)는 늦추는 것이고, 건(䷦)은 어려운 것이다.

- 緩 : 느슨할 완 / 難 : 어려울 난

강의 해는 '해산', '해빙解氷', '해동解冬', '해결解決', 해원解寃 하는 모든 뜻을 담고 있습니다. 봄이 되면 춘곤증이 생기는데, 사람이 원하는 것을 얻게 되고 긴장했던 것이 풀리면 늘어지게 됩니다(解緩).

건(䷦)은 위에는 물(☵)이 있고 아래에는 산(☶)이 있네요. 산 넘어 물이요, 물건너 산입니다. 수산건은 그래서 '어려울 건', '절 건' 합니다. '건蹇' 자를 보면 발이 추위에 얼어붙었어요. 그래서 건은 어렵다는 것입니다(蹇難).

睽는 外也요 家人은 內也라.
규   외야   가인   내야

직역 규(䷥)는 바깥이고, 가인(䷤)은 안이다.

- 外 : 바깥 외 / 內 : 안내

강의 규는 현명한 불(☲)이 안을 비추지 못하고 바깥(外)에 있어서,

밖으로만 흩어지기 때문에 어긋나지요. 주역 64괘 중에서 38번째에 있어서 38°선에 비유됩니다(睽 外也).

가인은 현명한 불(☲)이 안에 있어서 집안을 환하게 다스리므로 안(內)이라고 했습니다. 여자로서 안에서 내조를 잘 하는 현모양처입니다(家人 內也).

否泰는 反其類也라.
비 태   반 기 류 야

직역 비(☷)·태(☱)는 그 부류를 반대로 함이다.

- 反 : 뒤집을 반 / 類 : 종류 류

강의 천지비(☷)괘는 소인이 득세해서 군자가 물러나는 상이고, 지천태괘는 군자가 득세해서 소인을 몰아내는 상이니, 서로 그 모인 부류가 반대가 되네요.

또 '태'는 작은 것(음)이 가고 큰 것(양)이 오고(小往大來), '비否'는 큰 것이 가고 작은 것이 오니, 양의 부류와 음의 부류가 반대입니다.(反其類).

大壯則止요 遯則退也라.
대 장 즉 지   돈 즉 퇴 야

직역 대장(☳)은 그치는 것이고, 돈(☰)은 물러가는 것이다.

■ 止 : 그칠 지 / 退 : 물러갈 퇴

강의 대장은 큰 힘을 가지고 있지만 지금은 딱 그쳐서 때를 기다리고 있습니다. 때가 되기만 하면 나가는 것이지요. 양(군자)은 이렇게 자기의 힘을 마구 쓰지 않고 때를 기다립니다. 또 대장괘에서 집짓는 것을 착안했다고 「계사전」에 말했지요. 대장으로 집을 지어놓으니 그 집이 그 자리에 딱 그쳐 있어요(大壯則止).

둔은 밑의 두 음이 올라오면서 양을 몰아낼 흉계를 꾸밉니다. 마침 소인이 기세를 올리고 군자는 물러가는 때입니다. 군자가 그걸 관망하고 물러가네요. 그래서 '도망할 둔' 자는 '숨을 둔'이라고 하는 것이죠. 소인 등쌀에 군자가 물러나 몸을 감추는 것입니다(遯則退也).

大有는 衆也요 同人은 親也라.
대유   중야   동인   친야

직역 대유(䷍)는 무리이고, 동인(䷌)은 친하는 것이다.

■ 衆 : 무리 중 / 親 : 친할 친

강의 불(☲)이 하늘(☰) 위에 있는 화천대유(䷍)는 해가 하늘에 떠서 온 천하를 비추네요. 비추지 않는 곳이 없습니다. 그러니 대중을 소유했다고 하는 겁니다(大有 衆也).

천화동인(䷌)은 하늘(☰) 아래에 불(☲)이네요. 하늘 아래에 있는 불이니, 대유같이 많은 사람을 비춰주지는 못하지만, 불빛아래 모인 사람 몇 안 되는 사람들하고는 서로 친하네요(同人 親也). 친하지 않고는 동인이 될 수 없지요. 그래서 '동인'으로 모두 친해 '대유'에서 나라를 세워 임금이 등극하는 것입니다.

革은 去故也요 鼎은 取新也라.
혁　거 고 야　정　취 신 야

직역 혁(䷰)은 옛 것을 버림이고, 정(䷱)은 새 것을 취함이다.

- 故 : 옛 고 / 新 : 새로울 신

강의 태상절(☱)은 오행으로 금이고 이허중(☲)은 불인데, 금이 불 속에서 잘 단련되어 나오는 것이 택화혁(䷰)입니다. 금은 고쳐야 쓸 수 있는 것이지요. '혁革' 자는 '가죽 혁'인데 가죽은 짐승의 표피를 부드럽게 고친 것입니다. 그래서 '가죽 혁' 자를 '고칠 혁'이라고도 하지요. 혁은 무엇이냐 하면 '물들고 더러운 옛것을 다 버린다'라는 말입니다. 옛것을 버린다는 것은 늘 개혁을 한다는 것을 말하지요(革去故也).

　화풍정괘(䷱)는 불(☲)이 위에 있고 나무(☴)가 아래에 있습니다. 나무로 불을 지펴 불이 올라가도록 해서 솥 속에 있는 음식물을 익게 하는 것이 '정鼎'이죠. 이렇게 옛것을 버린다는 것은 혁괘가 대표적인 것이고, 새롭게 한다는 것은 정괘가 대표적이라는 말이지요. 그래서 정괘와 혁괘를 놓고 뭐라고 하냐면 '정혁鼎革'이라고 하지요(鼎取新也).

小過는 過也요 中孚는 信也라.
소과   과야   중부   신야

직역 소과(䷽)는 지나친 것이고, 중부(䷼)는 믿음이다.

- 過 : 지날 과 / 信 : 믿을 신

강의 뇌산소과(䷽)는 산(☶) 위에 우레(☳)가 움직여요. 그래서 조금 지나친다고 하는 소과입니다. '과過'는 한 발 한발 조금씩 나아가는 진화적인 의미가 있으니 진전하는 것이지요(小過過也).

풍택중부(䷼)는 구오가 외괘에서 양으로 실하고, 내괘에서는 구이가 양으로써 실하니 내외괘가 모두 실하네요. 사람의 중심이 실할 때 중부가 되는 것입니다. 그런데 괘 전체로 보면 가운데(육삼, 육사)가 허하네요. 괘의 가운데가 허한 것은 믿지 못하는 것이 아니라 마음을 깨끗이 비우는 것입니다. 그래서 이렇게 마음을 비우는 '중허中虛'라는 것을 믿음의 근본이라고 합니다(中孚信也).

豐은 多故요 親寡는 旅也라.
풍   다고   친과   려야

직역 풍(䷶)은 연고가 많은 것이고, 친함이 적은 것은 려(䷷ : 나그네)다.

- 故 : 연고 고 / 寡 : 적을 과

강의 뇌화풍(䷶)은 우레(☳) 밑에 불(☲)이 있어 '풍성할 풍豐'으로 풍대하고, 문명이 고도로 발달된 것을 상징하고 있습니다. 지금 우리가 살고 있는 이 시대를 '풍豐'이라고 하죠. 이런 '풍豐'을 연고가 많다고 하셨네요. 무엇이든 많아지면 사건, 사고가 많아지기 마련입니다(豐多故).

화산려(☲)는 위에는 불(☲)이고 아래는 산(☶)으로 나그네 괘입니다. '친할 친, 적을 과'의 '친과親寡'라고 했네요. 친한 이가 적은 것이 나그네라는 것입니다. 위에 있는 불은 흩어지고, 아래의 산은 그대로 있으니 집이지요. 집 밖으로 불처럼 흩어져 돌아다니는 건 나그네입니다. 이렇게 떠돌아다니는 나그네가 친한 사람이 많을 까닭이 없지요(親寡旅也).

離는 上而坎은 下也라.
리   상이감   하야

직역 리(☲)는 올라가고, 감(☵)은 내려온다.

- 上 : 오를 상 / 下 : 내릴 하

강의 리(☲)는 불괘(☲)가 겹쳐 있는데 불은 위로 타 올라가고(離上), 감(☵)은 물괘(☵)가 겹쳐 있는데, 물은 아래로 흘러내려가지요(坎下). 또 선천팔괘도와 후천팔괘도를 놓고 보면 선천팔괘의 리괘는 건괘(☰)의 하늘자리에 올라와 있고, 선천팔괘의 감괘는 곤괘(☷)의 땅자리에 왔습니다. 결국 이허중(☲) 불은 하늘자리로 올라가게 마련이고(火就燥), 감중련(☵) 물은 땅자리로 내려오게 마련입니다(水流濕).

小畜은 寡也요 履는 不處也라.
소축 과야 리 불처야

직역 소축(☴)은 적은 것이고, 리(☱)는 거처하지 않는 것이다.

- 寡 : 적을 과 / 處 : 처할 처

강의 소축(☴)은 하늘(☰) 위에 바람(☴)이 불고 있습니다. 하늘 위에 구름이 잔뜩 끼어 있다가 바람이 불어서 흩어지는 것이지요. 구름이 흩어져 많이 쌓지를 못해서 소축입니다. 또 육사의 음 하나가 다섯 양을 쌓으려니까 '음소陰小' '쌓을 축畜'으로 소축이네요(小畜寡).
천택리(☱)는 하늘(☰) 아래에 있는 못(☱)으로, 위아래를 잘 분별하는 예절괘입니다. 사람이 바르고 질서 있게 삶을 영위하는 것을 뜻하지요. 그래서 '리履'는 가만히 있지 말고 사람이 해야 할 일을 계속하는 것이라고 했네요(履不處).

需는 不進也요 訟은 不親也라.
수 부진야 송 불친야

직역 수(☵)는 나아가지 않는 것이고, 송(☰)은 친하지 않은 것이다.

- 進 : 나아갈 진 / 親 : 친할 친

강의 수천수괘(☵)는 험한 물이 앞에 있어요. 하늘괘에 속해 있는 양들이 험한 물속에 잘못 들어가면 위험하지요. 그래서 때를 기다리고 있습니다. 자기가 성장하고 역량을 키우는 것도 기다리는 것입니다. 그러므로 때도 안 되었는데 함부로 나아가면 안 된다고 했네요

(需不進).

　천수송괘(䷅)는 하늘은 위에서 강한 것을 자랑하고, 아래는 함정을 파고 험한 것을 주장하네요. 그리고 하늘은 하늘 대로 위에 있고, 물은 물 대로 흘러가고 있으니 서로 뜻이 안 맞아 송사를 하게 됩니다. 송사를 하다 보니까 서로 싸워서 친하지 못합니다(訟不親).

大過는 顚也라.
대과　전 야

직역 대과(䷛)는 넘어지는 것이다.

- 顚 : 엎어질 전

강의 택풍대과는 기둥의 뿌리가 되는 초효와 꼭대기가 되는 상효가 음효라서 약한데, 중간은 양효 넷이 강하고 무겁네요. 그래서 본말이 약해서 넘어지기 쉽습니다.
　또 서방의 택수澤水가 범람해서 동방 손목巽木의 뿌리가 썩고 있어요. 아름다운 전통이나 윤리·도덕 등이 모두 서양의 물질문명 속에서 썩고 있어서 본말이 전도된 대과의 시대! 그래서 '대과는 거꾸러지는 것이다'라고 한 것입니다. 엎어지고 거꾸러지는 것이지요(大過顚也).

姤는 遇也니 柔遇剛也요
구　우야　유우강야

직역 구(䷫)는 만나는 것이니, 유한 것이 강한 것을 만남이고,

- 遇 : 만날 우

강의 모두가 선한 양으로만 이루어진 건괘의 초효에 음이 하나 와서 양과 음이 만난 것입니다. 구괘는 만나는 것인데, 유柔가 강剛을 찾아와서 만난 것이지요. 그래서 이 유가 강을 해칠까봐 말뚝 중에서도 쇠말뚝에다 붙들어 매서 못 다니게 하라고 했죠(柔遇剛也).

漸은 女歸니 待男行也라.
점　여귀　대 남 행 야

직역 점(䷴)은 여자가 시집감이니 남자를 기다려 가는 것이다.

- 歸 : 시집갈 귀

강의 풍산점괘(䷴)는 장녀(☴)에게 소남(☶)이 장가를 가는 것이죠. 여자는 정靜적인 것이고, 남자는 동動적인 것이니, 동적인 벌과 나비가 정적인 꽃을 찾아들듯이, 남자가 여자를 찾아가는 것이지요. 여자는 남자의 청혼을 기다렸다가 시집을 가는 것이 순서에 맞는 겁니다(女歸 待男行也).

頤는 養正也요
이   양정야

직역 이(☶☳)는 바름을 기르는 것이고,

- 養 : 기를 양 / 正 : 바를 정

강의 산뢰이(☶☳)괘는 초효와 상효가 턱이 되고, 그 사이의 음효들은 모두 이빨입니다. 입으로 음식물을 씹어서 몸을 기르니, 이頤는 기른다(양養)는 뜻이 됩니다.

사람을 기르는 데는 올바르게 기르는 것이 중요하지요(頤養正也). 그래서 입에서 내뱉는 말도 삼가야 하고, 입에 들어가는 음식물도 절제해야 한다고 했어요(愼言語 節飮食).

旣濟는 定也라.
기제   정야

직역 기제(☵☲)는 정해진 것이다.

- 定 : 정할 정

강의 수화기제는 위에는 물(☵)이고 아래는 불(☲)인데 '정定'이라고 했어요. 완전히 정해졌다는 것이지요. 64괘 중에서 음양이 모두 제자리에 있고, 모든 효가 서로 응하는 것은 기제괘뿐입니다. 또 사람으로 말하면 물기운은 올라가고 불기운은 내려가서 '수승화강水昇火降'도 되었지요. 이렇게 제자리에 있고 서로가 응하는 것은, 제 몸과 가정, 사회, 국가까지 모두가 안정된 것입니다(旣濟 定也).

歸妹는 女之終也요
귀매　여지종야

직역 귀매(䷵)는 여자의 마침이고,

- 終 : 마칠 종

강의 뇌택귀매(䷵)는 정식으로 청혼받지 않은 누이동생 처녀가 시집을 가는 것입니다. 점괘는 여자가 예식을 치르고 시집가는 괘라면, 귀매는 여자가 육례를 갖추지 않고 시집가는 것입니다. 예를 갖추든 갖추지 않든 간에 여자가 일단 시집가면 처녀시절을 마감하는 것(終)이고 그 집에서 일생을 마치는 것이기에 '귀매歸妹는 여지종女之終'이라고 했습니다.

未濟는 男之窮也라.
미제　남지궁야

직역 미제(䷿)는 남자의 궁함이다.

- 窮 : 궁할 궁

강의 화수미제(䷿)는 기제와는 달리 불은 불대로 위에 있고, 물은 물대로 아래로 흐르니까 미제가 됩니다. 또 모든 음이 양자리에 있고 모든 양이 음자리에 있으니 미제일 수밖에요.

모두 제자리를 잡지 못하고 사람으로서 옳게 행동하기가 어려워 흔들리고 방황하며 살고 있지만, 딱 한 가지 좋은 점은 음양이 응하고 있다는 것입니다. 남자와 여자가 응해서 부부가 되는 것이고, 너와 내가 응해서 하나의 집단도 꾸려지는 것이고, 그렇게 모두가 응하는 데에서 사회가 구성되고 운영되는 것이지요.

문제는 모든 양효가 음자리에 있는 것입니다. 이걸 보고 '미제는 남자(양)가 궁한 것이다'라고 한 것입니다(男之窮也).

夬는 決也라 剛決柔也니 君子道長이요 小人道憂也라.
쾌   결야   강결유야   군자도장   소인도우야

직역 쾌(䷪)는 척결하는 것이다. 강한 것이 부드러운 것을 척결함이니, 군자의 도는 자라고 소인의 도는 근심스러운 것이다.

- 決 : 결단할 결 / 長 : 길 장 / 憂 : 근심 우

강의 택천쾌괘(䷪)는 위에는 태상절(☱) 못이고 아래는 건삼련(☰)의 하늘이지요. 음으로 다 차있는 중지곤괘(䷁)에서 양이 하나씩 자라서 이제 마지막 상육효만 양효로 바꾸면 됩니다. 상육만 척결하면 중천건(☰)이 되니까요. 이 상육 소인은 이제 목숨이 경각에 달렸습니다. 그래서 소인은 근심이 되고 있습니다. 그래서 소인의 시대가 가고(小人道憂) 군자의 시대가 오네요(君子道長).

공자께서 주역 「서괘전」을 마무리 하면서 '언제나 주역은 미제다'라는 뜻으로 미제괘로 마치셨습니다. 미제괘 다음에는 중천건괘가 되지요.

그리고 「잡괘전」으로 십익을 맺으면서 다시 중천건괘가 되는 것으로 끝냈습니다. 그러니까 「서괘전」에서는 괘서로 볼 때 다시 중천건괘로 시작하는 것이고, 「잡괘전」에서는 택천쾌괘의 상효를 몰아냄으

로써 다시 중천건괘가 되는 것이지요.

하늘에서 만물이 나왔으니 다시 하늘로 돌아가는 겁니다. 그러므로 주역을 오늘 「잡괘전」까지 다 배웠다고 해서 그만 두는 것이 아니라, 중천건괘부터 다시 시작해야 하는 것입니다.

총설

이 「잡괘전」을 공자께서 참으로 체계 있게 해놓으셨어요. 건·곤에서 시작해서 30괘로 놓은 것은 주역 상경과 같고, 함·항괘로 시작해서 34괘를 놓은 것은 주역 하경과 같지요. 그러면서도 상경에 있는 괘들 속에 하경에 있는 12괘를 놓고, 하경에 있는 괘들 속에 상경 12괘를 놓았지요(544~545쪽 도표 참조).

주역은 수시변역隨時變易이니까, 때에 대한 것을 공자께서 많이 말씀하셨어요. 때가 중요하기 때문에, 주역 「단전」에서도 때에 대한 괘로 12괘를 말했습니다. 그리고 「계사전」을 상전 12장, 하전 12장으로 12장씩 해놓았지요. 하루는 12시이고, 1년이 12달이니 때로 말하면 12가 중요하죠. 그래서 「잡괘전」에다 상경과 하경을 섞어놓은 것인데 각각 12괘씩 놓은 것입니다. 본체적인 학문이고 도덕적인 철학서로서의 주역을 성인들이 얼마나 잘해 놓으셨는지 알 수 있지 않겠습니까?

■ 잡괘전 원문과 서괘전 비교

잡괘전	순서	괘	원문	두괘의 관계	서괘 순서
상전	1	건 곤	乾剛坤柔	배합	
	2	비 사	比樂師憂	도전	
	3	림 관	臨觀之義 或與或求	도전	
	4	둔 몽	屯見而不失其居 蒙雜而著	도전	
	5	진 간	震起也 艮止也	도전	하경
	6	손 익	損益 盛衰之始也	도전	하경
	7	대축 무망	大畜時也 无妄災也	도전	
	8	취 승	萃聚而 升不來也	도전	하경
	9	겸 예	謙輕而 豫怠也	도전	
	10	서합 비	噬嗑食也 賁无色也	도전	
	11	태 손	兌見而巽伏也	도전	하경
	12	수 고	隨无故也 蠱則飭也	도전	
	13	박 복	剝爛也 復反也	도전	
	14	진 명이	晉晝也 明夷誅也	도전	하경
	15	정 곤	井通而 困相遇也	도전	하경

	1	함 항	咸速也 恒久也	도전	
	2	환 절	渙離也 節止也	도전	
	3	해 건	解緩也 蹇難也	도전	
	4	규 가인	睽外也 家人內也	도전	
	5	비 태	否泰 反其類也	도전	상경
하전	6	대장 돈	大壯則止 遯則退也	도전	
	7	대유 동인	大有衆也 同人親也	도전	상경
	8	혁 정	革去故也 鼎取新也	도전	
	9	소과 중부	小過過也 中孚信也	배합	
	10	풍 려	豐多故 親寡旅也	도전	
	11	리 감	離上而 坎下也	배합	상경

12	소축 리	小畜寡也 履不處也	도전	상경
13	수 송	需不進也 訟不親也	도전	상경
14	대과	大過顚也		상경
15	구	姤遇也 柔遇剛也		
16	점	漸女歸 待男行也		
17	이	頤養正也		상경
18	기제	旣濟定也		
19	귀매	歸妹女之終也		
20	미제	未濟男之窮也		
21	쾌	夬決也 剛決柔也 君子道長 小人道憂也		

대산주역강의

주역에 관련된 그림들

01 하도 河圖

하수에서 하도를 지니고 나온 용마龍馬

하도 우주대자연의 움직임을 가장 잘 표현한 것이 다름 아닌 하도河圖이다. 하도는 복희씨가 천하를 다스릴 때에 머리는 용龍이고 몸은 말의 형상을 한 신비로운 짐승이 하수河水에서 출현하였는데, 그 등에 있는 55개의 점이 천지창조와 만물생성의 이치를 담고 있었다고 하는 신비한 그림이다.(계사상전 9장 참조)

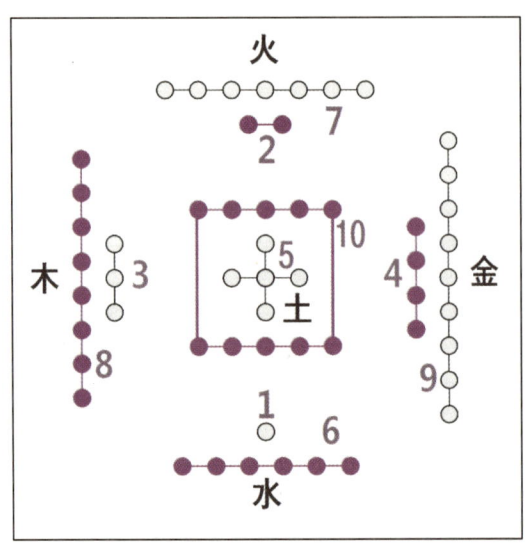

하도 앞 장의 용마하도를 보다 구체적으로 수리화한 도면이다. 흰색의 홀수로 된 ○은 양을 의미하고, 검은색으로 된 짝수의 ○은 음을 의미한다. 1, 2, 3, 4, 5는 오행의 씨알이 되는 수라고 해서 생수라 하고, 여기에 5씩 더해서 이루어진 6, 7, 8, 9, 10은 오행의 형상과 성질을 완성한 수라고 해서 성수라고 한다.

즉 1과 6은 수水오행, 2와 7은 화火오행, 3과 8은 목木오행, 4와 9는 금金오행, 5와 10은 토土오행을 이룬다. 이렇게 하도는 우주 전체의 음양을 55로 표시하여 양과 음을 각기 25:30으로 나누고, 오행의 생성을 표시하며, 좌선하면서 오행이 상생하는 것(수생목→ 목생화→ 화생토→ 토생금→ 금생수)을 나타낸다.

02 낙서 洛書

낙수에서 낙서를 지니고 나온 신귀神龜

낙서 하우씨夏禹氏가 순舜임금의 명을 받아 9년 동안 치수治水할 당시에 신령스런 거북이가 낙수洛水(황하의 지류)에서 출현하였으며, 그 등에 나타난 45개 점의 무늬에서 신묘한 이치를 깨달아 치수사업에 성공하였다고 전한다. '서書'라고 표현한 것은 문자가 없었던 복희씨 때 그림으로 표현한 「하도」와는 달리, 문자를 사용하던 시대였기 때문에 「낙서」라고 이름한 것이다(계사하전 7장 참조).

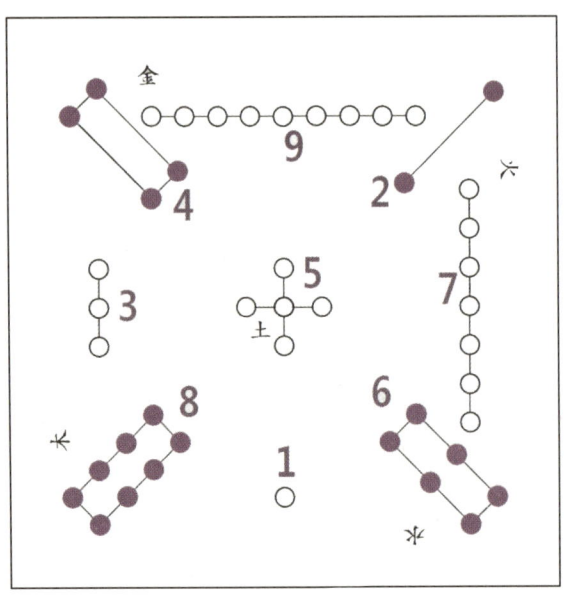

낙서 2 앞 장의 신귀낙서를 보다 구체적으로 수리화한 도면이다. 낙서의 수는 하도의 수 55에서 10수를 뺀 45수로 되어 있어서, 양과 음의 비율이 25:20이다. 이 10수를 어머니의 자궁수라고 해서, 하도는 자궁 안에 있는 선천을 나타내고, 낙서는 자궁 밖으로 출생한 후천의 수라고도 한다.

1, 3, 5, 7, 9의 홀수는 동서남북으로 '十' 자를 그리며 기준을 잡고, 그 사이에 2, 4, 6, 8의 음수가 보조하는 형상을 이루었는데, 가로, 세로, 대각선으로 모두 15수를 이루며 균형을 이루고 있다.

하도와는 금과 화의 오행이 서로 자리를 바꾼 상태이므로, 금화교역金火交易이 되었다고 하고, 그 때문에 낙서는 우선하며 오행이 상극하는 것(수극화→ 화극금→ 금극목→ 목극토→ 토극수)을 나타낸다.

03 하락총백도 河洛總百圖

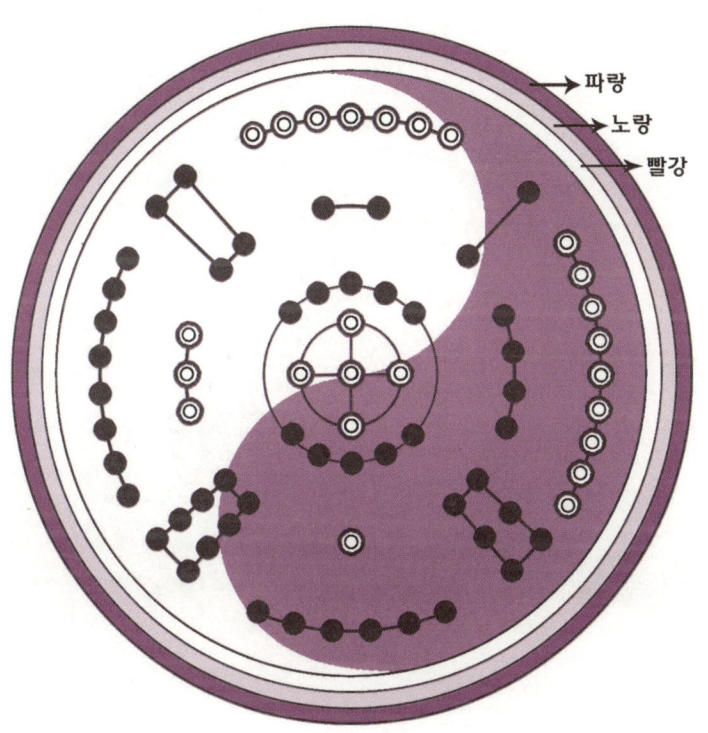

하락총백도 선천하도의 55수와, 후천낙서의 45구를 합하면 모두 100이 된다. 하도는 오행이 상생하는 선천 원리의 바탕이며, 낙서는 오행이 상극하는 후천 작용의 근본이 되니, 만물의 상극묘용은 하락의 총수인 100에 뿌리를 둔다. 한편 100을 둘로 나누어 평균한 50은 만물을 낳는 대연수(모체)로서, 태극으로부터 괘효가 나오는 모든 과정(설시)의 근본수가 된다. 하락총백도의 바깥의 세 원(빨강,파랑,노랑)은 야산선생이 추가로 넣은 것이다.

04 태극하도 太極河圖

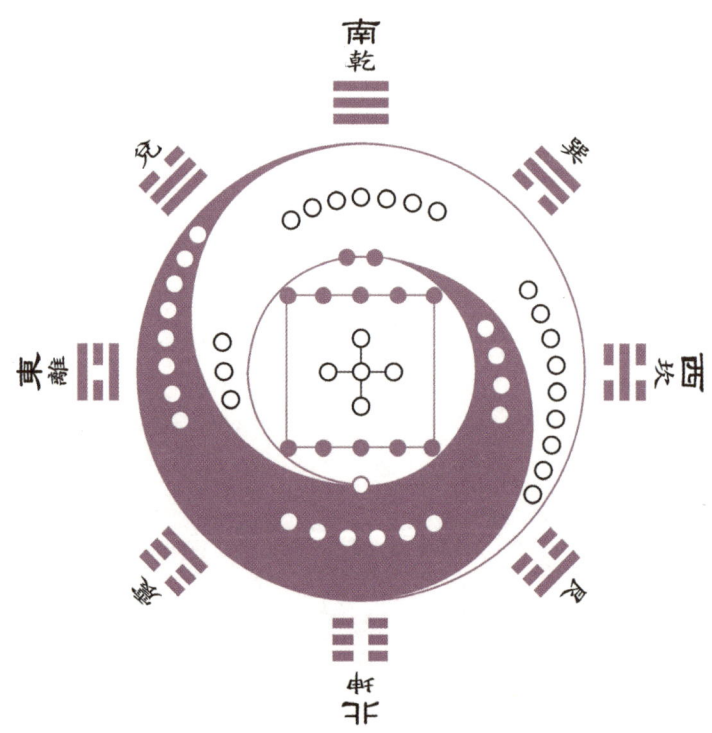

태극하도 하도는 본체를 의미하므로 낙서와는 달리 8괘를 생성하는 원리가 담겨있다. 1·3·5·7·9는 양이 팽창하는 것이고, 10·8·6·4·2는 음이 응축하는 모습을 표상한다. 이러한 태극운동 속에 저절로 팔괘가 형상되는 형상을 표현하고 있다.

05 득상붕도 得喪朋圖

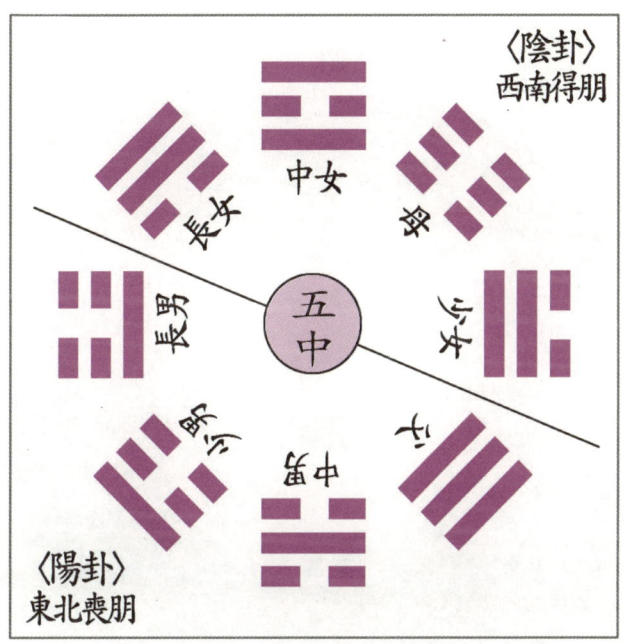

득상붕도 서남은 母(☷)를 비롯해서 장녀(☴)·중녀(☲)·소녀(☱)의 여자괘들이 모여 있어서, 시집가기 전에 벗끼리 친하게 지내는 득붕得朋의 상이다.

반면에 동북은 父(☰)를 비롯해서 장남(☳)·중남(☵)·소남(☶)의 남자괘들이 자리하고 있다. 그러므로 여자괘가 동북으로 오면 자기와 동류인 여자 친구를 잃은 상붕喪朋의 상이 된다.

동북으로 가면 친구를 잃어서 아쉽기는 하지만, 남편과 사귀며 혼인을 해서 새로운 가정을 이루며 자식을 낳고 사는 경사가 있게 된다(중지곤괘重地坤卦 괘사와 단전 참조).

06 건구오변도 乾九五變圖

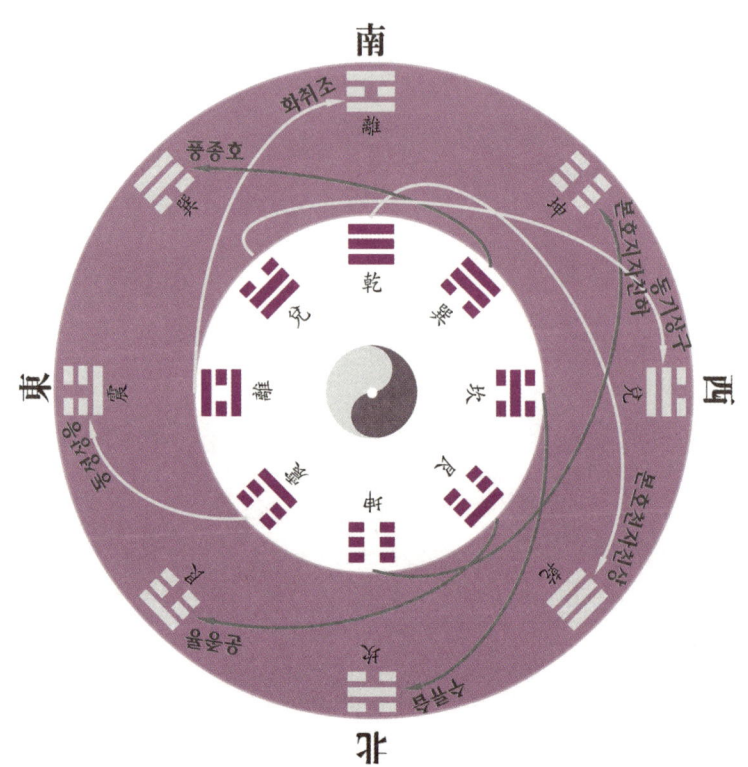

건구오도 선천팔괘가 후천팔괘로 바뀌는 이치이다. 공자가 건문언전 구오에 전한 내용을 야산선사가 독창적으로 부연 설명한 것이다. (중천건괘重天乾卦 문언전 구오 참조)

07 후천팔괘 방위도

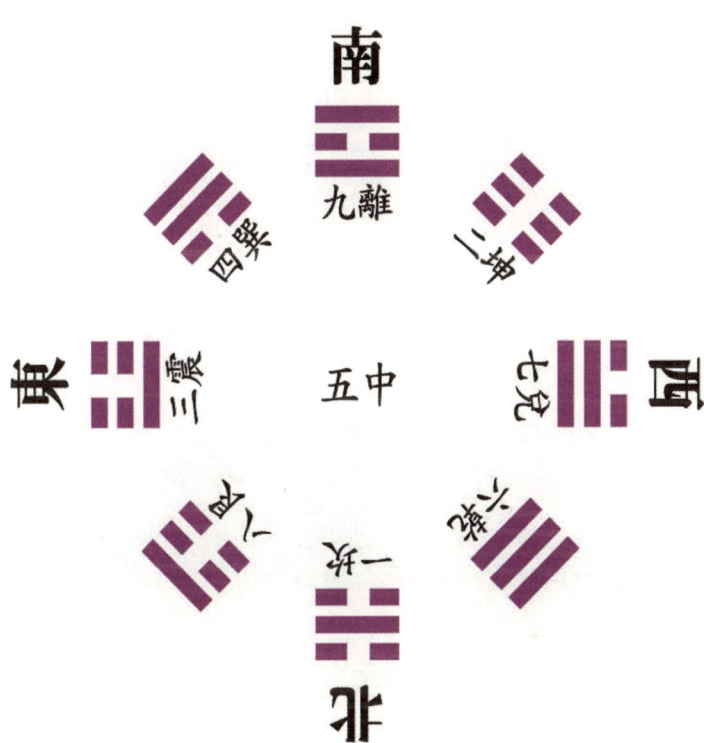

후천팔괘 방위도 선천팔괘방위도는 태극에서 8괘가 나온 순서로 이루어져서, 그 근본인 태극의 형상을 이루며 방위에 배치되었다. 반면에 후천팔괘방위도의 팔괘는 유유상종하며 각기 자신에게 편리한 곳으로 자리를 옮겨갔기 때문에, 실질적인 방위를 쓸 때는 후천팔괘 방위를 쓴다(건구오변도, 설괘전 5장 등 참조).

08 제출호진도

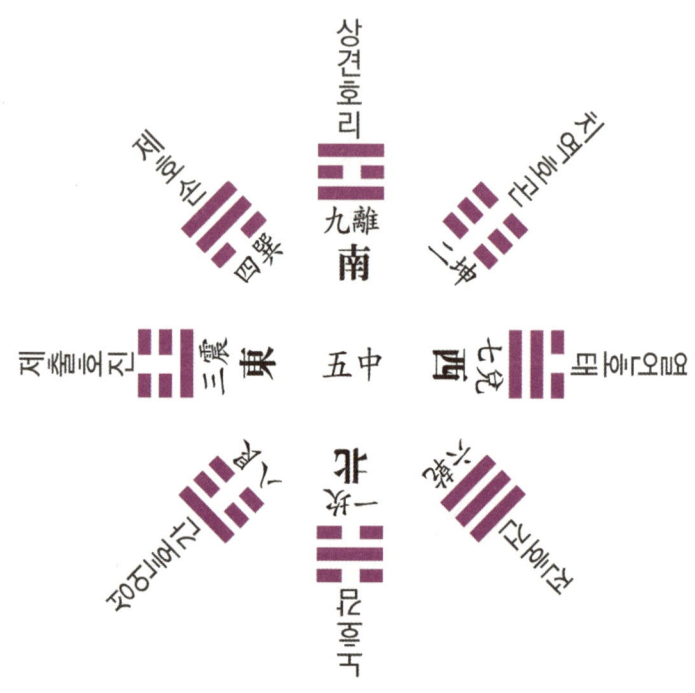

제출호진도 제帝가 동방에서 나와 좌선하며 각 방위를 돌다가 간방(동북방)에서 매듭을 짓고, 다시 또 시작해서 운행하는 것을 설명한 그림이다(설괘전 5장 참조). 설괘전의 이 내용에 의해서 팔괘의 방위와 시간을 알 수 있게 되었다. 예를 들어 '제호손齊乎巽'을 하는 주체인 손괘(☴)의 방위는 동남방이고, 시간은 진辰·사巳 연월일시에 해당한다. 또 그 역할은 만물을 가지런하게 길러주고 북돋아주는 것이다.

09 진단구변도 震檀九變圖

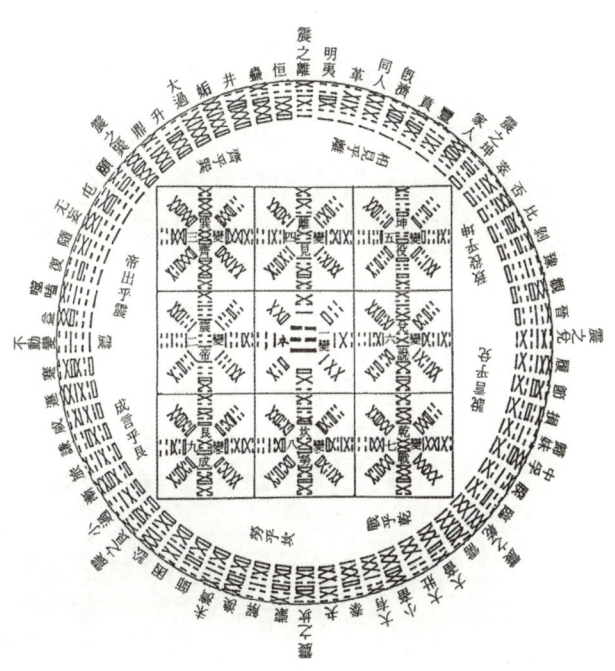

진단구변도 설괘전 5장의 "帝出乎震하야 齊乎巽하고 相見乎離하고 致役乎坤하고 說言乎兌하고 戰乎乾하고 勞乎坎하고 成言乎艮하니라."의 변화가 구궁중 중궁(오중)이고, 이를 대성괘로 발전시킨 것이 9궁이며, 이를 둥글게 배당시킨 것이 밖의 64괘 원도이다. 안의 구궁에서 5중을 살펴보면, 진(☳)이 황극으로 자리하고, 이어 동방으로 나아간 후 차례로 변하여 후천팔괘의 순서대로 8괘를 이룸을 나타냈다. 즉 진이 동방으로부터 나아가 아홉 번 변하여 64괘로 상징되는 만물을 생성하는 동시에 다스리는 주체가 됨을 뜻한다. 밖의 원도는 8궁에서 이루어진 대성괘를 사진궁의 여덟 괘로부터 배열하고, 나머지 8궁의 괘를 차례로 배열한 것이다.

10 복희64괘방원도 伏羲64卦方圓圖

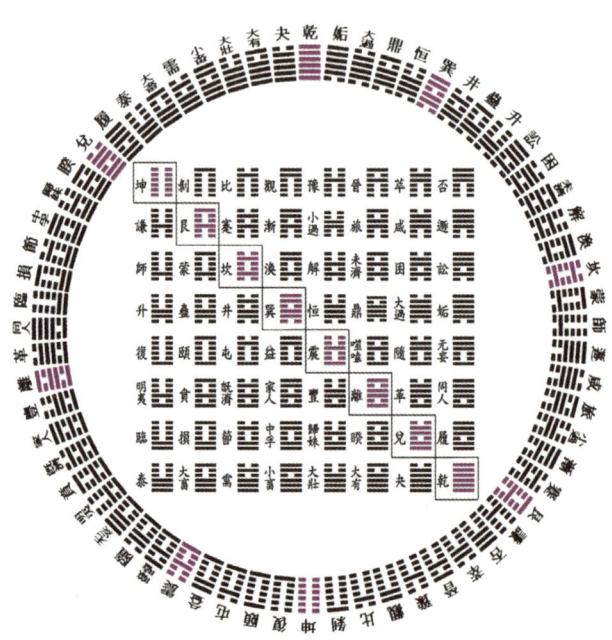

복희64괘방원도 복희씨의 64괘가 전개되는 과정은 一生二法에 의하여, 태극으로부터 양의·사상·팔괘로 삼변하여 이루어진 복희팔괘를, 일정팔회법에 의해 거듭함으로써 완성된다. 밖의 원도는 상하(남북)의 정점에 乾·坤을 놓아 체를 세우고, 復으로부터 乾까지 좌측은 양이 자라는 것을, 姤로부터 坤까지 우측은 음이 자라는 음양의 소장원리로 괘가 놓였으며 서로 마주보는 괘끼리 배합관계로 이루어졌다. 안의 방도는 서북과 동남에 각기 乾과 坤을 놓고 중간에 復과 姤를 놓아 역시 음양이 소장하는 원리를 밝혔다.

하늘은 둥글고 동적이며 땅은 모나고 정적이므로, 원도는 하늘을 방도는 땅을 상징한다.

11 일정팔회도 －貞八悔圖

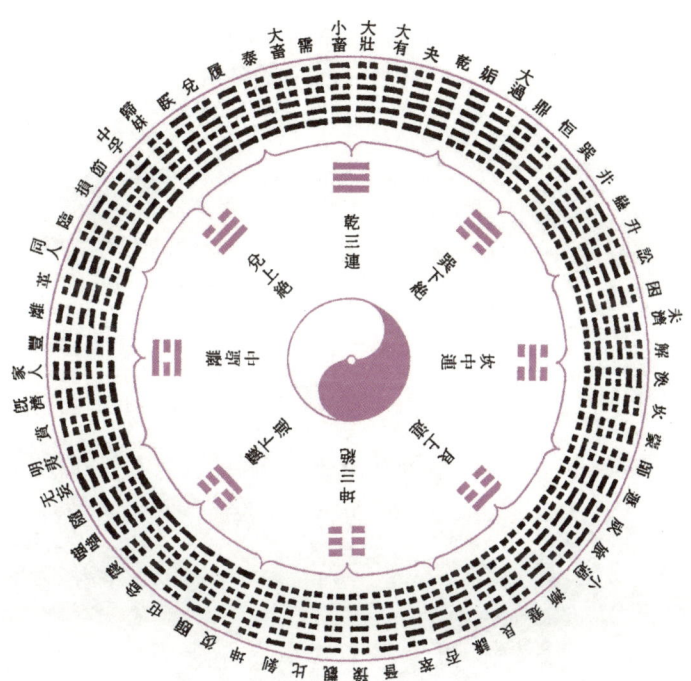

일정팔회도 복희 64괘의 생성원리이자, 대성괘의 생성원리이다. 위의 그림과 같이 건(☰)을 밑에 두고 8괘를 차례로 배열하면, 乾·夬·大壯·小畜·需·大畜·泰의 여덟괘가 나오고, 태(☱)를 밑에 두고 8괘를 차례로 배열하면 履·兌·睽·歸妹·中孚·節·損·臨의 여덟괘가 나온다.

이러한 방법으로 여덟번 반복하여 64괘를 얻는 방법을 일정팔회라고 한다. 즉 기본이 되는 아랫괘는 그대로 있고(一貞), 위에만 여덟번을 바꾸어(八悔) 64괘(8×8=64)를 이루는 것이다.

12 36궁도 36宮圖

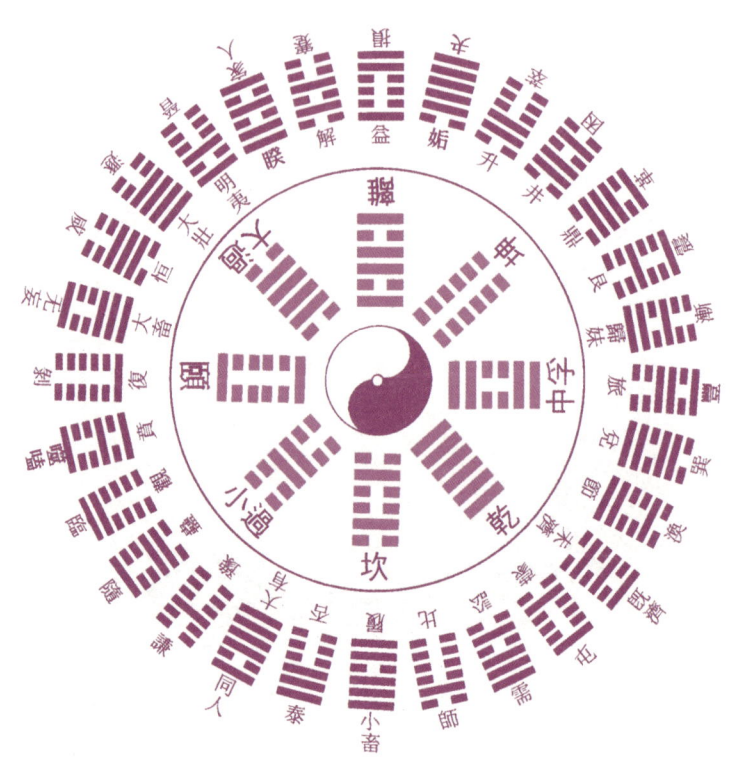

36궁도 64괘는 모두 8개의 부도전괘(乾·坤·頤·大過·坎·離·中孚·小過)와 28개의 도전괘(56괘는 두 괘씩 서로 도전관계이므로, 실제로는 28괘이다)로 표현할 수 있다. 위의 그림은 문왕팔괘방위에 의해 부도전괘를 배열하고(부도전괘의 내괘가 문왕팔괘방위와 합치됨), 밖으로 주역의 순서에 따라 28개의 도전괘를 베풀어 놓았다. 이는 북극성을 중심으로 28宿가 자리하고, 이를 七政이 운행하는 상이다.

13 호괘원도 互卦圓圖

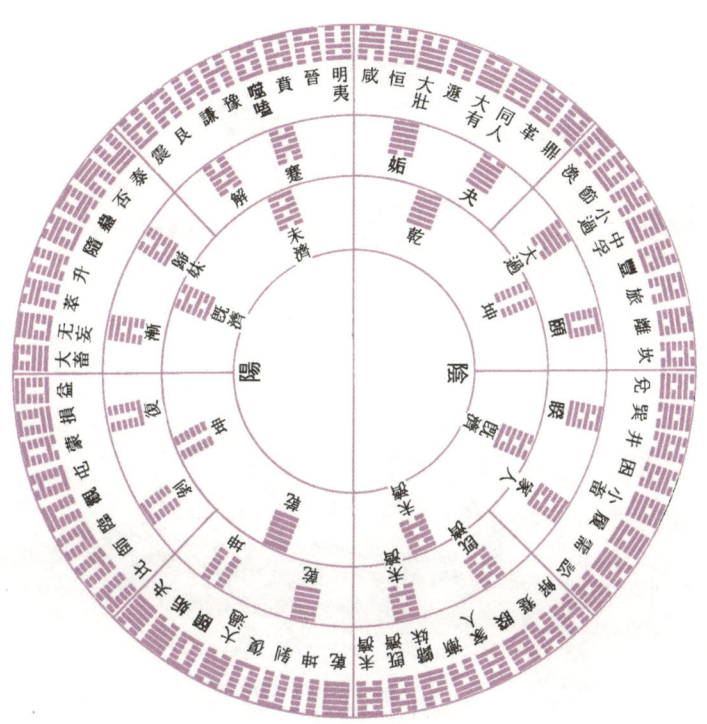

호괘원도 여섯효로 이루어진 괘에서 이·삼·사·오효를 중간에 있다고 해서 中爻라고 하는데, 이 중효가 괘의 성격을 좌우한다. 64괘에서 중효로 이루어지는 호괘는 16괘이며, 이 16괘는 다시 건·곤·기제·미제의 4괘로 귀결된다. 이는 64괘의 본체가 四象이라는 것을 의미하는 말로, 노양(⚏)을 세번 반복하면 건(䷀)이 되고, 노음(⚎)을 세번 반복하면 곤(䷁)이 되며, 소음(⚍)을 세번 반복하면 기제(䷾)이고, 소양(⚌)을 세번 반복하면 미제(䷿)가 된다.

14 24절기방위도 24節氣方位圖

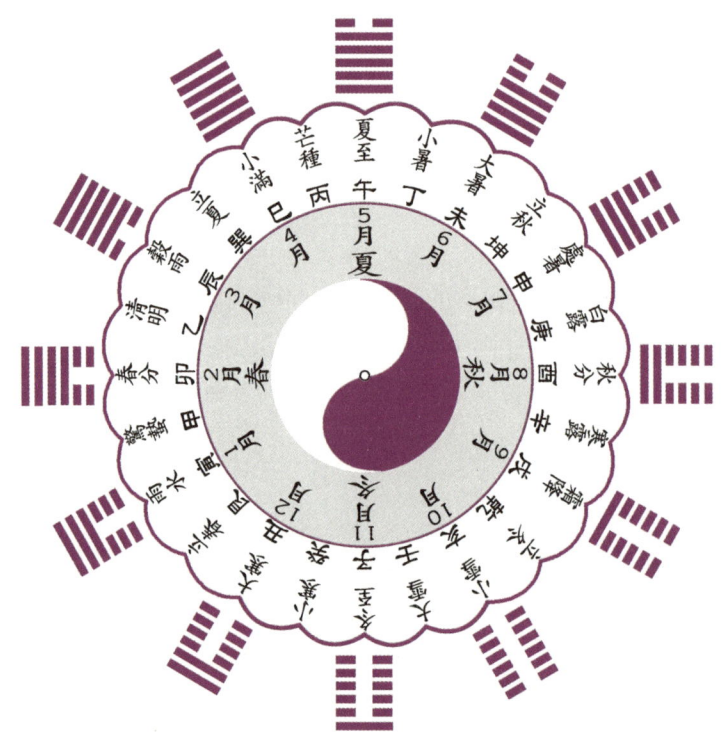

24절기방위도 위의 그림은 24방위에 1년의 24절기 및 12월, 그리고 12월괘를 배당한 것이다. 복괘(☷☳)는 양이 처음 나오는 때이므로 子月(음 11월)이며, 절기로는 동지에 해당한다. 임괘(☷☱)는 양이 조금 더 자란 때이므로 丑月(음 12월)이며 절기로는 대한이다. 이하 나머지 괘도 같은 방법으로 본다. 방위를 24방위로 세분할 때는, 12지지와 10간(戊己는 제외), 그리고 문왕팔괘방위상의 乾·坤·巽·艮을 사용한다. ※ 예를 들어 복괘는 子方(북방)이고, 巽方은 동남방이다.

15 십이벽괘 변도 十二辟卦 變圖

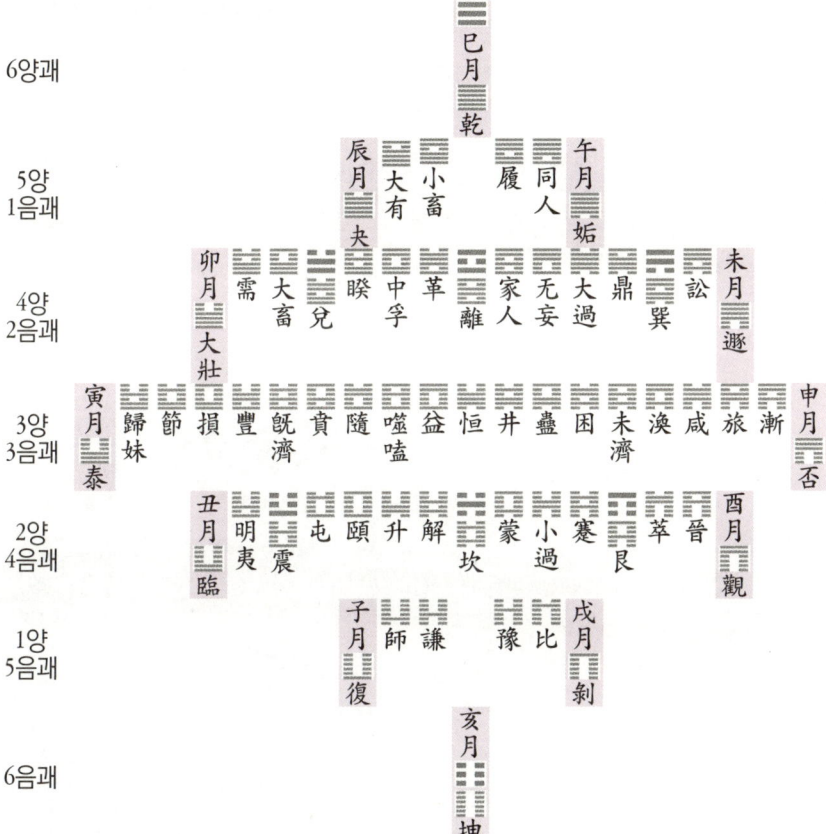

십이벽괘 변도 자월괘(☷)부터 좌선하면서 축월(☷)·인월(☷)·묘월(☷)·진월괘(☷)로 올라가면서 양이 하나씩 발달하여 드디어 사월괘(☰)에 6양괘가 된다. 또 오월괘(☰)부터 오른쪽으로 미월(☰)·신월(☰)·유월(☰)·술월괘(☰)로 내려오며 해월괘(☷)에서 6음괘가 된다. 이들 열두 괘는 임금괘라 하여 벽괘辟卦라 불리우며, 같은 가로 줄에 있는 괘들(양효와 음효의 수가 같음)을 거느린다.

16 팔궁 괘차도

상하가 같은 팔괘로 되어 있는 순괘(순수한 괘)에서 시작해서 1세괘는 초효를 변화시키고, 2세괘는 2효, 3세괘는 3효, 4세괘는 4효, 5세괘는 5효를 변화시킨다. 상효마저 변화시키면 괘의 성격이 사라지므로, 유혼괘는 4효를 변화시키고, 귀혼괘는 하괘를 본궁괘로 회복시킨다. ○ 안의 숫자는 괘가 속한 월을 표시한 것이다. 이렇게 괘가 변화한 것이므로, 64괘의 오행과 팔괘 소속을 알 수 있다. 예를 들어 건궁의 1세괘인 구괘姤卦는 건궁에 속했으므로 오행으로는 금이고, 월로는 5월괘이다.

本宮	八純卦	一世 1변	二世 2변	三世 3변	四世 4변	五世 5변	遊魂 6변	歸魂 7변
건궁(금)	乾④	姤⑤	遯⑥	否⑦	觀⑧	剝⑨	晉②	大有①
태궁(금)	兌⑩	困⑤	萃⑥	咸①	蹇⑧	謙⑨	小過②	歸妹⑦
리궁(화)	離④	旅⑤	鼎⑫	未濟⑦	蒙⑧	渙③	訟②	同人①
진궁(목)	震⑩	豫⑤	解⑫	恒①	升⑧	井③	大過②	隨⑦
손궁(목)	巽④	小畜⑪	家人⑥	益⑦	无妄②	噬嗑⑨	頤⑧	蠱①
감궁(수)	坎⑩	節⑪	屯⑥	旣濟①	革②	豐⑨	明夷⑧	師⑦
간궁(토)	艮④	賁⑪	大畜⑫	損⑦	睽②	履③	中孚⑧	漸①
곤궁(토)	坤⑩	復⑪	臨⑫	泰①	大壯②	夬③	需⑧	比⑦

주역에 관련된 그림들

17 황극경세해도 皇極經世解圖

乾 ☰						離 ☲					
夬	大有	小畜	履	同人	姤	豐	同人	賁	噬嗑	大有	旅
巳會			辰會			卯會		寅會		丑會	子會
쾌대대소수 유장축		대태리태규 축		귀중절손임 매부		동혁풍가기 인 인제		비명무수서 이망 합		진익둔이복	
망종	소만	입하	곡우	청명	춘분	경칩	우수	입춘	대한	소한	동지

坤 ☷						坎 ☵					
剝	比	豫	謙	師	復	渙	師	困	井	比	節
亥會		戌會		酉會		申會		未會			午會
박비관예진		취비겸간건		점소려함돈 과		사몽환해미 제		곤송승고정		손항정대구 과	
대설	소설	입동	상강	한로	추분	백로	처서	입추	대서	소서	하지

황극경세해도 소강절의 「황극경세」에 나오는 내용으로 선천 64괘 차서에 의거하여 황극이 선천을 경영하는 도를 밝힌 것이다. 경세도의 건·곤·감·리는 체괘로써 4시·24절기를 대표하고, 나머지 60괘(360효)는 용괘로서 1년 주천 상수 360을 나타낸다. 1년·12개월·360일·4320시를 크게 보면 1원·12회·360운·4320세의 주기가 이루어진다. ※ 소강절의 경세년표에서 역사 서술상의 출발점(기준)은 요임금 등극년도(B.C.2357 갑진)이며, 경세원괘상으로는 사회의 마지막 쾌괘 건운의 소축지대축에 해당한다.(수뢰둔괘와 택풍대과괘 참조)

18 선후천 분해도 先後天 分解圖〈1년〉

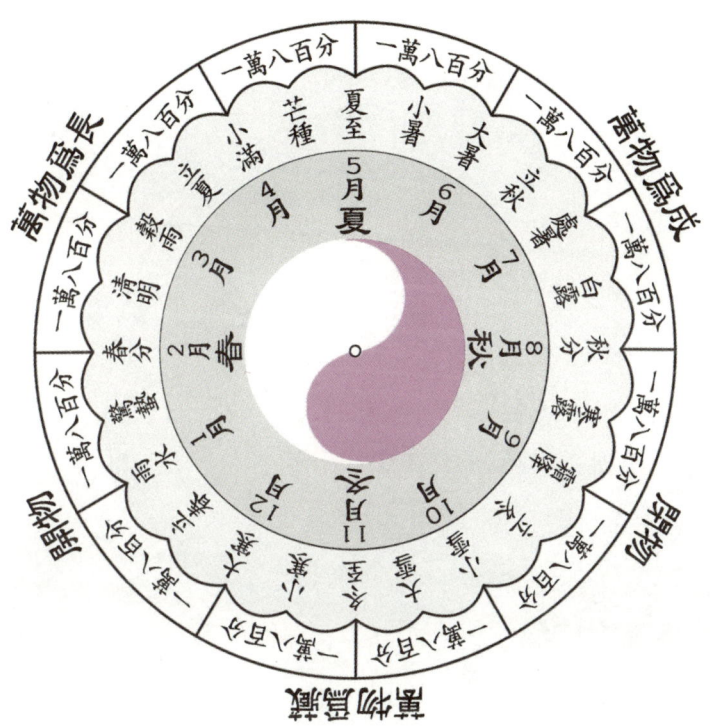

선후천 분해도 1년의 24절기를 선천과 후천으로 나누면, 하나의 양이 생겨나는 동지에서 하지까지가 선천, 하나의 음이 생겨나는 하지에서 동지까지가 후천이 된다. 이는 천도에 기준한 것이며, 만물의 생성 소멸하는 주기로 보면 우수 이후 하지까지가 만물이 생장하는 선천, 하지 이후 상강까지가 만물이 성숙하는 후천, 상강으로부터 우수에 이르기까지가 만물이 폐장하는 휴지기가 되니, 천도는 이분하고 인사는 삼분하여 선후천을 구분하는 것이다(삼천양지의 원리).

19 선후천 분해도 先後天 分解圖〈1원〉

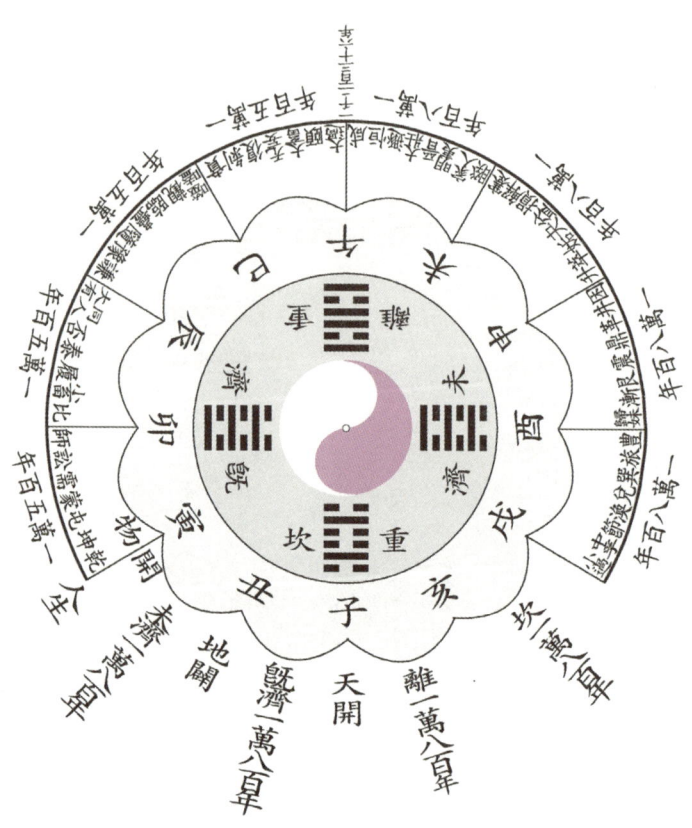

선후천 분해도 앞의 그림과 마찬가지로 천도에 있어서는 자회반에서 오회반까지가 선천(6회 64,800년), 오회반에서 자회반까지가 후천(6회 64,800년)이 되며, 이를 합한 129,600년이 1원이 된다.

이를 인사에 기준하여 살피면 인회반에서 오회반까지가 선천(4회 43,200년), 오회반에서 술회반까지가 후천(4회 43,200년), 술회반으로부터 인회반까지가 휴지기가(4회 43,200년)가 된다.

20 중천감리 1200기도 中天坎離一天二百紀圖

중천감리 1200기도 선천에서 모자라는 1,200년을 선후천의 과도기인 중천으로 처리하여 공제한다. 주역의 한 괘를 1세(30년)로 보면, 40번째인 해괘解卦는 40세(1,200년)에 해당하니, 해괘 상효에서 선천에서 맺힌 것을 푸는 것이다. 손괘(41번째 괘) 육오 효사와 이를 도전한 익괘(42번째 괘) 육이 효사의 내용에 "혹익지 십붕지"라 하였으니, 공자께서 춘추인필春秋麟筆 하신 다음해로부터 2,420년 뒤인 단기 4,273년(경진)에 해당한다. (산택손괘와 풍뢰익괘 참조)

21 경원력 원도 庚元歷 原圖

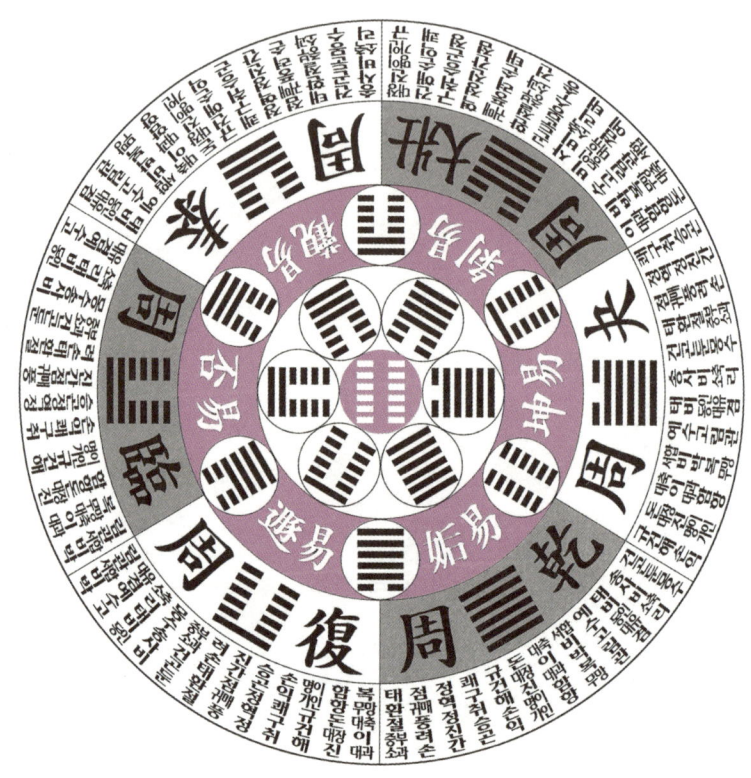

경원력 원도 야산선사는 선후천이 바뀌는 때를 맞이하여, 혁괘 대상에 '치력명시'라 이른대로 새로운 후천역법으로써 「경원력」을 창제하였다. 1년이 1紀, 12개월이 6周, 360일이 360易이 되고, 나머지 5와 1/4일이 천공도수가 된다. 6주(360역)는 건도가 주재하고, 천공역(5와 1/4易)은 곤도가 주관하며, 매 4년마다(신·자·진해) 현행양력의 윤일에 해당하는 「天空坤易」이 이루어져 1년이 366역이 된다. (산풍고괘山風蠱卦와 중풍손괘重風巽卦 참조)

22 홍범구주도 洪範九疇圖

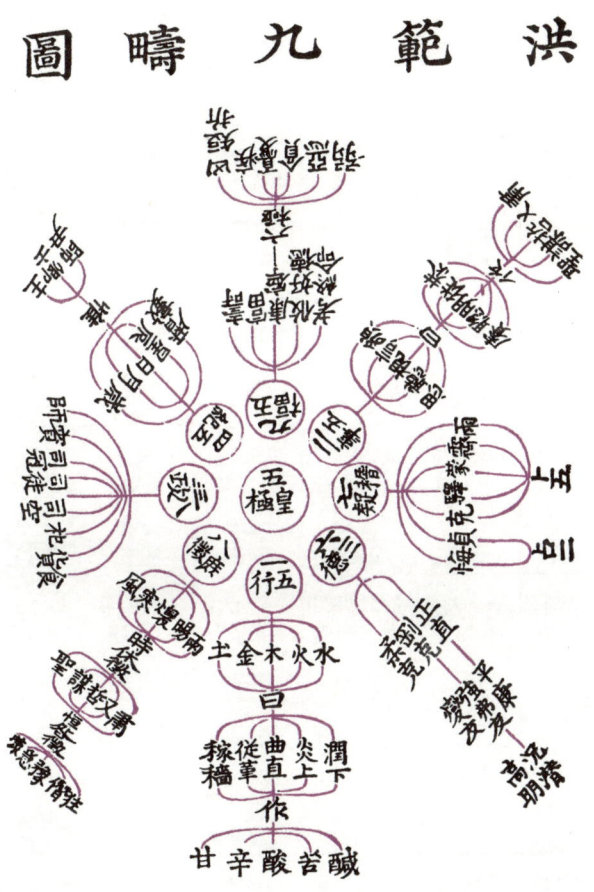

홍범구주도 은나라의 기자가 주나라의 무왕에게 전한 「홍범구주」는, 천하를 다스리는 정치대법으로 아홉 가지 범주로써 나누어져 있다. 다섯 번째 황극이 중심이 되어 대중지정大中至正한 법도로써 천하를 다스림을 강조하고 있으며, 이는 낙서구궁이치에 근거한 것이다.

23 주역 64괘표도

1. 중천건 重天乾	2. 중지곤 重地坤	3. 수뢰둔 水雷屯	4. 산수몽 山水蒙	5. 수천수 水天需	6. 천수송 天水訟	7. 지수사 地水師	8. 수지비 水地比
9. 풍천소축 風天小畜	10. 천택리 天澤履	11. 지천태 地天泰	12. 천지비 天地否	13. 천화동인 天火同人	14. 화천대유 火天大有	15. 지산겸 地山謙	16. 뇌지예 雷地豫
17. 택뢰수 澤雷隨	18. 산풍고 山風蠱	19. 지택림 地澤臨	20. 풍지관 風地觀	21. 화뢰서합 火雷噬嗑	22. 산화비 山火賁	23. 산지박 山地剝	24. 지뢰복 地雷復
25. 천뢰무망 天雷无妄	26. 산천대축 山天大畜	27. 산뢰이 山雷頤	28. 택풍대과 澤風大過	29. 중수감 重水坎	30. 중화리 重火離	31. 택산함 澤山咸	32. 뇌풍항 雷風恒
33. 천산돈 天山遯	34. 뇌천대장 雷天大壯	35. 화지진 火地晉	36. 지화명이 地火明夷	37. 풍화가인 風火家人	38. 화택규 火澤睽	39. 수산건 水山蹇	40. 뇌수해 雷水解
41. 산택손 山澤損	42. 풍뢰익 風雷益	43. 택천쾌 澤天夬	44. 천풍구 天風姤	45. 택지취 澤地萃	46. 지풍승 地風升	47. 택수곤 澤水困	48. 수풍정 水風井
49. 택화혁 澤火革	50. 화풍정 火風鼎	51. 중뢰진 重雷震	52. 중산간 重山艮	53. 풍산점 風山漸	54. 뇌택귀매 雷澤歸妹	55. 뇌화풍 雷火豐	56. 화산려 火山旅
57. 중풍손 重風巽	58. 중택태 重澤兌	59. 풍수환 風水渙	60. 수택절 水澤節	61. 풍택중부 風澤中孚	62. 뇌산소과 雷山小過	63. 수화기제 水火旣濟	64. 화수미제 火水未濟

24 대성괘 이름과 찾는 법

상괘\하괘	1 乾	2 兌	3 離	4 震	5 巽	6 坎	7 艮	8 坤
1 乾	건·1	쾌·43	대유·14	대장·34	소축·9	수·5	대축·26	태·11
2 兌	리·10	태·58	규·38	귀매·54	중부·61	절·60	손·41	림·19
3 離	동인·13	혁·49	리·30	풍·55	가인·37	기제·63	비·22	명이·36
4 震	무망·25	수·17	서합·21	진·51	익·42	둔·3	이·27	복·24
5 巽	구·44	대과·28	정·50	항·32	손·57	정·48	고·18	승·46
6 坎	송·6	곤·47	미제·64	해·40	환·59	감·29	몽·4	사·7
7 艮	돈·33	함·31	려·56	소과·62	점·53	건·39	간·52	겸·15
8 坤	비·12	취·45	진·35	예·16	관·20	비·8	박·23	곤·2

주역에 관련된 그림들

예를 들어 상괘가 3리화(☲)가 나오고 하괘가 1건천(☰)이라면, 가로로 세 번째의 3리와 세로로 첫 번째인 1건이 만나는 교점 '대유·14(䷍)'를 얻는다. '대유'는 괘명이고, '14'는 64괘 중에 14번째 괘라는 뜻이다.

25 64괘 및 384효 結語

이 결어는 문왕의 괘사에서 두 글자, 공자의 대상전에서 두 글자를 취해 합한 '卦結語', 그리고 주공의 효사와 공자의 소상전에서 각기 두 글자씩 따온 '爻結語'를, 해당하는 괘와 함께 배열한 것으로, 주역 64괘 384효의 大意를 말한 핵심어라 할 수 있다.

이 결어는 주역을 공부하는 학도들을 위해 대산선생이 만든 것으로, 주역의 대강을 한눈에 볼 수 있다.

(1) 重天乾
괘사/대상전	乾元·不息
용구	群龍·見則
上	亢龍·不久
5	飛龍·上治
4	或躍·自試
3	終日·行事
2	見龍·德施
初	潛龍·在下

(2) 重地坤
괘사/대상전	牝馬·載物
용육	永貞·大終
上	龍戰·道窮
5	黃裳·在中
4	括囊·不害
3	含章·時發
2	直方·道光
初	履霜·始凝

(3) 水雷屯
괘사/대상전	建侯·經綸
上	泣血·何長
5	屯膏·未光
4	乘馬·往明
3	卽鹿·吝窮
2	屯如·反常
初	磐桓·得民

(4) 山水蒙	(5) 水天需	(6) 天水訟
괘사/대상전　蒙亨·育德	괘사/대상전　有孚·宴樂	괘사/대상전　有孚·謀始
擊蒙·上下	入穴·未失	三褫·不敬
童蒙·順巽	酒食·中正	訟吉·中正
困蒙·遠實	需血·順聽	復命·不失
勿取·不順	需泥·災外	舊德·從上
包蒙·克家	需沙·吉終	歸逋·患掇
發蒙·正法	需郊·不犯	所事·辯明

(7) 地水師	(8) 水地比	(9) 風天小畜
괘사/대상전　丈人·畜衆	괘사/대상전　不寧·建國	괘사/대상전　西郊·文德
有命·正功	无首·无終	旣雨·德載
帥師·中行	顯比·正中	攣如·不獨
左次·未失	外比·從上	有孚·合志
輿尸·无功	匪人·亦傷	反目·不正
在師·天寵	自內·不失	牽復·在中
師否·失律	有孚·他吉	自道·義吉

(10) 天澤履	(11) 地天泰	(12) 天地否
괘사/대상전　履亨·定志	괘사/대상전　大來·左右	괘사/대상전　大往·儉德
視履·有慶	城隍·命亂	傾否·何長
夬履·正當	歸妹·行願	休否·正當
愬愬·志行	翩翩·心願	有命·志行
武人·志剛	有福·天際	包羞·不當
履道·不亂	包荒·光大	大人·不亂
素履·行願	彙征·在外	拔茅·在君

주역에 관련된 그림들

(13) 天火同人

괘사/대상전	同人·辨物
	同郊·未得
	後笑·相遇
	乘墉·反則
	伏戎·敵剛
	同宗·吝道
	同人·誰咎

(14) 火天大有

괘사/대상전	元亨·休命
	吉利·天祐
	厥孚·發志
	匪彭·明辨
	弗克·小人
	大車·不敗
	艱則·无害

(15) 地山謙

괘사/대상전	謙亨·平施
	鳴謙·未得
	侵伐·不服
	撝謙·不違
	勞謙·民服
	鳴謙·心得
	謙謙·自牧

(16) 雷地豫

괘사/대상전	建侯·崇德
	冥豫·何長
	貞疾·未亡
	由豫·大行
	盱豫·不當
	介石·中正
	鳴豫·志窮

(17) 澤雷隨

괘사/대상전	元亨·宴息
	拘係·上窮
	孚嘉·位正
	在道·明功
	係丈·舍下
	小子·弗與
	官渝·從正

(18) 山風蠱

괘사/대상전	先後·振民
	高尚·可則
	幹父·承德
	裕蠱·未得
	幹蠱·无咎
	幹母·中道
	幹父·承考

(19) 地澤臨

괘사/대상전	利貞·无疆
	敦臨·在內
	知臨·行中
	至臨·位當
	甘臨·不當
	咸臨·順命
	咸臨·行正

(20) 風地觀

괘사/대상전	觀盥·設教
	觀生·未平
	觀我·觀民
	觀國·尚賓
	觀我·未失
	闚觀·亦醜
	童觀·小人

(21) 火雷噬嗑

괘사/대상전	用獄·勅法
	何校·不明
	噬肉·得當
	噬腊·未光
	遇毒·不當
	滅鼻·乘剛
	屨校·不行

(22) 山火賁

괘사/대상전	賁亨·明政
	白賁·得志
	賁園·有喜
	賁皤·无尤
	賁濡·莫陵
	賁須·上興
	賁趾·弗乘

(23) 山地剝

괘사/대상전	不利·安宅
	碩果·不用
	貫魚·无尤
	剝膚·近災
	剝之·上下
	剝辨·未與
	剝牀·滅下

(24) 地雷復

괘사/대상전	无疾·雷復
	迷復·反道
	敦復·自考
	獨復·從道
	頻復·无咎
	休復·下仁
	无悔·修身

(25) 天雷无妄

괘사/대상전	元亨·育物
	妄行·窮災
	勿藥·不試
	可貞·固有
	繫牛·邑災
	不耕·未富
	无妄·得志

(26) 山天大畜

괘사/대상전	利貞·畜德
	天衢·大行
	豶豕·有慶
	童牛·有喜
	攸往·合志
	說輹·无尤
	有厲·不犯

(27) 山雷頤

괘사/대상전	觀頤·節食
	由頤·大慶
	拂經·從上
	耽耽·施光
	拂頤·大悖
	顚頤·失類
	朶頤·不貴

(28) 澤風大過

괘사/대상전	棟橈·遯世
	過涉·不咎
	楊華·何久
	棟隆·不橈
	棟橈·不輔
	楊稊·相與
	白茅·在下

(29) 重水坎

괘사/대상전	心亨·德行
	係縲·失道
	不盈·未大
	樽酒·剛際
	險枕·无功
	有險·未出
	坎窞·失道

(30) 重火離

괘사/대상전	畜牛·繼明
	王征·正邦
	出涕·離公
	突如·无容
	日昃·何久
	黃離·得中
	履錯·辟咎

(31) 澤山咸		(32) 雷風恒		(33) 天山遯	
괘사/대상전	取女·受人	괘사/대상전	恒亨·不易	괘사/대상전	遯亨·不惡
▬ ▬	咸輔·滕口	▬ ▬	振恒·无功	▬ ▬	肥遯·无疑
▬▬▬	咸脢·志末	▬▬▬	恒德·從一	▬▬▬	嘉遯·正志
▬▬▬	憧憧·未光	▬▬▬	无禽·安得	▬▬▬	君子·好遯
▬▬▬	咸股·不處	▬ ▬	不恒·无容	▬ ▬	係遯·不可
▬ ▬	咸腓·不害	▬ ▬	悔亡·久中	▬ ▬	執用·固志
▬ ▬	咸拇·在外	▬▬▬	浚恒·求深	▬ ▬	遯尾·不往

(34) 雷天大壯		(35) 火地晉		(36) 地火明夷	
괘사/대상전	利貞·弗履	괘사/대상전	錫馬·明德	괘사/대상전	艱貞·晦明
▬ ▬	觸藩·不詳	▬▬▬	晉角·未光	▬ ▬	不明·失則
▬ ▬	喪羊·位當	▬ ▬	勿恤·有慶	▬ ▬	明夷·不息
▬▬▬	大輿·尚往	▬ ▬	鼫鼠·不當	▬ ▬	左腹·獲心
▬▬▬	小人·用壯	▬ ▬	衆允·上行	▬▬▬	南狩·大得
▬▬▬	貞吉·以中	▬ ▬	受福·中正	▬ ▬	馬壯·順則
▬▬▬	壯趾·其窮	▬ ▬	晉摧·行正	▬ ▬	垂翼·不食

(37) 風火家人		(38) 火澤睽		(39) 水山蹇	
괘사/대상전	女貞·有恒	괘사/대상전	睽事·同異	괘사/대상전	大人·修德
▬▬▬	有孚·反身	▬▬▬	遇雨·疑亡	▬ ▬	來碩·從貴
▬▬▬	有家·相愛	▬ ▬	厥宗·有慶	▬▬▬	朋來·中節
▬ ▬	富家·在位	▬▬▬	交孚·志行	▬ ▬	來連·當位
▬▬▬	嗃嗃·未失	▬ ▬	有終·遇剛	▬▬▬	來反·內喜
▬ ▬	中饋·順巽	▬▬▬	遇主·未失	▬ ▬	蹇蹇·无尤
▬▬▬	閑家·未變	▬▬▬	見惡·辟咎	▬ ▬	來譽·宜待

(40) 雷水解
괘사/대상전	來復·宥罪
	射隼·解悖
	維解·小人
	解拇·當位
	負乘·可醜
	田獲·得中
	无咎·剛際

(41) 山澤損
괘사/대상전	可貞·窒欲
	弗損·得志
	或益·上祐
	損疾·可喜
	三人·則疑
	利貞·爲志
	遄往·合志

(42) 風雷益
괘사/대상전	涉川·善遷
	或擊·外來
	惠心·得志
	中行·益志
	用圭·固有
	或益·外來
	大作·不厚

(43) 澤天夬
괘사/대상전	孚號·居德
	无號·不長
	莧陸·未光
	聞言·不明
	夬夬·无咎
	惕號·得中
	壯趾·往咎

(44) 天風姤
괘사/대상전	女壯·施命
	姤角·上窮
	包瓜·中正
	无魚·遠民
	臀膚·未牽
	包魚·不賓
	繫柅·柔道

(45) 澤地萃
괘사/대상전	假廟·除器
	涕洟·未安
	有位·未光
	大吉·位當
	萃嗟·上巽
	引吉·未變
	不終·志亂

(46) 地風升
괘사/대상전	南征·順德
	冥升·不富
	升階·得志
	王亨·順事
	虛邑·无疑
	用禴·有喜
	允升·合志

(47) 澤水困
괘사/대상전	困亨·遂志
	動悔·吉行
	赤紱·受福
	來徐·有與
	困石·不祥
	朱紱·有慶
	幽谷·不明

(48) 水風井
괘사/대상전	井井·勸相
	井收·大成
	寒泉·中正
	井甃·修井
	井渫·受福
	井谷·无與
	舊井·時舍

주역에 관련된 그림들

(49) 澤火革
괘사/대상전 己日·明時
豹變·文蔚
虎變·文炳
改命·信志
三就·何之
革之·有嘉
黃牛·有爲

(50) 火風鼎
괘사/대상전 鼎亨·正位
玉鉉·剛節
黃耳·爲實
折足·如何
鼎耳·失義
鼎實·无尤
鼎顚·未悖

(51) 重雷震
괘사/대상전 虩虩·修省
索索·畏隣
有事·无喪
遂泥·未光
蘇蘇·不當
躋陵·乘剛
震來·有則

(52) 重山艮
괘사/대상전 艮背·不出
敦艮·厚終
艮輔·中正
艮身·止躬
艮限·薰心
艮腓·未聽
艮趾·未失

(53) 風山漸
괘사/대상전 女歸·善俗
漸逵·不亂
漸陵·得願
漸木·順巽
禦寇·相保
食衎·不飽
鴻漸·无咎

(54) 雷澤歸妹
괘사/대상전 歸妹·永終
无實·承筐
帝妹·貴行
愆期·待行
以須·未當
幽人·未變
以娣·相承

(55) 雷火豐
괘사/대상전 日中·折獄
豐屋·自臧
來章·有慶
遇主·吉行
見沬·不用
見斗·發志
遇配·過災

(56) 火山旅
괘사/대상전 旅貞·不留
焚巢·莫聞
射雉·上逮
旅處·未快
旅次·亦傷
旅次·无尤
旅瑣·志窮

(57) 重風巽
괘사/대상전 大人·行事
喪斧·上窮
有終·正中
田獲·有功
頻巽·志窮
在牀·得中
武人·志治

(58) 重澤兌

괘사/대상전	兌亨·講習
	引兌·未光
	孚剝·正當
	介疾·有慶
	來兌·不當
	孚兌·信志
	和兌·未疑

(59) 風水渙

괘사/대상전	王假·立廟
	血去 遠害
	王居 正位
	有丘 光大
	其躬 在外
	奔机 得願
	馬壯 吉順

(60) 水澤節

괘사/대상전	節亨·制度
	苦節 道窮
	甘節 居位
	安節 承上
	不節 誰咎
	不出 失時
	不出 通塞

(61) 風澤中孚

괘사/대상전	豚魚·緩死
	翰音·何長
	攣如·正當
	馬匹·絶類
	得敵·不當
	鳴鶴·心願
	虞吉·未變

(62) 雷山小過

괘사/대상전	小事·過恭
	飛鳥·已亢
	弋取·已上
	往厲·不長
	或戕·如何
	遇臣·不過
	飛鳥·不可

(63) 水火旣濟

괘사/대상전	終亂·豫防
	濡首·何久
	禴祭·吉來
	終戒·所疑
	三年·克憊
	喪茀·以中
	曳輪·无咎

(64) 火水未濟

괘사/대상전	未濟·辨物
	濡首·不節
	君子·暉吉
	三年·志行
	征凶·不當
	曳輪·行正
	濡尾·不知

대산주역강의

● 색인

주역경문 색인

ㄱ

가견의	378
가관이후유소합	486
가구즉현인지덕	32
가대즉현인지업	32
가도궁필괴	498
가보야	286
가불신호	107
가여수작	152
가여우신의	152
가인내야	531
가중야	116
가호민	107
각득기소	238
각지기소지	59
간동북지괘야	426
간삼색이득남	446
간위구	438
간위산	464
간위수	441
간이지지	415
간자지야	505
간즉이종	32
간지야	435,521
감위수	458
감위시	438
감위이	441
감이수통천하지고	167
감자수야	425
감자함야	491
감재색이득남	446
감하야	536
감함야	435
갑주	462
강결유야	542
강유단의	22
강유상마	27
강유상역	339
강유상추	42,217
강유자	44,220
강유잡거이길흉	378
개물성무	173
개여석언	294
개우석	294
개취저건곤	241
개취저규	249
개취저대과	252
개취저대장	250
개취저리	235
개취저서합	238
개취저소과	248
개취저수	246
개취저예	247
개취저익	237
개취저차야	421
개취저쾌	254
개취저환	244
거기실	106,107
거우질려	275
거이조지	208
거즉관기상	50
건강곤유	519
건건야	435
건곤	206
건곤기역지문야	311
건곤정의	22
건난야	531
건도성남	27
건서북지괘야	424
건양물야	311
건위마	438
건위수	441
건위천	449
건이군지	415
건이이지	32
건자난야	499
건지대시	27
건지책	147
건천야칭호부	445
검훼지속	464
결승이치	254
결조	453
결필유소우	501
겸경이예	525
겸덕지병야	324
겸삼재이양지	37,40,49
겸야자	121
겸이제례	334
겸존이광	329
경로	464
계사언	100,196,202, 207,211
계우포상	286

계지자선야	77	과차이왕	273	군자지소이동천지야	107
고만물이불여성인동우	79	관기상이완기사	50	군자지추기	107
고목위주	244	관변어음양이입괘	400	굴신상감이이생언	268
고용지상	277	관상계사언	40	굴지위구	248
고이무민	124	관조수지문	231	궁대자	507
고자사야	485	광대배천지	90	궁륜	458
고자포희씨	231	광대실비	359	궁리진성	401
고즉칙야	526	광상	456	궁시자기야	277
고지무지	202	광의대의	87	궁신지화	273
고지이뢰정	27	괘유소대	59	귀기어륵이상윤	140
고지장자	252	괘일이상삼	140	귀매여지종야	541
고지총명	177	괘지덕	175	귀이무위	124
고천하지동자	213	괴필유난	498	귀천위의	22
곡성만물이불유	70	교역이퇴	238	귀천지등야	356
곤궁이통	329	교유	458	규외야	531
곤덕지변야	324	구교멸지무구	281	규자괴야	498
곤도성녀	27	구독	458	극기수	163
곤순야	435	구비기인	342	극수지래지위점	81
곤야자지야	422	구서	464	극심	458
곤우석	275	구설	467	극심이연기야	169
곤위복	441	구심치원	190	극천하지색자	212
곤위우	438	구우야유우강야	539	근리시삼배	456
곤위지	451	구이어즉민불응야	306	근야	354
곤음물야	311	구이종시	365	근이불상득	380
곤이간능	32	구자우야	501	근취저신	231
곤이과원	334	구저지리	248	금민위비왈의	226
곤이장지	415	구조저리	116	기강승야	356
곤작성물	27	군불밀즉실신	126	기고하야	261
곤지야칭호모	445	군자	48,50,106,121	기구위건	453
곤지책	147		277,294,306	기구위조괘	456
곤호상자필반하	502	군자견기이작	294	기덕행하야	261
공백장고	456	군자도장	542	기도심대	365
공업현호변	224	군자상교불첨	294	기동야벽	89
공용석준	277	군자안이불망위	286	기동야직	89
과라	464	군자지기야	129	기리단금	112
과병	462	군자지도선의	78,112,261	기망기망	286

기무소실의	116	기제정야	540	노마	449
기불가견호	202	기지기호	294	노이불벌	121
기사굴	386	기지도호	129	노호감	419,425
기사문	319	기지신지소위호	154	뇌누지리	237
기사불밀즉해성	126	기지원	319	뇌이동지	415
기사사이은	319	기초난지	349	뇌풍불상패	432
기사위	365	기출입이도	342	뇌풍상박	409
기사유	386	기취류야대	319	능미륜천지지도	62
기상이지	349	기취여란	113	능변화	432
기선부동	354	기칭명야	314,319	능성천하지무	169
기성만물야	432	기태서기호	299	능애	67
기쇠세지의야	314	기형악	290	능연저려	372
기수명야여향	160	길무불리	50,199,240	능열저심	372
기숙능여어차	161,163	길사유상	374	능통천하지지	169
	167,177	길인지사과	386		
기어가야위반생	453	길지선현자야	294	**ㄷ**	
기어마야	453,458	길흉	257	다백안	456
기어목야	459,462,464	길흉생대업	189	단가식의	294
기어여야	459	길흉생언	361	단목위저	248
기어인야	456,458,462	길흉생의	22	단자언호상자야	53
기어중고호	322	길흉여민동환	177	단자재야	257
기어지야	467	길흉이정천	380	당기지일	147
기어지야위흑	451	길흉자	42,55,221	당만물지수야	149
기언곡이중	319	길흉현호외	224	당명변물정언단사	316
기역지온야	206	길흉회린자	220	당문왕여주지사야	365
기요무구	354,365			대과전야	538
기욕차위	275	**ㄴ**		대도	453
기용사십유구	140	낙천지명	67	대시이동	277
기용유중야	354	낙출서	194	대여	451
기유우환호	322	난자유기치자야	286	대연지수오십	140
기유위	356	난지소생야	126	대유중야	533
기유전상	342	남녀구정	303	대장즉지	532
기자동지미	294	남면이청천하	421	대적	449
기자화지	106	남방지괘야	421	대축시야	523
기정야전	89	노겸	121	덕박이위존	290
기정야흡	89	노괘야	425	덕언성	121

덕지성야	273	리위목	441	만민이찰	254
덕행항간이지조	370	리위치	438	만부지망	294
덕행항이이지험	370	리위화	462	만유일천오백이십	149
도덕	401	리이야	435	만장회도	129
도불허행	342	리이화행	334	망자보기존자야	286
도사벌지의	129	리자리야	491	멸이흉	284
도사탈지의	129	리재색이득녀	446	명이주야	528
도유변동왈효	361	리화이지	329	명필욕	275
도의지문	95	림관지의	520	명학재음	106
도지초야	129	림자대야	485	모천하지도	173
돈자퇴야	495			목과	449
도제천하	67	**ㅁ**		몽자몽야	476
돈즉퇴야	532	막대호부귀	190	몽잡이저	520
동공이이위	354	막대호성인	190	묘만물이위언자야	429
동남야	420	막대호시귀	190	무교이구	306
동동왕래	264	막대호일월	190	무구	116,126
동만물자	429	막성호간	429	무구자	55
동심지언	113	막열호택	429	무망재야	523
동이불괄	277	막윤호수	429	무巫	467
동인	112	막익지	306	무불리	277
동인친야	533	막지여	306	무선지인	386
동재기중의	217	막질호뢰	429	무위야	167
동정유상	22	막질호풍	429	무유사보	342
동즉관기변이완기점	50	막한호화	429	무유원근유심	160
둔자물지시생야	475	만물	493	무지회원길	299
둔자영야	475	만물개상견	421	묵이성지	213
둔현이불실기거	520	만물개치양언	422	문궐	464
득기소귀자필대	506	만물생언	475	문부당	361
득이성위호기중의	33	만물지결제야	420	문언이이언	160
		만물지소귀야	425	문왕	365
ㄹ		만물지소성종	426	물대연후가관	485
래자신야	268	만물지소열야	424	물불가궁야	511
리덕지기야	324	만물출호진	420	물불가이구거	495
리불처야	537	만물화생	303	물불가이구합이이	486
리상	536	만물화순	303	물불가이종과	491
리야자명야	421	만민이제	248	물불가이종난	499

물불가이종돈	495	백물불폐	365	부모지위물	116
물불가이종동지지	504	백사십유사	147	부부지도	494
물불가이종리	509	백성여능	376	부상	211
물불가이종비	481	백성일용이부지	78	부야자	129
물불가이종장	496	범삼백유육십	147	부역	87,93,169,173,316
물불가이종지	505	범역지정	380	부유지위대업	81
물불가이종진	488	범위천지지화이불과	70	부이찰어지리	62
물불가이종통	481	범천지지수	137	부족이멸신	283
물상우이후취	501	법상막대호천지	190	부족이성명	283
물상잡왈문	361	벽호위지건	181	부종일정길	294
물생필몽	476	변길흉자	56	부즉관법어지	231
물이군분	22	변동불거주류육허	339	부질이속	170
물지치야	476	변동이이언	380	부차승	129
물축연후가양	490	변이통지	202	부차승치구지	129
물축연후유례	480	변재기중의	217	분음분양	406
물치불가불양야	477	변즉통	240	분이위이이상량	140
물필귀언	482	변통막대호사시	190	불가위전요	339
미제남지궁야	541	변통배사시	90	불가이불구야	494
미지혹지야	273	변통자	220	불가이영	483
미현이천유	316	변화운위	374	불견기처흉	275
민함용지	181	변화자	44	불견리불권	281
		변화현의	22	불과	67,456
ㅂ		복공속	290	불래야	524
박궁상반하	488	복덕지본야	324	불리원자	354
박난야	527	복반야	527	불봉불수	252
박마	449	복소이변어물	329	불사종일	294
박이용	116	복우승마	246	불살자부	177
박자박야	488	복이자지	334	불승기임야	290
박제	458	복즉불망의	488	불양즉불가동	490
발휘어강유이생효	400	본말야	349	불언이신	213
방이류취	22	부건	89,370	불여성인동우	79
방이지	175	부건확연	224	불외불의	281
방행이불류	67	부결	467	불우	67
배일월	90	부곤	89,370	불원복	299
배지덕	90	부곤퇴연	224	불위	67
백관이치	254	부귀	190	불위부징	281

불출호정	126	상견호리	419	성언호간	426		
불행이지	170	상고결승이치	254	성인	40,99,100,169,173		
붕종이사	264	상고혈거이야처	250		177,190,202,211,421		
비고이진	22	상기무수	252	성인동우	79		
비락사우	519	상기물의	99,211	성인상지	194		
비무색야	525	상동하우	250	성인설괘	40		
비물	190	상만	129	성인성능	376		
비법지	93	상사지기	374	성인소이숭덕이광업야	93		
비소거이거언	275	상야자상야	257	성인이차재계	179		
비소곤이곤언	275	상어외자	497	성인지대보왈위	226		
비자비야	479	상우야	528	성인지정현호사	224		
비자식야	487	상재기중의	217	성인칙지	194		
비천하지지변	163	상차자야	224	성인효지	194		
비천하지지신	167	상하무상	339	성지자성야	77		
비천하지지정	161	생생지위역	81	성천하지미미자	190,372		
비태반기류야	532	생언	89	소거이안자	48		
비필유소축	479	생이회린	257	소과과야	535		
		생호동자야	220	소녀	467		
ㅅ		서부진언	202	소락이완자	48		
사기장지	275	서왕즉한래	267	소석	464		
사민불권	240	서합식야	525	소이고야	196		
사민의지	240	석자성인지작역야	397,404	소이단야	196		
사상생팔괘	184	석자인야	277	소이시야	196		
사야자	59	선덕변시여비	350	소인도우야	542		
사영이성역	150	선명	453	소인불치불인	281		
사유험이	59	선보과야	55	소인이소선	283		
사자중야	479	선부적	283	소인이승군자지기	129		
산택통기	409	선불급의	290	소인지도야	261		
산택통기연후	432	선호도이후소	112	소인지사야	129		
삼극지도야	46	설괘이진정위	202	소징이대계	281		
삼다흉오다공	356	설지이사이상사시	140	소축과야	537		
삼여오동공이이위	356	성덕대업	79	손덕지수야	324		
삼오이변	163	성렬이역	206	손덕지제야	324		
삼인행	303	성명지리	404	손복야	526		
삼재지도야	359	성상지위건	81	손선난이후이	329		
삼천양지이의수	398	성성존존	95	손위계	438		

손위고	441	수지이돈	495	수지이환	508
손위목	456	수지이동인	481	수차삼자고전야	306
손이불이필익	500	수지이둔	475	수화불상석	409
손이원해	334	수지이려	507	수화상체	432
손이행권	334	수지이리	480, 491	숭고	190
손익성쇠지시야	522	수지이림	485	숭덕이광업야	93
손일색이득녀	446	수지이명이	496	숭효천	93
손입야	435	수지이몽	476	승야자	129
손자입야	508	수지이무망	488	승이불이필곤	502
손칭이은	329	수지이미제종언	511	승직	456
송불친야	537	수지이박	487	시고위지상	99, 211
송필유중기	478	수지이복	488	시고위지효	100, 211
수무고야	526	수지이비	479, 481, 486	시귀	190
수부진야	537	수지이사	478	시생양의	184
수성천지지문	163	수지이서합	486	시이광	89
수왕자순	412	수지이소과	510	시이군자	126
수의상이천하치	241	수지이소축	479	시이군자장유위야	160
수자음식지도야	477	수지이손	499, 507	시이대	89
수정천하지상	163	수지이송	478	시이동이유회야	124
수지래물	160	수지이수	477, 484	시이명어천지도	179
수지이가인	497	수지이승	502	시이신안이국가	286
수지이간	504	수지이예	483	시이입천지도왈	404
수지이감	491	수지이이	490	시이자천우지	50, 199, 240
수지이건	498	수지이익	500	시이출이유획	277
수지이겸	483	수지이절	509	시인간의	224
수지이고	484	수지이점	505	시인이의	224
수지이곤	502	수지이정	502, 503	시작팔괘	231
수지이관	485	수지이중부	509	시지덕	175
수지이구	501	수지이진	496, 504	시흥신물	179
수지이귀매	505	수지이취	501	신농씨	240, 237
수지이규	498	수지이쾌	500	신무방이역무체	70
수지이기제	510	수지이태	480, 508	신밀이불출야	126
수지이대과	490	수지이풍	506	신불밀즉실신	126
수지이대유	482	수지이항	494	신사술야	116
수지이대장	495	수지이해	499	신야자	429
수지이대축	489	수지이혁	503	신이명지	213

신이지래	177	언행	107	연즉성인지의	202
신이화지	240	언호기소자야	55	열귀천자	56
신지지야	116	언호기실득야	55	열만물자	429
신필위	275	여림부모	342	열언호태	419, 424
실기수자	386	여사이이자야	173	열이후산지	508
실득지상야	42	여이무소용	507	염목위시	249
심병	458	여인동자	482	염목위즙	244
십유팔변이성괘	150	여지지의	231	영욕지주야	107
		여천지상사	67	영용종일	294
ㅇ		역궁즉변	240	영천지지간자	475
		역기지의호	93	예언공	121
아유호작	106	역무사야	167	예의유소조	493
악부적	283	역불가견즉건곤	206	예지신무	177
악적이불가엄	283	역소이임중	290	예필유수	484
안기신이후동	306	역여천지준	62	오세재윤	140
안씨지자	299	역역수야	412	오십유오	137
안토돈호인	67	역왈	129, 199, 264, 275	오여이미지	106
앙이관어천문	62		277, 281, 284, 284, 290	오위상득	137
앙즉관상어천	231		294, 299, 303, 306	완기점	50
애오상공이길흉생	380	역요존망길흉	350	완필유소실	499
야용회음	129	역유사상	196	왈노호감	425
약부잡물	350	역유성인지도	172	왈성언호간	426
양괘기	261	역유성인지도사언	158	왈열언호태	424
양괘다음	261	역유태극	184	왈치역호곤	422
양마	449	역육위이성장	406	왕래불궁	181
양의생사상	184	역육획이성괘	406	왕자굴야	268
양일군이이민	261	역이공	175	왕천하야	231
어계기류	314	역자상야	257	외내사지구	342
어성기이동자야	277	역지도야	365	요만물자	429
어시	231	역지서야	48	용사지칩	271
어이기공하인자야	121	역지위서야	347, 359	우명어우환여고	342
언부진의	202	역지위서야불원	339	우우지상야	42
언음양상박야	424	역지이관곽	252	우이상현야	199
언천하지지동	104	역지이궁실	250	우이윤지	415
언천하지지색	104	역지이서계	254	우자조야	199
언출호신	107	역지흥야	322, 365	우회린자	56
언치일야	303				

원군부옥금한빙	449	위지통	181	유회	124
원근상취이회린생	380	위지통	208	육자비타야	359
원시반종	62	유공이부덕	121	육효상잡	347
원시요종	347	유공즉가대	32	육효지동	46
원이신	175	유과물자필제	510	육효지의	175
원취저물	231	유군신연후유상하	493	윤만물자	429
월왕즉일래	267	유기시물야	347	윤지이풍우	27
위가우	458	유기신자	510	은복	458
위강로첩양	467	유기야고	169	은지말세	365
위견다심	459	유남녀연후유부부	493	음괘다양	261
위견다절	464	유대이능겸필예	483	음괘우	261
위과발	456	유대자	483	음식필유송	478
위과상고	462	유만물	475	음양	311
위다생통월도	459	유만물연후유남녀	493	음양불측지위신	81
위대복건괘별해라방귀	462	유목위뢰	237	음양지의	90
위도야누천	339	유무망연후유가축	489	음여양	404
위무상이불거야	283	유변소적	339	음이군이일민	261
위무익이불위야	283	유부부연후유부자	493	의의	105
위미척	458	유부자연후유군신	493	의지이후동	105
위번선	453	유불선미상부지	299	의지이후언	105
위이동즉민불여야	306	유사이후가대	485	이가의	116
위자사평	365	유상하연후	493	이각유합	137
위자안기위자야	286	유심야고	169,170	이간이천하지리득의	33
위지기	208	유여강	404	이간지선	90
위지도	208	유이견천하동	100,211	이강유체	311
위지법	181	유이견천하색	99,211	이관기회통	100,211
위지변	181,208	유인도언	359	이교천하	237
위지사업	208	유종길	121	이구신야	271
위지소남	446	유지도언	359	이기심이후어	306
위지소녀	446	유지위도	354	이다예사다구	354
위지승	502	유찬어신명이생시	397	이단기길흉	100,100
위지신	181	유지도언	359	이단천하지의	173
위지장남	446	유천지연후	475	이대포객	247
위지장녀	446	유천지연후유만물	493	이대풍우	250
위지중남	446	유친즉가구	32	이동자상기변	158
위지중녀	446	유혼위변	62	이류만물지정	231

이명길흉	40	이정천하지업	173	일신지위성덕	81
이명실득지보	319	이제기자상기상	158	일왕즉월래	267
이백일십유륙	147	이제민행	319	일월	190
이복서자상기점	158	이제불통	244	일월상추이명생언	267
이불가란야	104	이존기위자야	121	일월운행	27
이불가오야	104	이존신야	271	일월지도	221
이생변화	42	이종즉유공	32	일음일양지위도	75
이성기변화	105	이즉이지	32	일이환지	415
이소악	283	이지어명	401	일인행	303
이숭덕야	271	이지즉유친	32	일전	462
이신명기덕부	179	이진기언	202	일중위시	238
이신사호순	199	이진리	202	일치이백려	264
이양정야	540	이진신	202	일한일서	27
이언자상기사	158	이진의	202	일합일벽	181
이언호원즉불어	87	이차세심	177	입본자야	220
이언호이즉정이정	87	이체천지지선	311	입상	202
이언호천지지간즉비의	87	이치용야	271	입상성기	190
이여사동공이이위	354	이통	458	입심물항흉	306
이왕	116	이통신명지덕	231,311	입우기궁	275
이용안신	271	이통천하지지	173	입이후열지	508
이용출입	181	이편지책	149	입인지도왈인여의	404
이위계	126	이행귀신야	137	입지지도왈유여강	404
이위질야	347	이행기전례	100,211	입호기중의	206
이위천하	249	익덕지유야	324		
이위천하리	190	익이불이필결	500	**ㅈ**	
이의저기형용	99,211	익이흥리	334	자모우	451
이이천하	246	익장유이불설	329	자왈	93,106,112,116
이이태연후안	480	인모귀모	376		121,124,126,129,154
이인동심	112	인색	451		172,199,202,264,275
이자사경	365	인여의	404		277,281,286,290,294
이자상야	497	인이	319		299,306,311
이자양야	490	인이신지	151	자왈부역	173
이재정사	226	인이중지	217	자지용모	116
이전민용	179	인자견지위지인	78	자천우지	199
이전이어	235	인중치원	246	작결승이위망고	235
이정천하길흉	190	인지소조자신야	199	작역자	129,322

작족	453	정이변의	334	중심의자기사지	386
잡이불염	329	정절족	290	중필유소비	479
잡이불월	314	정지이길흉	196	즉거가지의	350
장기어신	277	정천하지길흉	372	즉득기우	303
장녀	456	정취신야	534	즉민불여야	306
장반자기사참	386	정통이곤	528	즉비기중효불비	350
장유행야	160	제소대자	56	즉비의	316
장이순성명지리	404	제야자언만물지결제야	420	즉사과반의	350
장자	453	제이용지	181	즉상지자지의	306
장저용	79	제출호진	419	즉손일인	303
장지중야	252	제호손	419,420	즉언어	126
재륙이후괘	140	조만물자	429	즉천리지외	107
재지성형	22	조인지사다	386	즉흉혹해지	380
재천성상	22	존이불망망	286	지귀신지정상	62
재하위이무보	124	존호개	56	지기기신호	294
저야	257	존호괘	56,212	지래자역	412
적상	453	존호기인	213	지미지창지유지강	294
적연부동	167	존호덕행	213	지변화지도자	154
전호건	419,424	존호변	213	지사생지설	62
절이신지	509	존호사	56,213	지소이모대	290
절지야	530	존호위	56	지수삼십	137
점사지래	374	존호통	213	지수오	137
점여귀대남행야	539	존호회	56	지숭예비	93
점자진야	505	졸성지종	349	지유명지고	62
정거기소이천	329	종만물시만물자	429	지의재	79
정관자야	221	죄대이불가해	283	지이장왕	177
정기교이후구	306	주기자막약장자	504	지자견지위지지	78
정기위물	62	주야지도	70	지자관기단사	350
정덕지야	324	주야지상야	44	지주호만물	67
정도불가불혁	503	주족	453	지지미상부행야	299
정명자야	221	주즙지리	244	진기야	521
정부일자야	221	주지성덕야	365	진동방야	420
정북방지괘야	425	준자금야	277	진동야	435
정승자야	221	중녀	462	진무구자	56
정위상감이이해생	380	중문격탁	247	진위뢰	453
정의입신	271	중부신야	535	진위룡	438

진위족	441	천지지간	87	치천하지민	238
진일색이득남	446	천지지대덕왈생	226	친과려야	535
진자동야	504	천지지도	221		
진자진야	496	천하동귀이수도	264	**ㅋ ㅌ ㅍ**	
진주야	528	천하지능사	151	쾌결야	542
진퇴	456	천하지동	221	쾌자결야	501
진퇴지상야	44	천하지리	33	탐색색은	190
진필유소귀	505	천하지민	208	태삼색이득녀	446
진필유소상	496	천하지지	169	태야	525
질용유강	406	천하지지건야	370	태열야	435
		천하지지순야	370	태위구	441
ㅊ		천하지지변	163	태위양	438
차소이성변화	137	천하지지신	167	태위택	467
차소인지복야	281	천하지지정	161	태이열지	415
차지위야	172,381	천하하사하려	264	태자열야	508
차지위역지도야	365	초사의지	349	태자통야	481
착종기수	163	초솔기사이규기방	342	태정추야	424
찰어민지고	179	초육자용백모	116	태현	526
창랑죽	453	촉류이장지	151	통기변	163,240
창왕이찰래	316	촉목위사	237	통변지위사	81
처기가득견야	275	추기지발	107	통즉구	240
척마	449	추이행지	208,213	통호주야지도이지	70
척확지굴	271	출기언불선	107	퇴장어밀	177
천리지외	107	출기언선	106	팔괘상착	409
천생신물	194	취시자야	220	팔괘상탕	27
천수상	194	취이상자	502	팔괘성렬	217
천수오	137	취자취야	502	팔괘이상고	378
천수이십유오	137	취천하지화	238	팔괘이소성	151
천일지이천삼지사	135	취취이승	524	팔괘정길흉	189
천존지비	22	치공	121	포희씨	231
천지변화	194	치구지	129	포희씨몰	237
천지설위	95,376	치식연후	487	풍다고	535
천지소조자순야	199	치역호곤	419,422	풍이산지	415
천지지문	163	치용	190	풍자대야	507
천지인온	303	치원이이천하	244	필반기가	497
천지정위	409	치이불망란	286	필실기거	507

필의	151	해완야	531	화순어도덕	401
필행지	510	해자완야	499	화이재지	208,213
		행발호이	107	환리야	530

ㅎ

		행호기중의	95	환위	453
하교	284	향명이치	421	환자리야	509
하교부독	294	혁거고야	534	황기이자호	107
하구지유	116	혁물자막약정	503	황제요순	240,241
하불리지유	277	현길흉	194	회린자	42,55
하사하려	264	현내위지상	181	회차린	380
하수	458	현도신덕행	152	획지무불리	277
하위자야	173	현목위호	249	효단이정언	378
하이수위왈인	226	현상저명	190	효법지위곤	81
하이취인왈재	226	현인	32,124	효상동호내	224
하출도	194	현저인	79	효야자	224,257
하포	129	현호원	107	효유등왈물	361
한서상추이세성언	268	현황	453	효언호변자야	53
한왕즉서래	267	혈거이야처	250	효재기중의	217
함속야	530	혈괘	458	효지사야	48
함필유소리	491	형내위지기	181	효차자야	224
합덕	311	형이상자	208	효천하지동자야	257
합자합야	486	형이하자	208	후세성인	250,252,254
합호위지곤	181	형즉진의	487	후의지이신	252
항구야	530	호시지리	249	후지야	121
항덕지고야	324	혹격지	306	훼절	467
항룡	124	혹기호식의	206	훼즉무이견역	206
항이일덕	334	혹여혹구	520	흉언불승기임야	290
항자구야	495	혹출혹처혹묵혹어	112	희수인자필유사	484
항잡이불염	329	혼시	464		

본문 색인

숫자

24절기방위도	564
36궁도	562
50개의 시초	146
64괘 및 384효결어	576

ㄱ

강신주	120
강태공	179
개우석	295
거북점	160
건곤의 덕	36
건구오변도	556
경원력 원도	572
경자복지	367
곡능유성	71
곤룡포	243
곤이지지	169
공영달	460
공용석준	280
공자	265
극기복례	302
근취저신	437
금란지교	115
기영수	145

ㄴ

낙서洛書	163,551
남방병초	279
농경사회	169
뇌천대장괘	251

ㄷ

대사극상우	114
대삼합육	37
대성괘 이름	575
대연수	140
대왕소래	57
덕위성인	192
도기변통	211
도불원인	339
동동왕래	265
득상붕도	555

ㅁ

무당	141
무위이화	215
문명사회	235
미봉책	63

ㅂ

법지	94
복卜	160
복희64괘방원도	560
복희씨	232,323
富有四海之內	192
불교	272
불원복	300

ㅅ

산지박괘	302
산택손괘	303
삼변성도	334
삼재지도	359
상서유피	243
상선上善	458
생생지위역	76
생이지지	169
생장수장	80
서역書易	28
선천팔괘	95
선후천 분해도	569,570
설시	347
솔성	97
송구봉	267
수시변역	256,543
수작酬酢	110
수천수괘	280
수출서물	289
수택절괘	375
순기대효야여	192
순상	451
순양순음	23
순열荀悅	193
승마사회	246
시일갈상	288
시초점	163
십이벽괘 변도	565
쌍호호씨	156,260,346,403

ㅇ

안회	301
여림부모	344

600

오세재윤	146	尊爲天子	192	**ㅎ**		
왕굴래신	270	종교	278	하도河圖	339,549	
왕부지(왕선산)	377	종즉유시	430	하락총백도	553	
왕충王充	395	주공	288	학이지지	169	
운봉호씨	417	주렴계	185	한서주야	83	
웅과熊過	92	주문공 /주자	8,52,93	항룡유회	105	
유리옥	315,322		202,227,245,304	행신문	139,155	
유염兪琰	432	주역 64괘 도표	574	호광胡廣	216	
의상시대	244	중용과 삼재	37	호괘원도	563	
의지이후언	122	중천감리 1200기도	571	홍범구주도	573	
이간易簡	33	중천건괘	289,348	화뢰서합괘	283	
이백李白	312	용구	289	화이불류	69	
이섭대천	318	지산겸괘	325,358,382	화풍정괘	293	
이천선생	80	지천태괘	341	황극경세해도	568	
이태백	311	진단구변도	559	후천팔괘	420	
인신합발	205	진식	413	후천팔괘방위도	117,557	
인자요산	78					
일벌백계	282	**ㅊ**		**도서명**		
일생이법	23	천명지위성	97	「건괘문언전」	79	
일월성신	26	천부경	36	「계사상전」	91,136,139	
일음일양지	76	天喪予	301		182,212	
일정팔회	29,30,561	천역	26	「계사하전」	193,371	
		천지비괘	287	「계선편」	282	
ㅈ		천택리괘	57,353	「공손추 상」	387	
자손보지	192	초상	253	『구가역』	451,452,455	
장재張載	437				457,462,464,466,468	
財散則民聚	228	**ㅌㅍ**		「國風 / 相鼠」	244	
재서급닉	117	태극불용수	143	『논어』	73,74,118,227	
栽者培之	367	태극하도	554		300,324,327	
적연부동	266	태백중옹	297	『논형論衡』	395	
절구공이	248	택산함괘	305	『대학』	228	
정자	63,80,82,209	팔괘의 주효	437	『맹자』	43,387	
정전법	159,325,332	팔궁 괘차도	566	『명심보감』	222,282	
제출호진도	558	포희씨	232	『본의』	38,52,134	
조열지	292	풍뢰익괘	307,357	「부문敷文」	306	
족쇄	283	피흉취길	344	『상씨학』	468	

『서경』	253	『음부경』	140,155	『중용』	69,71,97,169
「석명」	468	「이루 상」	387		192,339,367
「선진」	301	「이인」	74	『천자문』	243
「설괘전」	83,119,313	『전한기前漢紀』	192,193	「천부경」	36,163
「성의장誠意章」	8	『정씨경설程氏經説』	80	「춘야연도리원서」	312
「소민」,교언巧言	387	『정역심법』	467	「탕서湯誓」	289
『소학』	115	『정의』	468	「탕지십,桑柔」	117
「술이」	118	『좌전』	468	『태극도설』	75,585
『시경』	117,244,387	『주역본의』	23,139,74,86 134,198	「태백」	227
「양혜왕」	43	『주역상지결록』	92	『한상역전』	461
『예기』	443	『주역전의대전』	216	『한서漢書』	296,395
「옹야」	300	『주역집설』	432	「행신문行神文」	433
「외편」	115	『주역집해』	357	「홍범구주」	325
「위령공」	327			『황극경세』	118,248

저자 소개

대산大山 김석진金碩鎭

- 본관은 안동, 호는 대산大山, 1928년 9월 충남 논산 가야곡 출생.
- 6세부터 조부 청하淸下 선생으로부터 기초적인 한문을 비롯해서 『통감』, 『사서(대학, 논어, 맹자, 중용)』 등을 수학.
- 19세부터 야산也山 이달李達(1889~1958) 선사로부터 13년 동안 『주역』, 『서전』, 『시전』을 수학. 28세부터 대전 논산 등에서 후학 양성하며, 홍륜학교 한문 강사, 양정학원 원장 역임.
- 58세부터 『주역』을 비롯한 사서삼경과 동양의 고전에 대해 전국단위(서울, 대전, 청주, 춘천, 진천, 제주 등)의 대중강의를 펼침.
- 60세(1987년)에 홍역학회(洪易學會) 창립 회장 역임, 현재 한국홍역학연합회 고문. 동방대학원대학교 석좌교수 역임, 명예 철학 박사.

- 주요 저서

『대산 주역강의』, 『주역전의대전역해』, 『스승의 길 주역의 길』, 『주역과 세계』, 『대산 주역점해』, 『명과 호송』, 『대산 주역강해』, 『미래를 여는 주역』, 『우리의 미래』, 『대산 대학강의』, 『대산 중용강의』, 『도덕경』, 『대산석과』, 『대산의 천부경』, 『대산 천자문 강의』, 『대산 계몽 명심보감 강설』, 『대산 주역강의 DVD』, 『가정의례와 생활역학』, 『한국전통가정의례』 외에 여러 권의 문집 번역이 있다.

교정위원 소개

교정범위	교정자 약력
건괘 ~곤괘	이전利田 이응국李應國 1960년 충남 부여 출생. 1983년 大山문하에 입문. 한국 홍역문화원 대표. 『주역의 정신과 문화』, 『난세의 사상가 야산 이달』
둔괘 ~비괘	시중時中 변상용邊翔庸 1954년 부산 봉래산 출생(본적 제주). 중앙대학교 컴퓨터공학박사. 1989년에 大山문하에 입문. 제주대 컴퓨터공학과 교수 정년 퇴임. 제주홍역학회장. 저서에 『객체지향프로그래밍 기본』 외 다수.
소축괘 ~대유괘	철산哲山 최정준崔廷準 1968년 대전 출생. 철학박사. 동방문화대학원대학교 교수, 경기 홍역학회 회장, 1995년 주역전문 통강.
겸괘 ~관괘	수산秀山 신성수申性秀 경희대학교 법학박사. 1985년 大山문하에 입문. 홍역학회 창립회원·학술위원 역임. 동방문화대학원대학교 교수 역임. 저서에 『대산중용강의』, 『주역통해』, 『주역으로 보는 도덕경』, 『현대주역학개론』 등이 있음. ※ 상하경 취합교정
서합괘 ~대축괘	가란嘉蘭 이난숙李蘭淑 철학박사. 강원대학교 연구교수. 고려대학교 강사. 강원대학교 강사. 한림대학교 박사후연구원. 저서 『율곡의 순언醇言-유학자의 노자 도덕경 이해』(공역) 외 논문 다수.
이괘 ~항괘	백산白山 이찬구李讚九 1956년 충남 논산 출생. 대전대 철학박사. 1985년 大山문하에 입문. 대전 중산학회 총무, 서울홍역학회 회장, 겨레얼살리기국민운동본부 사무총장, 『주역과 동학의 만남』, 『홍산문화의 인류학적 조명』 등 다수의 저서가 있음.

돈괘 ~규괘	지산智山 김병운金秉云 서울대학교 법과대학 법학과 졸업. 사법연수원 수료(12기), Columbia Law School 연수(V.S.), 대법원 재판연구관, 서울중앙지방법원 부장판사, 서울고등법원 수석부장판사, 전주·수원지방법원장, 현) 법무법인(유한) 바른 변호사.
건괘 ~구괘	동천東川 선창곤宣昌坤 1969년 전남 장흥 출생. 동양사상연구회 대표, 한국학중앙연구원 한국학대학원 철학석사과정 수료, 도봉문화원, 동양사상연구회, 서울시민대학, 민주평화통일자문회의, 국립중앙도서관 등 강의.
취괘 ~정괘	겸산謙山 임채우林采佑 1961년 충남 부여 출생. 1987년 임상호선생으로부터 수학, 88년 大山문하에 입문. 연세대 철학박사. 현 국제 뇌교육대학원 동양학과장. 『주역 왕필주』, 『주역과 술수역학』, 『주역천진』 외 다수.
진괘 ~려괘	서천筮泉 김태국金泰局 1964년 제주 출생. 1990년 大山문하에 입문. 전주대학교 한문교육과, 한국방송통신대학교 중문학과, 제주대학교대학원 중문학과 석사. 삼성여자고등학교 한문교사.
손괘 ~미제괘	명산明山 박남걸朴南傑 1960년 경기 양주 출생. 세종대 회화과 졸, 1985년 大山문하에 입문. 성균관대 한국철학과 박사수료, 경기대, 중앙대, 추계예술대, 세종대 회화과 겸임교수 역임.
계사전 일러두기 기초강의 부록	건원乾元 윤상철尹相喆 1960년 경기 양주 출생. 1987년 大山문하에 입문. 성균관대학교 철학박사, 대유학당 대표 겸 주역반 교수, 저서에 『주역입문, 시의적절 주역이야기, 후천을 연 대한민국, 주역 신기묘산』, 번역에 『천문류초, 황극경세, 매화역수, 하락리수, 오행대의』 등.
설괘전 서괘전 잡괘전 전체편집	금전錦田 이연실李娟實 1970년 서울 출생. 1991년 大山문하에 입문. 성균관대학교 문학석사, 대유학당 편집실장, 100여 종 편집. 대유학당 자미두수반 교수, 『전의대전역해』 편집위원. 저서 『별자리로 운명 읽기』5권.

대유학당 출판물 안내

- 자세한 사항은 대유학당으로 문의해 주십시오.
- 전화 : 02-2249-5630 / 팩스 : 02-22449-5631
- 입금계좌 : 국민은행 805901-04-370471 예금주 ㈜대유학당
- 블로그 https://blog.naver.com/daeyoudang
- 서적구입 : www.daeyou.or.kr

분류	책명	저자	가격
주역	주역입문(2024)	윤상철 지음	20,000원
	주역전의대전역해(상/하)	김석진 번역	70,000원
	주역인해	김수길·윤상철 번역	20,000원
주역 시사	시의적절 주역이야기	윤상철 지음	15,000원
	대산석과(대산의 주역인생 60년)	김석진 지음	20,000원
	우리의 미래(대산선생이 바라본)	김석진 지음	10,000원
주역점 운세	황극경세(전5권) 2011년 개정	윤상철 번역	200,000원
	초씨역림(상/하) 2017년	윤상철 번역	180,000원
	하락리수(전3권) 2009개정	김수길·윤상철 번역	90,000원
	하락리수 전문가용 CD	윤상철 총괄	550,000원
	대산주역점해	김석진 지음	30,000원
	매화역수(2014년판)	김수길·윤상철 번역	25,000원
	주역점비결	윤상철 지음	25,000원
	육효 증산복역(전2권)	김선호 지음	50,000원
음양 오행학	오행대의(전2권)	김수길·윤상철 번역	44,000원
	연해자평(번역본)	오청식 번역	50,000원
	작명연의	최인영 편저	22,000원
	운명 사실은 나도 그게 궁금했어	윤여진 지음	20,000원
	팔자의 시크릿	윤상철 지음	16,000원

	▸ 풍수유람(전2권)	박영진 지음	43,000원
	▸ 어디 역학공부 좀 해 볼까?	이연실 지음	20,000원
	▸ 구성학강의	박창원 이연실 지음	30,000원
	▸ 2025~2027 택일민력	최인영 지음	20,000원
기문 육임	▸ 이것이 홍국기문이다(전2권)	정혜승 지음	53,000원
	▸ 육임입문123(전3권)	이우산 지음	70,000원
	▸ 육임입문 720과 CD	이우산 감수	150,000원
	▸ 육임필법부	이우산 지음	35,000원
	▸ 대육임직지(전6권)	이우산 지음	192,000원
	▸ 육임을 알면 미래가 보인다	이우산 지음	25,000원
	▸ 육임상담소	이우산 지음	45,000원
자미 두수	▸ 별자리로 운명 읽기(전5권)	이연실 지음	125,000원
	▸ 자미두수 입문	김선호 번역	25,000원
	▸ 자미두수 전서(상/하)	김선호 지음	100,000원
	▸ 실전 자미두수(전2권)	김선호 지음	50,000원
	▸ 자미두수 전문가용 CD	김선호/김재윤	500,000원
	▸ 중급자미두수(전3권)	김선호 지음	60,000원
	▸ 자미심전 1, 2	박상준 지음	55,000원
불교 미학	▸ 마음이 평안해지는 천수경	윤상철 편저	10,000원
	▸ 마음의 달(전2권)	만행스님 지음	20,000원
	▸ 항복기심(전3권)	만행스님 지음	60,000원
	▸ 선용기심	만행스님 지음	30,000원
	▸ 동화선	만행스님 지음	15,000원
	▸ 동양미학과 미적시전	손형우 지음	20,000원
	▸ 겸재 정선 연구	손형우 지음	23,000원
동양고전	▸ 집주완역 대학	김수길 번역	25,000원
	▸ 집주완역 중용(상/하)	김수길 번역	50,000원
	▸ 당시산책	김병각 편저	25,000원

천문			
	▸ 천문류초	윤상철 지음	30,000원
	▸ 천상열차분야지도 그 비밀을 밝히다	윤상철 지음	25,000원
	▸ 태을천문도 9종(개정판)	윤상철 총괄	100,000원
	▸ 세종대왕이 만난 우리별자리(전3권)	윤상철 지음	36,000원

손에 잡히는 경전

① 주역점
② 주역인해(원문+정음+해석)
③ 대학 중용(원문+정음+해석)
④ 경전주석 인물사전
⑤ 도덕경/음부경
⑥ 논어(원문+정음+해석)
⑦ 절기체조
⑧~⑨ 맹자(원문+정음+해석)
⑩ 주역신기묘산
⑪ 자미두수
⑫ 관세음보살
⑬ 사자소학 추구
⑭~⑯ 시경(1~3)

각권 288~336p 10,000원

족자 & 블라인드

① 천상열차분야지도
② 태을천문도(라일락/블랙베리)
③ 42수 진언
④ 신묘장구대다라니

족자(가정용) 120,000
족자(사찰용) 150,000
블라인드(120×180cm) 250,000원
블라인드(150×230cm) 300,000원

태을천문도   천상열차분야지도

대유학당 후원회원 모집

동양학의 보급과 발전에 힘써 온 대유학당에서 후원회원을 모집합니다.
더 좋은 강의와 도서로 보답하겠습니다. 유튜브·블로그 : '대유학당'으로 검색하세요.

1년 회비 100,000원   02-2249-5630
◎계좌 국민 805901-04-370471 (주)대유학당

회원특전
❶ 대유학보 1년분 / ❷ 개인운세력 / ❸ 도서할인 20%
❹ 프로그램할인 20% / ❺ 수강료 할인 20%
❻ 택일민력 증정 ❼ 손에 잡히는 주역점비결 증정

대유학당 후원회원

개인운세력

개인운세력은 하락리수를 바탕으로 각자의 사주에 맞게 제작한 달력입니다. 항상 곁에 두고 살펴, 길한 날은 적극적으로 행동하고, 흉한 날은 조심한다면 웃을 일이 많아질 것입니다.

운세의 자세한 설명은 『주역점비결』에 나온 소망, 사업, 개업, 승진, 시험, 혼인, 출산, 매매, 재수, 소송, 출마, 증권, 여행, 가출, 실물, 질병, 기후, 의상, 음식, 사람, 장소의 21가지 항목을 참고한다.

4진 3리 5 ◎

소망 크게 이룬다.
사업 능력 있고 어진 사람을 영입하여 진전 된다.
개업 길하다. 앞날이 밝다.
승진 된다. 혹 좋은 사람의 추천으로 된다.
시험 합격이다.
혼인 좋은 혼처를 소개받는다.
출산 남아를 낳는다.
매매 성립된다.
재수 크게 얻는다.
소송 점차 유리해진다. 현명한 변호사를 선임하면 더욱 좋다.
출마 당선된다.

증권 공급량이 적어서 오른다.
여행 길하다.
가출 서쪽에 있다.
실물 서쪽에 있다.
질병 안면, 특히 눈이 안 좋아진다.
기후 흐리고 가끔 비 내린다.
의상 청록색과 흰색, 소박한 옷, 겸손하지만 위엄 있는 옷, 잘 재단된 옷.
음식 채소 겉절이, 물고기 회, 양고기, 매운맛.
사람 지원자, 배우자, 초대해서 만나는 능력 있는 사람.
장소 서방, 바닷가, 호수주변, 변두리 오지, 서향집, 밝고 환한 곳.

▲ 개인운세력 예시

개인운세력 보는 법

① 얼굴 위의 숫자는 그날의 운세 시작하는 시간이자, 그 전날 운세가 끝나는 시간이다. 예를 들어 5월 29일에 '1:59'이고 30일에 '2:55'라면 29일의 운세는 새벽 1시 59분에 시작해서 30일 새벽 2시 54분에 끝난다.

② 좌측 상단의 여덟 글자는 그 날의 주역운세를 요약해서 표현한 것이다.

③ 좌측 하단에 숫자가 세 자리로 되어 있는데, 예를 들어 '123'이면 상괘수는 1건天이고, 하괘수는 2태澤이고, 동효수는 3이므로 삼효동이다(괘환산표에서 가로로 1, 세로로 2가 만나면 천택리괘이다). 그러므로 천택리괘 3효가 동한 것이 된다.

④ 운세력의 길흉은 먼저 괘효를 보고, 두 번째로 화공과 원기를 본다. 왼쪽의 얼굴이 괘효의 길흉을 뜻하고, 오른쪽의 얼굴이 화공과 원기로 본 길흉이다. 원기는 윗사람의 도움, 화공은 동년배와 아랫사람의 도움을 뜻한다.

⑤ 길흉은 다음과 같이 다섯 단계(😊→🙂→😐→☹️→😣)로 되어 있다.

⑥ 😊😊 두 얼굴 모두 좋으면 하는 일이 잘 풀린다.

⑦ 😊😣 왼쪽 얼굴은 좋고 오른쪽 얼굴이 나쁘면 보통이다. 혹 생각지 않은 실수나 잘못이 생긴다.

⑧ 😣😊 왼쪽 얼굴이 나쁘고 오른쪽 얼굴이 좋으면, 막히다가도 풀릴 기회가 생긴다.

⑨ 😣😣 두 얼굴 모두 나쁘면 조심하고 또 조심해야 한다.

괘환산표

상괘 하괘	1건天	2태澤	3리火	4진雷	5손風	6감水	7간山	8곤地
1건天	중천건	택천쾌	화천대유	뇌천대장	풍천소축	수천수	산천대축	지천태
2태澤	천택리	중택태	화택규	뇌택귀매	풍택중부	수택절	산택손	지택림
3리火	천화동인	택화혁	중화리	뇌화풍	풍화가인	수화기제	산화비	지화명이
4진雷	천뢰무망	택뢰수	화뢰서합	중뢰진	풍뢰익	수뢰둔	산뢰이	지뢰복
5손風	천풍구	택풍대과	화풍정	뇌풍항	중풍손	수풍정	산풍고	지풍승
6감水	천수송	택수곤	화수미제	뇌수해	풍수환	중수감	산수몽	지수사
7간山	천산돈	택산함	화산려	뇌산소과	풍산점	수산건	중산간	지산겸
8곤地	천지비	택지취	화지진	뇌지예	풍지관	수지비	산지박	중지곤

⚫ **대유학당 도서목록** 주역 ▎주역입문, 대산주역강의, 주역전의대전역해, 주역인해, **주역활용** ▎황극경세, 하락리수, 매화역수, 대산주역점해, 주역점 비결, 육효증산복역, 시의적절 주역이야기, 팔자의 시크릿, 초씨역림 **음양오행** ▎오행대의, 어디 역학공부좀 해 볼까?, 운명 사실은 나도 그게 궁금했어, 연해자평, 이것이 홍국기문이다 1~2, 박창원의 구성학 강의 **전문가용 프로그램** ▎하락리수, 자미두수, 육임

⚫ **서적구매** www.daeyou.or.kr ⚫ **주소** 서울 성동구 아차산로 17길 48 SK V1 센터 1동 814호

⚫ **대유학당 블로그** https://blog.naver.com/daeyoudang

주역 경문 부록

건괘 문언전 6절 구요호

夫大人者는 與天地合其德하며
부 대 인 자   여 천 지 합 기 덕

與日月合其明하며 與四時合其序하며
여 일 월 합 기 명   여 사 시 합 기 서

與鬼神合其吉凶하야
여 귀 신 합 기 길 흉

先天而天弗違하며 後天而奉天時하나니
선 천 이 천 불 위   후 천 이 봉 천 시

天且弗違온 而況於人乎며 況於鬼神乎아!
천 차 불 위   이 황 어 인 호   황 어 귀 신 호

건괘 문언전 2절 구요호

九五曰 飛龍在天利見大人은 何謂也오?
구 오 왈 비 룡 재 천 이 견 대 인   하 위 야

子ㅣ曰 同聲相應하며 同氣相求하야
자   왈 동 성 상 응   동 기 상 구

水流濕하며 火就燥하며 雲從龍하며 風從虎ㅣ라
수 류 습   화 취 조   운 종 룡   풍 종 호

聖人이 作而萬物이 覩하나니 本乎天者는 親上하고
성 인 작 이 만 물 도   본 호 천 자 친 상

本乎地者는 親下하나니 則各從其類也니라.
본 호 지 자 친 하   즉 각 종 기 류 야

마음을 평안히 하고, 청정하게 하며, 성인을 본받아 공부하고 싶다고 생각할 때, 각기 1번, 혹은 3번, 혹은 9번, 혹은 81번을 반복적으로 소리내서 읽으면 좋은 기운을 불러들입니다.

대유학당 도서목록 주역 | 주역입문, 대산주역강의, 대산주역강해, 주역인해, 주역의대전역해, 주역인해, **주역활용** | 황극경세, 하락리수, 매화역수, 하락리수, 대산주역점해, 육효증산복역, 주역점비결, 대산석과, 우리의 미래, 시대적 주역이야기, 맹자의 시크릿 **전문** | 전문류조, 매물전문도, 우리맹자, **자미두수** | 별자리로 운명 읽기 1~5, 자미두수입문, 자미수전서, 중급자미두수12, 실전자미두수, 자미심전 **육임** | 육임입문123, 육임을 알면 미래가 보인다, 육임평보 **음양오행** | 음양대의, 연해자평, 기문둔갑신수결, 이것이 홍국기문이다 12 **사서** | 집주완역대학, 집주완역중용 **전문가용 프로그램** | 하락리수, 자미두수, 육임, 손에 잡히는 경전 시리즈 | 주역점, 주역명, 논어, 맹자, 대학중용 총 16종

행사문 [계사상 9장]

天一 地二 天三 地四 天五 地六
천일 지이 천삼 지사 천오 지륙

天七 地八 天九 地十이니
천칠 지팔 천구 지십

天數ㅣ 五요 地數ㅣ 五니
천수 오 지수 오

五位相得하며 而各有合하니
오위상득 이각유합

天數ㅣ 二十有五요 地數ㅣ 三十이라.
천수 이십유오 지수 삼십

凡天地之數ㅣ 五十有五니
범천지지수 오십유오

此ㅣ 所以成變化하며 而行鬼神也라.
차 소이성변화 이행귀신야

묘사문 [설괘전 6장]

神也者는 妙萬物而爲言者也니
신야자 묘만물이위언자야

動萬物者ㅣ 莫疾乎雷하고 撓萬物者ㅣ
동만물자 막질호뢰 요만물자

莫疾乎風하고 燥萬物者ㅣ 莫熯乎火하고 說萬物者ㅣ 莫說乎澤하고
막질호풍 조만물자 막한호화 열만물자 막열호택

潤萬物者ㅣ 莫潤乎水하고 終萬物始萬物者ㅣ
윤만물자 막윤호수 종만물시만물자

莫盛乎艮하니 故로 水火ㅣ 相逮하며 雷風이 不相悖하며
막성호간 고 수화 상체 뇌풍 불상패

山澤이 通氣然後에야 能變化하야
산택 통기연후 능변화

旣成萬物也하니라.
기성만물야

단유의, 집물이, 신체 지낼 때 등등, 정성을 모아 기도할 때
각기 1번, 혹은 3번, 혹은 9번, 혹은 81번을 반복적으로 소리내서 읽으면 좋은 기운을 불러들임입니다.

64괘 차서도 - 주역책의 괘명순으로

괘	괘순
	괘명

가장 보편적으로 쓰는 순서로 주역책은 모두 이 순서대로 되어 있으므로 외워 두어야 찾기 편리하다. 외울 때는 괘명만 넷씩 끊어 '건곤둔몽 수송사비 소축리태비…' 순으로 외우고, 다 외운 후에는 '중천건 중지곤 수뢰둔 산수몽…'처럼 괘명 앞에 괘상을 붙여 외운다.

1 건乾	2 곤坤	3 둔屯	4 몽蒙	5 수需	6 송訟	7 사師	8 비比
9 소축小畜	10 리履	11 태泰	12 비否	13 동인同人	14 대유大有	15 겸謙	16 예豫
17 수隨	18 고蠱	19 림臨	20 관觀	21 서합噬嗑	22 비賁	23 박剝	24 복復
25 무망无妄	26 대축大畜	27 이頤	28 대과大過	29 감坎	30 리離	31 함咸	32 항恒
33 돈遯	34 대장大壯	35 진晉	36 명이明夷	37 가인家人	38 규睽	39 건蹇	40 해解
41 손損	42 익益	43 쾌夬	44 구姤	45 취萃	46 승升	47 곤困	48 정井
49 혁革	50 정鼎	51 진震	52 간艮	53 점漸	54 귀매歸妹	55 풍豐	56 려旅
57 손巽	58 태兌	59 환渙	60 절節	61 중부中孚	62 소과小過	63 기제旣濟	64 미제未濟